파워 스피치 특강

파워 스피치 특강

| 김현기 지음 |

한국문화사

파워 스피치 특강

인쇄 2010년 9월 1일
발행 2010년 9월 5일

지은이 김 현 기
펴낸이 김 진 수
꾸민이 문 소 진
펴낸곳 **한국문화사**
주소 133-110 서울특별시 성동구 구의로 3 두앤캔 502호
전화 (02)464-7708 / 3409-4488
팩시밀리 (02)499-0846
등록번호 제2-1276호
등록일 1991년 11월 9일
홈페이지 www.hankookmunhwasa.co.kr
이메일 hkm77@korea.com
가격 25,000원

잘못된 책은 바꾸어 드립니다.
이 책의 내용은 저작권법에 따라 보호받고 있습니다.

ISBN 978-89-5726-811-7 93700

이 도서의 국립중앙도서관 출판시도서목록(CIP)은 e-CIP 홈페이지
(http://www.nl.go.kr/cip.php)에서 이용하실 수 있습니다.
(CIP제어번호: CIP2010003)

| 2차 개정 증보판 머리말 |

"일신 우일신"이란 말이 있습니다. 나날이 새로워진다는 뜻이죠. 우리 인간은 물론 책마저도 그러해야 한다는 생각을 필자는 해왔습니다.

그런 의미에서 필자의 졸저 '김현기 교수의 파워 스피치 특강'도 2006년 초판, 2007년 3월 개정 증보판에 이어 또다시 수정 추가 보완을 거쳐 2010년 독자 여러분께 더욱 발전한 모습으로 다시 2차 개정 증보판으로 선을 보이게 되었습니다.

새로운 저작은 언제나 힘들기 마련이지만, 2차 개정 증보판도 절대 만만하지 않은 작업 과정이었습니다. 하지만, 여러분의 성원과 응원이 있었기에 가능한 일이었습니다.

본서를 개정하고 보완할 수 있도록 저를 응원해주시고 사랑해주신 독자 여러분께 지면을 빌려 깊이 감사드립니다.

이번 2차 개정 증보판은 기존의 내용에 덧붙여 독자 여러분에게 도움이 될 만한 몇 가지 내용을 더 추가하고 보완했습니다.

첫째, 우리말의 올바른 사용법에 대한 내용을 담았습니다. 올바른 언어의 구사는 교양인으로서 갖춰야 할 필수자질입니다. 영어의 용례에 대해서는 모두 공부를 열심히 하면서도 모국어인 우리말의 올바른 쓰임새에 대해서는 너무 소홀하게 다뤄오지 않았나 하는 생각이 듭니다.

둘째, 스피치의 서론, 본론, 결론의 내용과 스피치 실전 기법으로서 건배 제의 멘트, 스피치 칼럼 중 대화 기법에 관한 내용을 추가하였습니다.

셋째, 5강 스피치 트레이닝의 5장 자신만의 템플리트 만들기의 내용을 보다 간단하면서도 실용적인 5단계 템플리트 형식으로 업그레이드했습니다.

넷째, 본문 중간마다 독자 여러분의 이해를 돕기 위해 삽화를 넣었습니다. 또한 '파워 토크', '파워 팁'이라는 제목으로 파워 스피치의 핵심 노하우 사이사이에 내용을 삽입하여 보다 충실하게, 그리고 유익하게 구성하였습니다.

그 외에도 설명이 다소 불충분했던 부분들은 풍성한 설명과 사례를 실어 독자 여러분께서 더 이해하기 쉽도록 보완하였고, 부분적으로 매끄럽지 못했던 부분들은 좀 더 다듬었습니다.

저와 한 학기 동안 스피치를 함께 하신 사회교육원의 수강생 한 분이 저에게 이런 말씀을 하셨습니다.

"교수님! 스피치는 배울 게 너무나 많은 것 같습니다. 배울수록 재미있고 즐겁습니다."

"그렇습니다. 공자님께서도 '아침에 도를 깨치면 저녁에 죽어도 좋다. (子曰 朝聞道 夕死可矣)'라고 하셨습니다. 배움은 다른 무엇에도 견줄 수 없을 만큼 정말 큰 기쁨이요 즐거움입니다. 특히 스피치는 실용적인 학문이라 다른 어떤 배움보다도 실제적인 보람과 성취감을 느끼게 되죠."

앞으로도 독자 여러분의 스피치 실력 향상과 실용의 시대에 걸맞은 저서를 만들어 가겠다는 열정을 갖고서 더욱 유익한 내용으로 계속 보완하고 다듬어 나가겠습니다.

계속적인 여러분의 관심과 사랑, 지지를 부탁하며 다시 한 번 고개 숙여 깊은 감사를 드립니다.

끝으로 스피치에 몰입해서 연구할 수 있도록 언제나 자애로운 사랑으로 저에게 큰 힘이 되어 주시는 어머니께 감사드립니다.

2010年 8月 25日
상봉동 연구실에서 **김 현 기**

| 개정 증보판 머리말 |

    2006년 9월에 초판으로 나온 필자의 '파워 스피치 특강'이 여섯 달 남짓 만에 개정 증보판을 내게 되었습니다. 이렇게 짧은 시간 안에 개정 증보판이 나올 수 있었던 힘은 바로 독자 여러분의 성원과 격려 덕분이었습니다. 바쁜 와중에도 열정을 갖고서 틈틈이 본서를 개정하고 보완할 수 있도록 저를 응원해주시고 사랑해주신 독자 여러분께 지면을 빌려 깊이 감사드립니다.

    이번 개정 증보판은 기존의 내용에 덧붙여 독자 여러분에게 도움이 될 만한 몇 가지 내용을 더 추가하고 보완했습니다.

    그 내용을 개략적으로 소개해 드리면 다음과 같습니다.

    첫째, 스피치를 배우는 목적을 좀 더 다채롭게 보완하였습니다.

    둘째, 말할 내용을 잘 기억할 수 있게 하는 '내용 기억법'과 스피치 실전 기법으로서 '송년회와 신년회 멘트'를 추가하였습니다.

    셋째, 필자가 전문지에 기고했던 칼럼 중 여러분에게 유익하다고 판단되는 것들을 따로 모아 실었습니다.

    넷째, 필자가 대회에 나가 수상을 했던 당시에 사용했던 웅변 스피치 실제 원고를 실어 독자 여러분께서 연습 원고로 활용할 수 있게 하였습니다.

    그 외에도 설명이 다소 불충분했던 부분들은 풍성한 설명과 사례를 실어 독자 여러분께서 더 이해하기 쉽도록 보완하였고, 부분적으로 매끄럽지 못했던 부분들은 좀 더 정제되게 다듬었습니다.

    개정 증보판으로 다시 인사를 드리게 되어 뿌듯하기도 하지만, 한 편은 아쉬움도 남습니다. 하지만 집필을 해나가면서 세월이 갈수록 책은 채워가는 것이고, 마음은 비워가는 것임을 깨닫게 되었습니다.

B.C 5세기경 고대 그리스 시대부터 학문으로 연구되어 온, 오랜 역사를 가진 스피치란 학문의 방대한 내용과 스피치와 관련된 다양한 분야의 현대 이론들을, 사회교육의 실제적인 측면에서 쉽게 녹여내어 한 권의 책 속에 모두 담기란 쉽지 않은 일이었습니다.

그렇지만 앞으로도 독자 여러분의 성원과 기대에 어긋나지 않게, 저의 열과 성을 다해 더욱 유익한 내용으로 계속 보완하고 다듬어 나가겠습니다.

강의에서건 글을 통해서건 필자는 스피치 교육자로서의 뜨거운 사명감을 항상 가슴에 품고, 초심을 잃지 않으며 계속 열심히 노력할 것을 독자 여러분 앞에서 다짐합니다.

앞으로도 여러분의 계속적인 관심과 사랑, 지지를 부탁하며 다시 한 번 고개 숙여 깊은 감사를 드립니다.

끝으로 스피치에 몰입해서 연구할 수 있도록 언제나 자애로운 사랑으로 저에게 큰 힘이 되어 주시는 어머니께 감사드립니다.

2007年 3月 5日
상봉동 연구실에서 김 현 기

| 프롤로그 |

약 한 알 탁 털어 넣으면 만사가 해결되기를 기대하시는 분들이 많습니다.

어떤 농부가 밭에다가 농작물을 심고 나서, "얼마나 자랐나?" 하고 매일 살펴봅니다. 너무 조금씩 자라는 게, 답답해서 어느 날 밭에 들어가 농작물을 조금씩 뽑아 올려놓습니다. 그러고 보니 금방 많이 자란 것처럼 보입니다. 그런데 다음 날 와서 보니까 농작물이 모두 말라 죽어 있었다는 겁니다. 농부의 조급함이 결국은 농사를 망치게 해버렸습니다.

현대인들은 특히나 매사에 조급합니다. 뭐든지 당장에 성과가 보이고 효과가 있어야 합니다. 지루한 것을 참지 못합니다. 그래서 빨리빨리 하는 조급증이 생깁니다. 또 그 조급증은 방금 말씀드린 농부처럼 일을 그르치게 만들어 버립니다. 스피치도 마찬가지입니다. 하루아침에 스피치를 잘하려고 한다고, 스피치를 잘할 수는 없습니다. 그러면 실망을 안게 될 뿐이지요. 그래서 실패를 하게 되고 또 스피치를 떠올릴 때면 우리 마음을 불안하게 만들죠.

자연에는 자연의 법칙이 있습니다. 우리 인간도 자연의 일부입니다. 그래서 우리 인간들도 자연의 법칙을 따라야 합니다. 자연은 조급하게 서두르지 않습니다. 그렇지만 만물을 풍성하게 하고 잘 자라게 합니다. 우리 인간들의 성장, 발전도 마찬가지입니다. 탄력 있는 몸을 만들 때나 스피치를 잘하려고 할 때도 시간이 걸립니다.

화술(話術)의 '화(話)'는 혀와 입의 모양을 따서 '말'이란 뜻을 나타낸 '言(언)'과 뱀의 '입(口)'에서 뱀의 갈라진 혀가 나온 모습을 본떠 만든 '舌(설)'이 합쳐져서 만들어진 글자입니다. 그런데 말(話)은 입과 혀만 있다고 잘 되는 것은 아닙니다. 입과 혀는 누구나 가지고 있지만 말 잘하는 사람은 '누구나'가 아니니까요.

저는 강의에서 화(話)자를 통해 말을 잘하기 위해서는 끊임없는 연습이 무엇보다도 중요함을 강조합니다. 말씀 '화(話)'자를 '言(언)'과 '千(천)'과 '口(구)'로 구분해서, 할 말(言)을 천(千) 번 이상 연습해서 입(口)에 배도록 하면 분명히 말을 잘할 수밖에 없다는 말씀을 드립니다. 세상 모든 일이 그렇듯이 말도 끊임없이 연습하면 분명히 잘해낼 수 있습니다.

이 책은 저의 스피치 실전 강의를 체계적으로 정리해 옮긴 것입니다. 여러분께 실제 유익한 도움이 되도록 스피치 교육 현장의 생생한 노하우들을 모두 담아내도록 온 정성을 쏟았습니다. 그리고 스피치의 핵심적인 이론은 물론, 독자 여러분이 혼자서 트레이닝을 할 수 있도록 다양한 실전 원고와 풍성한 사례들을 실었습니다.

특히 스피치 공포 극복에 대한 내용을 많이 수록했으며 알기 쉽게 풀어내고자 심혈을 기울였습니다. 스피치 교육 현장에서 교재로도 쓰일 수 있도록 실제적인 측면에서 내용을 구성하였습니다. 또한 독자 여러분께서 보다 알기 쉽고 재미있게 스피치를 학습하실 수 있도록 자연스러운 강의식 대화체 형식으로 구성하였습니다. 이 책을 이해하는 데서 그치지 마시고, 자신의 것이 될 수 있게끔 계속해서 연습과 훈련을 쌓아나가시길 바랍니다.

이 책을 통해 독자 여러분 모두 스피치에 대한 두려움을 극복하고 큰 자신감을 얻으시길 바랍니다. 그리고 괄목상대 일취월장의 큰 발전을 이루시길 진심으로 기원합니다.

필자가 박사학위를 받고 대학교수가 되어 이 책을 집필하는 동안 물심양면으로 도와주셨던 국가유공자로서 국립현충원에 영면하신 아버지 영전에 이 책을 바칩니다.

2006年 8月 11日
김현기

Contents

2차 개정 증보판 머리말 | 5
개정 증보판 머리말 | 7
프롤로그 | 9

1강 마인드 | 15

1장 스피치와 공포 | 17
2장 스피치 공포에 대한 성찰 | 31
3장 올바른 마인드 형성 | 55
4장 스피치 공포 탈출 트레이닝 | 71

2강 스피치 기초 훈련 | 91

1장 호 흡 | 93
2장 발 성 | 98
3장 발 음 | 103
4장 말의 속도 | 109
5장 강조 기법 | 115

3강 스피치의 나침반 | 123

1장 스피치를 배우는 목적 | 125
2장 훌륭한 스피치란? | 140

3장 훌륭한 스피치를 하려면? | 145
4장 조화로운 스피치 | 150
5장 스피치의 3대 원칙 | 154
6장 언제나 청중을 생각하라 | 163

 스피치 핵심 이론 | 173

1장 대중 스피치의 특징 | 175
2장 대중 스피치의 다양한 분류 | 180
3장 스피치의 준비 | 186
4장 내용 구성 | 194
5장 스피치의 효과적인 시작 | 201
6장 효과적인 본론 배열(구성) | 216
7장 스피치의 좋은 마무리 | 227
8장 내용 기억법 | 235
9장 메모 활용 스피치 | 241
10장 원고를 작성해 봅시다 | 244

 스피치 트레이닝 | 249

1장 자연스럽고도 열정적인 표현 | 251
2장 쉽고 재미있게 표현하기 | 255
3장 멋있고 근사하게 표현하기 | 262
4장 언어의 순발력 높이기 | 268
5장 자신만의 템플리트 만들기 | 272
6장 살아있는 감정 표현 | 298
7장 실감 나는 표현 기법 | 303
8장 연극을 통한 표현력 향상 | 308
9장 신체 표현 | 311

6강 스피치 실전 기법 | 321

1장 주제 발표 | 323
2장 즉흥 스피치 | 328
3장 MC 스피치 기법 | 335
4장 분위기 있는 스피치 트레이닝 | 339
5장 어려운 상황의 스피치 | 353

7강 효과적인 대화 기법 | 359

1장 상황에 맞게 분명하고 진실하게 표현하라 | 361
2장 마음을 열고 잘 듣고 맞장구쳐라 | 365
3장 상대의 마음을 여는 부드러운 커뮤니케이션 스킬 | 373
4장 상대에게 호감 받는 대화 요령 | 386

8강 우리말 스피치의 올바른 예법 | 389

1장 쓰임새에 맞는 표현 | 391
2장 적절한 호칭 표현 | 399
3장 예법에 맞는 언어 표현 | 403
4장 상대를 배려하는 긍정적인 표현 | 407

9강 스피치 칼럼 | 411

스피치 드라이브, 침착하라! | 413
돼지 멱따는 소리는 이제 그만! | 416
유머를 발굴하고 수집하라! | 419

청중을 사로잡는 K. H. K 강의 기법 | 422
성공적인 토론 스피치 | 426
감동 주고 호감 받는 감성 스피치 | 429
성공 면접 스피치 전략 | 433
말다운 말이어야 참된 대화가 된다 | 437
대화의 달인이 되기 위한 6가지 기법 | 440
즐거운 대화를 위한 7가지 지혜 | 443

 ## 스피치 실습 원고 | 445

널뛰기 | 447 / 미꾸라지와 메기 | 449 / 가짜 휘발유 | 450 / 열등감 | 451 / 연단공포 극복 비결 | 453 / 감사하는 마음 | 455 / 고난이 그대를 옥으로 만든다 | 456 / 나비효과 | 457 / 노인과 사과나무 | 458 / 적극적인 행동이 길을 열어준다 | 459 / 천국 | 461 / 열정은 망치지 않았다 | 463 / 튀어야 산다? | 464 / 행운을 끌어오는 비결 | 465 / 공주병 친구 | 466 / 미소는 최고의 선물 | 467 / 성공하는 자질 | 468 / 성공의 비결 | 469 / 말과 집안수준 | 471 / 부족해서 좋은 점 | 472 / 소신 있는 실천가가 되자 | 473 / 행복은 나에게 달렸다 | 475 / 시간의 선물 | 477 / 함께 있으면 좋은 사람 | 478 / 우리 선조들의 짧은 인생 | 479 / 오직 드릴 것은 사랑뿐이리 | 480 / 긴 세월 짧은 인생 | 481 / 내가 만일 | 482 / 희망의 터 | 483 / 그날의 정신으로 | 485 / 인류의 대 축복 | 487

에필로그 양의 축적이 질적 변화로 | 489
참고문헌 | 491
강의 계획서 | 499
강의 주별 : 강의 내용 | 500
김현기 교수의 파워 스피치 특강 | 501
경기대학교 사회교육원 리더스 스피치 과정 개강 인사말 | 502

제1강
마인드

Ⅰ. 스피치와 공포
Ⅱ. 스피치 공포에 대한 성찰
Ⅲ. 올바른 마인드 형성
Ⅳ. 스피치 공포 탈출 트레이닝

스피치와 공포

1. 스피치는 성공의 답안지

현대사회는 '보이는 사회'입니다. 성공을 하려면 뭔가를 보여줘야 하는 시대입니다. 현대사회를 지식정보화 사회라고 합니다만, 지식정보화 사회에서는 지식을 표현하는 말하는 능력이 무엇보다도 중요합니다.

말하는 능력은 이제까지 우리가 가져왔던 편견처럼 잔재주가 아니라 우리가 꼭 갖추어야 할 능력입니다. 말이라는 것이 바로 자신의 사고력을 비추는 거울이기 때문입니다. 머릿속에 든 것이 밖으로 표출되는 장면을 우리가 스피치라고 부른다면 스피치 능력이 없는 사람은 머릿속에 든 것이 없는 사람으로 보일 수 있습니다. 또 스피치의 조리가 없고 횡설수설하는 사람은 생각이 헝클어져 있는 사람으로 비치기 쉽습니다. 그래서 스피치를 제대로 잘하느냐 그렇지 못하느냐에 따라서 그 사람의 품격과 인격과 이미지가 달라 보일 수 있는 것입니다.

엄청난 지식으로 가득 찬 박사라고 해도 스피치 능력이 서툴러서 강의를 제대로 못 한다면 학생들에게 도움을 주기는커녕 실력 없는 교수로 비칠 것입니다. 훌륭한 사업아이템을 가진 벤처 사업가도 프레젠테이션 능력이 없다면 투자자를 설득해서 자금을 유치하기가 어려울 것입니다. 훌륭한 정책과 비전을 가진 정치가라도 스피치 능력이 없다면 유권자들로부터 표를 얻기가 어려울 것입니다. 해박한 법률 지식으로 무장한 변호사라도 스피치 능력이 없으면 의뢰인을 제대로 변호해 주기 어려울 것입니다. 아무리 입사시험을 잘 본 취업생이라도 스피치 능력이 없어 면접에서 횡설수설 엉뚱한 말만 늘어놓는다면 입사가 어려울 것입니다.

자신이 아무리 많은 것을 알고 있고 아무리 훌륭한 지식을 가지고 있다고 해도 그것을 제대로 표현할 수 없다면, 다른 사람들이 초능력자가 아닌 이상 알아주기 어렵습니다. 아무리 공부를 열심히 한 학생이라도 정작 답안지에 엉망으로 표현해 놓는다면 누가 어떻게 그 능력을 알고서 좋은 성적을 줄 수 있을까요? 스피치는 곧 성공의 답안지입니다.

2. 스피치의 걸림돌 스피치 공포

스피치를 배우려는 사람들의 목적을 살펴보면 궁극적으로는 대중 앞에서 말을 조리 있게 잘하기 위한 것이지만 그 이면에는 스피치 공포를 극복하고 싶은 열망이 숨겨져 있습니다. 스피치로 고민을 하고 스피치 학원에 문을 두드리는 사람들의 90% 이상이 연단 공포를 극복하고 자신감을 갖기 위해서입니다.

저도 강의에서 스피치를 배우려는 목적을 물어보는데 단연 스피치 불안을 극복하고 연단 위에서 떨지 않으려는 목적이 제일 큰 비중을 차지합니다.

미국의 『Book of list』라는 책에는 미국인들이 가장 두려워하는 공포의 순위를 담고 있는데 스피치 공포가 1위라고 합니다. '스테인'이란 정신과 의사는 캐나다 도시인구의 약 31%가 대중연설에 큰 불안을 느낀다고 발표했습니다. 우리나라에는 정확한 통계가 나와 있지 않지만, 미국인에 비해서 자기표현에 익숙하지 않은 문화적 환경을 고려해 보면, 스피치로 인한 고민을 한 사람이 아마 상당수가 될 것입니다.

평소 대화를 할 때는 그런대로 잘하는 편인데 많은 사람 앞에서는 너무 긴장해서 제 실력을 발휘하지 못하고 몇 마디 횡설수설하다가 처참한 심정으로 내려오는 사람들이 뜻밖에 많지요. 그래서 많은 사람이 스피치를 해야 하는 상황을 피해버립니다. 이럴 때 스피치 공포는 사회생활과 개인의 발전에 큰 걸림돌이 됩니다. 중요한 강의인데도 발표 평가가 들어 있어 수강신청을 포기하는 대학생, 사원들에게 훈시를 못해 서면으로만 메시지를 전달하는 기업체 대표, 회의 중에 할 말은 많지만 침묵을 지키고 있을 수밖에 없는 중견 간부, 자기소개 인사말 하기가 두려워 모임에 불참하는 주부 등 많은 사람이 스피치 공포로 고민하고 있습니다. 스피치 공포는 성별, 학력, 나이, 직업을 불문합니다.

Power Talk

걸림돌이 디딤돌이 된다는 이야기가 있습니다.
남보다 더 절실했기에
더 열정적으로 그 일에 몰두한 결과이죠.

신이 우리에게 선물을 주실 때는 문제라는 포장지에 싸서 주신다고 하죠.
큰 선물을 주기 위해서는 큰 문제를 주신다는 것입니다.
지금 나에게 주어진 시련은 나를 더 강하게 만들기 위한 과정입니다.

말로 인해 고민하는 분이 계신다면

우선 노력하면 반드시 좋아질 수 있다는 말씀을 드리고 싶습니다.
왜냐하면, 스피치는 우리가 스케이트를 배우거나 운전을 배우듯이
노력하면 잘할 수 있는 기술이니까요.

따라서 기술을 연마하여 스피치를 잘하고 싶은 마음이 있다면
다음과 같은 세 가지 생각을 하고 접근할 필요가 있겠습니다.

첫째, '나는 위대한 사람이다.'라는 생각입니다.
위대한 사람이라는 자각이 위대한 사람과의 만남을 통해
위대한 생각과 말, 행동을 하게 하는 것입니다.

둘째, '나는 스피치가 즐겁다.'라는 생각입니다.
'스피치는 즐거움'이라는 생각이
스피치 실력 향상을 위한 훈련에 몰입하게 할 수 있는 원동력이 됩니다.

셋째, '나는 남과 비교할 수 없는 멋진 개성을 가진 사람이다.'라는 생각입니다.
남의 흉내를 내는 스피치가 아니라 자신만의 독특한 개성을 살린 스피치가 바로
가장 훌륭하고 멋진 스피치가 됩니다.

말더듬, 발음 부정확 등 여러 가지 언어 장애로 고민하시는 여러 학우 여러분!
우리 인생은 내가 마음먹기에 따라
행복해질 수도 있고 불행해질 수도 있는 것입니다.

즉 행복은 우리에게 주어진 일이나 현상에 달린 것이 아니라
우리가 그것을 어떻게 해석하고 받아들이느냐에 달린 것입니다.

세상은 우리가 어떻게 보느냐에 따라 달라집니다.
반 컵의 물은
반이 빈 듯 보이기도 하고
반이 찬 듯 보이기도 합니다.
비었다고 울든지, 찼다고 웃든지,
그것은 우리의 선택입니다.

인생을 행복하고 성공적으로 사는 방법이 있습니다.
그것은 자신의 장점을 최대로 끌어올리고,
자신의 단점을 보완하여 최대로 끌어내리는 것입니다.

> 그리고 자신의 최하와 다른 사람의 최상과 비교해서
> 열등감을 느끼는 인생이 아니라, 어제의 내 모습과
> 오늘의 향상되고 변화된 내 모습을 보고
> 용기와 자신감을 얻고 열심히 살아가는 것입니다.
> 걸림돌이 디딤돌이 됩니다. 파이팅!!! ^^

3. 나만 그런가?

여러분은 어떻습니까? 많은 사람 앞에서 말을 해야 될 때 긴장되거나 떨리지 않습니까? 평소에 대화를 나눌 때는 말을 그런대로 하는 편인데, 여러 사람 앞에서 스피치를 해보려고 하면 갑자기 가슴이 두근거리고, 목소리도 떨리고, 얼굴도 화끈거리면서 말할 내용의 절반도 표현하지 못하고 연단을 내려와 버린 경험을 해보신 적이 있진 않으십니까?

스피치의 가장 큰 걸림돌이 바로 스피치 공포입니다. 많은 사람 앞에서 스피치를 하게 될 때, 일반인이건 전문 연사이건 간에 정도의 차이는 있을지 몰라도, 누구나 긴장하게 되고 불안을 느끼게 됩니다.

"대중 앞에만 서면 앞이 캄캄해지고 아무 생각이 안 난다.", "발표 순서를 기다릴 때, 너무 긴장되고 떨려서 발표를 제대로 못 한다.", "발표나 책읽기를 해야 되는데 며칠 전부터 고민이 되고 걱정이 된다.", "대인관계를 할 때도 말을 잘 못하겠다.", "시선 처리도 부담된다." 등등 여러 가지 고민이 있습니다.

스피치 공포로 고민하는 몇 분의 고민사례를 옮겨보도록 하겠습니다.

> **[사례 1]**
> 안녕하세요?
> 저는 남모를 저만의 심각한 고민이 있습니다. 저는 중학교 3학년 때부터 책을 읽을 때 몹시 긴장을 했습니다. 그 후로는 책 읽을 때뿐만 아니라, 발표를 할 때도 갑자기 침이

마르고, 심장도 쿵쾅쿵쾅 두근거리고, 목소리도 떨리고 해서 서 있는 것조차 너무너무 힘이 들었습니다. 지금은 대학생이 되었는데, 여전히 발표할 때가 너무 두렵습니다. 수강신청을 할 때도 발표가 들어 있는 수업을 피해서 하지만 언제나 그럴 수는 없는 노릇이고, 너무너무 참담한 심정입니다. 다른 사람들은 모두 말을 잘하는 것 같은데 왜 저만 이러는지 한편 억울하기도 하고, 너무 답답합니다.

【사례 2】

전 직장인인데요.

요즘 들어 업무상 브리핑도 많이 해야 하는데, 그럴 때마다 긴장되고 떨려서 큰 걱정입니다. 사람들 앞에만 서면 심장이 마구 뛰고, 머릿속이 텅 비게 돼서 아무 생각도 나지 않습니다. 브리핑도 제대로 잘 못하는 이런 내 모습이 다른 사람들한테 바보같이 무능력하게 비칠 것으로 생각하니 너무 답답하고 억울합니다. 다른 직원들은 모두 다 말을 잘하는 것 같고, 말을 잘하지는 못해도 최소한 저처럼 이렇게 심하게 떨지는 않는 것 같은데 왜 나만 이러는지 너무너무 괴롭습니다.

【사례 3】

안녕하세요?

정보통신 쪽에 엔지니어를 하는 사람인데요. 우리는 업무상 기술에 관련된 브리핑을 자주 해야 되는데 저는 남들 앞에서 발표하는 게 너무 두렵습니다. 회사생활을 하는데 제일 큰 고민거리입니다. 이 병만 고치면 정말 걱정 없이 회사 생활 재미있게 할 것 같습니다. 발표가 있는 날 출근할 때는 차라리 몸이라도 아파서 발표하지 않았으면 좋겠다는 생각마저 듭니다.

【사례 4】

안녕하세요?

30대 후반의 남성입니다. 오랫동안 소심한 성격과 열등감 그리고 우울증으로 말미암아 정상적인 사회생활을 못하는 사람입니다. 그리고 남 앞에서 이야기하거나 연단에서 발표할 때 떨려서 한마디도 제대로 하지 못하는 사람입니다. 그동안 매번 이런저런 핑계를 대면서 용케도 잘 피하고 살아왔습니다. 그런데 이제는 더 피할 수 없게 되었고 한 달에 한 번은 연단에 설 수밖에 없는 처지가 되었습니다. 한 달 전에도 어쩔 수 없이 연단에 섰고 까짓 거 별거냐는 생각으로 덤벼 봤지만, 결과는 밤새 준비해 온 말을 다 잊어버리고, 말이 횡설수설 뒤죽박죽 되면서 결국 무참하게 연단을 내려와야 했던 뼈아픈 기억이 있습니다.

【사례 5】

안녕하세요?
고등학교 2학년 학생입니다. 전 지금 한마디로 정말 미치겠고 죽고 싶습니다. 책을 읽을 때 너무 긴장이 됩니다. 오늘도 그러지 말아야지 하면서 학교에 갔는데 또 긴장하고 말았습니다. 정말 긴장하지 말아야지 하면서 애를 쓰면서 잘하려고 했는데 결국은 또 긴장하고 만 것입니다. 그냥 '괜찮다, 괜찮다' 하고 마음을 달래보지만, 진짜 마음 한구석으로는 정말 죽고 싶은 심정입니다. 저는 남에게 잘못한 일도 없는데 왜 나만 이런 벌을 받는 것인지 너무 억울합니다.

【사례 6】

안녕하세요?
저는 40대 초반의 주부입니다. 저는 여러 사람 앞에 나가서 말을 해보려고 하면 얼굴이 빨개지고 너무너무 떨립니다. 이젠 사회활동도 좀 하고 싶은데 이런 증상 때문에 도저히 어떤 모임이건 참석할 수가 없습니다. 어떤 때는 우황청심환도 먹어보지만 별 소용이 없는 것 같습니다.

【사례 7】

저는 직원 스물 댓 명 규모의 조그만 중소기업을 운영하는 사람입니다. 저는 사람들과 만나서 얘기도 잘하는 편이고, 성격도 좀 외향적인 것 같은데 이상하게도 여러 사람 앞에서 말을 하려면 제대로 잘되지 않습니다. 생각한 것들이 잘 생각나지도 않고, 말도 꼬이고 식은땀마저 흘리게 됩니다. 그래서 직원들이 전부 모인 자리에서 말을 해야 될 때는 아주 짧게 말하고 끝내버립니다. 할 말은 많은데 말이죠.

4. 그분들마저도?

우리가 아는 유명인 중에서도 스피치 공포를 가진 분들의 사례는 무수히 찾아볼 수 있습니다. 세계적인 명연설가로 꼽히는 미국의 전 대통령 링컨마저도 초창기 시절에는 연설할 때 무척이나 초조해하고 쩔쩔매고 어색해했다고 합니다. 마크 트웨인이 처음으로 강단에 섰을 때는, 마치 입속에 솜을 물고 있는 느낌이었다고 실토하고 있습니다.

여러분이 잘 아시는 찰리 채플린도 방송에 나가서는 너무 불안해서 대사를 한 줄도 빠뜨리지 않고 종이에 빼곡히 적어 놓고 했다고 합니다. '우먼 인 러브'로 유명한 명가수 바브라 스트라이젠드는 무대 공포증으로 30년간이나 라이브 공연을 하지 못했다고 합니다.

CNN의 명사회자 래리킹도 마이애미비치 방송국에서 첫 방송을 할 때 지나친 긴장 탓으로 입이 떨어지지 않아서 처음에는 한마디의 말도 내뱉을 수 없었다고 합니다. 또, 화려한 춤 솜씨로 세계의 대중을 사로잡은 마이클 잭슨, 마돈나도 한때는 무대 공포증으로 괴로워했다는 게 여러분은 믿어지십니까?

'적극적인 사고방식'의 저자이며 세계적인 강연가인 노만 V. 필 박사도 연단에 설 때마다 불안을 느꼈다고 합니다. 이런 명연설가나 유명인들도 연단위에서는 긴장한다는 것입니다.

스피치 공포의 고통에서 벗어나기 위해서 제일 먼저 해야 할 일은 사고의 전환입니다. 즉, 많은 사람 앞에서 말을 해야 할 때 불안하고 긴장을 하게 되는 것은 살아있는 사람이라면 누구나 느낄 수 있는 아주 당연하고도 자연스러운 것이라는 것을 마음을 열고 받아들이는 것입니다.

어떤 영화배우 지망생이 있었습니다. 그 배우 지망생은 대학도 변변히 졸업하지 못했습니다. 그가 첫 번째로 출연한 영화에서의 배역은 호텔 사환이었습니다. 열심히 준비하고 연습했지만, 영화 제작자는 그에게 모욕적인 평가를 내렸습니다.

하지만, 그는 남들의 평가로 말미암아 자신의 뜻을 포기하지 않았습니다.

그는 자신이 언젠가는 최고의 명배우가 될 것이라는 꿈을 버리지 않았고 계속 열심히 노력하였습니다.

그 배우가 바로 개성 있고 매력적인 미소의 소유자 해리슨 포드입니다. 왜 배우가 되기로 했느냐는 기자의 질문에 해리슨 포드의 대답은 놀랍습니다.

"내가 배우가 되기로 결심한 이유는 '공포감' 때문이었다. 나는 대학에서 몇 번인가 연극에 출연한 적이 있었다. 나는 연극을 할 때마다 너무나 공포에 떨었다.

나는 그 공포감을 정복할 필요성을 느꼈기 때문에 억지로 연기를 하게 되었다."

5. 스피치 공포의 반응

스피치 공포를 느끼는 분들은 다음과 같은 신체적인 반응이 나타나게 되고, 비합리적인 생각들이 솟아나게 됩니다.
자신은 과연 어떤지 아래 항목들을 살펴보면서 성찰해 보시기 바랍니다.

(1) 신체적 반응

1) 가슴이 뛴다.
2) 몸이나 목소리가 떨린다.
3) 숨이 가빠진다.
4) 침이 마른다.
5) 땀이 난다.
5) 얼굴이 빨개지고 화끈거린다.
6) 얼굴 근육이 경직되고 떨린다.
7) 목소리의 피치가 올라간다.
8) 말의 속도가 빨라진다.
9) 할 말을 잊어버린다.
10) 현기증이 난다.
11) 마치 꿈같은 느낌이 든다.
12) 속이 쓰리거나 구토가 날 것 같다.

왜 이런 신체적 반응이 나타나는 것일까요?
이해를 돕기 위해 간략하게 살펴보겠습니다.

이런 반응은 우리 인간이 공포에 대처하기 위해서 에너지를 생산해내는 과정에서 생기는 것입니다. 우리 몸이 위험 상황에서 갑자기 에너지를 얻으려면 간에 저장된 글리코겐과 많은 양의 산소가 필요해집니다.

그래서 우리의 폐가 산소를 빨리 받아들여야 하기 때문에 숨이 가빠지게 됩니다.

또 심장은 에너지를 담은 혈액을 재빠르게 몸 구석구석으로 보내야 하기 때문에, 맥박이 빨라지는 것입니다. 그리고 많은 양의 혈액이 갑자기 공급되다가 보니까 열을 내게 되고 그 열을 식히기 위해서 땀이 배출되게 됩니다.

또한, 긴장이 성대를 조여서 피치를 높이게 하고, 조속히 연설을 끝내고 연단 바깥으로 도망가고 싶은 마음이 점점 말을 빨리하게 합니다.

그리고 긴장하는 자기 자신에게 자꾸 신경이 쓰이게 되기 때문에 내용에 집중하기가 더 어려워지고 생각이 잘 나지 않게 됩니다.

(2) 떠오르는 생각

1) 나는 다른 사람들에 비해 많이 부족해.
2) 나는 이곳에 어울리지 않아.
3) 내가 할 말은 가치 없어.
4) 나는 자연스럽지 못해.
5) 내가 떨고 있는지 모두 다 알아차렸을 거야.
6) 다른 사람들이 나를 형편없다고 볼 거야.
7) 창피당하지 말고 빨리 끝내야 해.
8) 나는 소심한 못난이야.
9) 나는 정신적으로 문제가 많아.
10) 오늘따라 실수를 너무 하는 것 같아.
11) 다른 사람들은 모두 잘하는 것 같아.
12) 이런 나의 모습에 정말 미치도록 화가 난다.

이렇게 스피치 공포증이 심해지면 연설을 하는데 자극제가 아니라 큰 걸림돌이 되게 됩니다. 긴장이 적절해야 되는데 과도해지면, 연설하는 것이 힘들어지는 것이죠.

6. 스피치 공포 원인

스피치 공포의 원인은 다양합니다만 몇 가지로 정리를 해보면 다음과 같습니다.

(1) 경험의 부족

우리 인간은 익숙하지 않은 환경에 놓이게 되면 긴장과 불안을 경험하게 됩니다. 연단에 서 본 경험이 없는 분들은 낯선 환경에서 익숙하지 않은 뭔가(스피치)를 해야 하기 때문에 긴장하고 떨리게 될 수 있습니다.

(2) 준비와 연습의 부족

준비를 제대로 하지 않고 연습을 게을리 하였으면 전문 연사라도 자신감을 잃어버릴 수 있습니다.

(3) 민감하고 예민한 성격

기질적으로 너무 민감하고 예민한 성격은 스피치를 할 때 특히나 청중을 의식하고 자의식이 강하기 때문에 쉽게 공포에 빠질 수 있습니다.

(4) 완벽주의적 사고방식

매사에 완벽주의적인 사고방식을 가진 분은 스피치마저도 완벽하게 하려고 하고, 그로 말미암아 부담이 커지고 긴장과 불안은 더 하게 됩니다.

(5) 과거의 창피한 경험

과거에 스피치를 하다가 실패를 해서 창피를 당한 경험이 있으면 그 생각이 계속 자신을 따라다니면서 스피치에 대한 자신감을 잃어버리게 합니다. '또 그런 경우가 발생하면 어떡하나.' 하고 전전긍긍하게 됩니다.

(6) 열등감과 자신감 부족

타인과 비교해서 자신이 부족하고 열등하다고 생각하시는 분들은 대중 앞에 섰을 때 당연히 위축될 수밖에 없겠습니다. 세상 모든 일에 자신감이 필요하지만 스피치는 자신감을 더욱더 필요로 합니다.

(7) 특수한 평가 상황

면접처럼 아주 중요한 자리, 특히 평가받는 자리에서의 스피치는 누구든지 긴장과 불안의 정도가 심해집니다. 잘 해내야만 하는 부담감이 긴장과 불안을 부추기게 됩니다.

7. 스피치의 4대 우상

베이컨은 우리 인간이 현상을 올바로 보지 못하게 하는 편견으로서 '네 가지 우상'을 들어 설명하였습니다.

간단히 살펴보자면 **종족(種族)의 우상**은 우리 인간의 처지에서만 자연이나 세상을 보게 됨으로써 오는 편견을 말하며, **동굴(洞窟)의 우상**은 자기의 경험에 비추어 세상을 판단하려는 개인적 편견을 말하며, **시장(市場)의 우상**은 직접적인 관찰이나 경험 없이 다른 사람 말만 듣고 그럴 것이라고 착각하는 편견이며, **극장(劇場)의 우상**은 자신의 소신 없이 권위나 전통을 무비판적으로 받아들이는 데서 생기는 편견을 말합니다.

스피치를 부담스러워하거나 불안에 시달리는 분들의 성향을 살펴보면서 저는 '**스피치의 4대 우상**'이라고 이름을 붙여 정리해 보았습니다. 스피치의 4대 우상은 다음과 같이 **유창성의 우상, 완벽의 우상, 평가의 우상, 암기의 우상**입니다.

(1) 유창성의 우상

유창성의 우상은 물 흐르듯이 매끄럽게 말해야만 스피치를 잘하는 것이라고 착각하는 것입니다. 그러다가 보니 스피치가 부담스러워지고 말은 빨라지게 됩니다.

(2) 완벽의 우상

완벽의 우상은 불완전한 인간인 자신의 스피치는 완벽하게 잘 해내려고 하는 지나친 욕심에 빠지게 되는 우상입니다. 이룰 수 없는 불가능한 목표를 마음속에 세워 놓았으니 엄청난 부담과 긴장에 시달리지 않을 수 없습니다.

(3) 평가의 우상

평가의 우상은 청중을 늘 평가자로 보고 부담스러워하는 것입니다. 그러다 보니 '저 사람들이 나를 어떻게 생각할까?', '혹시 날 형편없이 멍청한 사람으로 보지 않을까?' 하며 쓸데없는 집착에 빠지게 됩니다. 청중의 평가에 신경을 너무 쓰다 보니 우선 자연스럽지 못한 모습이 연출됩니다. 또한, 말하려는 내용에 제대로 몰입이 안 되고, 긴장을 더욱 부추기게 됩니다.

(4) 암기의 우상

암기의 우상은 스피치를 멋스럽게 잘하기 위해서 내용을 완전히 외워버리려는 욕구에 빠지게 되는 우상입니다. 많은 내용을 외운다는 것은 엄청난 시간과 노력을 들여야 하고, 설령 제대로 암기했다고 해도 청중의 가슴에 와 닿지 못하는 딱딱한 스피치가 되어버리기 쉽습니다. 만약 중간에 잊어버리기라도 한다면 정말 난감한 상황이 벌어지게 되겠죠.

이러한 그릇된 우상에 휘둘리지 말고 바람직한 방향으로 지혜롭게 스피치 공부를 해나가야 하겠습니다.

2장
스피치 공포에 대한 성찰

1. 자신의 스피치 마인드 성찰

　다음 질문지는 스피치 교육을 받으러 온 수강생 분들에게 더욱 적절하고도 효과적인 교육을 제공해 드리기 위해서 제가 교육 전 상담을 할 때 작성하게 하는 것입니다. 자기 자신과 대화를 나눈다는 느낌으로 차분히 답변을 해보시기 바랍니다. 모든 변화의 출발점은 자기 자신이니까요. 여러분 자신을 다시금 되돌아보고 향후의 스피치 능력의 발전 방향과 계획을 세우시는데도 유익할 것입니다.

■ 즐겁고 편안한 마음으로 자신을 성찰해 봅시다.

(1) 대화는 누구든 자신 있는데 대중 스피치는 무척 긴장이 된다. (　　)
　　대중 스피치는 물론 부담스러운 상대와 대화 때도 긴장이 된다. (　　)

(2) 과거에 대중 스피치를 하다가 실패나 창피를 당해본 경험이 있다. (　　)
　　있다면 언제 (　　　　), 어떤 청중 앞에서 (　　　　　　),
　　어떤 주제로 (　　　　　　　　　　　　　　)

(3) 대중 스피치를 하게 되면 어쨌든 하기는 한다. (　　)
　　대중 스피치를 하게 되면 언제나 피한다. (　　)

(4) 대중 스피치를 할 때 가장 걱정되는 부분은? (　　)
　　① 목소리 떨림　　② 얼굴 홍조　　③ 시선　　④ 부자연스러운 표정

⑤ 내용 떠오르지 않음   ⑥ 얼굴 근육 떨림   ⑦ 손 떨림
⑧ 듣기 싫은 목소리   ⑨ 기타 (   )

(5) 나는 일이든 인간관계든 완벽을 추구하는 경향이 있다. (   )

(6) 나는 타인을 많이 배려하는 편이다. (   )

(7) 나는 우월감과 열등감을 동시에 가진 것 같다. (   )

(8) 긴장만 되지 않으면 대중 스피치를 정말 잘할 것 같다. (   )

(9) 내가 대중 스피치 불안을 극복하기 위해 시도했던 노력은 어떤 것이었나?
(   )

(10) 예전에 나는 무척 쾌활하고 활발한 성격이었다. (   )

(11) 나는 어떤 고민이 있을 때 그 고민에 계속 집착하며 속을 끓이는 편이다. (   )

(12) 나는 '다른 사람들이 나를 어떻게 생각할까?'에 대한 의식을 많이 하는 편이다.
(   )

(13) 전화 통화를 할 때 나는 자연스럽고 자신 있게 말을 잘하는 편이다. (   )

(14) 나의 장점을 3가지 써 본다면?
(   ) (   ) (   )

(15) 나의 단점을 3가지 써본다면?
(   ) (   ) (   )

(16) 나는 눈치가 빠른 편이다. (   )

(17) 나는 비교적 엄격한 부모 밑에서 성장했다. (   )

(18) 나는 자존심이 다소 강한 편이다. (   )

(19) 스피치에 불안을 느끼게 되는 경우 주로 어떤 대상의 청중일까?
① 아주 친한 사람들 (   )
② 적당히 아는 사람들 (   )
③ 아주 모르는 사람들 (   )

④ 많은 청중이라면 모두 (   )

(20) 나의 스피치에 대한 고민을 아는 사람은?
① 아무도 모른다. (   )
② (   )가 알고 있다.
③ (   )는 아마 알 것 같다.

(21) 스피치 불안이나 긴장 때문에 사회생활에 어떤 지장을 받아왔는가?
(   )

(22) 스피치가 최초로 부담스럽고 긴장되게 느껴지게 된 것은 언제인가?
(   )

(23) 며칠 후 다소 부담스러운 청중 앞에서 스피치를 해야 한다면?
① 일단 피하고 본다. (   )
② 두렵지만 부딪혀 본다. (   )
③ 부하직원을 시키거나 유인물로 대체한다. (   )
④ 기타 (   )

(24) 우리나라 사람 100명 중에 스피치에 대해 불안과 긴장을 느끼는 사람들이 몇 명 정도 될 것 같은가? (명)

(25) 우리나라 사람 100명 중에서 스피치 불안과 긴장의 정도가 큰 사람부터 순위를 매긴다면 자신은 몇 번째 정도 될 것 같은가? (번째)

(26) 자신이 생각하기에 스피치 불안과 긴장을 극복하는 최고의 방법은 무엇이라고 생각하는가? (   )

(27) 스피치 공부를 하고 난 후 목표한 바대로 멋지게 변화된 자신의 모습을 기쁘고 행복한 마음으로 3가지로 묘사해 봅시다.
①
②
③

(28) 자신이 바라는 인생의 목표는?
(   )

(29) 자신이 생각하기에 스피치 불안과 긴장을 그런대로 해결하기 위해서는 어느 정도의 기간이 필요할 것 같은가?
(   )

(30) 기타 : 특별히 노력해야 할 점이 있다면?
(   )

2. 공포심을 부추기는 요인

스피치에 대해 공포를 느끼게 하고 공포를 부추기는 요인은 과연 무엇일까요? 어떤 요인이 우리를 공포로 몰아가는 것일지에 대해 그 마음을 함께 들여다보도록 하겠습니다.

(1) 다른 사람들이 나를 어떻게 볼까?

스피치 공포를 느끼는 마음을 양파 껍질 벗기듯이 벗기고 또 벗기면 '다른 사람들이 나를 어떻게 볼까?' 하는 마음이 도사리고 있습니다. 다시 말하면 스피치 공포는 다른 사람들이 나를 어떻게 평가할지에 대한 '평가 불안'인 것입니다.

우리는 평가를 받는 일에 긴장을 느끼고 부담을 가지게 됩니다. 그것은 당연하기도 합니다. 특히나 많은 사람 앞에서 하게 되는 대중 연설은, 무슨 대회가 아니고 채점하는 사람이 없더라도 은연중에 청중으로부터 평가를 받는 듯한 느낌이 들게 됩니다. 그런데 스피치를 하는 상황은 언제나 다른 사람들이 나를 평가하는 긴장 되고 부담을 느끼는 자리인 것만은 아닙니다. 다시 말씀드려서 우리에게 펼쳐지는 대부분의 스피치의 상황은 우리의 생각 즉 마음가짐의 변화에 따라 베풂과 나눔의 따뜻하고 포근한 기쁨의 자리가 될 수 있는 것입니다.

'청중이 나를 어떻게 생각할까?' 하는 '나' 위주의 이기적인 마음보다는 '청중에게 도움이 되고, 즐거움을 드려야지.' 하는 청중 위주의 대아적인 마음으로 연단에 서야 합니다. 즉 나를 멋스럽게 뽐내고 잘난 체하려고 하는 스피치를 하려 하기보다는 청중을 사랑하고 위하는 청중에게 도움이 되는 스피치를 하려고 노력할 때 최고의 스피치가 탄생되는 것입니다.

(2) 가장 큰 주범은 '완벽 욕구'

여린 성격 때문에 여자에게 말 한마디 건네지 못해 장가도 못 가고 고민하던 노총각이 있었습니다. 자신이 너무 부족하다고 생각해서 그는 늘 완벽한 남자를 꿈꾸었습니다. 어느 날 그에게 산신령님이 꿈에 나타나 소원 한 가지를 들어주겠다고 했습니다. 노총각은 '완벽한 남자'가 되게 해 달라고 빌었습니다. 다음 날 아침 그 노총각은 자신의 소원대로 완벽한 남자로 변신했습니다.

그리고 수많은 여성과 맞선을 보기 시작했습니다. 그런데 번번이 퇴짜를 맞았습니다. '왜, 이럴까 나는 완벽한 남자인데?' 그는 도무지 이해를 할 수 없었습니다. 그의 마음은 마치 절벽 앞에 선 심정이었습니다. 그러던 어느 날 100번째 맞선을 보러 나간 상대 여성에게 그 이유를 들을 수 있었습니다.

"당신은 너무 완벽해서 제가 들어갈 틈이 없습니다. 오히려 혼자 사시는 게 좋을 것 같네요. 부족한 부분을 서로 채워 주는 게 아니라면 함께하는 것이 무슨 소용이 있겠어요."

이 말을 듣고 깨달은 노총각은 '완벽'을 버리고 자신의 부족함도 이해하고 사랑할 줄 알게 되었습니다. 그리고 101번째 맞선에서 서로의 부족함을 채워주며 깊이 사랑할 멋진 신부를 얻었습니다.

이 노총각의 '완벽증'처럼 스피치를 완벽하게 잘 해내려는 분들이 많이 있습니다. 그런 것을 바라고 있지 않은 것처럼 보이지만 내면 깊숙이 완벽 하고자 하는 열망이 용암처럼 불타오릅니다. '감동을 줘야지, 멋지게 하고 내려와야지, 뭔가 보여줘야지.' 하는 욕심을 가집니다. 그런데 오히려 완벽하게 잘하려는 마음이 스피치를 어렵게 만들고 망치게 합니다.

평소 생활에서도 무슨 일을 하든지 완벽하게 해야 한다는 '완벽증'을 가지는 분들이 스피치 공포에 시달리게 되는 경우가 많습니다. 완벽하지 않은 불완전한 인간이면서도 완벽하게 해내려고 욕심을 내다보니 여러 가지 문제가 발생하지 않을 수 없습니다.

실수하지 않고 완벽하게 잘하려는 욕심, 완벽하게 잘 해내야만 하는 강박적인 부담감은 스피치 공포의 가장 큰 주범입니다.

완벽한 스피치를 하려고 하는 욕구는 완벽하게 자신을 괴롭힙니다. 스피치를 하는 상황뿐만이 아니라, 스피치를 하기 며칠 전부터 자신을 괴롭히기도 합니다. '잘 돼야 될 텐데. 실수라도 하면 어떡하나?' 하면서 잠도 잘 자지 못합니다. 입맛도 없어지고, 밥도 잘 넘어가지 않습니다. 생각이 온통 스피치 걱정으로 가득 차고 아무것도 손에 잡히지 않습니다. 그리고 스피치 당일 날은 그야말로 끔찍한 공포에 휩싸이게 됩니다.

그럼 왜 완벽해지려는 마음이 생길까요?

'나는 남들에게 잘 보여야 된다.', '나는 남들로부터 좋은 평가를 얻어야 한다.'라는 욕심이 속마음에 자리하고 있기 때문입니다.

또, 남들이 자기를 부정적으로 생각할까 봐, 하찮게 볼까 봐, 우습게 볼까 봐 걱정하고 두려워합니다. 즉, 자신에 대한 타인의 평가에 대한 두려움이 큰 부담으로 다가오는 것이지요. 그러다가 보니 남들에게 흠 하나 잡히지 않는 발표를 하려고 하고, 자꾸 완벽을 추구하게 됩니다.

완벽한 연설, 완벽한 발표라는 것은 있을 수 없습니다. 그런데도 완벽하게 하려고 하니까 자신이 점점 더 없어지는 것입니다. 그렇게 되면 발표를 앞두고 있을 때마다 불안이 고개를 듭니다. 연단 위에 아직 올라가지도 않았는데 벌써 심장은 두근두근 방망이질을 하고 맥박이 빨라지고, 호흡도 가빠집니다.

상황이 닥치지도 않았는데, 벌써 두려운 상황이 떠오르고 불안을 느끼게 되는 이런 현상을 '예기 불안'이라고 합니다. 이런 '예기 불안'이 생기면 불안은 증폭되어서 실제에서는 더 긴장하게 됩니다.

연사가 자신의 스피치에 몰입을 하지 않고 청중에게 좋은 평가를 받는데 신경을 쓰는 것은, 제사를 지내는 것은 뒷전이고 마치고 나서 먹을 제삿밥에만 신경 쓰는 꼴이지 않을까요? 완벽은 우리를 불안과 공포의 절벽으로 내몰게 됩니다.

완벽은 신의 영역이며 불완전은 인간의 영역입니다. 그런데 우리 불완전한 인간이 '완벽'을 추구한다는 것은 바로 신의 영역에 도전하는 것입니다. 이럴 때 하느님은 벌을 내리십니다.

예전에 자만심으로 가득 찬 인간들이 신의 영역에 도전하고자 바벨탑을 쌓을 때 우리 인간들의 언어를 여러 갈래로 갈라지게 해서 서로 의사소통을 하기 어렵게 하는 벌을 내리셨듯이 이번에도 마찬가지입니다.

이번에는 떨려서 말을 잘 못하게 하는 '스피치 공포'란 벌을 내리시는 겁니다. 실수도 하지 않고, 멋있게 잘 해내려고 하면 할수록 부담은 훨씬 더 커집니다. 완벽하게 하려고 하면 할수록 긴장이 훨씬 더 증폭됩니다.

완벽해지려는 욕심의 크기와 두근거리는 가슴의 진동수와는 비례하는 것입니다.

완벽은 절벽입니다. 완벽해지려는 마음을 버리고 온 정성을 쏟는 각오로 스피치를 준비하고 연습하고 연단에 서야 합니다.

> **Power Talk**
>
> 강의 내용 중에 완벽주의를 버리라는 내용이 있습니다.
> 완벽해진 다음에 무언가를 하려면 평생 할 수 없을지도 모릅니다.
>
> 비록 자신 없고 긴장되고 떨리지만
> 최선을 다해보자는 마음으로 부딪혀봅니다.
>
> 최선을 다한다는 의미는
> 다음과 같은 세 가지로 나누어

생각해 볼 수 있겠습니다.

첫째는 발표를 하기 전에 최선을 다하는 것이고,
둘째는 발표 중에 최선을 다하는 것입니다.
그리고 마지막 셋째는 발표가 끝나고 나서
마무리에 최선을 다하는 것입니다.

첫째, 사전 준비는 내용을 전해들을 사람을 생각해서
'**이왕이면**' 조금 더 준비하자는 마음으로 열심히
준비합니다.

둘째, 발표 중에는 발표에 해가 되는
온갖 상황이 펼쳐지더라도 꿋꿋하게
'**오직 할 뿐**'이라는 생각으로
최선을 다해 나가는 것입니다.

마지막 셋째, 발표가 끝나고 나서는
'**그렇지만**' 참 잘했어! 하며
수고한 자신에게 온 마음을 다해
격려와 칭찬을 아끼지 말아야 한다는 것입니다.

이와 같은 마음으로 도전을 꾸준히 해나갈 때
매일매일 멋진 사람으로 거듭날 수 있습니다.

3. 스피치 공포 탈출을 위한 방법

스피치 불안과 공포를 벗어나려는 방법으로서 크게 세 가지 측면의 접근 방법이 있습니다. 그것은 바로 인지적 접근, 행동적 접근, 기술적 접근 방법입니다.

인지적 접근은 우리의 부정적이고 그릇된 생각을 긍정적이며 바람직한 생각으

로 변환시켜나가는데 초점을 두는 것이고, 행동적 접근은 불안 정도가 낮은 데서부터 점점 불안 강도가 높은 것에 부딪혀나가며 불안을 극복하자는데 초점을 두는 것입니다.

그리고 기술적 접근은 스피치 기술을 익히고 실제에 적용해서 자신감을 높여나가자는데 초점을 두는 것입니다.

(1) 인지적 접근 방법

부처님께서 "일체유심조"라고 말씀하셨듯이 모든 것이 마음먹기 나름이고 생각하기 나름입니다. 우리의 생각이 행동을 만들고, 우리의 행동이 습관을 만들고, 우리의 습관이 우리의 인생을 만든다는 말처럼 모든 시작은 우리의 생각에서부터 비롯됩니다.

똑같은 상황이라도 우리가 부정적으로 생각하면 부정적인 결과를 빚어내기가 쉬운 것입니다. 우리의 생각이 잘못되면 모든 것이 시작부터 엉망이 되고 맙니다. 우리의 잘못된 생각, 불합리한 생각들을 올바르고 합리적인 생각으로 바꿔줘야 합니다.

우리가 삐뚤어진 잘못된 안경을 끼고서 세상을 본다면 세상이 아무리 완전하다고 할지라도 우스꽝스럽게 보일 수밖에 없듯이 우리가 세상을 올바로 바라보려면 우리의 잘못된 안경을 벗어 던져야 합니다.

스피치 자체는 공포가 아닙니다.

우리가 그렇게 생각하기 때문에 공포를 느끼는 것입니다. 우리가 스피치를 하게 되었을 때 엄청난 불안과 공포로 받아들이게 되느냐 행복한 기회로 받아들이게 되느냐 하는 것은 우리의 생각에 달렸습니다. 잘못된 생각이 공포를 불러온 것처럼 올바른 생각이 공포를 몰아냅니다.

(2) 행동적 접근 방법

일단 부딪혀보면 많은 것을 깨닫게 됩니다. 생각만 하고서 우물쭈물 망설인다면 우리는 여전히 그 자리에 머물러 있게 됩니다. 도전하고 시도해 봐야 합니다. 세상의 어떤 공포도 우리의 상상 속의 공포에 미치지는 못합니다. 일단 부딪혀 보면 '생각보다 별것 아니구나!' 하는 것을 깨닫게 됩니다.

감당하기 어려운 정도의 공포 대상이 있다면 일단 낮은 단계의 공포부터 부딪혀 보는 것입니다. 쉬운 것부터 성공을 이뤄나가면서 점점 난도가 높은 것으로 도전해봅니다. 그러면 결국 엄청나게 생각되었던 공포도 자연스레 정복하게 됩니다. 행동하는 자만이 성취를 이뤄낼 수 있습니다.

적극적인 행동이 공포를 몰아내고 자신감을 불러옵니다. 스피치에 대해 걱정만 하고 있을 것이 아니라 과감하게 연단 위로 자주 올라가야 합니다.

(3) 기술적 접근 방법

스피치의 기술적 접근은 스피치 훈련을 통해 기술을 배우고, 연단에서 스피치 기술을 실제 수행하게 함으로써 발표 불안을 감소시키는 것입니다. 많은 사람이 발표 불안을 소극적인 성격이나 심리적인 문제 탓이라고만 생각하는 경향이 있습니다. 물론 발표 불안의 원인으로 심리적인 문제가 큰 부분을 차지하고 있지만 스피치 기술 부족 또한 발표 불안을 부추기는 원인으로서 큰 비중을 차지합니다. 마치 수영을 못해 강물에 뛰어들어 가기를 두려워하게 되는 것과 마찬가지로 스피치 기술이 부족한 경우 자신감을 가지지 못하고 긴장과 불안에 휩싸이게 됩니다.

호흡을 제대로 하는 요령을 배우지 못하고 얕은 호흡으로 스피치를 해서 목소리가 떨려나온다든지, 스피치를 할 때 등단과 하단을 어떻게 해야 하는지를 몰라 당황하게 되는 경우 등 불안의 원인이 스피치 기술 부족에 근거하는 경우가 많습니다. 그래서 스피치 기술을 배우고 익히며 이를 실제 연단에서 실습을 통해 실현해 내는 훈련은 스피치에 대한 자신감을 향상시키고, 계속적인 연단 경험을 통해 스피치 상황이 익숙해지게 됨으로써 발표에 대한 부담을 줄이고 불안을 경감시키는 데 아주 유용합니다.

4. 버려야 할 마음

스피치 공포에 시달리는 분들은 심리적으로 어떤 성향이 있는 것일까요? 어떤 마음들이 우리로 하여금 스피치 공포에 시달리게 하고 불안과 긴장을 증폭시키는 것일까요? 스피치 공포를 극복하기 위해 버려야 할 마음은 과연 어떤 게 있을까요? 그리고 우리는 어떤 마음 자세를 가져야 할까요?

다음의 버려야 할 열세 가지 마음들을 살펴보면서 자신의 마음을 다시금 되돌아보고 버릴 것은 버리고 새롭고 바람직한 마음으로 변화해 보도록 노력해야 하겠습니다.

(1) 부인하려는 마음

자신이 많은 사람 앞에 서기만 하면 긴장하고 떨게 된다는 사실을 쉽게 받아들이지 못합니다. 부인하려고 합니다. 그러다가 보니 속상해하고 못 견뎌 합니다.

지금의 모습보다 더 나은 발전을 하기 위해선 무엇보다도 지금의 현실을 인정하고 받아들여야만 합니다. 지금의 땅에 발을 딛지 않고서는 도약할 수 없는 법이니까요. 지금의 모습이 마음에 들지 않고 지우고 싶더라도, 일단 현실을 있는 그대로 수용하는 것이 무엇보다도 중요합니다. 일단 마음을 열고 받아들여야 합니다. 그것이 변화의 시작입니다.

바다가 넓디넓은 이유는 '받아(바다)들임'에 있지 않을까요?

(2) 부정적인 마음

스피치를 하기 전에는 '잘 안될 거야.', '또 떨고 말 거야.', '또 얼굴이 빨개질 거야.' 하면서 미리 부정적인 상상을 떠올립니다. 성공이냐 실패냐 하는 것은 해봐야 할 텐데 항상 최악의 상황을 미리 머릿속에 그려놓고서는 반드시 그렇게 부정적으로 끝나게 될 것이라고 무의식적으로 자기 암시를 하는 것이지요.

그리고 스피치를 하고 난 다음에도 자신의 스피치에 대해 부정적인 평가를 합니다. 부정적인 예상은 부정적인 결과를 빚어내고 스피치를 마치고 난 다음에 자신의 스피치에 대해 내리는 부정적인 평가는 자신의 잠재의식에 실패 경험으로 새겨지게 되고 다음에 스피치를 하게 될 때는 더 힘들어집니다.

사막에서 낙타를 잃어버리고 걸어가게 된 두 나그네가 있었는데 둘 다 반 정도 물이 담긴 물통을 하나씩 가지고 있습니다.
한 사람은 '물통에 물이 반밖에 남지 않아서 큰일 났다. 나는 얼마 되지 않아서 죽을지도 몰라, 어떡하나? 큰일 났네.' 하면서 안절부절못합니다. 벌써 죽음에 대한 공포로 얼굴이 사색이 되었습니다.
그런데 다른 한 사람은 '아직도 물통에는 물이 반이나 남아있어. 자, 힘을 내서 열심히 가보는 거야.' 하면서 힘찬 발걸음을 내딛습니다.

과연 누가 살아날까요?
부정적인 사람은 햇볕 쨍쨍한 맑은 날에도 혹시나 비가 내리지나 않을까 걱정합니다. 긍정적인 사람은 먹구름 낀 날씨에도 그 먹구름 너머 찬란히 빛나는 태양을 바라봅니다. 걱정과 근심이 떠올라서 자꾸 부정적으로 생각되면, 생각을 계속 진행하지 말고, 일단 멈춘 다음에 긍정적인 생각으로 바꾸시기 바랍니다.

스피치를 할 때도 '연습을 한 시간밖에 못 했어. 중간에 까먹을지도 몰라, 아무래도, 연설을 망치게 될 것 같아.' 하며 부정적으로 생각하는 사람은 스피치를 망치고 맙니다. '그래, 열심히 해 보는 거야, 그래도 한 시간 동안이나 준비를 했잖아. 열심히 최선을 다한다면 아마 잘 될 거야.'라고 긍정적으로 생각하는 사람이 실제도 잘하게 됩니다. 스피치를 앞두고 있다면 '잘 될 거야', '난 잘해낼 수 있어.'라고 자신에게 긍정적인 예언을 해주십시오.

그리고 스피치를 마치고 난 다음에는 아쉬운 점이 있더라도 '그런대로 최선을 다했어, 아쉬운 점이 있지만, 다음에 더 잘하면 되지 뭐.' 하고 스스로를 격려해 주시기 바랍니다.

헨리 포드는 "당신이 할 수 있다고 생각하든 할 수 없다고 생각하든 당신의 생각이 옳다."라고 했습니다. 예수님께서도 "믿는 대로 되리라."라고 하셨습니다.

긍정적인 생각이 긍정적인 결과를 낳습니다. 그래서 긍정적인 결과를 바라면 긍정적인 생각을 해야 합니다. 부정적인 생각이 떠오르면 긍정적인 생각으로 바꿔야 합니다. 긍정적인 생각은 '우리 마음의 119'입니다.

(3) 흑백논리

김 대리가 전체 직원들 앞에서 브리핑을 했습니다. 다른 회사 구매 담당자들도 몇 분 오셔서 부담이 많이 된 발표였습니다. 긴장을 많이 한 탓인지 목소리가 조금 떨렸습니다. 그리고 준비했던 것 중에서 몇 가지를 빠뜨리기도 했습니다. 그렇지만, 어쨌든 처음부터 끝까지 발표를 해냈습니다. 다른 사람들이 보기에 아주 잘 한 것은 아니지만, 그렇다고 그렇게 못 한 것도 아닌 발표였습니다. 그런데 김 대리 생각은 다릅니다. 발표를 완전히 망쳤다는 것이죠.

'전 직원 앞에서의 발표였는데, 진짜 잘했어야 했었는데 이게 무슨 꼴이야. 완전히 망쳤잖아. 그렇게 외워 놓은 것도 중간에 다 빠뜨려 버리고, 거기다가 목소리까지 떨고, 아이고 완전히 망쳐버렸어. 난 왜 이 모양이지. 왜 이렇게 멍청하지.' 부정적인 생각이 꼬리에 꼬리를 물고 일파만파로 번져나갑니다.

그냥 봐서는 최소한 65점 정도는 줄 수 있었겠는데 김 대리는 완전히 망쳐버린 빵점이라고 생각하는 것입니다. 완벽 아니면, 실패, 100점 아니면 빵점, 완전히 '흑백논리'인 것이죠. 심지어는 다른 사람들이 그런대로 잘했다고 칭찬을 해주어도 '격려차원에서 해주는 말이겠지 뭐.' 하면서 곧이곧대로 받아들이지 않습니다.

어떤 스피치라도 완벽한 스피치가 없고, 어떤 스피치라도 어느 정도 잘한 점이 분명히 있는 것입니다. 잘한 점은 앞으로 더욱 잘 살려나가고, 아쉬운 부분은 보완해서 다음엔 더 잘할 수 있도록 노력하는 자세를 가지도록 해야 합니다.

(4) 피하려는 마음

스피치 공포가 심하신 분들은 스피치할 기회를 피하려고 합니다. 스피치를 피하는 것은 기회를 피하는 것입니다. 우리 인간은 부딪혀가면서 실수도 해가면서 배우는 법인데 시도조차 하지 않고 피해버린다면 극복할 기회는 영영 오지 않습니다. 물을 피해버리는 사람이 언제 수영을 익힐 날이 오겠습니까?

　한 번은 용케 피했어도 영원히 스피치를 피할 수는 없습니다. 사회생활을 하는 동안 스피치와 담쌓고 지내기란 불가능하기 때문입니다. 어쨌든 극복해야만 하는 것입니다.

　그리고 피하고 말았을 때 본인의 잠재의식은 자기 자신을 비참하게 생각하게 하고 무능력한 사람으로 인정하게 됩니다. 실패 없는 성공 없고 도전 없는 성취 없습니다.

　피하지 말고 용기를 갖고 시도하고 도전해야 합니다. 용기란 두려워하지 않는 것이 아니라 두렵지만 해내는 것입니다.

　이런 말이 있습니다.
　"성공하는 사람은 행동라면을 먹고, 실패하는 사람은 했더라면을 먹는다."

　제가 강의를 맡은 서울 소재 D 대학교에서 스피치 과정을 수강하시는 분 중에 어느 한 분이 목소리도 우렁차고 호흡과 발성 훈련이 제대로 되어 있어서 제가 출전할 웅변 스피치 대회에 '함께 나가면 좋은 결과가 있겠다.'라는 생각을 하게 되었습니다.

　그래서 저는 어느 날 그분께 대회에 함께 출전할 것을 제의했습니다. 그러나 이런 저의 제의에 그분은 많은 부담을 느끼며 거절했습니다. 이유는 많은 사람 앞에서 발표해 본 경험이 없다는 것입니다. 그래서 아직은 시간적인 여유가 있으니 많은 부담 갖지 말고 천천히 생각해 보라고 하며, 그분에게 다음과 같은 말씀을 들려드렸습니다.

"선생님께서는 스피치에 소질이 있어 보이니 조금만 훈련하시면 정말 잘하실 수 있을 겁니다. 그리고 실패를 두려워하지 마십시오. 실패 없는 성공은 없으며 실패는 값진 경험이 될 수 있습니다. 도전하는 자만이 성취할 수 있고, 노력하는 자만이 성공할 수 있습니다." 등등의 신념을 불어 넣는 얘기를 해 드렸습니다.

그분은 결국 한 주일의 망설임 끝에 대회에 출전하기로 결심하였습니다. 원고를 빠르게 준비하고 리듬과 감정을 살려 원고를 외우고 익히는데 정말 많은 에너지를 쏟아 부었습니다. 결과는 전국 규모의 첫 웅변 스피치 대회에 출전해서 자랑스러운 C 대학교 총장상을 받게 되었습니다.

"교수님 덕분에 좋은 경험을 했습니다. 일생을 통해 가장 열심히 산 시기가 아니었나 싶을 정도로 이번 대회를 위해 열심히 준비했습니다. 교수님께서 들려주신 도전하는 자만이 성취할 수 있다는 얘기를 이제는 정말 실감할 수 있겠습니다. 교수님을 만나 스피치에 자신감도 얻게 되었고, 큰 상까지 받게 되어 무척 기쁩니다. 정말 감사합니다."

또한, 그는 앞으로 기회가 된다면 더 큰 목표를 향해 도전하고 싶다는 얘기를 저에게 들려주었습니다. 그는 이미 용기 있는 멋진 사람으로 변해 있었습니다.

(5) 쓸데없는 자존심

스피치 불안으로 고민하고 계시는 분 중에는 자존심이 강한 분들이 의외로 많습니다. 그리고 스피치 결과와 자신의 자존심을 결부시킵니다. 생각만큼 스피치가 잘되지 않으면 자신의 자존심이 심한 손상을 입었다고 생각합니다. 그러다가 보니 스트레스를 많이 받습니다. 또한, 인간관계에 있어서도 자존심을 많이 내세우는 편입니다. 그 자존심은 자신의 가치감과 긍지를 높이는 데 사용되기보다는 대개 다른 사람에게 잘 보이려는 시도를 하고 때로는 자기 자신을 질책하고 공격하는데 발휘됩니다. 그리고 속상해하며 고통스러워합니다. 참된 자존심은 실패했느냐 성공했느냐에 달려있지 않고, 실패나 성공 후에 나타나는 자신의 듬직한 태도에 달려있지 않을까요? 진짜 자존심 있는 사람은 결과에 연연해 하는 사람이 아니라 결과에 초연할 수 있는 사람입니다.

(6) 지나치게 의식하는 마음

무심코 하던 일도 의식하면서 해보려고 하면 왠지 어색하고 잘 안될 수가 있습니다. 자연스럽게 하던 일도 의식을 하게 되면 부자연스러워집니다. 사진을 찍을 때도 그냥 즐거운 마음으로 찍으면 되는데 '나의 표정이 자연스러울까?' 하고 의식하는 순간 부자연스러워집니다. 자연스러운 표정을 지으려고 의식적인 노력을 할수록 얼굴이 굳어집니다. 자연스러워지려고 노력하면 할수록 더욱더 부자연스러워지는 것이죠.

스피치 공포는 타인을 심하게 의식하고 자신을 지나치게 의식하는 데서 빚어지고 심화됩니다. 타인을 의식하다 보니 '남들이 지금 나를 어떻게 보고 있을까?', '저 사람들이 내 스피치를 형편없다고 생각하지나 않을까?' 하는 생각으로 가득 차 있어 스피치 내용에 집중하기가 어려워집니다. 또한, 자신을 너무 의식하다가 보니 '내 목소리가 떨려 나오는 것 같은데.', '내 얼굴이 빨개진 것 같은데.' 하는 생각으로 가득 차 있어 더욱더 불안 증상을 부추깁니다.

이런 쓸데없는 번민과 집착으로 가득 차 있는데 어떻게 스피치가 잘될 수 있겠습니까? 지나친 의식은 자신에 대해 과도한 집중을 하게 하고 스피치에 몰입을 하지 못하게 방해합니다. 지나치게 의식하는 마음은 부자연스러움을 만들어 냅니다.

자연스러움이란 의식적으로 뭔가를 하려는 것이 아니라 그냥 물 흘러가듯이 흐름에 맡기는 것입니다. 어떤 상황에서 긴장되어 잠시 어색한 마음이 들면 그냥 어색한 대로, 부자연스러운 대로 잠깐 내버려두는 것이 좋습니다. 그러면 다시 자연스러움을 찾습니다.

그런데 '자연스러워져야지' 하며 뭔가 의식적인 노력을 기울이는 순간, 우리는 부자연스러움의 늪에 빠져들게 됩니다. 마치 웅덩이의 흙탕물을 맑게 한답시고 이리저리 손을 넣어 저으면 오히려 더 흐려지게 되고, 오히려 그대로 내버려두면 자연적으로 곧 맑아지게 되듯이 말입니다.

지나친 타인의식이나 자의식이 심하신 분들은 그 주의의 초점을 다른 데로 돌릴 필요가 있습니다. 가장 좋은 방법은 '말할 내용에 집중하고 몰입하는 것'입니다. 타인들의 '눈치 보는' 스피치가 아닌 '소신 있고 당당한' 스피치를 하시기 바랍니다. 다음의 맹자님 말씀을 마음에 새겨보시면 좋을 것 같습니다. "스스로 반성하여 바르지 못하면 '갈관박'(褐寬博, 신분이 낮은 사람)도 두렵고, 스스로 반성하여 곧으면 천만인도 두렵지 않다. 이것이 참된 용기이다."

(7) 비교하는 마음

연단에 오르자마자 "앞에 분이 너무 잘해서 더 떨리네요." 하고 말을 꺼내는 분들을 자주 볼 수 있습니다. "다른 분들은 다들 잘하시는데 저만 왜 이런지 모르겠네요." 하는 말들도 심심치 않게 듣습니다.

스피치는 자신의 개성, 자신의 색깔을 표현하는 것입니다. 사람들은 저마다 개성이 다 다릅니다. 누구의 개성이 더 훌륭하고 더 못하고 할 것은 아닙니다. 누가 빨강이 노랑보다 훌륭하다고 할 수 있을까요? 누가 파랑이 초록보다 더 뛰어나다고 할 수 있는가요?

그런데도 남의 떡이 커 보인다는 속담처럼 파랑의 개성을 가진 사람은 빨강의 개성을 부러워하고, 노랑의 개성을 가진 사람이 초록의 개성을 가진 사람 앞에서 주눅이 듭니다. 특히나 스피치에 있어서는 사람들의 비교기준이 너무나 비합리적임을 보여주는 연구 사례가 있습니다.

호주에 있는 퀸스랜드 대학의 래피박사와 림박사는 사회 공포증 환자 28명과 일반인을 대상으로 즉석에서 '3분 스피치'를 하게 한 뒤 자신과 타인의 스피치를 평가하게 한 실험을 했는데 모든 참가자가 청중의 평가보다 자신을 더 부정적으로 평가했으며 특히 사회 공포증 환자가 훨씬 더 자신을 부정적으로 평가했다고 합니다. 연단공포가 심한 사람들은 자기 자신의 스피치에 대한 평가를 할 때 점수를 무척 짜게 매깁니다. 그런데 다른 사람들의 스피치에 대해서는 높게 점수를 매깁니다. 그래서 그런대로 해내고서도 의기소침해지고 주눅이 들고 맙니다.

훌륭한 스피치란 자신의 색깔을 제일 아름답게 표현하는 것입니다. 개성이 없는 스피치는 죽은 스피치입니다. 스피치 훈련은 자신의 색깔을 제일 잘 살려나가는 훈련입니다.

(8) 지레짐작하는 마음

스피치 공포가 심한 분 중에는 어떤 상황이 실제 그런지 확실하지 않은데도 불구하고 마치 그런 것처럼 자기 멋대로 넘겨짚어 부정적인 지레짐작을 해버리곤 합니다.

김 대리는 그런대로 발표를 잘해나갔습니다. 그런데 중간에 사장님이 나가시는 모습을 보게 됩니다. 그 모습을 본 김 대리는 '나의 발표가 오죽이나 마음에 안 들었으면 사장님이 자리를 박차고 나가버릴까.' 하는 마음이 듭니다. '내 발표가 마음에 들지 않아 사장님이 나가신 게 틀림없어' 하고 지레짐작을 한 것이죠.

'그러고 보니 상무님 표정도 그리 밝지 않았는데, 역시 내 발표가 마음에 들지 않아서 그런 것일 거야.' 하며 근거 없는 속단을 이어나갑니다. 그러자 갑자기 긴장이 증폭되고 눈앞이 캄캄해지면서 아무 생각도 나지 않고 말문이 막혀버립니다.

실제로 사장님은 거래처와 급한 약속이 있었고, 상무님은 집에 뭔가 걱정거리가 있어서 그런 것인데 김 대리는 제멋대로 부정적으로 지레짐작한 것입니다. 집에 가서도 망친 발표를 떠올리고 속상해하다가 한강 물산에서 오늘 하기로 한 주문이 다음 달로 연기된 게, 혹시 오늘 자기가 발표를 못 해서 그런 게 아닐까 하는 생각으로 이어집니다.

다른 사람들이 봐서는 김 대리 발표내용하고 그 주문하고는 전혀 상관이 없을 것 같은데, 김 대리는 괜히 그게 자기가 발표를 제대로 못 했기 때문이라고 자꾸 생각을 굳힙니다. 주문 연기마저도 자기 탓으로 돌리면서 김 대리 속은 점점 더 타들어갑니다. 이젠 누워서 잠을 청해 보는데 잠은 안 오고 천장에는 온통 부정적인 그림만 그려집니다. '내일 사표를 써야 할까 보다.' 하며 괴로워합니다.

확인되지도 않은 것을 미리 지레짐작해서 부정적으로 판단해버리는 이런 습성은 반드시 바꿔야 합니다. 정 미심쩍은 경우 확인을 해보면 실제는 그렇지 않음을 깨닫게 됩니다.

(9) 분석하려는 마음

연단공포로 고민하는 사람 중에는 심리학 박사라 해도 좋을 만큼 심리치료분야에 해박한 지식을 가진 분들이 많습니다.

게슈탈트 치료, 인지행동치료, 자기 효능감, 홍수법, 체계적 둔감법, 바이오피드백 등 전문적인 용어들이 대화 중에 막 튀어나옴에 놀랍니다. 자신의 고민을 극복하기 위한 공부와 정성들이 일단은 존경스럽습니다. 그러나 그런 노력이 긍정적인 기여를 하기도 하지만, 문제는 그럼에도 여전히 연단공포에 시달리거나 오히려 전보다 더 심해진다는 것입니다.

자신의 심리상태와 불안 증상을 자꾸 분석하는 습성이 오히려 불안에 더 초점을 맞추게 해서 불안을 증폭시키는 경향이 있습니다. 분석하려는 마음이 수시로 자기를 검열하게 하는 것이죠. 그럴수록 불안에서 헤어 나오지 못합니다. 어떻게 보면 마음은 피부와 같아서 멀쩡한 마음도 자꾸 집착해서 긁게 되면 부스럼을 만들고 상처를 냅니다.

멀쩡한 마음을 자꾸 긁어대며 분석하려고 하지 말고, 스피치를 피할 수 없다면 스피치를 즐겨봅시다.

(10) 감추려는 마음

자신을 드러내는데 당당한 사람 중에 스피치 공포가 있는 경우는 드뭅니다. 스피치 공포가 심한 분 중에는 자신을 드러내는 것을 왠지 꺼리고 숨기려는 경우가 많습니다. 스피치 공포와 은폐심리와는 상관관계가 있는 듯합니다.

　스피치는 밖으로 나타내는 '표현'인데 은폐는 그와 정반대의 의미를 가집니다. 그러니까 안으로 감추려는 마음을 가지고 밖으로 표현해야 하는 스피치를 잘하기가 어려운 것은 당연하겠죠.

　특히 스피치 공포로 고민하고 계시는 분들은 자신의 떨리는 모습과 긴장된 모습이 청중에게 알려질까 봐 노심초사하고 전전긍긍합니다.

　떨리는 것을 숨기려고 하면 할수록 더 떨립니다. 긴장해서 떨리는데다가, 숨기려고 비밀리에 하니까 더 떨리는 것이지요. 우리는 긴장되는 상황에서도 떨리지만, 누군가 모르게 살금살금 하려고 할 때도 떨립니다. 그러니까 긴장되는 것을 숨기려고 하니까 두 배로 더 떨리는 것이지요. 숨기려고 애를 쓰면 쓸수록 더 긴장하게 됩니다. 차라리 긴장하고 있다는 것을 알려버리면 긴장이 훨씬 덜해집니다.

　경기도에 있는 S 골프장 경기보조원(도우미)분들과 직원 분들이 약 200여 명 정도(거의 여성이었음) 있는 곳에서 스피치 강의를 할 때 실제로 제가 활용했던 멘트입니다.

"오늘 여러분처럼 멋지고 아름다운 분들 앞에서 강의하려니까 긴장이 많이 되네요. 사실 저는 아직 네 번째 손가락인 이 약지에 반지를 한 번도 끼어보지 못했거든요." 그런데 신기할 정도로 이렇게 말하는 순간 긴장은 훨씬 줄어들고, 청중이 마음을 열기 시작하는 겁니다.

잠시 후 청중석에서 "잘 생겼어요.", "멋있어요."라는 격려와 칭찬의 메시지가 전달되고 청중의 말과 생각 그리고 마음의 문이 열리는 것을 확인할 수 있었습니다. 정말로 어색하고 긴장된 상황을 알려 버리면 긴장이 훨씬 덜해지고 마음이 편해진다는 것을 새삼 실감할 수 있었습니다.

또 긴장하는 모습은 나쁜 것이라는 고정관념을 버려야 합니다. 많은 분이 다른 사람이 내가 긴장하는 것을 알아차리면 날 형편없는 사람이라고 보지 않을까 하는 걱정을 합니다. 그런데 다른 사람들은 사람이 좀 긴장을 했다고 해서 형편없다고 흉보거나 나쁘게 생각하지는 않습니다. 오히려 친근한 마음이 들 수도 있고, 인간적으로 보일 수도 있죠.

긴장할 때 긴장하는 것은 살아있는 사람이라면 당연합니다. 그런데 숨기느라고 더 긴장한다는 것은 솔직하지 못한 데 대한 벌이 아닐까요?

그리고 생활 속에서도 자신의 신상이 밝혀지는 것을 왠지 꺼리는 성향을 보이기도 합니다. 예를 들어 어떤 가입신청서를 작성할 때도 자신을 솔직히 드러내고 싶어 하질 않습니다. 일부러 엉터리로 기재하는 경향들이 있습니다. 주로 가명과 거짓 정보를 기재합니다.

세상에 자신을 당당히 드러냈을 때 왠지 손해를 입을 것 같고, 왠지 부정적으로 평가받을 것 같은 피해심리와 불안감이 은폐심리를 부추깁니다. 왜 그럴까요? 자신의 참모습에 대해서 자신이 없기 때문입니다. 자신의 참모습에 자신이 없는 분들은 대개 형편없는 사람들이 아니라 자신의 참모습을 제대로 알지 못하고 왜곡되게 인식하는 경우가 많습니다. 자기 자신을 제대로 정확히 보고 있지 못하다는 것이죠.

자기 자신을 드러내기가 불안하다면 자기 자신의 내면을 다시금 성찰해 보시기 바랍니다. 그래서 자기 자신의 본래 모습을 제대로 알기 바랍니다. 그러면 다음의 문구를 이해하게 될 것입니다.

"사람들은 가장 중요한 것을 모르고 있다. 자신은 이미 아름답고 이미 소중하고 이미 존귀한 존재라는 것을."

(11) 집착하는 마음

스피치 공포가 심한 분들은 집착 성향을 보이기도 합니다. 집착도 보통 집착이 아니라 끈질긴 집착입니다. 특히 불쾌했던 경험을 놓아 버리지 않습니다. 끈질기게 물고 늘어집니다. 그리고 다시 불쾌해하며 속상해하고 괴로워합니다. 그래서 과거의 아팠던 실패경험에서 쉽게 헤어 나오질 못하고 여전히 그 악몽을 현실 속에서 되풀이합니다.

이러한 집착 성향은 공포를 극복하려는 피나는 노력으로 나타나기도 합니다. 엄청난 부담에도 아랑곳하지 않고 스트레스를 받아가며 끊임없이 시도하고 도전하며 공포나 불안에 대한 서적을 독파해 나가기도 합니다. 그런데 이런 노력이 스피치 불안 극복의 영광을 얻게 하기도 하지만 오히려 공포를 심화시키기도 합니다.

집착은 번민을 만들고, 번민은 고뇌를 만들며, 고뇌는 우리의 마음을 지치고 병들게 합니다. 집착의 사슬을 끊어버릴 때 우리는 진정 마음의 자유인이 될 수 있습니다.

(12) 걱정하는 마음

"걱정도 팔자다."라는 말이 있습니다. 쓸데없는 걱정을 하는 사람에게 하는 말이지요. 매사에 걱정하는 마음이 지나친 분은 스피치를 할 때도 여전히 걱정실력(?)이 발휘됩니다.

'만약에 떨리면 어쩌지?', '만약에 실수하면 어쩌지?', '만약에 잊어버리면 어떡하지?' 하면서 온갖 걱정을 만들어 냅니다.

'만약에'라는 말은 일어날지 일어나지 않을지 확실하지 않은 때에 쓰는 가정입니다. 그런데 이런 경우엔 꼭 부정적인 가정을 떠올립니다. 그래서 걱정으로 이어집니다. 결국은 걱정을 만든 것입니다.

'만약에 너무 잘하면 어쩌지?', '만약에 청중이 열광적으로 환호하면 어떡하지?', '만약에 기립박수를 받으면 어쩌나?' 하는 이런 긍정적인 가정을 떠올리진 않습니다. 만약에 이런 긍정적인 가정을 떠올린다면 걱정할 일도 없겠지요.

인도의 어떤 성자는 이런 말을 했답니다.

"세상의 모든 걱정거리는 두 가지로 나눌 수 있다. 첫째는 바꿀 수 있는 걱정이고, 둘째는 바꿀 수 없는 걱정이다. 그런데 이 두 가지 모두 걱정할 필요가 없다. 바꿀 수 있는 것은 바꾸면 될 것이고 바꿀 수 없는 것은 걱정해봐야 바뀌지 않을 테니까."

(13) 핑계 대는 마음

"핑계 없는 무덤은 없다."라는 말이 있습니다. 세상 모든 일은 그 나름대로 핑곗거리를 가지고 있다는 말입니다. 그런데 대부분의 핑계는 책임을 회피하고 자신을 합리화시키는 도구로 사용됩니다. 그런 핑계는 발전적이지 못합니다. 우리를 성공으로 이끌어주지 못합니다. 제자리에 머물게 합니다.

'~때문에'라는 핑계로 자신의 발전을 가로막고 성공을 포기하고 있지는 않은지 생각해봐야 합니다.

스피치를 못하는 핑계도 무수히 많이 들어볼 수 있습니다. 스피치 공포에서 벗어나지 못하는 핑계도 무수히 많습니다. 스피치를 피해야 할 핑계도 무수히 찾을 수 있을 것입니다.

'나는 이래서 안 돼', '이런 상황에서는 어쩔 수 없어', '왜 나만 이런 거지?', '시간이 없어서 안 돼', '나는 목소리가 원래 작아서 스피치가 잘 안 돼', '난 원래 소심하기 때문에 어쩔 수 없어', '나는 목소리가 좋지 않기 때문에 다른 사람이 이 스피치를 맡는 것이 좋겠어.', '너무 엄한 부모님 밑에서 자랐기 때문에 나는 어쩔 수 없어.' 등등 정말 많은 핑계를 들어 볼 수 있습니다.

그런데 스피치를 못하는 가장 큰 이유는 떨리기 때문에 못하는 것이 아니라 안 하고 피하기 때문에 못하는 것입니다. 인간이면 누구나 스피치 공포를 느낄 수 있고, 인간이라면 누구나 스피치 공포를 극복할 수 있습니다.

이런저런 핑계 대지 말고 꾸준히 연습하고 훈련하면서 실전 경험을 쌓아나간다면 모두 훌륭한 명 연사가 될 수 있을 것입니다.

어떤 사람이 스피치 공포 때문에 많은 어려움을 겪어왔습니다.
연단에만 서면 심장이 너무 두근거리고, 숨이 가빠져서 말을 제대로 할 수가 없다는 것입니다. 그러던 어느 날 꿈속에 하나님이 나타나셨습니다. 그러자 이 사람은 하나님께 불평을 늘어놓습니다.

"하나님은 왜 저의 몸을 이렇게 불량으로 만드셨습니까? 스피치 하려고 하면 가슴이 너무 떨리고, 숨도 너무나 가쁩니다. 어찌 긴장하나도 극복 안 되게 만들어 놓으셨나요?"

그러자 하나님께서는 이렇게 대답을 하십니다.
"너의 심장이 하나이고, 폐가 두 개인 이유는 심장이 두 개일 때보다는 덜 두근거리고, 폐는 한 개일 때보다 숨이 덜 차도록 한 것이다."

"그렇다면 왜 저는 극복이 안 됩니까?"
"그것은 네가 활용을 잘 못하기 때문이다. 심장이 두근거리는 이유는 피를 머리로 제대로 공급해서 네가 더욱 말을 잘하게 하려는 것이다. 그리고 숨이 가빠지는 것은 네가 숨도 고르지 않고 말을 쏟아 내기 때문이니라."

3장
올바른 마인드 형성

1. 스피치에 목숨 걸지 말자

아무리 중요한 연설이라도 사활(死活)이 걸릴 정도로 그렇게 중요하고 심각한 경우는 별로 없습니다. 그런데 너무 지나치게 중요하다고 목숨 걸고 생각하면 가슴이 너무 떨리고, 숨도 가빠지고, 말도 제대로 하지 못하게 되지요.

상황이 너무 부담스럽게 느껴지면 오히려 연설을 망치게 됩니다. 상황이 지나치게 부담스럽게 느껴질 때에는 생각을 좀 바꿔주는 것이 좋겠습니다. 이럴 때는 상황이 목숨을 걸 만큼 그렇게 중요한 것은 아니라고 자신에게 말해주는 겁니다. '못하면 어때? 실패한다고 인생이 끝나는 것은 아니야.'라고 자신을 다독거려 주시기 바랍니다. 우리가 중요하다고 생각하면 중요한 것이고, 중요하지 않다고 생각하면 중요하지 않게 느껴지는 법입니다.

그래도 스피치가 여전히 큰 부담으로 다가올 때는 만약에 스피치를 실패했을 때 초래될 최악의 상황은 무엇인지 객관적으로 기술해봅니다. 그리고 그러한 최악의 상황이 일어날 확률이 어느 정도나 될지 냉정하게 가늠해 봅니다. 그리고 성공할 수 있는 확률, 보통 정도는 해낼 확률도 따져봅니다. 그리고 성공확률을 높이기 위해서는 어떻게 준비하고 연습하는 것이 좋을지를 생각해 봅니다. 그런 다음엔 최선을 다해 열심히 준비하고 연습하는 것입니다.

2. 스피치는 즐거움이다

어떤 사람이 밤중에 눈 덮인 허허벌판을 편안한 마음으로 걸어서 지나왔는데 다음날 아침에 다시 보니까, 자기가 걸어온 곳이 벌판이 아니었고 눈 덮인 얼어붙은 강이었다는 것을 알고 깜짝 놀랍니다. 눈 덮인 벌판이라고 생각했을 때는 편안하게 건너온 것이지요. 반대로 안전한 벌판이라도, 눈 덮인 얼음 강이라고 생각해 버리면 제대로 걸을 수 없을 만큼 불안에 휩싸이게 되는 것이 바로 우리 인간의 마음입니다.

우리가 연설하게 되는 상황도 마찬가지입니다. 우리가 어떻게 생각하느냐에 따라서 발표를 해야만 하는 상황이 안전한 들판일 수도 있고, 금방 얼음이 쩍 하고 갈라질 것 같은 불안한 살얼음판일 수도 있는 것입니다.

다시 말하면 상황은 상황 자체가 중요한 것이 아니라 우리가 어떻게 느끼고 있느냐가 중요한 것입니다. 결국은 '마음에 달렸다.'라는 것이죠.

옛날 소련에서 있었던 얘기랍니다.

어느 철도국에서 근무하는 한 직원이 냉장 화물칸에 들어가서 작업을 하고 있었는데 그만 실수로 문이 밖에서 잠겨져 버렸습니다. 안에서는 절대 열수가 없는 문이라서 그 직원은 아무리 빠져나가려고 해도 나갈 수가 없었습니다.

고함을 치고, 문을 두드리고 발로 걷어차 보아도, 워낙 벽과 문이 두꺼워서 바깥으로 소리가 새 나가지도 않습니다. 누군가 와서 빨리 문을 열어줘야 할 텐데 퇴근시간이라서 기대하기가 어려운 상황입니다. 이대로 계속 머문다면 결국 얼어 죽게 되죠. 시간이 점점 지날수록 그 사람은 걱정과 불안이 엄습해 옵니다. 이 추운 냉장고 속에서 '내가 한 시간이라도 제대로 버틸 수가 있을까?' 하면서 죽음의 공포에 몸을 떱니다. 살과 뼈가 꽁꽁 얼어붙는 것 같고, 턱마저 덜덜 떨려옵니다. 그리고는 결국 절망을 하면서 쓰러지고 맙니다. 얼마의 시간이 지나고 나서 다른 직원이 그 냉장 화물칸의 문을 열었을 때 그는 이미 시체가 되어 있었습니다.

그런데 놀라운 사실은 그 냉장 화물칸이 오래전부터 고장이 나있었더라는 것입니다. 공기도 충분했고 냉장고 속의 실내온도도 약간 쌀쌀한 정도에 불과했다는 것입니다.

사람은 결국 자신이 생각하는 대로 되지요. 자신의 생각이 곧 현실입니다.

'난 안 될 거야.'라고 생각하면 진짜 실패하고 맙니다.
'난 반드시 잘해낼 거야.'라고 생각하면 성공적인 스피치가 될 것입니다.
'스피치는 두려운 것이야.'라고 생각하면 공포로 다가올 것입니다.
그러나 '스피치는 즐거움이야.'라고 생각하시면 스피치가 즐거워질 것입니다.

3. 불안과 긴장은 에너지다

우리는 보통 '불안'이나 '긴장'이란 말을 싫어합니다. 그보다는 '편안함'을 좋아합니다. 연설을 할 때도 조금의 긴장이나 불안도 없이 편안하게 할 수 있었으면 합니다. 그러면서 긴장과 불안을 몰아내기 위해서 안간힘을 씁니다. 그런데 그럴수록 긴장과 불안은 더 커집니다.

불안과 긴장은 나쁜 것일까요? 불안이나 긴장은 나쁜 것이 아닙니다. 오히려 도움을 주는 것입니다. 불안을 느끼니까 더 준비를 하게 되고, 긴장이 되니까 더 의욕적으로 집중할 수 있는 것입니다. 적당한 긴장이나 불안은 우리를 더 잘할 수 있게 준비시켜 주는 에너지가 되어주고 활력을 주는 에너지입니다. 그런데 뭐가 문제냐? 지나치면 문제가 된다는 것입니다.

뭐든지 지나치면 문제가 됩니다. 아무리 몸에 좋은 보약이라도 지나치게 많이 먹으면 독이 될 수도 있는 것입니다. 불안도 우리가 불안을 느낀다는 게 문제가 아니라, 지나치게 느끼게 되면 문제라는 것입니다.

그리고 불안이나 긴장감이 하나도 없다는 것은 오히려 큰 문제가 될 수도 있습니다. 우리 인간이 불안함을 느끼지 않는다면 미래에 대한 대비책을 세우려고 하지 않을 것입니다.

스포츠 선수들이 대회에 나가서 긴장감 없이 시합에 임한다면 좋은 성적을 내기 어려울 것입니다. 전쟁에서 군인이 긴장감을 잃어버리면 부상을 당하거나 목숨을 잃기 십상일 것입니다.

정년퇴직을 한 분들이 갑자기 건강을 잃어버리고 갑자기 돌아가시는 원인도 긴장감을 잃어버렸기 때문입니다. 불안이나 긴장은 중요한 상황에서 잘 대처할 수 있도록 신께서 우리에게 내려준 고귀한 선물이라고 생각하시기 바랍니다. 불안과 긴장을 에너지 삼아 열정적인 스피치를 하시기 바랍니다.

4. 목표를 낮추고 자신감을 높이자

연설을 할 때 불안과 공포를 느끼게 되는 이유는 정말 잘 해내야만 하는데 '내가 과연 잘해낼 수 있을까?' 하는 의심과 걱정 때문입니다. 즉, 자기가 바라는 목표와 그 목표를 이뤄낼 자신의 능력에 대한 믿음 즉, 자신감과의 차이에서 생긴 불안과 걱정입니다.

우리가 불안과 긴장을 완화하려면 목표를 낮추든지 아니면 자신감을 높이든지 해야 합니다.

먼저 목표에 대해서 살펴볼까요?
뭐든지 완벽하게 하려고 하는 사람은, 불가능한 목표를 세우는 사람입니다. 스피치를 완벽하게 해내려고 하는 사람은 불안할 수밖에 없습니다. 아무리 경험이 많고, 유능한 연사라고 해도 완벽한 연설을 할 수는 없지요. 그런 불가능한 목표를 세워 놓고, 그런 무리한 욕심으로 잘 해내려고 하다가 보면 결국에는 심한 부담과 불안 때문에 좌절하게 되고 맙니다.

그런데도 우리는 연단에서 멋있게 보이려고 욕심을 부리게 됩니다. '한 마디도 틀리지 않고, 유창하게 말을 잘해야지. 절대 더듬는다거나, 횡설수설해서는 안 돼.' 하며 은연중에 완벽한 목표를 세웁니다. 이런 비정상적인 높은 목표는 우리를 위축되게 하고 불안과 공포로 몰아갑니다.

합리적인 목표를 세워야 합니다. 실현 가능한 현실적인 목표를 세워야 합니다. '청중에게 감동을 주는 멋진 스피치를 해내고야 말겠다.'라는 목표보다는 '이번 스피치를 통해 나는 청중에게 이러이러한 몇 가지 정보들을 알려 드리고 올바른 방향을 제시해 드리겠다.' 하는 식으로 목표를 구체화하는 것이 좋습니다.

둘째는 자신감을 높여야 합니다. 자신감의 감(感)은 느낌을 말합니다. 자신을 얼마나 믿고 있느냐 하는 것입니다.

실제 능력이 있더라도 자기 스스로 못할 것이라는 느낌이 들면 하기 어려워집니다.

호랑이가 자기 자신을 생쥐라고 느끼면 고양이한테도 쩔쩔매게 됩니다. 그러나 능력이 부족한데도 불구하고, 자신을 믿고서 일을 훌륭하게 성취해낸 사례도 많이 있습니다. 그렇게 생각하면 그렇게 됩니다.

성경 말씀처럼 "모든 일이 자신이 믿는 대로 될 것"입니다.

5. 오히려 더 떨어보자

스피치 공포로 오랫동안 고민하다가 드디어 공포를 극복해낸 어떤 분이 3분 스피치에서 이런 말을 했습니다.

"사람은 태어나서부터 떨어야 할 몫이 정해져 있습니다. 지금 여러분이 스피치할 때 무척 떨린다면 그동안 많이 떨지 않으셨기 때문입니다. 연단에 자주 올라가 떨림을 수시로 떨어내시기 바랍니다. 그럼 나중에는 떨 것이 없어집니다."

긴장된다면 오히려 더 떨어보려고 하십시오, 그러면 왠지 덜 떨리거나 안 떨리게 됩니다.

비에 옷이 조금 젖었을 때 우리는 비를 피해 이리 뛰고 저리 뛰고 합니다. 그러나 옷이 비에 흠뻑 젖으면 비를 피하려고 하지 않습니다. 비에 초연해집니다.

제가 강의에서 가장 떨리는 분께 선물을 드리겠다고 했습니다. 그러면서 백화점 상품권을 보여 드렸습니다.

그 수업에서 많은 분이 이런 말씀을 했습니다.

"이상하게도 오늘은 훨씬 덜 떨렸습니다. 상 받으려고 마음껏 떨어보려고 했는데, 떨어보려고 하니까 오히려 덜 떨렸습니다."

여러분, 떨리면 역설적으로 더 떨어보도록 노력합니다.

충무공 이순신 장군께서는 이렇게 말씀하셨죠.

"죽으려고 하면 살 것이요, 살려고 하면 죽을 것이다."

6. 저항하지 말고 흡수하라

자동차가 발명되던 당시 연구진들의 가장 큰 고민은 다름 아닌 타이어였습니다. 조금 굴러가다가 보면 타이어가 금방 찢어지곤 해서 자동차 바퀴로서의 제 기능을 하지 못한 거죠.

그래서 연구진은 땅의 충격에 잘 저항할 수 있는 바퀴를 만들고자 심혈을 기울여 연구에 연구를 거듭하며 타이어의 저항력을 계속 높여 나갔습니다. 그러나 실패만 반복될 뿐이었습니다. 모두가 허탈해하고 있을 때 한 연구원이 뭔가 깨닫고서 소리를 질렀습니다.

"그동안 우리의 연구 방향이 잘못되었던 거예요. 땅의 충격에 맞서는 저항력을 높일 게 아니라 오히려 땅의 충격을 잘 흡수하는데 초점을 맞추었어야 했어요."

그리고 정말 머지않아 안정감 있고 오래가는 멋진 타이어가 개발되었습니다.

스피치에 임하는 연사의 마음가짐도 마찬가지입니다.

불안이나 긴장에 맞서 싸우며 없애려고 하면 오히려 더 불안과 긴장에 휩싸이게 됩니다. 저항하지 말고, 마음을 열고 흡수하는 것이 좋습니다. 만일 발표를 앞두고 떨리면 '떨지 말아야지.', '떨림을 빨리 없애야지.' 하며 저항하지 말고 '아, 내가 좀 떨고 있구나.' 하며 있는 그대로 받아들이는 게 좋습니다. 흡수란 인정하고 받아들이는 것입니다. 그러면 신기하게도 불안이 완화되어 갑니다.

긴장이 많이 되면 '아, 지금 내가 긴장을 하고 있구나.' 하고 마음을 열고 받아들이십시오. 그리고 '나는 지금 긴장에 저항하지 않고, 있는 그대로 흡수하고 있어.'라고 생각하며 최선을 다해 열심히 스피치를 하세요. 그럼 공포는 우리의 몸에 머물지 않고 투과하면서 사라져 갑니다.

7. 걱정거리를 적어보라

스피치 공포증이 있는 분들은 스피치를 앞두게 되면 걱정을 시작합니다. 그리고 막연한 걱정 속에 빠져서 허우적대기만 합니다. 지혜를 발휘해 볼 엄두를 내지 않습니다. 걱정이 우리의 지혜를 흐리게 하고 해결책을 찾기보다는 고민만 하게 합니다. 머릿속은 점점 복잡해져만 가고, 마음은 답답해져 옵니다. 생각을 정리하고 마음을 다잡기란 정말 쉽지 않습니다.

이럴 때는 감정의 옷을 벗어던져 버리고 걱정거리를 종이에 찬찬히 적어보는 것이 좋습니다. 종이 위에 걱정거리들을 빠짐없이 하나씩 적다 보면 걱정거리를 객관적으로 차분히 바라볼 수 있게 됩니다. 그러면 쓸데없는 걱정들이 걸러집니다.

'주관'의 선글라스를 끼고 걱정을 바라보면 모든 게 암담해 보이기만 했던 것이, '객관'의 투명안경을 끼고 보면 밝은 지혜의 혜안을 얻게 됩니다.

먼저 나의 걱정거리를 해결하기 위한 다양한 방안들을 모조리 떠올려 적어 봅니다. 그중에서 실천할 수 있는 행동에 동그라미 표시를 합니다.

그리고 내가 실천할 수 없는 행동, 나도 어쩔 수 없는 불가능한 것들은 지워 나갑니다. 그다음엔 걱정거리를 해결하기 위해서 내가 실천할 수 있는 행동을 다시 간추리고 그것을 하나씩 실천해나가면 됩니다.

다시 말하면 어쩔 수 없는 것, 할 수 없는 것, 불가능한 것들은 훌훌 털어버리고, 내가 할 수 있는 것만을 뽑아서 하나씩 실천하는 것입니다.

"번민이 많은 자에게는 걱정이 떼를 지어 몰려오지만, 행동하는 자에겐 걱정이 달아납니다."

8. 마음 두는 쪽으로 나타난다

길동 씨는 어제가 자동차 보험 만기일인데 계약갱신을 못 하고 내일 다시 재가입을 하려고 합니다. '오늘은 절대로 사고가 나면 안 돼.' 이렇게 마음을 굳게 먹고 있는데 갑자기 운전할 일이 생기고 또 가까운 거리라서 운전을 하게 됩니다. 평소에 아무 탈 없이 운전을 잘했었는데 하필 그날 접촉사고가 납니다.

앤드루 매튜스의 말을 빌려보면 "우리의 삶은 우리의 의지와는 다르게 가장 많이, 가장 자주, 가장 깊이 생각하는 쪽으로 항상 끌리게 된다."라고 합니다. 무엇을 하려고 하든지, 무엇을 안 하려고 하든지, 그 무엇을 깊이 생각하다 보면, 결국에는 그 무엇이 우리 삶에 나타나게 됩니다.

우리가 어릴 때 공포영화를 보고 나서, 무서운 장면을 떠올려 보려고 할 때나 무서운 장면을 안 떠올리려고 할 때나 무서운 장면은 자꾸 떠오르게 됩니다. '아프

면 안 되는데' 하고 걱정을 했는데 꼭 그날 아파진다든가, '이것은 꼭 잃어버리지 말아야 해' 하면서 간수를 잘하려고 하는데, 꼭 그 물건만 잃어버린다든지, 이 골동품만은 깨뜨리면 안 된다고 주의를 받았는데 하필 장난치다가 그것만 깨진다든지 하는 경우가 우리 삶에는 종종 있게 됩니다.

우리가 바라든 바라지 않든지 뭔가를 계속 떠올리면 그렇게 이끌려져 갑니다.

어느 날 저는 어떤 분으로부터 전화를 받았습니다. 그분은 기자라고 자신을 밝힌 다음 '스피치 공포를 극복하는 기법'이란 내용으로 제게 전화인터뷰를 요청했습니다. 몇 분 동안 성심껏 답변을 해 드렸는데, 전화를 끊고 나서 보니까 인터뷰에 몰두하느라 경황이 없어서 기자의 소속을 제대로 물어보질 않았습니다. 따라서 언제 어느 곳에 저의 인터뷰 내용이 실릴지 알 수 없게 된 것이지요.

다음 날 저는 은행에 볼일이 있어 번호표를 뽑고 대기하는 중에 ○○일보 조간신문을 보게 되었습니다. 그런데 그 신문의 내용 속에서 제 이름 '현기'가 눈에 확 들어오는 것입니다. 잠깐이지만 어제 했던 인터뷰 내용인가 싶어 깜짝 놀란 마음으로 다시 살펴보는데 그 단어는 제 이름이 아니라 '현기증'이란 단어였습니다. '현기증'이란 단어 속의 '현기'를 본 것이죠. 정말 현기증이 나더군요.

집에 돌아와 샤워하고 나서 거실에서 석간신문을 펼쳐보는데, 또 다시 저의 이름 '현기'란 문구가 눈에 확 들어왔습니다. '이곳에 실렸구나!' 생각하고 다시 보니까 '표현기법'이란 단어였습니다. '표현기법'의 네 음절 중에서 중간 두 음절만 제 눈에 확 들어온 것이죠.

내심 한순간이나마 쓸데없는 집착에 빠졌던 나의 모습과 또 하나 새로운 깨달음의 기쁨이 교차하면서 저는 소리 내서 크게 웃었습니다.

우리가 뭔가에 집착하고 있으면 온통 그쪽만을 보게 됩니다. 그리고 그것이 어떤 형태로든 나타납니다.

연단공포도 마찬가지입니다. 스피치를 공포와 불안 측면에서만 바라보면, 공포와 불안에서 벗어나기가 더 어려워집니다. 그것이 극복을 위한 것이었다고 해도 말입니다. '떨지 않는 비결이 없을까?' 하면서 계속 '떨림'을 머릿속에 각인시키는 것이죠.

어느 날 제가 진행하는 수업에서 전날 방영되었던 TV 토론에 대한 서로의 소감을 발표하기로 했습니다. 토론의 주제가 다양한 견해를 가질 수 있었기 때문에 흥미진진한 의견들이 쏟아질 것으로 기대했습니다. 그런데 첫 번째 연사로 나온 분의 소감은 이러했습니다.

"저는 토론을 시청하면서 모두 대단하다는 생각이 들었고, 저는 언제 저렇게 긴장하지 않고 말을 잘할 수 있을까 하는 생각이 들었습니다. 토론자뿐만 아니라 방청객마저도 하나도 안 떨고 잘하시더군요."

이분은 출연자들의 토론은 살펴보지 않고, 출연자들이 말을 할 때 떠는지 안 떠는지에 대해서만 집중적으로 살펴본 것입니다.

세상은 우리가 마음을 두는 쪽으로 결과를 보여줍니다. 스피치 공포도 마찬가지입니다. '떨지 말아야지.' 하는 생각을 계속 하게 되면 될수록 오히려 더 떨리게 됩니다.

우리가 굳은 의지로 떨지 않으려고 하지만 이렇게 '떨지 말아야지.' 하고 생각하는 순간에 떠는 모습이 상상이 되어버리는 것입니다. 그리고 상상 속에 떠오른 떠는 모습은 실제 현실로 그대로 나타나게 됩니다.

의지보다는 상상이 더 큰 힘을 발휘하는 법입니다. 그런 의미에서 긍정적인 심상 훈련은 스피치 공포를 극복하는데 유용합니다. 자신이 스피치를 성공적으로 해내는 모습을 상상 속에서 생생하게 떠올릴 수 있다면 실제에서도 성공적인 스피치를 실현해낼 것입니다.

9. 제삼자의 눈으로 자신의 일을 보라

　장기를 둘 때 직접 두는 경우보다도 옆에서 훈수를 둘 때 더 잘 보게 됩니다. 왜 그럴까요?
　감정의 지배를 받지 않고 초연한 자세로 상황을 살펴볼 수 있기 때문입니다.
　어떤 일을 할 때 우리는 성공의 열망이나 실패에 대한 두려움에 휩싸이게 됩니다. 그로 말미암아서 우리는 판단과 실행에 방해를 받습니다.

　고객들이 맡긴 큰돈을 움직여 훌륭한 투자수익을 내는 펀드 매니저도 자신의 돈으로 자신이 투자할 때는 그만큼의 결과를 내지 못하는 경우가 많습니다. 오히려 다 날리는 때도 있습니다. 지나친 감정에 영향을 받아 판단이 흐려지고 사태를 객관적으로 파악하지 못하게 되기 때문입니다.
　중요한 일을 할수록 제 삼자의 눈으로 자신의 일을 바라봐야 합니다. 흥분될 때나 긴장될 때나 부담될 때일수록 자기 자신을 벗어나 제삼자의 눈으로 자신의 일을 봐야 합니다. 그러면 일을 지혜롭고도 즐겁게 잘 풀어나갈 수 있습니다. 마치 게임을 하듯이.

스피치를 하게 될 때도 마찬가지입니다.

감정의 지배에 놓이게 되면 지혜의 문이 닫힙니다. 스피치를 준비하거나 연습하거나 실행할 때 지나친 자의식과 두려운 감정에 시달리게 된다면 '삼자의 눈'으로 자신을 객관적으로 바라볼 수 있도록 하시기 바랍니다.

스피치 공포에 고민하고 괴로워하는 친구에게 조언을 해주듯이 자기 자신에게 조언을 해주며 격려해주시기 바랍니다.

10. 간절히 원하면 더 엉망 된다(?)

휴식시간에 어떤 분이 저에게 다가와 물었습니다. "교수님, 동기부여 관련 책을 보면 간절히 원하면 이루어진다는 말이 있지요? 그런데 발표를 잘해야겠다고 간절히 원하면 원할수록 오히려 더 안 되는 것 같습니다. 왜 그럴까요?" 갑작스러운 질문에 저는 이렇게 대답했습니다.

"'간절히 원하면 이루어진다.'라는 말은 간절히 바라기 때문에 그만큼 준비와 연습을 더하게 돼서 성공하는 것이 아닐까요? 막연히 간절히 원한다는 마음만 가지는 것은, 진짜 간절히 원하는 것이 아니지 않을까요?"

'간절히 원하면 이루어진다.'라는 말은 누구나 익히 들어온 친숙한 말일 것입니다. 스피치를 할 상황이 닥쳤을 때 우리는 성공적으로 잘 해내기를 간절히 원합니다. 하지만, 간절히 원하면 이루어져야 하지만, 그것이 뜻대로 되지 않고 오히려 반대의 결과를 가져오기도 합니다. 잘하고 싶고 잘해야만 하는 상황에서 스피치는 더 엉망이 되어버리는 것입니다. 간절한 바람이 부담으로 작용한 것이죠.

어떤 때는 '잘 못하면 어때. 죽이 되든지 밥이 되든지 그냥 되는 대로 하자.'라고 편하게 마음을 먹을 때 오히려 말이 술술 잘 풀려 나오기도 합니다. 어떤 때는 생각지도 못했던 문구들이 자동으로 툭툭 튀어나오기도 하지요. 간절히 원하면 이루어진다는데 왜 간절히 원하는 마음이 걸림돌이 되어 버릴까요?

우리 세상의 이치를 살펴보면 우리가 진짜 필요로 할 때는 잘 얻어지지 않다가도 막상 필요 없을 때 더 잘 얻게 되는 묘한 점이 있습니다.

내가 절실한 심정으로 쫓아다닐 때는 쳐다보지도 않던 그녀가 이젠 마음을 비우고 나니까 오히려 그쪽에서 다가옵니다. 돈이 너무 아쉬워 대출 신청을 곳곳에 요청했지만, 번번이 거절만 당했는데, 어렵게 돈을 구해서 이젠 회사가 잘 돌아가게 되니까 이곳저곳에서 돈을 갖다 쓰라고 난리입니다.

이런 세상의 현상이 우리를 헷갈리게 합니다. "간절히 원하면 이루어진다."라는 문구를 "집착하지 않으면 이루어진다."로 바꾸어야 할까요?

가만히 생각해 보면 두 말 모두 옳은 것 같습니다. 멀리 있는 것은 간절히 원해야 이루어지고 가까이 있는 것은 오히려 무심할 때 더 잘 얻게 되는 것이 아닐까 싶습니다. 다시 말하면 삶의 목표와 같이 장기적인 것은 간절히 원하는 마음을 가지고 나아가며, 당장 눈앞에 부닥친 것들은 집착을 버린 초연한 자세로 임하는 게 좋을 것 같습니다.

평소엔 스피치를 잘해야겠다는 간절한 바람을 목표로 삼고 열심히 연습하며 노력하되, 막상 스피치를 하는 개별적 상황에서는 욕심과 집착을 버리고 초연하게 임하는 것이 좋겠습니다.

11. 준비하면 더 떨린다(?)

삼식 씨는 즉흥적으로 3분 스피치를 할 때는 시간이 오히려 모자랄 정도입니다. 다른 분들은 저렇게 말씀 잘하시는 분이 스피치를 왜 배우느냐고 한 말씀씩 합니다. 그런데 삼식 씨는 여전히 고민입니다. 말을 끊이지 않고 잘 내뱉긴 하지만 정작 조리 있고 체계적인 스피치가 안 된다는 것입니다. 그래서 준비를 하게 되는데, 이분은 특히 준비된 스피치를 할 때 오히려 긴장을 더 많이 하고 어려워합니다. "저는 준비를 하면 더 떨리는 것 같습니다." 하며 하소연을 합니다. 삼식 씨처럼 준비가 오히려 긴장을 증폭시킨다는 주장을 하시는 분들이 많습니다. 왜 그럴까요?

첫째는 준비를 하면서 스피치 목표의 기대치를 더 높이게 되고 준비 중에 불안한 상황을 자꾸 더 떠올려 긴장을 증폭시키기 때문입니다.

그리고 둘째는 준비를 한다고는 했지만 제대로 준비를 하지 않은 것입니다. 그분들께 얼마나 준비를 했는지 물어보면 대답에 자신이 없습니다. 대충한 준비가 오히려 준비하지 않은 것보다 나쁜 결과를 만들어 내는 것입니다. 물론 완벽한 준비도 없고 완벽한 스피치도 없습니다.

하지만, 스피치 공포에 시달리는 분들은 의외로 준비를 철저히 하지 않았음을 봅니다. 준비까지 했는데 제대로 하지 못한다면 너무 좌절을 느낄 것 같은 막연한 두려움, 준비해봐야 긴장 때문에 제대로 표현하지도 못할 것을 준비해서 뭣하냐 하는 심리가 준비를 소홀하게 하는 것입니다. 그러면서도 완벽한 결과를 바랍니다. 참 아이러니합니다. 제대로 된 준비와 연습은 스피치를 보다 알차게 할 뿐만 아니라 긴장을 관리하는데도 도움을 줍니다. 나아가서 긴장이 심해졌을 때 긴장을 적절히 관리하는 요령과 대비책을 세우는 것도 준비입니다.

이런 말이 있습니다.

"프로는 발표를 앞두고 준비와 연습을 하지만 아마추어는 근심과 걱정을 한다."

Power Talk

우리가 스피치를 배울 때 흔히 다음과 같은 세 단계를 거치게 됩니다.

첫째, **초심의 단계**입니다.

즉 스피치를 하려고 하면 긴장되고 떨려서 잘 못하는 초심의 단계
즉 마음을 졸여 태우는 단계를 말합니다.

두 번째 거치는 단계는 **대담의 단계**입니다.

즉 연단을 보고 그냥 지나치지 못하는 상황, 다시 말해서 한마디라도 마이크를 잡고 얘기하고 싶고 말 그대로 답대하고 용감하게 연단에 나서는 단계를 거치게 됩니다. 그러나 이것은 완성의 단계는 아닙니다. 왜냐하면, 말은 떨지 않고 내가 흡족하게 했다고 해서 정말 잘한 것이 아니기 때문입니다.

내 말을 들은 사람이 진정 자신의 마음으로 받아들이고
공감을 했을 때 비로소 좋은 스피치라고 할 수 있겠습니다.

마지막 단계인 세 번째 단계는 **원활의 단계**입니다.

항상 뭔가 부족한 듯하고 아쉬운 단계, 벼가 익을수록 고개를 숙이는 것처럼 겸손하지만 그러면서도 원활하게 주어진 상황을 잘 헤쳐나가는 단계입니다.

따라서 우리가 무엇을 잘하기 위해서는 철저한 준비가 최고의 방법이라는 것을 아는 단계라고 할 수 있겠습니다.

그래서 항상 부족함을 채우기 위해 배우려고 하는 단계라고 하겠습니다.
그렇게 되었을 때 진정한 원활의 단계가 됩니다.

"항상 준비하고 연습하고 리허설하라." -톰 홉킨스-

4장
스피치 공포 탈출 트레이닝

1. 사고정지 훈련을 합시다

(1) 사고정지 훈련이란?

많은 사람 앞에서 발표한다는 것은, 정도의 차이는 있을지 몰라도 긴장되는 상황입니다. 그래서 '잘해야 될 텐데. 못하면 어떡하지?' 하면서 부정적인 생각이 떠오르기 쉽습니다. 이런 부정적인 생각들은 계속 꼬리에 꼬리를 물고 괴물처럼 점점 커집니다. 그러다가 보면 너무 불안해져서 '난 너무 떨려서 발표를 못 할 것 같아.' 하면서 발표상황을 아예 피하려고 애를 쓰게 됩니다. 그렇습니다. 부정적인 생각은 하면 할수록 자꾸 부정적인 생각으로 빠져들기가 쉽습니다. 부정적인 생각 때문에 불안이나 긴장이 생길 때, 그것을 없애려고 하다가 더 증폭시키는 경우가 많습니다. 계속 집착을 하고 생각하고 또 생각하면 더 긴장하게 되고 불안도 자꾸자꾸 커지게 됩니다.

그래서 부정적인 생각이 떠올랐을 때는 없애려고 노력한다든가 계속 생각을 진행하지 말고, 생각을 멈추는 것이 좋습니다. 부정적인 생각에 브레이크를 밟는 것이죠. 이렇게 부정적인 생각을 멈추는 훈련을 **사고정지 훈련**이라고 합니다.

사고정지 훈련은 부정적인 생각이 떠오를 때마다, 의식적으로 '정지'라고 자신에게 말함으로써 부정적인 생각이 더 이상 진행되지 않도록 막는 것입니다. 그런데 생각이라는 게, '멈춰야지.' 한다고 해서 쉽게 멈춰지지가 않죠? 그럼 어떻게 해야 할까요? 부정적인 생각을 정지시킨 다음에는, 다시 부정적인 생각이 끼어들지 못하도록 얼른, 우리의 머리와 마음에 긍정적인 생각으로 채워 넣습니다.

우리의 눈동자가 다른 두 곳에 초점을 맞출 수 없듯이 우리의 생각도 한꺼번에 두 가지를 동시에 담을 수 없습니다. 그래서 긍정적인 사고로 가득 채우면 부정적인 생각이 끼어들 여지가 없어지는 것이죠. 그런데 막상 해보면 말처럼 잘되지 않습니다. 부정적인 생각이 쉽게 정지조차 되지 않지요. 사고정지 훈련도 어느 정도 상당 기간 훈련을 해야 효과가 나타납니다.

(2) 사고정지 훈련 요령

사고정지 훈련 요령을 살펴볼까요? 사고정시 훈련은 산단합니다. 먼저, 부정적인 생각이 떠올랐을 때 이를 정지시킬 수 있는 확실한 신호를 마련합니다. 예를 들면 자신에게 '정지'라고 소리를 지르거나, 손가락으로 '딱' 소리를 낸다거나, 아니면 상상으로 정지를 표시하는 빨간색 깃발이 나부끼는 장면을 떠올려보는 것도 좋겠습니다. 나중에 이 신호는 우리의 부정적인 사고를 자동으로 몰아내 주는 마법의 주문 역할을 해줄 것입니다.

그다음은 부정적인 생각을 대체할 만한, 긍정적인 생각, 자기 마음에 평화와 용기를 주는 생각을 마련합니다. 그리고 앞으로 부정적인 생각이 떠오를 때마다, 정지 신호로 일단 생각을 멈춘 다음에 준비된 긍정적인 생각으로 대체합니다. 예를 들어 볼까요? 발표를 앞두고 있는데, '잘 못할 것 같아.', '떨리면 어떡하지?' 하는 생각이 떠오릅니다. 연단위에서 떨면서 당황해 하는 자기 모습이 머릿속에 떠오르려고 합니다. 이때, '정지'라고 마음속으로 크게 외칩니다.

- **사고정지 훈련이란?**
  - 부정적인 생각을 계속하면, 부정적인 생각이 더욱 깊어지고,
  - 불안한 생각을 계속하면 불안은 더욱 증폭된다. 따라서
  - 부정적인 생각, 불안한 감정이 들 때 계속 진행되지 않도록 막는 훈련이다.

그리고 자신에게 용기와 평화를 주는 긍정적인 장면으로 생각을 대체합니다. '난 준비도 열심히 했어. 차분하게 잘해낼 수 있을 거야.', '암, 하면 된다고.' 연단위에서 멋지고 당당하게 열심히 발표하는 자신의 모습이 떠오릅니다.

- **사고정지 훈련 요령**
  ① 부정적인 생각이 떠오른다.
  ② 생각을 더 이상 진전시키지 말고 정지한다.
  ③ 긍정적인 생각으로 대체한다.

2. 이완 훈련을 해 봅시다

(1) 이완 훈련

"스피치 실습을 할 때 몸의 어느 부위가 제일 힘들지요?" 이렇게 질문을 하면 대부분이 '목'이라고 대답할 것 같지만, 사실은 아닙니다. 바로 '어깨'라는 대답이 가장 많습니다.

그만큼 스피치를 할 때 어깨 등을 비롯한 몸에 쓸데없는 힘이 많이 들어가 있다는 것이죠. 다시 말해서 긴장으로 말미암아서 몸이 경직된 채 스피치를 했다는 것입니다. 긴장하면 몸이 굳고, 몸이 굳으면 마음도 굳고, 마음이 굳으면 입도 굳습니다. 그래서 스피치가 잘되지 않습니다. 입이 풀리려면 마음이 풀려야 하고, 마음이 풀리려면 몸이 풀려야 하는데, 그럼 몸이 풀리려면 어떻게 해야 할까요?

그 답이 바로 긴장을 완화해주는 '이완훈련'입니다. 긴장 때문에 몸이 경직되는데, 반대로 몸을 이완시키면 긴장을 완화할 수 있다는 것이 이완훈련의 원리입니다.

만일 우리가 필요할 때 마음대로 이완할 수 있다면, 긴장되거나 불안한 상황을 잘 극복할 수 있게 될 것입니다. 이완은 경직되어 있고 긴장되어 있는 우리 심신의 긴장을 풀어서 산소 섭취량, 심박수, 호흡수, 근육의 활동이 천천히 일어나도록 조절해줍니다. 이완하는 동안 몸은 차분해지고 마음은 편안해 지면서 뇌의 알파파의 활동은 증가하게 됩니다. 그런데 긴장상태에서 갑자기 이완을 하려고 하면 잘되지 않습니다. 긴장상태에서 누군가가 자신에게 "이완하세요."라고 주문한다면 "그게 어디 마음대로 됩니까?"라는 말이 튀어나올 것입니다.

평소에 이완상태로 들어가는 훈련을 해야만 우리가 이완을 원할 때 쉽게 이완상태로 들어갈 수 있습니다. 훈련이 필요한 것입니다. 이완훈련은 우리의 몸과 마음이 이완의 느낌과 상태가 어떤 것인지를 확실히 기억하도록 훈련해서 우리가 원할 때 쉽게 이완상태로 들어갈 수 있게 하려는 훈련입니다.

멕츠웰 말츠 박사도 "예전에 우리가 경험한 이완된 상태의 멋진 느낌을 제대로 기억하는 습관을 형성한다면 언제든지 필요할 때 이완된 느낌과 이완된 태도를 이끌어 낼 수 있다."라고 했습니다.

(2) 점진 이완 기법

그럼, 여러 이완 기법 중에서 가장 널리 쓰이는 점진이완(progressive relaxation) 기법을 함께 살펴보며 실습을 해 보도록 하겠습니다. 점진이완은 신체 일부분부터 하나씩 긴장을 풀어나가기 시작해서 몸 전체의 긴장을 푸는 이완법입니다. 앞에서 말했듯이 근육의 긴장을 풀면 긴장과 불안감이 사라질 수 있다는 생각에 기초를 둔 것이죠.

이완의 방법은 간단합니다. 몸의 주요 근육들을 차례로 긴장을 시켰다가 이완시키기를 반복하면 됩니다. 먼저 신체 일부분에 힘을 줘서 일부러 긴장을 유발한 다음 그 긴장감을 느낍니다. 그리고 힘을 빼면서 신체가 편안하게 이완되는 느낌을 체험합니다. 이렇게 신체 각 부분을 차례대로 긴장과 이완을 시켜나가는 것입니다.

정말 간단하지요?
평소에 우리가 기지개를 켜는 것도 무심코 하는 이완훈련입니다. 신체 각 부분을 차례대로 기지개를 켜게 하는 것이 바로 점진 이완훈련인 것입니다.

처음 할 때에는 시간이 좀 걸릴 수 있지만, 연습을 계속 해가다 보면 시간은 점점 줄어들 수 있습니다. 점진이완의 궁극적인 목표는 짧은 시간 내에 자신의 몸을 완전히 이완시키는 것입니다. 반복 연습을 통해 점진이완 기법을 숙달시키면 '이완' 또는 '편안히'라는 말 한마디만 떠올려도 몇 초 이내에 이완을 시킬 수 있게 됩니다.

(3) 점진 이완 훈련

자 그럼, 이완훈련을 해 볼까요? 그럼 일단 주변의 방해를 받지 않을 조용한 장소를 찾아봅시다. 그리고 의자에 편안한 자세로 앉습니다. 침대나 바닥에 눕는 것도 좋지만 잠이 들면 안 되겠지요. '편안하게', '고요하게', '침착하게' 등과 같이 우리에게 안정을 줄 만한 단어를 하나 선정합시다. 나중에 이완할 때 숨을 내쉬면서 이 단어를 반복합니다. 훈련 중에 잡념이 떠오르더라도 집착하지 말고 그냥 버려둔 채 이완을 유도하는 단어에만 집중하시기 바랍니다.

점진이완을 할 때에는 긴장할 때와 이완을 할 때 우리 몸의 상태와 변화를 섬세하게 제대로 느끼고 잘 기억해 놓아야 합니다. 그래야 나중에 우리에게 이완상태가 필요할 때 빨리 끌어낼 수 있습니다. 처음 할 때 긴장은 5~7초 정도 하며 이완은 30~40초 정도 합니다. 나중에는 자신이 짧게 조정해 나가면 됩니다. 순서는 자신에게 맞는 취향대로 하면 되는데, 혼자서 연습할 때는 녹음테이프에 자신의 목소리로 녹음을 해두고서 이완 연습을 한다면 더 효과적이겠지요. 다음은 누워서 하는 점진이완 방법을 간략하게 나타낸 것인데 참고로 하시기 바랍니다.

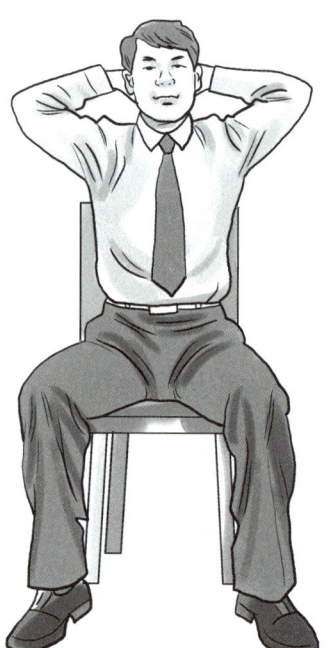

① 조이지 않는 느슨한 옷을 입고 편안한 자세로 앉거나 눕습니다. 그리고 다리는 자연스럽게 폅니다. 눈을 감고 숨을 깊이 들이마시고 천천히 내쉬면서 몸을 이완시킵니다. 호흡을 크게 한 번 더한 다음 모든 긴장이 빠져나간다는 생각으로 숨을 내쉽니다.

② 오른발을 바닥으로부터 조금 올리고 나서 발목을 뒤로 젖히며 다리를 쭉 뻗습니다. 발, 다리, 허벅지 등 다리 전체를 긴장시킵니다. 그리고 이완을 시키면서 완전히 긴장을 풉니다. 같은 방법으로 한 번 더 반복합니다.

③ 왼발을 바닥으로부터 조금 올리고 나서 발목을 뒤로 젖히며 다리를 쭉 뻗습니다. 발, 다리, 허벅지 등 다리 전체를 긴장시킵니다. 그리고 이완을 시키면서 완전히 긴장을 풉니다. 같은 방법으로 한 번 더 반복합니다.

④ 이젠 양쪽 발 모두를 뒤로 젖히며 양다리를 쭉 뻗습니다. 양쪽 다리 모두 발, 다리, 허벅지 등 전체를 긴장시킵니다. 이완을 시키면서 완전히 긴장을 풉니다. 같은 방법으로 한 번 더 반복합니다.

⑤ 엉덩이에 힘을 주며 긴장시킵니다. 긴장감을 느껴 봅니다. 그리고 편안히 이완시키며 모든 긴장을 날려 보냅니다. 다시 한 번 반복합니다.

⑥ 복부에 힘을 주며 긴장시킵니다. 긴장감을 느껴 봅니다. 그리고 편안히 이완시키미 모든 긴장을 날려 보냅니다. 다시 한 번 반복합니다.

⑦ 오른팔을 바닥에서 조금 올리고 나서 팔을 쭉 뻗으며 오른팔의 근육을 긴장시킵니다. 손과 팔의 긴장감을 느껴 보세요. 이제 힘을 빼면서 자연스럽게 이완시켜 봅니다. 손은 주먹을 힘껏 쥐었다가 힘을 빼면서 이완시킵니다. 같은 방법으로 한 번 더 긴장과 이완을 반복합니다.

⑧ 왼팔을 바닥에서 조금 올리고 나서 팔을 쭉 뻗으며 왼팔의 근육을 긴장시킵니

다. 손과 팔의 긴장감을 느껴 보세요. 이제 힘을 빼면서 자연스럽게 이완시켜 봅니다. 손은 주먹을 힘껏 쥐었다가 힘을 빼면서 이완시킵니다. 같은 방법으로 한 번 더 긴장과 이완을 반복합니다.

⑨ 이젠 양쪽 팔 모두를 쭉 뻗으며 양팔 전체를 긴장시킵니다. 이완을 시키면서 완전히 긴장을 풉니다. 같은 방법으로 한 번 더 반복합니다.

⑩ 다음은 어깨입니다. 숨을 깊이 들이마시면서 양어깨가 귀에 닿도록 들어 올립니다. 어깨 부위의 긴장감을 느껴봅시다. 그리고 편안히 이완을 시키면서 모든 긴장을 내보냅니다. 다시 한 번 반복합니다.

⑪ 턱을 아래로 끌어당기면서 목 부위의 근육을 긴장시킵니다. 뒷목이 좀 뻐근해 오는 것을 느낄 수도 있습니다. 다음에 편안히 이완을 시킵니다. 다시 한 번 반복합니다.

⑫ 이제 안면 근육을 이완시켜 봅니다. 양 눈썹을 가능한 한 높이 추어올려 보세요. 이마에 주름이 잡히죠. 다음은 이마를 펴면서 이완을 시킵니다. 같은 방법으로 한 번 더 해봅니다. 다음에는 양 눈을 가능한 한 꼭 감아 봅니다. 그 긴장을 느껴봅니다. 이제 천천히 이완을 시킵니다. 같은 방법으로 한 번 더 하세요. 다음에 입을 양 귀에 걸듯이 크게 옆으로 벌려서 긴장을 시킵니다. 얼굴 아래 부위와 턱의 긴장감을 느껴봅니다. 그리고 이완시킵니다. 한 번 더 반복하세요.

⑬ 이제 온몸에 힘을 하나도 남김없이 쫙 빼며 몸에 있는 모든 근육을 이완시킵니다. 천천히 그리고 깊게 숨을 내쉽니다. 호흡을 하면서 몸에 남아 있는 모든 긴장이 몸 밖으로 빠져나간다고 상상합니다. 온몸이 평화와 행복으로 가득 찼다고 생각하며 호흡을 천천히 몇 번 한 뒤 눈을 뜹니다.

3. 스피치 심상 훈련

(1) 심상 훈련이란?

부정적인 상상을 하면 부정적인 결과를 가져오기 쉽습니다. 발표를 앞두고 불안해하는 사람은 자꾸만 부정적인 생각을 떠올리고 자신이 긴장해서 실패하는 모습들을 떠올립니다. 자신이 연단 위에서 떠는 모습을 자꾸 상상하게 되면, 실제로도 떨게 됩니다. 머릿속의 영상이 실제로 나타나는 것이지요.

이완된 상태에서 자신이 성공적으로 스피치를 하는 모습을 떠올려 봅니다. 단순히 이미지만 떠올리는 것이 아니라, 실제처럼 실감 나게 느껴가면서 상상을 해봅니다. 상상 속에서의 성공경험은, 실제 성공경험처럼 우리들의 내면에 긍정적인 영향을 미칩니다.

자신이 바라고 소망하는 것을, 멋지게 이뤄내는 장면을 생생하고 분명하게 떠올릴 수 있으면, 성공은 가까워집니다. 연단 위에서 자신 있고 당당하게 연설을 하는 모습을 생생하게 떠올려 보세요. 연단 주위의 풍경과 청중의 환호도 실감 나게 떠올리며 체험해 보세요. 그리고 성공의 기쁨, 열정, 환희, 뿌듯함, 이런 감정도 생생하게 느껴 보세요.

상상 속에서도 실제처럼 실감 나게 느낄 수 있으면, 실제체험 못지않은 유용한 경험이 되어 줍니다.

심상 훈련은 자신감을 향상시키는데도 효과적인 방법입니다. 과거에 성공적으로 발표한 경험이 있다면 그 장면을 떠올려서 그때의 좋았던 느낌을 반복해서 상상하는 것도 좋겠습니다.

(2) 심상 훈련 요령

심상 훈련은 각자 자기의 취향이나 상황에 맞게 자신에게 알맞은 영상을 떠올리는 것이 좋겠습니다. 심상 훈련의 성패는 선명도와 조절력에 달렸습니다.

먼저 선명도를 살펴보면 상상은 마치 실제처럼 구체적이고 실감 나게, 생생하게 떠올려야 합니다. 다시 말하면, 상상을 할 때 마음속의 이미지는 실제 이미지와 거의 똑같을수록 좋다는 것입니다.

상상이 또렷해지는 선명도(vividness)를 높이려면 모든 감각을 동원하는 것이 효과적입니다. 강연장 시설, 연단, 마이크, 청중 등 주변 환경을 최대한 자세하게 떠올리는 것이 좋습니다.

다음으로는 조절력입니다. 선명한 이미지를 떠올리는 것 못지않게, 그 이미지를 의도하는 대로 조절을 잘할 수 있어야 합니다.

선명한 이미지를 떠올렸더라도 그것이 실수하는 장면이라면 도움이 안 됩니다. 말을 더듬거리는 모습이라든가, 당황해 하는 모습이 자꾸 떠오르면 안 되는 것이죠. 조절력도 선명도와 마찬가지로 훈련을 통해 점진적으로 향상시킬 수 있겠습니다.

상상이 제대로 되지 않고, 몰입을 하기가 어렵고, 다른 생각이 자꾸 끼어든다거나 부정적인 생각이 방해한다면, 자신의 음성녹음을 활용하는 것도 좋겠습니다. 성공적으로 스피치를 하는 자신의 모습과 기쁜 감정을 자세하게 묘사한 자신의 음성을 녹음해두고, 그것을 다시 들어보면서 상상에 몰입하면 좀 더 편하게 상상에 집중할 수 있습니다.

(3) 심상의 유형

심상을 할 수 있는 능력은 개인에 따라 차이가 있습니다. 칼라로 상상할 수 있는 사람도 있고 흑백으로밖에 안 되는 사람도 있습니다. 상상도 다른 기술과 마찬가지로 연습을 통해 발달시킬 수 있지요. 상상은 내적 관점이나 외적 관점이 있을 수 있습니다.

1) 내적 심상

내적 심상(internal imagery)이란 자신의 관점에서 자신이 수행하는 장면을 상상하는 것입니다. 내적 심상을 하는 동안에 떠오르는 이미지는 내가 실제에서 보는 것과 같습니다.

상상 속에서 연단 위에 서 있는 상황이라면, 바로 앞에 연단이 보이고, 마이크가 보이고 연단 너머에 수많은 청중이 보이고, 올려다보면 천장이 보이게 됩니다.

2) 외적 심상

반면 외적 심상(external imagery)은 자신의 모습을 비디오카메라에 담아 놓은 모습처럼 자신의 전체 모습과 동작을 외부의 관찰자 시점에서 상상하는 것입니다. 연설을 마친 후에 촬영해 놓은 녹화 테이프를 틀어서 자신의 모습을 보는 것과 같습니다.

두 가지 유형 중에서 어떤 것이 효과가 더 좋은지에 관해서는 명확한 근거 자료가 없습니다. 다만, 감수성의 측면에서 보면 내적 심상을 할 때가 자신의 감정과 느낌을 더 생생하게 떠올리게 되기가 쉽겠지요.

(4) 심상 훈련의 방법

1) 적합한 장소에서 합니다.

심상 훈련을 막 시작한 사람들은 주위의 방해를 받지 않을 장소, 시끄러운 소음 없이 편안하게 집중할 수 있는 장소에서 하는 것이 좋습니다. 나중에 심상 훈련에 익숙해지면 시끄러운 곳에서도 가능하겠습니다.

2) 편안한 상태에서 집중합니다.

심상을 하기 전에 이완(relaxation)을 하면 바로 심상을 시작하는 것보다 효과적입니다. 따라서 심상 훈련 전에 심호흡이나 점진이완 등 자신에게 맞는 이완 기법으로 몸의 긴장을 풀어야 합니다. 이완을 하면 긴장이나 불안을 떨쳐버릴 수 있고 선명한 상을 떠올리는 데 도움이 됩니다.

3) 긍정적으로 생각합니다.

'심상 훈련은 별 효과 없는 쓸데없는 짓이다.' 이런 부정적인 생각으로는 효과를 얻을 수 없겠지요? 긍정적인 마음으로 훈련하는 것이 좋겠습니다.

4) 선명하고 생생하게 상상합니다.

심상 훈련을 할 때에는 모든 감각을 동원해서 실제와 같이 느껴야 합니다. 그냥 책상에 앉거나 누워서 상상하는 것보다는 실제로 연설 동작을 하는 것처럼 인사도 하고, 제스처도 하면서 실감 나게 훈련하는 것이 좋겠습니다.

5) 비디오나 녹음테이프를 제작합니다.

자신의 성공적인 연설 모습을 담은 비디오나, 멋지게 실행한 연설 음성을 담은 녹음테이프를 제작해서, 반복적으로 보고 들으면서 뿌듯하고 기쁜 마음을 가지면서 성공적인 연설을 하는 영상을 떠올려 보는 것도 효과적이겠습니다. 또는, 가상으로 멋진 연설을 하는 자신의 성공적인 모습을 세밀하게 묘사한 테이프를 만들어서, 그 음성내용을 바탕으로 해서 상상훈련을 하는 것도 좋겠습니다.

4. 자기 암시 훈련

(1) 자기 암시

프랑스의 학자 에밀 쿠에는 자기 암시의 원리를 책으로 썼는데 그것이 유명한 『자기 암시에 의한 자기지배』라는 짧막한 책입니다. '나는 날마다 모든 면에서 점점 좋아지고 있다.'라는 자기 암시 문구만으로도 환자들에게 큰 도움이 되어 주었다는 결과를 발표했습니다.

성공학의 대가 나폴레옹 힐도 '자기 암시'는 일종의 자기 최면이며, 자기 암시는 자신의 생각이나 소망을 자신의 잠재의식에 새겨 넣어서 우리들의 인생을 바꿀 정도로 큰 힘을 발휘하는 것이라고 했습니다.

우리가 많이 듣고, 많이 보고, 많이 생각한 것은 암시돼서 우리의 잠재의식에 전달됩니다. 그리고는 다시 우리에게 영향을 미칩니다. 그래서 어떤 말을 많이 듣고 어떤 말을 많이 하고 어떤 생각을 많이 하느냐 하는 문제는 대단히 중요한 것이죠.

'안 돼.', '할 수 없어' 이런 부정적인 암시는 실제 부정적인 결과를 만들어 냅니다. 그런데 '난 능력이 있어.', '나는 할 수 있어.' 이런 긍정적인 암시는 긍정적인 결과를 만들어 냅니다.

자기 암시는 타인이나 주변 환경이 아닌 자신이 자기 스스로 의식적인 의도를 가지고 잠재의식에 긍정적인 암시를 심어주는 것을 말합니다. 자기 암시는 반복적인 말을 계속해서 그것을 마음속에서도 제대로 느끼고 머릿속에서도 상상할 수 있을 때 제대로 잠재의식에 심어지는 것입니다.

다시 말해서 자기 암시는 반복적인 말이 잠재의식에 영향을 줘서 우리 마음을 변화시키고, 우리를 행동시켜서 우리가 소망하는 성공의 열매를 맺게 하는 것입니다.

그런데 아무리 자기 암시를 시도해도 마음으로 실감 나게 느끼면서 하지 않고 입술로만 반복한다면 별 효과가 없겠지요. 실제 그렇다는 강한 믿음을 가지고 계속 반복적인 자기 암시를 해야겠습니다.

자기 암시 문구는 가능하면 짧고 간단한 문장을 쓰면 좋고 또 추상적인 문장보다 구체적인 문장으로 쓰는 것이 좋습니다.

(2) 성공 스피치 자기 암시문

1) 나는 스피치를 하는 것이 즐겁다.
2) 나는 많은 사람 앞에서 말하는 것이 기쁘다.

3) 나는 차분한 어조로 당당하게 연설을 한다.
4) 나는 용기가 넘치고 자신감이 샘솟는다.
5) 나는 청중에게 도움을 주는 훌륭한 연사다.
6) 나에게 청중은 부담 없이 편안한 친구다.
7) 나의 목소리는 신의 은총으로 빛난다.
8) 나는 지혜의 숨을 들이마시고 감동의 말들을 내쉰다.
9) 나는 점점 더 말을 잘하게 된다.
10) 나에게 힘을 주시고 나를 반겨주시는 청중 여러분께 감사드린다.

(3) 기정사실화 암시문

자기가 바라던 것이 앞으로의 일이 아니라 이미 그렇다고 기정사실화함으로써 우리의 마음에 긍정적인 암시를 주는 내용입니다.

여러분, 반갑습니다. / 스피치를 잘하는 사람 / ○○○입니다. //
저는 스피치를 잘합니다. // 스피치가 즐겁습니다. //
스피치를 앞두고 있으면 / 왠지 기분이 좋아집니다. //
중요한 스피치일수록 / 짜릿하고 신이 납니다. //
그래서 / 준비하는 동안에도 / 정말 흥겨운 마음이죠. //
많은 사람 앞에 서게 되면, 저는 / 마음속에 열정이 가득 차오르고 /
자신감이 샘솟습니다. //
저의 음성은 / 또렷또렷하고 활기가 넘칩니다. //
신체 표현도 아주 자연스럽습니다. //
청중은 / 밝은 표정으로, 적극적으로 호응해 줍니다. //
늘 / 우레와 같은 큰 박수가 쏟아집니다. //
저의 스피치에 / 많은 분이 공감하고, 감동을 합니다. //
회사에서도, 스피치 할 일이 생기면 / 꼭 저를 찾습니다. //
저는 / 즐거운 마음으로 기꺼이 맡아 합니다. // 그리고 잘해냅니다. //
많은 분이 저에게 묻습니다. //
"당신은 / 어쩌면 그렇게도 말을 잘하십니까?" // 이런 말을 들을 때마다 /
저의 마음은 뿌듯해지고, 큰 기쁨을 느낍니다. //
여러분, / 저는 제가 자랑스럽습니다. // 스피치는 저의 큰 장점입니다. //

스피치는 저의 특기입니다. // 스피치는 저의 즐거움입니다. //
끝까지 경청해 주셔서 감사합니다. /

(4) 무한 풍요와 일치를 이루는 주문

■ 아래의 원고를 숙지하고 낭독을 통해 마음에 새깁니다.

나는 나의 잠재의식 속에 무한한 행복의 샘을 발견한다.
모든 걱정이 쓸데없는 것임을 나는 알았다.
나는 이미 완전한 사람임을 이제 알았다.
내가 요구하는 모든 것은 나에게 모두 공급된다.
우주의 행복에너지가 풍성하게, 쉴 새 없이 내 속으로 흘러들어온다.
나는 모든 면에서 점점 좋아지고 있다.
나는 모든 면에서 우주의 섭리에 가까워지고 있다.
내가 원하는 모든 것이 점점 이루어지고 있다.
내가 소망하는 대로 모든 것이 점점 이루어진다.
내가 생각하는 모든 일이, 내가 하는 모든 일이
적절하고도 바람직한 방향으로 착착 진행되어 나간다.
아, 기쁘다. 아, 행복하다.
무한한 평화가 나의 온몸을 타고 흐른다.
무한한 기쁨이 나의 온몸을 감싸고 흐른다.
내가 바라고 믿는 대로 모든 것이 이루어지리라.
언제나 행운의 여신이 함께하는 나 ○○○는(은) 정말 행복한 사람이다.

(5) 두려움을 없애는 말들

1) 지나고 나면 아무것도 아니야.
2) 우주 속의 한 점 티끌 같은 지구 위의 나.
3) 전체적으로 보면 나는 참 운이 좋은 사람이야.
4) 나 자신을 우주에 맡기고 자연의 섭리에 맡기자.
5) 내 속에는 무한한 가능성이 있어.
6) 신의 사랑이 나를 언제나 이끌어주고 보살펴 준다.
7) 활짝 웃어보자.

8) 모든 게 잘 될 것이니 걱정할 것 없다.
9) 난 너무너무 행복하다. 그리고 감사하다.
10) 내가 불행이나 근심을 선택하지 않는 한 절대 그렇게 될 수 없다.

그 외에도 용기를 주는 말들을 낭독해 봅니다.
용기를 주는 말은 마치 주문처럼 우리에게 힘과 에너지를 줍니다.
마음에 와 닿는 성경구절, 불경이나, 명언/명구 등 책에서 읽은 좋은 말들을 준비해두고 걱정이나 근심이 생길 때마다 낭독해보면 큰 힘이 되어 줍니다. 훌륭한 명구들은 무의식중에 자신을 창조적인 생각에 가득 차게 하고, 긍정적으로 바뀌게 하고, 적극적으로 행동하게 합니다. 그래서 걱정과 근심을 몰아내 주는 것이지요.

5. 배짱 기르기 행동 훈련을 해봅시다

실제 세상이 클까요? 우리의 상상세계가 클까요? 공포나 불안도 마찬가지입니다. 막상 부딪혀보면 우리가 생각했던 것보다 별것 아닌 경우가 많습니다. 떨려서 못하는 것이 아니라 안 하니까 떨리는 것입니다.

소포클레스도 "신은 행동하지 않는 자는 돌보지 않는다."라고 했습니다. 배짱 기르기 행동 훈련을 해봅시다. 지하철이나 공원, 광장 등 사람들이 많이 몰려 있는 곳에 가서 다음 원고를 바탕으로 힘차게 스피치해 봅시다. 자신에게 알맞은 새로운 원고를 준비하셔도 좋겠습니다.
스피치가 너무 어렵게 생각되면 처음엔 '시 낭송'이나, '신념구호 외치기'를 하셔도 좋겠습니다.

[참고 원고]

여러분! 반갑습니다.
실례지만 여러분께 하나 여쭤보겠습니다.
여러분은 많은 사람 앞에서 말할 때 긴장되거나 떨리지 않습니까?
저는 많은 사람 앞에서 말할 때 너무 긴장이 돼서 고민입니다.
그런데 제 직업은 업무상 발표를 해야 할 일이 너무나 많습니다.
그래서 배짱을 기르기 위해 용기를 내서 여러분 앞에 섰습니다.
더 이상 고민만 하고 걱정만 해서는 안 되겠다.
용기란 것은 두려워하지 않는 것이 아니라 두렵지만 해내는 것이라는
굳은 의지를 갖추고 여러분 앞에 섰습니다.
오늘의 목표는 여러분께 큰 박수를 받는 것입니다.
서로 얼굴도 모르고 갈 길도 바쁘시겠지만
여러분께서 지금 보내주시는 격려의 박수는 대한민국을 이끌어갈
한 젊은이의 가슴에 큰 자신감을 심어 줄 것입니다.
여러분 저에게 사랑의 박수를 보내주십시오.
(박수를 받는다.)

감사합니다.
밤하늘이 어두울수록 별은 더 빛이 나듯이
여러분께서도 현실이 힘들다고 좌절하지 말고 모두
밤하늘에 밝게 빛나는 별이 되시기 바랍니다.

대단히 감사합니다. 파이팅 !!!!!!

6. 스피치 공포 응급처치

갑작스럽게 발표를 해야 하는 상황에서 불안해져 오고 긴장이 될 때 긴장을 덜 하게 하고, 불안이 더 증폭되지 않도록 하는 응급처치 요령을 살펴보겠습니다.

(1) 생각을 긍정적으로 합니다.

'다른 사람들도 긴장한다. 좀 떨리면 어때.', '난 잘할 수 있어.' 하며 긍정적인 생각을 가집니다. 너무 많이 긴장이 되면 역설적으로 '에라, 오히려 실컷 떨어보자!'라는 자세로 임합시다. 긴장과 불안에 대한 생각을 접어두고 앞 연사의 말에 주의를 기울이며 자신이 할 말을 정리할 수 있다면 금상첨화겠지요.

(2) 첫말을 미리 준비하고 몇 번 반복 연습해 봅니다.

"시작이 반"이라는 속담도 있지요. 첫말이 잘 풀리면 연설이 계속 잘 되어 나가기가 쉽습니다. 긴장의 정도도 연설의 처음 부분이 제일 심한 법입니다.

첫말을 미리 준비하고 차례를 기다리는 동안 몇 번이고 반복해서 되뇌어 보는 것이 좋겠습니다. 연습할 때도 인사말 및 연설의 서두를 특히 잘 준비하고 더 연습해 봅니다. 긴장은 연설 시작 부분이 제일 고조되며 시작이 좋으면 재빨리 안정을 찾게 되니까요.

(3) 순간 이완 동작을 해봅니다.

앉아서 기다리는 동안 주먹에 힘을 꽉 주었다가 일시에 힘을 뺍니다. 그리고 합장을 한 다음 서로 꽉 밀면서 경직시켰다가 일시에 힘을 뺍니다. 다음은 발과 발을 맞붙여 힘을 줘서 경직시켰다가 일시에 힘을 뺍니다. 여러 가지 다른 응용 동작들이 나올 수 있겠지요.

(4) 호흡을 잘 관리합니다.

연설을 진행해가면서 복식호흡을 의도적으로 하기는 어렵습니다. 호흡은 습관이 되어서 자연스러워져야 하지요. 자기 차례를 기다릴 때는 깊고 규칙적으로 숨을 쉬어 몸과 성대의 긴장을 풉니다. 호흡을 깊고 편안하게 유지하는 것은 긴장완화에 큰 도움이 됩니다. 그리고 실제 연단에서는 단전에 마음을 두고 배로 말한다는 느낌이 듭니다. 그리고 말을 바로 하지 말고 일단 숨을 들이쉰 다음에 말해야 합니다.

긴장하다가 보면 숨을 들이쉬는 것도 잊어버리고 말을 시작하게 되는 경우가 있습니다. 그러면 들숨이 충분치 않기 때문에 금방 말이 끊기게 되고, 그래서 말이 끊어지면 긴장은 걷잡을 수 없이 증폭될 수도 있습니다. 연단에 서자마자 곧바로 말을 시작하지 말고 호흡을 가다듬으며 여유롭고 느긋하게 시작하는 것이 좋겠습니다. 첫 말부터 꼬이게 되면 긴장이 훨씬 심해질 수 있지요.

(5) 중요 뼈대를 메모합시다.

중요한 사항이나 말할 내용의 뼈대를 짚어 두고서, 그 메모를 바탕으로 연설하면 '믿는 구석'이 있기 때문에 긴장이 덜 해집니다. 믿는 데가 있으면 자신감이 더 생깁니다.

(6) 더 크게, 더 천천히 말합니다.

긴장이 되면 될수록 말과 동작과 호흡을 더 크게 하고, 더 천천히 합니다. 좀 더 크게 말하는 것은 자신감을 갖게 하는데 도움을 줍니다. 특히 첫 말문을 자신 있고 활기차게 합시다.

(7) 호의적인 청중을 쳐다보며, 부담스러운 사람은 쳐다보지 맙시다.

스피치할 때는 청중을 골고루 바라보며 말하는 것이 원칙이지만, 긴장이 될 때는 부담스러운 사람을 바라보기보다는 고개를 끄덕여주거나 밝은 표정으로 경청하는 호의적인 청중을 바라보는 것이 마음을 안정시키는데 도움을 줍니다.

(8) 표정이 굳는다면 자기만의 '미소 코드'를 만듭시다.

자신만의 '미소 코드'란 자신이 떠올리기만 하면 금방 웃음을 자아내게 하는 영상이나 생각을 말합니다. '미소 코드'에 접속하기만 하면 우리의 표정이 환한 미소로 가득 차게 되지요. 어떤 분은 '미소 코드'가 청중의 코랍니다. 자신의 표정이 긴장 때문에 굳을 때면 그는 즉시 청중의 코를 둘러봅니다. 그분 말씀으로는 사람의 코를 자세히 보면 얼마나 우습게 생겼는지 금방 웃음이 터져 나온다고 합니다.

(9) 잠깐의 탈출 공간을 만들어 봅시다.

긴장이 심해서 말이 끊어질 것 같으면 청중에게 질문하거나 마이크 높이를 다시 조정해 보거나 판서를 하며 한숨 돌릴 여유를 가져봅니다. 나눠준 유인물을 청중에게 읽게 하거나 따라 말하게 하며 한숨 돌릴 수도 있겠습니다. 경우에 따라 청중 중 한 분에게 모두가 칭찬이나 격려의 박수를 보내도록 합니다.

(10) 몸을 움직여 봅시다.

몸을 움직이는 것은 긴장완화에 도움을 줍니다. 연단 위를 좌우로 걸어보기도 하고 청중 쪽으로 다가서기도 하며 움직여 봅니다. 제스처도 활발히 활용해 봅니다. 청중도 고정된 자세보다 덜 지루하게 느낄 것입니다.

(11) 시각 보조 자료를 활용합시다.

연단에서 불안을 느끼게 되고, 긴장하게 되는 원인 중의 하나가 청중의 모든 시선이 자신에게만 쏠리기 때문이기도 합니다. 그래서 시각 보조 자료는 연사에게 집중된 시선을 시각 보조 자료로 돌려주기 때문에 연사의 긴장을 완화하는 데도 도움이 됩니다. 시각 보조 자료를 사용하게 되면 연사는 청중을 정면으로 바라보지 않아도 되며 시각 자료에 적혀 있는 것을 보면서 말하기 때문에 '빠뜨리면 어떡하나?' 하는 불안 없이 훨씬 편안하게 말을 할 수 있게 됩니다.

(12) 청중에게 질문을 던져봅시다.

청중에게 질문하고 나면 답변을 기다리고 답변을 듣는 동안 일단 한 시름 돌릴 수 있습니다. 그리고 가끔은 청중의 예기치 않은 우스꽝스러운 대답이 좌중을 웃음바다로 만들어 줍니다. 그런데 질문을 했는데 청중으로부터 별 반응 없이 답변이 나오지 않으면 더 당황하게 될 수 있습니다. 그럴 경우는 청중 중 한 사람을 지목해서 다시 질문을 시도해 보시기 바랍니다. 청중 중에 편안한 느낌이 드는 한 분을 지목해서 일대 일의 대화처럼 친근하게 질문을 던져 보세요. 답변을 들으면서 청중과 서로 통하는 느낌이 들고 에너지를 받게 될 것입니다.

제2강
스피치 기초 훈련

Ⅰ. 호흡
Ⅱ. 발성
Ⅲ. 발음
Ⅳ. 말의 속도
Ⅴ. 강조 기법

호흡

떡 중에서 먹기 좋은 떡은 꿀떡입니다.
떡 중에서 가장 값이 싼 떡은 비지떡입니다.
그럼 떡 중에서 가장 먹기 힘든 떡은?
'헐레벌떡'입니다.

스피치를 할 때 호흡을 제대로 가다듬지 않고, 급하게 **헐레벌떡** 말하면 숨이 차게 되고 긴장도 더 증폭됩니다. 호흡은 우리 음성의 발화 에너지이며 마음의 안정과도 상관관계가 있습니다. 음성이 안정되려면 호흡이 먼저 안정되어야 함은 두말할 나위도 없습니다.

1. 복식호흡과 스피치

트럼펫이나 색소폰 같은 관악기를 연주하는 공연을 보신 적이 있습니까? 케니지의 색소폰 연주를 들어본 적이 있습니까? 참 아름답고 감미롭지요? 케니지도 색소폰을 불 때 숨을 들이쉬고 내쉬는 호흡을 이용해서 악기를 연주합니다. 그 사람도 인간이기 때문에 당연히 그렇겠죠. 그런데 케니지가 언제 숨을 쉬는지 관객은 전혀 알아차리지 못할 만큼 연주가 아주 매끄럽고 자연스럽습니다.

왜 그렇겠습니까? 바로 호흡이 안정되어 있기 때문입니다. 만일 케니지가 한꺼

번에 많은 들숨을 하지 못하고, 날숨 시에 호흡을 길게 유지하지 못한다면 어떻게 될까요? 감미로웠던 색소폰 소리는 중간에 뚝뚝 끊어지게 되고 부자연스럽고 거칠게 들릴 수밖에 없습니다.

노래를 부를 때나 연설을 할 때도 마찬가지입니다. 그 에너지를 호흡에 의존하게 됩니다. 호흡량이 적다면 풍부한 발성으로 말하기 어렵습니다. 날숨을 길게 유지하지 못한다면 중간에 말이 끊어지고 전달력이 떨어집니다. 그럼 어떻게 하면 호흡량을 크게 하고 날숨을 안정되게 유지할 수 있을까요? 케니지의 호흡 비결은 무엇일까요? 그것은 바로 복식호흡을 한다는 것입니다.

복식호흡이란 것은 새롭게 개발된 호흡법도 아니고 별다른 것도 아닙니다. 아기가 잠을 잘 때 보면 숨을 들이마시고 내쉴 때마다 통통한 배가 눈에 띄게 들어갔다 나왔다 하는 것을 보게 됩니다. 그리고 아이들은 아주 편하게 느낍니다. 그게 바로 우리가 태어나면서부터 해왔던 호흡인 복식호흡입니다. 그러다가 점점 흉식호흡의 습관이 길들여진 것이죠.

2. 흉식호흡과 복식호흡

외관상으로 흉식호흡을 하고 있는지 복식호흡을 하고 있는지 살펴보면 흉식호흡은 어깨를 들썩이게 되고 가슴 부분이 움직이는 것을 볼 수 있습니다. 그리고 숨을 들여 마실 때 배가 들어가고 숨을 내쉴 때 배가 나옵니다. 그런데 복식호흡은 어깨나 가슴은 움직이지 않고 숨을 들여 마실 때 배가 나오고 숨을 내 쉴 때 배가 들어가게 됩니다.

그 원리는 횡격막에 있습니다. 우리의 가슴속에는 허파의 밑 부분을 가로 받히는 횡격막이란 근육이 있습니다. 들숨으로 공기가 차면서 이 횡격막을 아래로 내려 공기의 저장 공간을 최대화시켜주는 호흡이 바로 복식호흡입니다. 횡격막이 아래로 내려가니까 내장이 압박을 받으며 밀려나와 배가 나오는 것이죠.

복식호흡은 발성을 잘하기 위해서도 아주 중요한 호흡법이지만 스피치할 때 불안이나 긴장을 완화해 주는 데에도 도움이 됩니다. 우리가 불안을 느낄 때 우리의 호흡을 관찰해 보십시오. 가슴으로 얕은 호흡을 쉬는 것을 느낄 수 있을 것입니다. 이때 복식호흡을 하면 우리의 몸과 마음이 빨리 안정을 찾게 됩니다.

스피치에는 그야말로 일거양득의 호흡법이라고 할 수 있습니다. 그런데 호흡은 습관이기 때문에 복식호흡이 습관이 안 된 사람은 몇 번만 연습해서는 별로 효과가 없습니다. 꾸준히 연습하고 훈련해서 습관으로 길들도록 노력해야 합니다. 스피치 연습할 때뿐만 아니라 생활 속에서 복식호흡이 자연스러워질 수 있도록 관심을 두고 꾸준히 연습하시길 바랍니다.

3. 복식호흡 요령

복식호흡의 요령을 간단히 살펴보겠습니다. 먼저 두 다리를 어깨너비로 벌리고 편안하게 섭니다.

상황이 괜찮으면 누워서 해보는 것도 좋겠습니다. 그럼 제대로 되고 있는지 더 잘 느낄 수 있습니다. 시작 전에 한 손은 가슴에 대고 다른 한 손은 복부에 갖다 댑니다. 가슴에 손을 대는 이유는 가슴과 어깨가 들썩거리지 않도록 신경을 쓰라는 것이고, 배에 손을 갖다 대는 것은 배의 움직임을 살펴보기 위해서입니다. 그리고 코로 숨을 천천히 크게 들여 마십니다.

이때는 우리가 마치 꽃밭 속을 지날 때 향기로운 냄새를 맘껏 들이마시듯이 그런 기분으로 콧속을 활짝 열고 많은 양의 공기를 들여 마십니다. 이때 가슴이 들썩거리거나 어깨가 올라가면 안 되겠지요. 배가 풍선처럼 팽팽하게 앞으로 나올 때까지 깊이 숨을 들여 마십시오.

그리고 숨을 내뱉을 때에는 천천히 숨을 내쉬면서 부풀었던 배를 서서히 들어가게 합니다. 이때에도 마찬가지로 어깨나 가슴이 들썩거리거나 움직이지 않도록 합니다. 이런 식으로 규칙적으로 안정된 복식호흡을 연습합니다.

연습할 때는 눈에 띄게 배가 들어갔다가 나왔다가 하지만 실제 연단에서 청중 앞에서 연설할 때 배가 그렇게 나왔다 들어갔다 하면 우습겠지요. 숙달이 돼서 나중에 실제로 스피치를 할 때는 배를 꺼뜨리지 않고도 복식호흡이 자연스러워질 수 있어야 합니다.

호흡은 자연스러워야 하는데 연습하다 보면 처음에는 오히려 답답해지기도 합니다. 습관을 다시 들이려다 보니까 어색하기도 하고 이상하게 느껴지기도 하지요. 너무 무리하진 말고 차근차근 복식호흡의 습관을 들이시기 바랍니다. 언제 어디서나 복식호흡이 편안하게 습관이 되도록 연습하시기 바랍니다.

4. 복식호흡 실제 훈련

복식호흡 습관을 들이기 위한 훈련을 해 봅니다.

(1) 숨을 토해냅니다.
(2) 8초 동안 천천히 숨을 들여 마시고 또 8초 동안 숨을 내 쉽니다.
    이를 반복합니다.
(3) 8초 동안 천천히 숨을 들여 마시고, 8초간 호흡을 정지합니다.
    그리고 8초 동안 숨을 내 쉽니다. 이를 반복합니다.
(4) 8초 동안 천천히 숨을 들여 마시고 이번엔 12초 동안 숨을 내 쉽니다.
    이를 반복합니다.
(5) 2초 동안 빠르게 숨을 들여 마시고 12초 동안 숨을 내 쉽니다.
    이를 반복합니다.

※ 무리가 따르지 않게 몇 초에 너무 얽매이지 말고 자신에게 자연스러운 대로 조정해가면서 연습합시다.

Power Tip

호흡(呼吸)은 뜻 그대로 숨을 내쉬고(呼) 들여 마시는(吸) 것입니다. 영어의 'give and take'와 같은 원리라고 할 수 있죠. 즉 먼저 주고받는 것입니다. 우리의 인생도 호흡하듯이 살수 있다면 더욱 여유롭고 행복해지지 않을까 생각해 봅니다. ^ ^

발 성

발성이란 성대를 울려서 목소리를 내는 것을 말합니다. 사람마다 제각기 타고난 목소리가 있고 성우를 할 것도 아닌데 굳이 발성훈련을 할 필요가 있을까 궁금해 하시는 분들도 있습니다.

발성훈련을 하면 첫째로 자연스런 자신의 음성을 찾는 데 도움이 됩니다. 쉰 목소리, 가는 목소리, 금속성의 쇳소리, 힘없는 목소리, 지나치게 높은 음조의 목소리 등 나쁜 발성습관으로 굳어져 듣기 거슬리는 부자연스러운 목소리를 듣기 편안한 자연스런 음성으로 변화를 시켜나갑니다.

둘째로는 성량을 더 크게 할 수 있도록 합니다. 평소에 큰 목소리를 낼 일은 별로 없습니다. 하지만, 대중 연설을 할 때는 열정을 담은 큰 목소리가 필요합니다. 마이크가 있더라도 마이크 볼륨을 키우는 것으로 연사의 열정을 표현할 수는 없습니다. 발성연습이 충분히 되지 않은 사람은 갑자기 큰 목소리를 내기 어렵고 또 큰 목소리를 내었다고 해도 금방 목이 쉬거나 상하기 쉽습니다.

학원에서는 발성훈련을 특히 많이 시킵니다. 발성훈련은 성량이 풍부한 좋은 목소리를 개발하는 것 외에도 긴장과 불안을 날려버리고 자신감을 기르는데도 유용하기 때문입니다. 훈련을 할 때는 목소리가 안으로 기어들어가듯이 우물거리지 말고 말을 멀리 던진다는 기분으로 바깥으로 뻗어 나오듯 발성하시기 바랍니다.

그리고 성대를 누르거나 좁히지 말고 마치 하품을 할 때처럼 목안을 될 수 있는 대로 넓게 해서 발성하는 것이 효과적입니다. 그래야 공명이 잘 된 소리가 만들어집니다. 기타를 연주할 때 기타 줄의 소리가 울림통을 진동시키지 못한다면 아름다운 기타 선율을 만들어낼 수 없을 것입니다. 그렇듯이 발성을 할 때도 목에서만 나오는 소리가 아니라 자신의 몸이 기타의 울림통이라고 생각하고 몸 전체를 공명시킨다는 기분으로 발성훈련을 하시기 바랍니다.

1. 목 풀기

갑자기 고성 발성으로 목에 무리를 주지 말고, 천천히 목을 풀면서 점점 강도를 높여나갑니다. 목소리가 거친 분은 4번 연습을 더 열심히, 목소리가 얇고 가는 분은 5번 연습을 더 열심히 하시면 좋습니다. 음의 폭이 좁고 공명이 잘 안 되는 분은 3번을 더 열심히 하세요. 발성연습은 너무 무리하게 해서 목을 상하지 않는 범위 내에서 점점 더 강도를 높여 나가세요.

(1) 음 음 음 / 아아아 / 음음 / 아 아 / 오음 아 ~
(2) 아아아 / 어어어 / 오오오 / 우우우 / 으으으 / 이이이
(3) 화워웨 / 와우화 / 워아와 / 에이아 / 우와와 / 이에으
(4) 르몽드 / 로 얄 / 라일라 / 레일 / 올인 / 샬롬
(5) 파우워 / 막 파 / 합 포 / 피스톨 / 파이프 / 타이탄
(6) 큰 소리로 '아', '하', '파'

2. 모음 발성

입 모양을 정확히 해서 발성합니다,

(1) 아~, 에~, 이~, 오~, 우~ : 각 모음을 길게 발성합니다.

(2) 아, 에, 이, 오, 우 : 각 모음을 강하고 짧게 발성합니다.
(3) 아에이오우아에이오우아에이오우 : 연속적으로 반복해서 발성합니다.

3. 자음 발성

(1) 가 나 다 라 마 바 사 아 자 차 카 타 파 하 : 하나씩 강하고 짧게 발성합니다.
(2) 가나다라 / 마바사아 / 자차카타파하 : 연속적으로 하되 나눠서 발성합니다.
(3) 가나다라마바사아자차카타파하 : 전체를 연속적으로 반복해서 발성합니다.

4. 파도 치기 발성

우측에 표시된 음성의 크기에 맞춰 발성해 봅니다.

잔잔한 바다 (20) / 일렁이는 바다 (40) /
출렁이는 바다 (60) / 파도 치는 바다 (80) /
갈라지는 바다 (100) / 파도 치는 바다 (80) /

출렁이는 바다 (60) / 일렁이는 바다 (40) /
잔잔한 바다 (20)

맑은 하늘 (20) / 구름 낀 하늘 (40) /
비 오는 하늘 (60) / 천둥 치는 하늘 (80) /
쏟아지는 하늘 (100)

5. 음절 발성

단어들을 발음해 보면서 공명 있고 편안한 음성을 만들어 봅니다.

(1) 3음절 : 가까이 / 즐거운 / 영원히 / 두둥실 / 시원한
(2) 4음절 : 오곡백과 / 힘찬 연설 / 문화행사 / 환경보호
(3) 5음절 : 행복한 마음 / 기분 좋은 밤 / 화사한 날씨
(4) 문장 : 멋있고 / 공명 있고 / 듣기 편안한 / 목소리로 / 말해봅시다.

6. 웃음 발성

(1) 위스키 위스키 위스키 위스키 (부드럽게 발성합니다.)
(2) 하하호호 하하호호 하하호호 하하호호
    (한 음절씩 잘게 끊어가며 연속적으로 발성합니다.)
(3) 히히히히 하하하하 히히히히 하하하하
    (한 음절씩 잘게 끊어가며 연속적으로 발성합니다.)
(4) 으헤으헤 으허허 으헤으헤 으허허 (강약의 리듬을 살려가며 발성합니다.)
(5) 김치 — 치즈 — 김치 — 치즈 (길게 늘여 뜨려 이어가며 발성합니다.)
(6) 으하하하하하 으하하하하하 (우렁차고 호탕하게 발성합니다.)

7. 구호 고성 발성

큰 목소리를 내기 위한 훈련입니다. 자신이 낼 수 있는 최대한의 목소리로 발성해 봅니다. 발성연습과 함께 자신감도 향상됩니다.

(성공구호)
나는 꿈이 있다.
나는 희망이 있다.
나는 목표가 있다.
나는 긍정적이다.
나는 적극적이다.
나는 기운이 넘친다.
나는 끈기가 있다.
나는 운이 좋은 사람이다.
나는 반드시 성공한다.
이제부터 시작이다.
여러분! 바로 지금 시작합시다.

발음

1. 불분명한 발음의 원인

발음이 불분명한 이유는 다음과 같습니다. 자신의 발음이 분명하지 않다면 어떤 원인이 있는지 살펴보시기 바랍니다.

(1) 편하게 대충 발음하려는 발음 습관
(2) 정확한 발음법을 모름
(3) 너무 빠른 말의 속도
(4) 조음기관의 이상
(5) 모국어의 영향(외국인의 경우)

2. 발음 능력의 향상

(1) 한 음절 한 음절 적극적으로 또박또박 발음하는 습관을 키웁니다.
(2) 발음이 어려운 단어일수록 천천히 또박또박 발음합니다.
(3) 평소에 어려운 발음 연습을 해봅니다.
(4) 낭독훈련을 열심히 합니다.
(5) 표준발음법을 익힙니다.

3. 정확한 발음 요령

(1) 입술, 혀, 턱을 원활히 움직입니다.
(2) 말의 시작은 부드럽게 끝은 분명하게 발음합니다.
(3) 어려운 발음이나 중요한 부분은 천천히 발음합니다.
(4) 파열음은 부드럽게 발음합니다. (ㅋ, ㅌ, ㅍ)
(5) 복모음은 정확하게 발음합니다. (와, 외, 위)
(6) 장·단음을 잘 살려 표현합니다.
(7) 적절한 곳을 띄어 말합니다.

4. 발음 연습

(1) 단모음의 연습

아, 어, 오, 우, 으, 이, 애, 에, 외

가 나 다 라 마 바 사 아 자 차 카 타 파 하
거 너 더 러 머 버 서 어 저 처 커 터 퍼 허
고 노 도 로 모 보 소 오 조 초 코 토 포 호
구 누 두 루 무 부 수 우 주 추 쿠 투 푸 후
그 느 드 르 므 브 스 으 즈 츠 크 트 프 흐
기 니 디 리 미 비 시 이 지 치 키 티 피 히
개 내 대 래 매 배 새 애 재 채 캐 태 패 해
게 네 데 레 메 베 세 에 제 제 케 테 페 헤
괴 뇌 되 뢰 뫼 뵈 쇠 외 죄 최 쾨 퇴 푀 회

(2) 중모음의 발음 연습

야, 여, 요, 유, 얘, 예, 위, 의, 와, 워, 왜, 웨

갸 냐 댜 랴 먀 뱌 샤 야 쟈 챠 캬 탸 퍄 햐
겨 녀 뎌 려 며 벼 셔 여 져 쳐 켜 텨 펴 혀
교 뇨 됴 료 묘 뵤 쇼 요 죠 쵸 쿄 툐 표 효
규 뉴 듀 류 뮤 뷰 슈 유 쥬 츄 큐 튜 퓨 휴
걔 내 대 래 매 배 새 애 재 채 캐 태 패 해
계 녜 뎨 례 몌 볘 셰 예 졔 체 켸 톄 폐 혜
귀 뉘 뒤 뤼 뮈 뷔 쉬 위 쥐 취 퀴 튀 퓌 휘
과 놔 돠 롸 뫄 봐 솨 와 좌 촤 콰 톼 퐈 화
궈 눠 둬 뤄 뮈 붜 쉬 워 줘 춰 쿼 퉈 풔 훠
괘 놰 돼 뢔 뫠 봬 쇄 왜 좨 쵀 쾌 퇘 퐤 홰
궤 눼 뒈 뤠 뭬 붸 쉐 웨 줴 췌 퀘 퉤 풰 훼

(3) 다양한 모음 연습

갸 괴 겨 귀 교 궤 규 계 과 괘 귀 개
냐 뇌 녀 뉘 뇨 눼 뉴 녜 놔 놰 눠 내
댜 되 뎌 뒤 됴 뒈 듀 뎨 돠 돼 둬 대
랴 뢰 려 뤼 료 뤠 류 례 롸 뢔 뤄 래
먀 뫼 며 뮈 묘 뭬 뮤 몌 뫄 뫠 뭐 매
뱌 뵈 벼 뷔 뵤 붸 뷰 볘 봐 봬 붜 배
샤 쇠 셔 쉬 쇼 쉐 슈 셰 솨 쇄 쉬 새
야 외 여 위 요 웨 유 예 와 왜 워 애
쟈 죄 져 쥐 죠 줴 쥬 졔 좌 좨 줘 재
챠 최 쳐 취 쵸 췌 츄 체 촤 쵀 춰 채
캬 쾨 켜 퀴 쿄 퀘 큐 켸 콰 쾌 쿼 캐
탸 퇴 텨 튀 툐 퉤 튜 톄 톼 퇘 퉈 태
퍄 푀 펴 퓌 표 풰 퓨 폐 퐈 퐤 풔 패
햐 회 혀 휘 효 훼 휴 혜 화 홰 훠 해

(4) 입 모양과 혀 굴림 연습

1) 혀 운동

다 댜 더 뎌 도 됴 두 듀 드 디
라 랴 러 려 로 료 루 류 르 리
달 댤 덜 뎔 돌 돌 둘 둘 들 딜

2) 입술 운동

마 먀 머 며 모 묘 무 뮤 므 미
바 뱌 버 벼 보 뵤 부 뷰 브 비
밤 뱜 범 볌 봄 뵴 붐 븀 븜 빔

3) 턱 운동

카 캬 커 켜 코 쿄 쿠 큐 크 키
칵 캭 컥 켞 콕 쿡 쿡 쿸 큭 킥

(5) 어려운 발음

어려운 발음이 잘 안 되면 먼저 천천히 발음을 하고 난 뒤에 다시 시도를 해 보면 더 잘될 수 있습니다.

① 군청 창살 쌍 창살, 시청 창살 외 창살
② 저기 저 말뚝은 말 맬 말뚝이냐, 말 못 맬 말뚝이냐?
③ 간장 공장 공장장은 강 공장장이고 된장 공장 공장장은 장 공장장이다.
④ 한양 양징점 옆에 한영 양징점 한영 양징점 옆에 한양 양징점
⑤ 이분이 박 법학 박사이시고 저분은 백 법학 박사이시다.
⑥ 내가 그린 구름 그림은 암 기린 구름 그린 그림이고
　　네가 그린 구름 그림은 숫 기린 구름 그린 그림이다.
⑦ 저기 저 콩깍지는 깐 콩깍지인가 안 깐 콩깍지인가?
⑧ 깐 콩깍지면 어떻고 안 깐 콩깍지면 어떠냐?
　　깐 콩깍지나 안 깐 콩깍지나 콩깍지는 다 콩깍지인데

⑨ 고려고 교복은 고급교복입니다.
⑩ 칠월 칠일은 평창친구 친정 칠순 잔칫날

(6) 틀리기 쉬운 표준 발음 연습

우리나라의 글을 올바르게 쓰기 위한 '한글 맞춤법'은 누구나 잘 알고 있지만, 우리나라 말을 올바르게 발음하기 위한 '표준 발음법'은 잘 모르시는 분들이 많은 것 같습니다. 아래는 우리가 틀리게 하기 쉬운 발음들을 모아 하나의 원고로 재구성해 본 것입니다. 표준 발음법에 대해 관심이 있으시면 인터넷을 검색해보면 금방 찾으실 수 있습니다.

■ 다음을 정확하게 발음해 봅시다.

날씨가 참 맑다. (말따 / 막따) 모처럼 맑게(말께 / 막께) 갠 날씨다.
그래서 무릎에(무르베 / 무르페) 상처가 아직 다 낫진 않았지만, 시장에 갔다.
꽃을(꼬슬 / 꼬츨) 살까? 닭을(다글 / 달글) 살까?
아침에 팥으로(파츠로 / 파트로) 죽을 끓여 먹어서 배가 고팠기 때문이다.
값을(갑쓸 / 가블) 치르고 나서 나는 부엌으로(부어그로 / 부어크로) 향했다.
그리고 닭죽을(달쭈글 / 닥쭈글) 만들었다.
닭죽은 언제 먹어도 맛있다. (마디따 / 마시따)
밭에서(바데서 / 바체서 / 바테서) 흙을(흐글 / 흘글) 밟고(발꼬 / 밥꼬)
계시는 어머니께도 갖다 드려야겠다.
어머님께서 더 이상 늙지(늘찌 / 늑찌) 않았으면 좋겠다.
아, 젊어(점머 / 절머)서부터 흙과(흑꽈 / 흘과) 함께 살아오신 어머니의
값있는(가빈는 / 갑신는) 인생을 종달새가 시로 읊고(을꼬 / 읍꼬) 지나간다.

■ 자신이 한 발음과 아래의 표준발음을 비교해 봅시다.

날씨가 참 맑다. (막따) 모처럼 맑게(말께) 갠 날씨다.
그래서 무릎에(무르페) 상처가 아직 다 낫진 않았지만 시장에 갔다.
꽃을(꼬츨) 살까? 닭을(달글) 살까?
아침에 팥으로(파트로) 죽을 끓여 먹어서 배가 고팠기 때문이다.
값을(갑쓸) 치르고 나서 나는 부엌으로(부어크로) 향했다.

그리고 닭죽을(닥쭈글) 만들었다.
닭죽은(닥쭈근) 언제 먹어도 맛있다. (마시따 / 마디따 둘 다 OK)
밭에(바테)서 흙을(흘글) 밟고(밥꼬) 계시는 어머니께도 갖다 드려야겠다.
어머니께서 더 이상 늙지(늑찌) 않았으면 좋겠다.
아, 젊어(절머)서부터 흙과(흑꽈) 함께 살아오신 어머니의
값있는(가빈는) 인생을 종달새가 시로 읊고(읍꼬) 지나간다.

말의 속도

전반전이 끝나고 휴식시간에 청소년 축구팀 코치가 라디오 중계석을 찾아와 아나운서에게 항의합니다. "중계방송을 좀 천천히 해주세요. 우리 선수들이 도저히 당신 말의 속도를 따라잡을 수가 없습니다."

1. 스피치 전체의 적절한 속도

말의 속도가 너무 빠르면 청중이 알아듣기 어렵습니다. 연사도 생각할 겨를이 없습니다. 목소리조차 떠있으면 불안해 보이지요. 반면에 말의 속도가 너무 느리면 답답해 보입니다. 청중은 지루해지고 잡생각이 끼어듭니다. 그래서 적절한 속도가 좋겠습니다. 그런데 천편일률적인 표준 속도란 없습니다. 미디어의 영향으로 현대 스피치의 전체적인 속도는 점점 빨라지는 경향이 있습니다만, 무엇보다도 청중이 이해하기에 알맞고 전체적 분위기에 적합한 속도가 가장 적절한 속도이죠.

(1) 청중에 맞게

청중이 젊은 층이라면 말의 속도를 비교적 빠르게 하는 것이 좋겠고, 노년층이라면 다소 느리게 말하는 것이 좋겠습니다. 그리고 전문적인 내용을 말해야 할 때에 청중이 초심자라면 느리게 말해야 하겠고, 내용을 잘 이해할만한 청중이라면 빠르게 말해도 상관없겠습니다.

> 1) 청소년 한마당 큰잔치! 청소년 여러분 안녕하세요. 오늘 사회를 맡은 홍길동입니다. 만나서 반갑습니다. 날씨도 정말 화창하고 좋습니다. 오늘은 음악연주회와 장기자랑대회로 즐거운 시간을 가져볼까 합니다. (다소 빠르게)
>
> 2) 경로 한마당 큰잔치! 아버님 어머님들 안녕하세요. 오늘 사회를 맡은 홍길동입니다. 만나 뵙게 돼서 반갑습니다. 날씨도 정말 화창하고 좋습니다. 오늘은 음악연주회와 장기자랑대회로 즐거운 시간을 가져볼까 합니다. (다소 느리게)

(2) 전체적 분위기에 맞게

경쾌하고 역동적인 분위기에서는 빠르게, 침울하거나 슬픈 분위기에서는 느리게 말하는 것이 좋습니다. 예를 들면 축하 연회나 오락회에서의 축사는 빠른 템포로,

고인의 명복을 비는 추도사는 느린 템포로 말하는 것이 적절할 것입니다. 그럼 아래의 내용은 어떤 속도로 말하는 것이 좋을까요? 느리게도 말해보고 빠르게도 말해봅시다. 어떤 속도가 잘 어울리고 자연스런 표현인지 금방 느끼실 것입니다.

> 여러분 안녕하세요? 생동감 넘치는 봄입니다. 오늘은 날씨도 너무너무 화창합니다. 이렇게 좋은 날 봄맞이 음악회를 개최하게 돼서 벌써 흥이 절로 납니다. 여러분, 오늘은 흥겨운 음악과 함께 마음껏 즐기면서 쌓인 스트레스를 확 날려버립시다.

2. 스피치의 부분적인 적절한 속도

하나의 스피치 속에서도 빠르게 말하는 것이 좋을 곳과 느리게 말해야 좋을 부분이 있습니다. 누구나 다 아는 사실이나 중요하지 않은 사항은 빨리 말하는 것이 좋겠습니다. 그리고 긴박한 느낌을 표현하는 부분이나 클라이맥스 부분에서는 빨리 말해야 분위기를 잘 살릴 수 있겠지요.

반면에 강조해야 할 중요한 대목, 알아듣기 어려운 지명, 인명, 숫자, 고유명사 등의 표현은 천천히 말하는 것이 좋습니다. 그리고 평화로운 느낌, 여유로운 느낌, 엄숙한 분위기를 나타내는 부분 또한 느리게 말하는 것이 효과적입니다.

(1) **속도를 느리게 해야 할 부분** :
    강조할 부분, 중요한 부분, 혼동하기 쉬운 부분,
    발음이 어려운 부분, 숫자, 지명, 인명, 엄숙한 분위기 표현 등
(2) **속도를 빠르게 해야 할 부분** :
    누구나 다 아는 사실, 중요하지 않은 부분,
    긴박한 분위기의 표현, 클라이맥스, 즐겁고 활기찬 분위기의 표현 등

■ 몇 가지 연습을 해 볼까요.
① 올해 우리 회사의 총매출은 **35억 6천7백 80만 원**입니다. (숫자)
② 제가 가본 곳 중에서 가장 기억에 남고 인상적인 도시는 **쿠알라룸푸르**입니다.

(지명)
③ 차가운 강물에서 수영할 때 잊지 말아야 할 것은 준비운동입니다. (강조)
④ 제가 가장 좋아하는 동기부여 전문가는 앤드루매튜스입니다. (인명)

3. 속도 활용 극적 표현 기법

다음은 문장을 점점 빠르게 표현해서 박진감 넘치고 극적인 분위기를 연출해 보는 연습입니다.

헨리 포드는 이렇게 말했습니다. "흠을 찾지 말고 치유책을 찾아라." (천천히)
그렇습니다. 잘못된 점만 바라보며 속만 끓여서는 아무 소용이 없습니다. (조금 빠르게)
어떻게 하면 잘 될 수 있을지 치유책을 찾아야 합니다. (조금 더 빠르게)
고민할 시간에 해결책을 찾으십시오. (좀 더 빠르게)
절망할 시간에 해결책을 찾으십시오. (더 빠르게)

Power Talk

띄어 말하기에 대하여

띄어 말하기는 띄어쓰기와 달리 정해진 규칙이 있는 것은 아닙니다.

화자의 의도에 따라 어디를 띄어 말하느냐가 달라집니다. 따라서 화자가 어디를 띄어 말하느냐에 따라 전하고자 하는 의미와 말의 느낌이 달라질 수 있으므로 다음과 같은 몇 가지 요령이 필요합니다.

띄어 말하기의 요령은 보편적인 관점에서 볼 때 크게 세 가지로 나눌 수 있습니다.

그것은 띄어 말해서는 안 되는 경우와 띄어 말하면 좋은 경우, 그리고 내용과 상황에 따라 띄어 말하는 경우입니다.

먼저 띄어 말해서는 안 되는 경우를 살펴보겠습니다.

첫째, 어절 사이를 띄어 말해서는 안 됩니다. 즉 '아버지가 방에 들어가신다.'와 같은 문장은 세 개의 어절이 있는데, 이때 '아버지'와 '가', '방'과 '에', '들어'와 '가신다.'를 띄어 말해서는 안 됩니다.

둘째, 수식어(즐거운, 행복한)와 수식을 받는 말(사람)은 보통은 붙여 말합니다. (즐거운사람/ 행복한사람)

다음은 띄어 말하면 좋은 경우입니다.

첫째, 독립어는 띄어서 말하면 좋습니다.
둘째, 접속어는 띄어서 말하면 좋습니다.
셋째, 마침표(온점, 물음표, 느낌표), 그리고 쉼표 등의 부호는 띄어서 말하면 좋습니다.

끝으로 내용과 상황에 따라서 띄어 말하는 경우입니다.
첫째, 강조 전 Pause를 두는 경우 :

우리에게 지금 필요한 것은/ 사랑입니다. ('사랑'을 강조하기 위해 간격을 둔 경우입니다. 이때 숨을 들여 마시진 않습니다.)

둘째, 동격 전 **Pause**를 두는 경우 :
우리나라/ 대한민국 (우리나라와 대한민국은 격이 같은 동격이므로 간격을 두고 말을 이어갈 때 표현이 강조됩니다. 이때 역시 숨을 들여 마시진 않습니다.)

셋째, 서술어 전 **Pause**를 두는 경우 :
경청해 주신 여러분 대단히/ 감사합니다. (서술어 전 띄어 말하기는 말의 품격을 높여 줍니다. 이때도 숨을 들여 마시진 않습니다.)

띄어 말하기 실습 - 한 발화 구간 단위로 소리를 내고 **Pause**를 취해 가며 띄어 말합니다.

한 문장에 한 번의 들숨이 원칙이지만, 호흡량에 따라 문장의 길이에 따라 문장 중간에 들숨을 취할 수도 있습니다.

(들숨) 옛날 어느 나라에/(Pause) 학문과 지혜를 숭상하는/(Pause) 어떤 왕이/(Pause) 있었습니다.// (들숨)

5장
강조 기법

청중에게 자신의 스피치를 알아듣기 쉽게 이해시키려면 중요한 것과 중요하지 않은 것을 잘 구분되게 표현해야 합니다. 중요한 부분은 중요하다는 것을 청중이 알아차릴 수 있게 해야 합니다.

글은 밑줄을 치거나 좀 더 굵은 활자를 사용하거나 색깔을 다르게 해서 중요함을 나타낼 수 있습니다.

그렇다면 말은 어떤 방법으로 어떻게 중요한 부분을 나타낼까요?

그 방법이 바로 **강조 기법**입니다. 중요한 부분을 다른 부분보다 크게 혹은 작게, 또는 천천히 표현해서 다른 부분보다 더 도드라지게 나타내는 것입니다. 청중은 그 도드라진 부분에 특히 더 많은 관심을 집중하게 되어서 연사가 무얼 말하려는지 그 뜻을 보다 명쾌하게 이해할 수 있는 것이죠.

또 강조 없이 모든 것이 평평하게 똑같이 표현된다면 스피치는 전달력이 떨어질 뿐만 아니라 지루해집니다.

말에도 음악적인 리듬이 있어야 합니다. 강조를 활용해 표현하면 강한 부분과 약한 부분들의 음악적인 하모니로 말의 리듬감을 살려주기 때문에 청중이 듣기 지루하지 않게 하는데도 도움을 줍니다.

1. 높임 강조

강조 기법의 대표적인 것이 바로 높임 강조입니다. 다른 부분보다 강조할 곳에 힘을 더 줘서 말하는 것이죠. 보통의 크기로 말하다가 강조할 부분을 좀 더 크게 발음합니다. 가장 많이 사용하는 방법입니다. 평이하게 다음 문장을 낭독해 볼까요?

"일이 잘 풀리지 않고 힘들더라도 용기만은 잃지 마세요."

이제는 밑줄 친 '<u>용기</u>' 부분에 높임 강조해서 다시 표현해 보세요.

"일이 잘 풀리지 않고 힘들더라도 <u>용기</u>만은 잃지 마세요."

어떻습니까? 강조를 한 것과 하지 않는 것의 느낌이 확실히 차이가 나지요? 어떤 경우는 똑같은 말인데도 불구하고 어느 부분을 강하게 강조하느냐에 따라 뜻이 달라지기도 합니다. 예를 들어 다음 문장을 살펴볼까요?

"<u>철수는</u> 어제 집에서 자장면을 시켜먹었습니다." (영희가 아니라 철수였구나)
"철수는 <u>어제</u> 집에서 자장면을 시켜먹었습니다." (오늘이 아니고 어제였구나)
"철수는 어제 <u>집에서</u> 자장면을 시켜먹었습니다." (사무실이 아니라 집에서구나)
"철수는 어제 집에서 <u>자장면을</u> 시켜먹었습니다." (우동이 아니라 자장면이었구나)
"철수는 어제 집에서 자장면을 <u>시켜먹었습니다</u>." (가서 먹은 것이 아니라 시켜먹었구나)

■ 아래의 문장을 활용해서 높임 강조를 연습해 봅시다. 밑줄 그어진 부분을 강하게 발음하세요.

인간의 최대 행복은 <u>희망</u>을 품는 데 있습니다. (레오나르도 세파)
할 일이 생각나거든 <u>지금</u> 하십시오. (로버트 해리)
인생 최고의 날은 자기 인생의 <u>사명</u>을 <u>자각하는</u> 날입니다. (칼 힐티)
접시는 그 <u>소리</u>로 알 수 있고, 사람은 그가 하는 <u>말</u>로 판단할 수 있다. (데모스테네스)
평생 선을 행해도, 한마디 <u>말</u>의 잘못으로 이를 깨뜨린다. (공자)

새가 장차 죽으려 할 때는 그 울음이 슬프고, 사람이 장차 죽으려 함에 그 말이 착하다. (증자)
고기는 낚싯바늘로써 잡고, 사람은 말로써 잡는다. (독일 격언)
무장 해제보다 정신 해제가 선행되어야 한다. (로베르 쉬망)

2. 낮춤 강조

검은 바탕에 흰점이 있으면 흰점이 눈에 확 들어옵니다. 반대로 흰 바탕에 검은 점이 있으면 검은 점이 눈에 확 들어옵니다. 그렇듯이 음성을 크게 해서 강조할 수도 있지만, 반대로 음성을 작게 낮춰서 강조의 효과를 낼 수도 있는 것입니다.

소수 청중의 관심을 끌어들이는 데는 높임 강조보다 낮춤 강조가 오히려 더 효과적인 경우가 많습니다.

자, 모두 이쪽으로 모이세요. 다 모이셨습니까? 이제 중요한 비밀을 말씀드리죠. 이번 프로젝트에 얼마나 많이 돈이 들어가는지 아세요? 자그마치 200억입니다. 20년 동안 하루도 쉬지 않고 일했던 그 사장이 결국에는 목숨을 끊고 말았습니다. 이 비밀은 반드시 지켜져야 합니다. 여러 사람의 목숨을 빼앗아갈 수도 있으니까요.

3. 느림 강조

느림 강조란 다른 곳보다 강조하고자 하는 부분의 말 속도를 천천히 함으로써 중요한 부분임을 나타내는 것입니다.

중요한 부분을 빨리 말해버리면 청중이 잘 알아듣지 못할 수도 있고 연사가 중요하게 생각하는 부분이라는 것을 알아차리기도 어렵겠지요. 느림 강조를 할 부분은 속도만 느리게 하는 것이 아니라 또박또박 분명하게 발음을 해주는 것이 더 효과적입니다.

> 연단에서 긴장하지 않으려면 먼저 <u>완벽하게 하려는 욕심</u>을 버려야 합니다.
> 자기 집이 있는 곳이 아니라 자기를 <u>이해해 주는 곳</u>이 고향입니다.
> 세상에서 일어나는 모든 문제가 해결되지만, <u>인간이 어떻게 살아야 하는가</u> 하는 문제는 해결할 수 없습니다.
> 발표를 하다가 창피를 당한 경험들을 살펴보면 대개 <u>준비 없는 상태</u>에서 발표한 경우가 많습니다.

4. 멈춤 강조

시상식에서 수상자 발표할 때를 떠올려 봅시다. 발표자가 수많은 청중이 지켜보는 가운데 "그럼 마지막으로 오늘의 최고 영예인 대상을 받으실 분을 발표하겠습니다." 하고 선언을 합니다. 청중도 숨을 죽이고 지켜봅니다. 악단들도 긴장하며 준비합니다. 특히 드럼 연주자는 스틱을 감아 쥐며 분위기를 띄울 준비를 합니다. 그런데 발표자가 한 번에 "오늘의 대상은 김철수 씨입니다." 하고 빠르게 외쳐버립니다. 그러면 어떨까요? 고조되어야 할 분위기가 밋밋해져 버리고 말죠. 청중도 맥이 빠지고 대상 수상자도 황당해집니다. '두두두두' 하며 음향효과를 내려 했던 드러머는 어찌할 바를 모릅니다.

밥도 뜸을 들여야 밥맛이 좋은 법인데 급하게 뚜껑을 열어서 분위기를 머쓱하게 하는 이런 경우들을 종종 보게 됩니다. 멈춤 강조를 제대로 활용하지 못한 경우이지요. 멈춤 강조란 말을 잠시 멈추고 침묵을 통해 강조할 부분을 돋보이게 하는 강조 기법입니다. 멈춤 강조는 '쉼 강조' 혹은 '포즈(Pause)를 활용한 강조'로 부르기도 합니다.

멈춤 강조는 청중에게 호기심을 불러일으키고 스릴 있는 분위기를 연출하는데도 아주 효과적입니다. 멈춤을 적절히 활용하는 화법은 아주 세련된 스피치입니다. 초보자들은 연설할 때 오히려 멈춤을 부담스러워합니다. 그래서 말로 빽빽이 채우려고만 합니다. 그래서 조급해 보이고 여유가 없어 보입니다.

멈춤 강조를 얼마나 잘 활용하는지만 보아도 초보 연사인지 프로 연사인지를 금방 구분할 수 있다는 말도 과언이 아닙니다. 멈춤 강조는 연설을 여유 있고 멋스럽게 하는 세련된 화법이기도 합니다. 멈춤 강조를 스피치에 잘 활용해 봅시다.

실습을 시켜보면 대부분이 멈춤의 시간을 너무 짧게 하는 경향을 보입니다. 그래서 연습할 때는 멈춘 다음 마음속으로 다섯을 세고 난 다음 말을 잇게 해보기도 합니다. 물론 쉼의 표준길이라는 것은 있을 수 없겠고 상황에 맞게 해야 되겠지요.

최우수상을 발표하겠습니다. 금년도 스피치 콘테스트 최우수상은 //////
홍길동 씨입니다.

어떤 일이든지 실력을 향상시키는 제일 확실한 비결은 ////
바로 열심히 연습하는 것입니다.

2010년 연기부문 최우수상을 발표하겠습니다. 연기부문 최우수상은 ////
홍길동 씨입니다.

제가 자나깨나 그토록 갈망했던 소원은 ///// "우리 조국의 통일"이었습니다.

멈춤은 강조의 역할 뿐만 아니라 청중과 더불어 감정과 생각을 함께 공유하는 여유를 갖게 하고, 청중을 연사에게 주목시켜 주고, 가끔은 비장한 분위기를 연출하기도 합니다.

그리고 문장과 문장 사이에 공백을 뒤서 중요한 문구 전체를 강조하기도 합니다. 다음을 살펴볼까요?

우리는 / 정말 오랫동안 참고 기다려왔습니다. //(쉼 : 문장 전체 멈춤 강조)
<u>우리 회사가 도산위기에서 벗어나기를 말입니다.</u> // (쉼 : 생각할 여유를 갖게 함)
그간 우리 회사 가족 모두가 / 마음을 하나로 모았습니다. // (쉼 : 비장한 분위기 연출)
보너스도 반환하고 / 급여도 줄여가면서 / 모두가 고통을 나누었습니다. /
오늘 / 오늘 드디어 우리는 // (쉼 : 멈춤 강조) 위기를 완전히 벗어났습니다. /
이게 모두 여러분 덕분입니다. / 여러분, 이제 승리의 축배를 듭시다.
(/ 표시는 끊어 말하기 표시입니다.)

5. 강조 기법 훈련 원고 : 욕심을 버립시다

다음 원고를 활용해서 스피치를 해 봅시다. 여러 가지 강조 기법을 활용해 봅시다. 강조 표시는 연사에 따라 달라질 수 있겠습니다. 참조로 하세요.

여러분, 반갑습니다. / 만날수록 좋아지는 사람 ○○○입니다. //
저는 오늘 여러분께 / '<u>연단불안</u>'(천천히)에 대해서/ 짧게 말씀을 드릴까 합니다. //
연단에 서면 / 두렵고 떨리는 분이 많다고 합니다. //
두려움이란 무엇일까요? /// (쉼) 두려움은 <u>왜</u>(크게) 생기는 것일까요? /// (쉼)
두려움이 생기는 이유는 바로 /// (멈춤 강조) <u>욕심과 걱정</u>(크게) 때문입니다.
<u>"안 틀리고 멋있게 잘해 봐야지."</u> (낮춤)
이런 <u>욕심</u>(크게)에서 두려움이 생깁니다.
"내가 떨고 있다는 걸 다른 사람들이 알아채면 얼마나 창피야!" /

하는 마음에서 두려움이 싹 틉니다. //
"창피당하면 큰일이다. / 다른 사람들이 날 어떻게 볼까? / 날 바보로 볼지도 몰라. / 제발 떨지 말아야 할 텐데." (크게) / 이렇게 생각할수록 두려움은 더 커지는 것입니다. /// (쉼)
이제부터 / 욕심과 걱정을 훌훌 털어버리고 / 편안한 마음으로 다시 시작해 볼까요? //
"좀 떨리면 어때." (높임)
"창피 좀 당하면 어때." (낮춤)
"에라 오히려 실컷 떨어 보자. (보통 높임)
일부러 떨어서 창피를 당해보자." (아주 높임) /// (쉼)
어떻습니까? 여러분! //
이렇게 생각하는 순간 / 두려움은 점점 사라져갑니다. //
그리고 / 마음이 편안~~~~해 집니다. //
여러분, / 완벽하게 말을 잘하려고 하는(느리게) 욕심을 버립시다.

제3강
스피치의 나침반

Ⅰ. 스피치를 배우는 목적
Ⅱ. 훌륭한 스피치란?
Ⅲ. 훌륭한 스피치를 하려면?
Ⅳ. 조화로운 스피치
Ⅴ. 스피치의 3대 원칙
Ⅵ. 언제나 청중을 생각하라

1장
스피치를 배우는 목적

우리는 스피치를 왜 배우려고 할까요? 우리말도 배워야 잘할 수 있습니다. 스피치는 말을 훌륭하게 하는 기술이기에 배우고 익혀야 잘할 수 있다는 것입니다. 특히 설득력 있는 파워 스피치는 학습의 산물입니다.

그렇다면 학습의 결과인 이 화술을 우리가 배우고 익히는 궁극적인 목적은 무엇일까요?

첫째, 좋은 인간관계를 맺기 위해서입니다.

둘째, 상대를 잘 설득시키기 위해서입니다.

셋째, 자신의 의사를 정확하게 전달하기 위해서입니다.

여기서는 스피치를 왜 배우는가? 즉 스피치를 배우는 목적에 대해 개괄적으로 살펴보도록 하겠습니다.

1. 좋은 인간관계를 맺기 위한 방법

인간관계의 기본원칙인 '미인대칭'에 대해 살펴보도록 하겠습니다.

(1) 미소

> 미소와 낙하산은 펴져야 산다.
> 미소는 내 호의를 상대에게 전달해 주는 심부름꾼이다.
> 미소는 마치 구름 속을 뚫고 나오는 햇빛과도 같다.
> 일생을 통해 가장 가치 없이 보낸 날은 미소 없이 보낸 날이다.
> 표정이 꽃이라면 미소는 향기다.

이 세상에서 가장 긴 영어 단어는? smiles(스마일 즉 미소입니다.)

왜냐하면 s와 s 사이에 1 mile(1.6km)이 있기 때문입니다. 즉 미소 지으며 인생을 행복하게 살라는 의미로 해석합니다.

"인생은 B to D이다."

B는 birth, D는 death의 이니셜입니다. 즉 인생은 태어났다가 죽는 것입니다. 그런데 B와 D 사이에 C가 있는데 그 C는 choice의 이니셜입니다. 그렇다면 우리는 태어나서 인생을 선택하며 살아가야 합니다. 우리는 불행과 행복 중에 무엇을 선택해야 할까요? ^-^ 그렇습니다. 당연하죠. 행복을 선택해야 합니다. 어떻게요? 미소 짓고 웃으며 행복하게 말입니다.

미소의 사촌이라 할 수 있는 웃음에 대해서도 좋은 얘기들이 많습니다.

"소문만복래(笑門萬福來), 일노일로 일소일소(一怒一老 一笑一少)"

즉, 웃으면 복이 오고, 한 번 화내면 한 번 늙고, 한 번 웃으면 한 번 젊어진다는 뜻이지요.

웃음은 "마음의 조깅이다. 내장 마사지다."라는 얘기가 있듯이 웃음은 정신 건강뿐 아니라 신체 건강에 있어서도 좋은 영향을 미칩니다.

그런데 사람들은 "웃을 일이 있어야 웃죠?"라고 말합니다. 그 해답은 심리학의 아버지 윌리엄 제임스가 알려줍니다. 그것은 '우리는 행복해서 웃는 것이 아니라 웃기 때문에 행복해진다.'라는 말입니다.

즉 마음과 표현은 같이 가기에 우리가 기쁜 표현을 하면 기쁜 마음이 되고, 활기찬 표현을 하면 활기찬 마음이 됩니다. 따라서 억지로라도 웃으려고 노력하는 사람만이 행복해질 자격이 주어지는 것입니다. 우리 모두 함께 웃으며 행복하게 살아야겠습니다.

> **이 세상에서 가장 아름다운 것들의 모음**
> 이 세상에서 가장 아름다운 음은? 웃음
> 이 세상에서 가장 아름다운 꽃은? 웃음꽃
> 이 세상에서 가장 아름다운 신은? 자기 자신
> 이 세상에서 가장 아름다운 절은? 예절과 친절

Power Talk

표정 변화를 위해 노력하시는 분들에게 몇 가지 당부 말씀을 드리자면, 첫째, 항상 긍정적인 생각으로 단점보다는 자신의 장점에 몰두하라는 것입니다. (그래야 변화를 위한 열정을 계속 쏟아 낼 수 있게 되니까요!)

둘째, 표정 부분은 심리적인 안정도 중요하므로 매일 긍정적인 자기 암시(에밀 쿠에의 나는 매일매일 모든 면에서 좋아지고 있다.)를 아침저녁으로 꾸준하게 20번 이상 반복해야 한다는 것입니다. (진정한 변화를 원한다면 잠재의식의 변화를 주어야 하기 때문입니다.)

마지막 셋째, 표정을 바꾸기 위해서는 무엇보다 밝은 마음이 중요하고, 의도적으로 손을 사용해서 스마일 운동을 해 주어야 합니다. 즉 미소에 필요한 약 20여 개의 근육을 단련해주어야 합니다.

이외에도 도움이 되는 방법은 여러 가지가 있겠습니다. 예를 들면 자신이 스마일 라인이나 존을 만들어 그 라인이나 존에 다가서면 그냥 이유 없이 웃는 것입니다.

다시 말씀드리자면, 연단에 나선다거나 엘리베이터를 타는 순간, 혹은 김현기 교수를 만나는 순간 등 여러 가지 상황이나 지역을 자신이 설정해서 밝은 표정을 짓기 위한 노력을 꾸준히 하는 것입니다.

여러분은 잘하실 수 있으리라 봅니다.

우리는 모두 위대한 사람이고 특히 여러분은 스피치를 사랑하시는 분들이니까요! ^ ^

(2) 인사

인사는 모든 인간관계의 시작입니다. 스피치도 마찬가지입니다. 인사로 시작해서 인사로 끝이 나게 됩니다. 또한, 인사는 상대의 마음을 여는 열쇠입니다.

그런데 인사는 윗사람과 아랫사람 중 누가 먼저 해야 할까요? 본 사람이 먼저 해야겠죠. 즉 내가 먼저 하는 것입니다. 미소 띤 밝은 표정으로 먼저 인사하는 것입니다. 사과 역시 미소와 마찬가지로 내가 먼저 하는 것입니다.

인사는 왜 내가 먼저 해야 할까요? 그것은 상대의 존재가치를 인정해 주기 위해서입니다. 여러분께서 민속놀이 널뛰기의 원리를 생각해 보신다면 쉽게 이해할 수 있으실 텐데요. 그것은 내가 먼저 힘껏 굴러야 상대방이 높이 올라갈 수 있고, 또 상대방이 높이 올라가야 다음에 내가 더 높이 올라갈 수 있다는 것입니다. 즉 상대를 인정해 주고 위해주는 것은 결국 자신을 위한 것임을 알 수 있습니다.

이렇게 인사의 중요성을 깨닫고 내가 먼저 하려고 하는 마음은 있었지만, 상대가 먼저 인사를 해온다면 어떻게 하는 것이 좋을까요?

그보다 더 큰 목소리로 반갑게 맞이하며 한마디 더 건네줍니다.

즉 '안녕하세요?'라고 인사를 해 왔다면 '안녕하세요? 좋은 아침입니다. 혹은 식사는 하셨습니까?'라고 한마디 더 상대에게 인사를 건네는 것입니다. 여기서 발음을 끝까지 또박또박하게 해 준다면 더 좋은 인상을 상대에게 심어줄 수 있을 것입니다.

어릴 때는 주위의 어른들이 내게로 다가와 인간관계가 형성되었으나 성인이 된 지금은 내가 적극적으로 인사를 건네며 인간관계를 개척해 나가야 합니다. 미국의 정신 의학자 에릭 번 박사가 연구한 교류분석에서 보듯이 우리는 태어나서 하나의 캐릭터만으로 살아가진 않습니다.

즉 때로는 부모의 캐릭터로, 때로는 아이의 캐릭터로, 때로는 어른의 캐릭터로 살아갑니다. 그러나 적극적인 인간관계에 있어서만큼은 여러 캐릭터 중에 아이나 부모의 캐릭터보다는 어른의 캐릭터로서 좀 더 적극적으로 상대에게 다가서기를 바라고 싶습니다.

"용기 있는 자만이 미인을 얻고, 먼저 다가서는 사람만이 좋은 벗을 사귈 수 있는 것입니다."

(3) 대화

대화의 기본은 상대에게 호감과 관심을 갖고 임하는 것입니다. 왜냐하면, 우리 인간은 자신에게 호감과 관심을 갖고 있는 사람을 좋아하기 때문입니다. 그리고 난 후에 혼자 일방적으로 말하지 말고 서로 주거니 받거니 하라는 의미에서 "대화는 탁구공과 같이 하라!", 혹은 세 마디 안에는 꼭 상대에게 얘기의 배턴을 넘겨주는 "배구공과 같이 하라!"라는 얘기 등을 유념하며 대화를 해나가면 좋겠습니다.

공자님께서는 "말은 필요한 말을, 필요한 때에, 필요한 만큼만 하라!"라고 말씀하셨습니다.

공자님의 "말은 … 필요한 만큼만 하라!"라는 이 말씀을 조금은 정도를 넘겨서, 지나치게 필요한 만큼만 하려는 일부 남성분들이 집에 와서 아내에게 하는 말이 딱 세 마디가 있다고 하는데, 뭘까요?

'아는?', '밥도!', '자자!'라고 한답니다.

그런데 요즘은 그분이 이 짧은 세 마디에서 한마디가 더 늘었다고 하는데요. 무슨 말인지 여러분은 혹시 알고 계십니까?

"좋나?"

우리가 대화할 때 화젯거리로 삼고 싶어 하는 얘기가 두 가지가 있다고 하는데, 첫째가 '자신의 자랑거리'이고, 둘째는 '자신의 고민거리'라고 합니다. 즉 대화는 상대의 흥미와 관심을 고려한, 상대를 배려하는 마음이 있어야 하리라고 봅니다.

다시 말해서 상대를 배려하여 기분 좋게 만들 수 있다면 최대한 기분 좋게 만드는 것이 대화를 잘하는 것이라고 할 수 있겠습니다. 대화를 왜 하느냐고 누군가가 묻는다면 저는 이렇게 대답하고 싶습니다. "상대를 기분 좋게 만들어 지금보다 더 좋은 인간관계를 맺기 위해서."라고 말입니다.

따라서 상대를 배려하고 상대의 기분, 심리를 섬세하게 생각하는 사람은 부르는 호칭부터 깊이 생각하고 부르는 경우가 많습니다. 즉 '거짓말은 아니지만, 상대가 들어서 가장 기분 좋은 호칭은 무엇일까?' 하는 식이 되겠죠.

10년 전에 장관을 지냈던 사람에게 "장관님!"이라고 부른다든지, 부회장을 회장님이 안 계신 곳에서 "회장님!", 현재 박사과정에서 공부하고 있는 사람을 "박사님!", 아직 부장 대우인 분을 "부장님!"이라고 부르는 것 등입니다. 그런데 이런 호칭이 별 무리 없이 불리는 이유는 그분이 장관을 지낸 적이 있고, 앞으로 회장과 박사, 부장이 될 분이기 때문입니다.

우리가 대화를 하는 이유는 물론 스피치를 하는 목적과 관련해서 설득, 정보 제공, 격려 등 여러 가지가 있을 수 있겠지만, 저에게 만약 대화를 하는 이유를 한마디로 말 해 보라고 한다면 다시 반복하지만, 상대를 기분 좋게 해서 지금보다 더 좋은 인간관계를 맺는 데 있다고 말씀드리고 싶은 것입니다.

만일 상대의 기분을 고려하고 싶지 않은 사람 즉 좋지 않은 느낌이 있는 사람과의 약속이 잡혀 있다면, 250명의 법칙을 생각해서 상대를 위한 대화 쪽으로 마음의 변화를 가져보든가 아니면 그 약속을 취소하는 것이 어떨까 생각합니다.

왜냐하면, 우리가 어떻게 마음을 먹고 대화에 임하느냐에 따라 상대를 나의 행복과 성공을 돕는 최대 성공협력자로 혹은 나의 성공과 행복을 가로막는 방해꾼으로 만들 수도 있기 때문입니다. 따라서 나 잘난 척 혹은 상대가 들어서 기분 나쁘고 싫어할 얘기 밖에 나올 수 없는 컨디션 등 여러 여건이 좋지 않은 상황에 놓여 있다면, 상대의 흥미와 관심을 고려한 대화가 나올 수 있을 때까지 만남을 미루는 것이 좋지 않을까 생각하는 것입니다.

더욱 자세한 대화법은 이 교재 제7강의 효과적인 대화 기법에서 자세히 다루고 있습니다.

대화는 기본적으로 밝은 내용과 표정 그리고 밝은 음성이 뒷받침되어야 원활한 대화가 이루어질 수 있는 것입니다. 그것은 밝은 마음이 뒷받침되어야 가능한 것이며, 밝은 마음은 마음을 열어야 합니다. 이런 얘기가 있습니다.
"대문을 열면 도둑이 들어오지만, 마음을 열면 행운이 들어온다."

입에서 말이 나오는 사람은 말을 잘하지 못하는 사람이며, 머리에서 나오는 사람은 좀 나은 편이고, 마음을 열고 가슴에서 말을 할 줄 아는 사람은 말을 잘하는 사람입니다. 그렇게 보면 최고의 대화는 이심전심(以心傳心)이 아닐까 생각해 봅니다. 따라서 대화가 서로 잘 통한다고 하는 것은 말과 생각 그리고 서로의 감정 즉 마음이 원활하게 교류되는 것이라고 생각합니다.

(4) 칭찬

미국의 소설가였던 마크 트웨인은 멋진 칭찬을 들으면 그것만 먹어도 두 달은 살 수 있다며 칭찬을 예찬했습니다.

이외에도 "칭찬은 칭찬을 낳는다.", "인간의 재능은 칭찬이라는 비료를 먹고산다." 또한 "인생을 승리로 이끈 사람들은 칭찬에 탁월한 사람들이었다." 등 칭찬을 좋은 의미로 노래한 글들은 정말 많습니다. 따라서 '칭찬은 큰소리로 하고, 흉은 작은 소리로 하라.'라는 말이 있습니다. 이것이 반대가 된다면 세상이 어지러워지게 되겠지요?

더욱 자세한 칭찬에 대한 설명이나 방법은 이 교재 제7강의 효과적인 대화 기법에서 자세히 다루고 있습니다.

따라서 요즘 기업에서는 사원들의 단점을 고치려고 하기 보다는 잘하는 점을 칭찬해서 더 잘할 수 있는 분위기 형성에 많은 노력을 기울이고 있습니다. 만일 꼭 지적할 일이 있다면 그 사람의 칭찬거리를 적어도 세 가지 정도 준비해 두었다가 칭찬해 준 다음, 지적할 내용을 최대한 부드럽게 전달하고 다시 한 번 격려로서 그 사람의 마음을 어루만져주는 과정을 거치게 됩니다.

왜냐하면, 칭찬은 마음을 열게 하지만 지적이나 비난은 마음의 문을 닫게 하니까요. 그래서 이 방법은 혹시 사람에 따라 먹기 싫은 고기나 야채가 샌드위치 사이에 들어 있더라도 자신이 먹기 좋아하는 샌드위치(칭찬)와 혼합되어 먹기 괜찮은 샌드위치가 되어 먹게(받아들이게) 되는 일명 '샌드위치 화법'이라고 합니다.

요즘은 '**미인대칭**'에서 더 발전해서 '**미인대칭 비비불**' 캠페인이 벌어지고 있습니다. 즉 '미인대칭을 통해 마음을 열고, 비난 대신 이해, 비판 대신 협조, 불평보다 칭찬하자.'라는 뜻입니다. 이렇게 실천한다면 우리의 인간관계는 한층 좋아지고 세상은 밝고 아름다운 사회가 되지 않을까 생각해 봅니다.

2. 상대를 잘 설득시키기 위한 방법

"지피지기면 백전불태"라는 말이 있듯이 '우리의 의식이 어디에 약한가?'를 알면 상대를 설득하는 데 많은 도움이 되리라 생각합니다.

(1) 우리의 의식은 어둠에 약합니다.

독재자 아돌프 히틀러는 연설에 가장 적합한 시간으로 황혼 무렵을 꼽았습니다. 왜냐하면, 사람의 마음이 가장 들뜨고 남이 하는 말을 받아들이기 쉬운 시간대가 바로 해질 무렵이기 때문입니다.

따라서 자신의 의견을 어떻게든 상대에게 관철하고 싶다면 해질 무렵을 노리는 것이 가장 효과적입니다.

(학자에 따라서는 하루 중 보디타임이 가장 좋을 때를 아침 식사 후 '오전 9시에서 11시 사이'라고도 합니다. 그 이유는 공복감과 피로감 그리고 마감시간 등에 쫓기게 되는 불안감에서 벗어난 시간이기 때문이라고 주장합니다. 그러나 이 역시 사람의 직업이나 특성에 따라 개인차가 있음을 유념해야 할 것입니다.)

어둠을 우리에게 적용을 시켜 본다면 어떤 것이 있을까요?

우리는 사랑을 보통 낮에 합니까? 밤에 합니까? (밤에 합니다.)

네, 그렇습니다. 주로 밤에 합니다. 노래 가사 중에도 '밤은 우리의 친구'라는 노래가 있듯이 말입니다.

그런데 제가 질문을 할 때 왜 '주로'라는 말을 썼을까요?
예외는 어디에나 존재하기 때문입니다.

(2) 우리의 의식은 리듬에 약합니다.

히틀러는 또한 황혼이 질 무렵 대중 연설을 할 때 잔잔한 행진곡을 틀고 연설을 했다고 합니다. 왜냐하면, 음악이란 원래 최면과 같은 효과를 갖는 것이기 때문입니다.

즉, 암시 효과에 의해 대중을 트랜스(Trance:몽환) 상태로 이끌어 선동하기 위해서입니다. 따라서 청중은 자기도 모르는 사이 행진곡의 리듬에 맞춰 어깨를 좌우로 흔들며 히틀러의 말에 귀를 기울였고, 연설이 채 끝나기도 전에 싸우러 나갔다고 합니다. 정말 리듬의 효과는 대단하죠?

사랑하는 사람을 위해 특별한 날, 상대가 좋아하는 음악이나 분위기에 맞는 말을 미리 준비해 두는 센스, 특별한 날이 더욱 의미 있는 날, 감동을 주고받는 날이 되진 않을까요?

리듬이 없더라도 좋은 메시지는 우리에게 감동을 주지만, 거기에 리듬까지 뒷받침된다면 메시지의 효과는 더욱 커질 것입니다.

슬픈 영화를 감상할 때 영화배경 음악이 '쫙~' 흐르면 나도 모르는 사이에 눈물이 주르륵 흐르는 경험을 해보진 않으셨습니까? 기쁨의 눈물도 역시 배경 음악이 많이 한몫을 합니다.

요즘은 좋은 노래들이 정말 많습니다. 그중에서도 저는 특히 '당신은 사랑받기 위해 태어난 사람'이라는 노래를 무척 좋아합니다. 따라서 내가 아는 모든 분들이 사랑받기 위해 이 세상에 태어난 소중한 분들로서 그분들의 의미 있고 특별한 날에 이 음악을 틀고 미국을 대표하는 시인이자 배우인 마야 앙겔루의 '오직 드릴 것은 사랑뿐이리'라는 시를 들려 드리고자 합니다.

꽃은 피어도 소리가 없고,
새는 울어도 눈물이 없고,

사랑은 불타도 연기가 없더라.

(중간 생략, 본 교재 480쪽 스피치 실습 원고에 수록)

나 가진 것 없는 가난한 자 이기에
오직 드릴 것은 사랑뿐이리.

좋은 시 한 편이 때로는 수많은 말보다도 훨씬 사람들에게 더 큰 감동을 줍니다. 제가 강의를 나갔던 Y 기업의 사내 전임 교수님께서 저에게 이메일을 보내주셨습니다. "그날 교수님 강의 듣고 많이 느꼈습니다. 앞으로 감동이 있는 강의를 위해 시 몇 편 정도는 외우고 있어야겠다고 생각했습니다. 그날의 강의 정말 멋졌습니다. 다음에 모실 기회가 있을 때 사양 마시고 꼭 찾아주시기 바랍니다."

(3) 우리의 의식은 단순반복에 약합니다.

이 원리는 정치인들이 많이 이용하는 수법입니다. 선거 때가 되면 상대 후보에 대한 흑색선전을 남발하는 것입니다.

처음에는 "아니야! 그럴 리가 없어."라고 믿지 않던 사람들도 점점 그 흑색선전에 빠져 들어가게 된다는 것입니다.

"삼인성호(三人成虎)"라는 말이 있습니다. 즉, 세 사람이 모이면 호랑이를 만든다는 뜻으로 거짓도 반복하면 진실로 들린다는 뜻이지요. 세 사람이 시장에 호랑이가 나타났다고 말하면 호랑이가 나타난 것으로 믿게 된다는 것입니다.

따라서 만일 부하직원의 행동 수정을 원할 때는 강하게 한 번 얘기하는 것보다는 부드럽게 여러 번 반복하는 것이 효과적이라는 것입니다.

학자들은 누군가의 행동 수정을 바란다면 최소한 21일 동안 그 상대가 변화된 행동을 할 수 있도록 반복해서 얘기해 줄 것을 권하고 있습니다.

그 이유는 사람의 변화된 행동 즉 습관을 바꾼다고 하는 것은 오랜 시간에 걸쳐 습관이 형성되었듯이 바꾸는 것 역시 오랜 시간이 걸린다는 것입니다. 즉 행동이나 습관을 바꿀 수 있는 최소한의 기간은 21일이라는 것입니다.

맥스웰 말츠라고 하는 미국의 성형외과 의사가 사람들에게 코를 높여주거나 쌍꺼풀 등 성형 수술을 하여 주었을 때 환자들이 본인의 얼굴을 낯설게 생각하고 변화된 모습을 처음에는 받아들이지 않는다고 합니다. 즉 처음에는 변화된 모습을 자신의 모습으로 인정하지 않다가 천천히 부기가 빠지고 21일이 흐르면 변화된 모습을 서서히 자신의 모습이라고 받아들인다는 것입니다.

또 21일을 주장하는 사람은 달걀을 어미 닭이 품고 21일 만에 병아리가 껍질을 깨고 나오고, 술 취한 사람이 이사 간 새집을 며칠간은 못 찾고 헤매었다 하더라도 21일이 지나고 나면, 아무리 술에 취했어도 이사 간 자신의 새집을 찾아간다는 것입니다. 그리고 어머니들이 아이를 낳고 몸조리 하는 기간도 삼칠일 즉 21일이라는 주장을 펼칩니다.

이러한 내용을 종합해서 볼 때 뭔가 새로운 세계로의 접근에 대한 시간, 변화의 시간(기간)은 최소 21일인 것입니다.

(4) 우리의 의식은 접촉에 약합니다.

사람은 가까이서 만날수록 정이 듭니다. 안 보면 멀어지는 것이 인간의 심리이죠. 자주 만나면 낯이 익게 되고 낯이 익으면 호감이 형성됩니다. 눈에서 멀어지면 마음에서도 멀어진다는 얘기도 있지 않습니까?

즉, 상대와 친해지기를 원한다면 상대와 낯을 익히고, 만나고 헤어질 때 악수 등의 스킨십을 활용하는 것은 좋은 방법이라 하겠습니다.

따라서 상대를 설득하기 위해서는 음식을 같이 먹는 공식(共食)의 행위와 같은 생리적 행위를 통해 가까워진 다음에 즉 마음의 문을 열고서 하는 것이 효과적입니다.

(5) 우리의 의식은 미소에 약합니다.

앞에서 함께 살펴본 바와 같이 미소는 상대의 무장을 해제시키는 역할을 하여 설득의 효과를 내게 합니다.

심리학의 아버지 윌리엄 제임스는 "인간은 행복해서 웃는 것이 아니라 웃기 때문에 행복한 것이다."라고 말했습니다. 다시 강조하지만, 이 말은 곧 우리가 행복해지길 원한다면 억지로라도 웃어야 한다는 말입니다. 억지로라도 웃으려고 노력하는 사람만이 행복해질 수 있는 자격이 있기 때문입니다.

3. 자신의 의사를 정확하게 전달하기 위한 방법

자신의 의사를 정확하게 전달하기 위한 능력은 누구든지 체계적으로 연습하고 훈련한다면 가능한 것이라고 말씀드리고 싶습니다. 즉 선천적 재능보다 후천적 노력이 더 중요한 것입니다.

여러분이 잘 아시는 그리스의 데모스테네스나 영국의 처칠 수상 모두 안 좋은 음성을 가지고 태어났으나 후천적인 피나는 노력으로 훌륭한 웅변가로서 대성할 수 있었습니다.

따라서 누구든지 좋은 화술과 화법을 배우고 익히게 되면 화력이 생겨 상대에게 정확한 의사전달을 할 수 있습니다.

자신의 의사를 상대에게 정확하게 전달하기 위해서는 다음과 같은 세 가지를 유념해야 합니다.

첫째, 발음을 정확히 합니다.

자신의 의사를 정확하게 전달하기 위해서는 무엇보다 발음을 정확하게 해야 하리라고 봅니다. 따라서 우리가 글을 쓸 때 맞춤법에 신경 쓰듯 말을 할 때는 발음에 신경 써야 합니다. 즉 조음기관인 입술과 혀, 턱을 구형법(口型法)에 맞춰 부지런히 움직여야 하고, 말의 속도와 장단음도 구분해서 말할 줄 알아야 정확한 발음이 됩니다. 따라서 평소 발음을 정확히 하겠다는 의지를 갖추고 다양한 노력을 기울여야겠습니다. 데모스테네스 역시 발음 교정을 위해 입에 자갈을 물고 피나는 훈련을 했다고 하니까요. '데모스테네스와 같은 대 웅변가는 역시 저절로 탄생 되는 것이 아니구나!' 하는 생각을 하게 됩니다.

둘째, 말에 리듬을 살려 얘기해야 합니다.

말에 리듬을 살려 얘기한 것이 노래입니다. 따라서 스피치도 노래하듯이(Cantabile) 리듬에 맞춰 하게 된다면 말하는 사람이나 듣는 사람 모두 편하다는 느낌이 들게 됩니다. 아나운서를 보게 되면 말소리가 몹시 빠른데도 불구하고 우리에게 의미가 잘 전달되는 것은 리듬을 살려 말을 했기 때문입니다. 즉 음의 고저, 강약, 장단, 완급, 쉼 처리를 잘 해주게 되면 말의 의미를 상대에게 잘 전달할 수 있게 됩니다.

말의 리듬을 살려 얘기할 수 있는 훌륭한 연사는 하루아침에 탄생되는 것이 아닙니다. 꾸준한 연습과 훈련을 통해 만들어지는 것입니다. 로마의 웅변가 키케로 역시 50여 년간을 꾸준히 연습했다고 하니까 말입니다.

그리고 마지막 셋째는 긍정적인 언어를 선택합니다.

자신의 의사를 정확하게 전달하기 위해 우리가 유념해야 할 것은 긍정적인 언어를 선택하는 것입니다.

전에 만난 안면이 있는 사람을 오랜만에 봤는데 얼굴이 많이 야위어 보인다면 상대를 걱정해 주는 말투로 "어디 아프셨어요?"라고 밝지 않은 얘기로 시작할 수가 있는데, 밝고 긍정적인 대화를 위해서는 "하시는 일이 요즘 많이 바쁘신가 봅니다. 선생님의 그 열정이 부럽습니다."라고 말하면 어떨까요?

우리가 이렇게 긍정적인 말을 평소에 하기 위해서는 세상을 긍정적인 시각으로 보는 눈이 필요합니다. 세상을 긍정적인 시각으로 볼 때 소심했던 사람은 생각이 신중한 사람으로, 변덕이 죽 끓듯 심했던 사람은 생각이 유연한 사람으로, 따지기 좋아했던 사람은 분석적이고 체계적인 사람으로 보이게 될 것입니다. 똑같은 사람이라도 자신의 마음가짐과 시각에 따라 부정적으로 혹은 긍정적으로 달리 보일 수 있게 됩니다.

긍정의 힘이 어디 이뿐이겠습니까? '자살'이라는 부정적인 단어는 '살자!'라는 긍정적인 단어로 보이게 됩니다.

('가화만사성'이 적혀 있는 가로 액자는 오른쪽에서 왼쪽으로 읽게 되듯이 '자살'이라는 글자가 '살자'라는 희망적인 글자로 보이게 됩니다.)

그리고 '내~힘들다.'라는 맥 빠진 단어가 '다들 힘~내'라는 용기와 사기를 북돋아주는 긍정적인 단어로 보이고 읽게 됩니다. 영어의 Impossible(불가능)은 '를 붙여 I'm possible.(가능하다)로 희망차게 볼 수 있게 됩니다.

희망적인 사람은 먹구름 속에서도 빛나는 태양을 보게 되고, 절망적인 사람은 희망 속에서도 절망을 바라보게 된다고 합니다. 창밖을 똑같이 쳐다보더라도 쓰레기 더미를 바라보는 사람이 있고, 쓰레기 옆에 피어난 꽃을 보는 사람이 있다고 합니다.

"긍정적인 시각은 세상을 밝고 아름답게 만듭니다."

2장
훌륭한 스피치란?

우리가 흔히 말 잘하는 사람하면 아나운서나 MC처럼 매끈하게 물 흐르듯이 말하는 사람을 떠올립니다. 물론 그렇게 말할 수 있다면 좋은 것이긴 하지만 반드시 그래야만 훌륭한 스피치가 되는 것은 아닙니다. 훌륭한 스피치란 어떻게 해야 하는지 하나씩 살펴보겠습니다.

1. 살아있는 말이어야 합니다

대중 연설을 할 때면 죽어 있는 말을 쓰는 분들을 자주 보게 됩니다. 죽어 있는 말이란 첫째 '상투어'를 말합니다. 예전에 웅변 서두에 주로 쓰였던 "만장하신 여러분!"과 같은 말이라든지 "천고마비의 계절, 이 가을에" 혹은 "세월은 참 유수와 같다고 했으니"라는 표현은 참신성이 떨어지고 청중의 마음에 감동으로 와 닿기 어렵습니다.

그리고 아무리 좋은 문구라고 해도 마음이나 감정이 담겨 있지 않다면 그야말로 죽은 말이라고 할 수 있겠죠. 현대 스피치는 생생하게 살아있는 표현이 되어야 합니다. 그래야 청중의 가슴에 와 닿을 수 있습니다.

2. 간결해야 합니다

우리가 술 취한 사람의 얘기를 들어줄 때 참 고역스러운 것은 지루하게도 했던 말을 계속 반복하면서 장황하게 늘어놓으면서 횡설수설하는 것이지요. 연사가 많은 사람 앞에서 연설할 때 이렇게 중언부언형 음주 스피치를 한다면 강연장은 강연장이 아니라 곧 수면장이 되어버리고 말겠지요. 그럼 어떻게 하면 간결한 스피치가 될 수 있을까요?

먼저 연사 자신이 무엇을 말하려는지 중심 생각이 분명해야 하겠지요. 중심 생각이 분명히 서 있지 않으면 말이 이리 갔다 저리 갔다 횡설수설하게 됩니다.

그리고 준비를 잘해야 하겠습니다. 대체로 준비되지 않은 연설은 장황해지고, 준비된 스피치는 간결합니다. 준비가 되어 있지 않을수록 군더더기 말이 많아지고, 했던 말을 또 하게 되는 연설이 되기 쉬운 것이죠.

여러분의 평소 언어습관이 장황한 스타일인 경우는 표현 방법을 간결하게 하기 위한 훈련을 따로 열심히 하시기 바랍니다.

3. 자연스러워야 합니다

로봇은 감동을 줄 수 없습니다. 연사는 로봇이 아닙니다.

그런데 가끔 보면 평소에는 말을 자연스럽게 잘하다가도 연단에 올라서는 로봇으로 변신하는 분들이 있습니다. 표정도 굳어지거나 과장되고, 제스처도 마치 로봇의 움직임처럼 어색합니다.

물론 스피치 불안과 긴장이 제일 큰 원인이겠지요. 자연스럽지 않은 연설은 이제는 감동을 주기가 어렵게 되었습니다. 연설을 위한 연설, 포장된 듯한 말투, 형식적인 내용 모두 자연스럽지 않은 것입니다. 그야말로 '연사 따로 청중 따로' 식이 되어 버리는 것이죠.

자연스럽지 못한 스피치는 연사가 말을 청산유수처럼 잘 이어간다고 해도 '잘하는구나'란 느낌은 들 수 있어도 마음에 와 닿는 감동을 전해주기는 어렵습니다.

그럼 어떻게 해야 자연스러운 스피치가 될까요?

준비 없이 즉석에서 생각나는 대로 말을 하는 것이 자연스러운 스피치일까요? 아닙니다. 그것은 막하는 스피치이지 자연스러운 스피치라 할 수는 없습니다. 막하는 스피치와 자연스러운 스피치는 다른 것입니다. 무용수들이건 운동선수들이건 그들의 동작은 자연스럽습니다. 그런데 초심자들의 동작은 뭔가 어색하고 부자연스러워 보입니다.

스피치도 마찬가지입니다. 자연스러움은 준비와 연습, 훈련의 산물입니다. 자연스러워 보일 때까지 열심히 연습하고 훈련하는 것이 바로 비결입니다.

4. 청중에 알맞은 스피치가 되어야 합니다

아무리 좋은 내용과 멋진 표현으로 스피치를 해도 청중에게 맞지 않는 스피치를 한다면 결코 훌륭한 스피치가 될 수 없음은 당연한 이치겠지요. 청중을 고려하지 않은 연사의 연설은 그야말로 공허한 외침에 불과한 것입니다. 주제 선정이나 내용 구성도 청중에 알맞게 선택되어야 합니다.

노인대학에서 '나이는 숫자에 불과하다.'라는 제목으로 박수갈채를 받았던 연설이 대학 신입생을 위한 특강에 그대로 사용된다면 결과는 어떨까요?

신혼부부들로 구성된 청중 앞에서 '이혼과 재산분할'이란 파격적인 주제를 들고 나온 연사가 있다면 얼마나 공감을 얻을 수 있을까요? 아마 물병이라도 날아오지 않으면 다행이겠지요.

표현 방법 또한 청중에 알맞게 조정되어야 합니다. 연세 드신 분들 앞에서 연설할 때 최신 유행하는 유머를 쏟아내면서 빠른 속도로 얘기한다면 어떻게 될까요? 대부분 알아듣지도 못할뿐더러 아까운 시간이 연사의 말 잔치로 끝나 버리고 말겠죠.

이와 반대로 혈기왕성한 젊은 대학생들로 구성된 청중에게 고루한 문자를 써가며 느릿느릿 얘기를 풀어간다면 또 어떻게 될까요? 많은 학생에게 어린 시절 할머니께서 들려주시던 구수한 자장가로 들릴 것이고, 모처럼 앉아서 단잠을 즐기는 좋은 시간이 되지 않을까요? 주제 선정 및 내용이나 표현 방법 모두가 청중에게 알맞은 스피치가 되어야 훌륭한 스피치라 할 수 있겠습니다.

5. 내용과 표현이 분명하고 명쾌해야 합니다

스피치는 뭐니 뭐니 해도 제대로 된 의사전달이 기본입니다. 그래서 무엇보다도 내용과 표현이 분명하고 명쾌해야 하지요. 말을 제대로 전달을 못 해서, 엉뚱한 결과가 나오거나 오해가 생긴다면 말은 하지 않느니만 못하겠지요. 내용과 표현이 명쾌하고 분명하려면, 내용 구성이나 표현 방법, 둘 다 제대로 적합하게 전달해야 하겠습니다. 분명하고 명쾌한 스피치를 잘할 수 있다는 것은 어떻게 보면 스피치 공부의 전부라고 해도 과언이 아니겠습니다.

　체계적인 내용 구성, 알기 쉬운 용어 선택, 예화를 활용한 스피치, 발성, 발음 등 여러 가지 훈련을 열심히 하며 실력을 착실히 쌓아나가야 하겠습니다.

훌륭한 스피치를 하려면?

1. SPEECH 철자를 통해서 살펴본 훌륭한 스피치

스피치의 철자들을 활용해서 저는 효과적인 스피치 방법을 이렇게 풀어보았습니다.

(1) Sincerely(마음으로부터, 진정으로, 진실로)

스피치는 마음에서 우러나와야 합니다. 진실을 담은 스피치는 큰 힘을 발휘합니다. 진실의 힘은 강합니다. 연사가 자신의 마음에서부터 우러나온 스피치가 아니라 거짓으로 꾸며내거나 형식적인 말을 쏟아 낼 때, 그 스피치의 힘은 미약할 수밖에 없습니다.

훌륭한 스피치는 연사의 마음으로부터 비롯된 진실한 것이어야 합니다.

(2) Passional(정열적인, 열정적인)

열정은 전이됩니다. 연사가 뜨거운 열정으로 말할 때와 그렇지 않을 때의 스피치 효과는 엄청나게 차이가 납니다. 연사 자신이 먼저 뜨거운 열정으로 불타올라야 청중의 마음에 감동의 불꽃을 피울 수 있습니다.

(3) Easy(쉬운, 마음 편한)

스피치는 쉬워야 합니다. 어려운 단어나 어구를 피하고 청중이 편안한 마음으로 쉽게 알아들을 수 있도록 해야 합니다. 내용을 어렵게 표현하는 것은 어려운 일이 아니지만, 쉽게 표현하기란 쉬운 일이 아닙니다. 어떻게 하면 보다 더 쉽게 표현할 수 있을지 연구를 많이 해야 합니다.

(4) Emotional(감정에 호소하는)

우리 인간은 감정의 동물입니다. 그래서 이성에만 호소해서는 안 됩니다. 결국, 청중이 감동을 일으키는 곳은 머리가 아니라 가슴입니다. 물론 논리적인 측면도 중요하지만, 감정적인 측면을 반드시 염두에 두고 스피치를 하시기 바랍니다. 현대는 감성시대입니다.

(5) Cantabile(노래하듯이)

노래는 부르기 좋고 듣기에도 좋습니다. 우리의 말에 리듬과 멜로디를 입힌 것이 바로 노래입니다. 스피치를 할 때 밋밋하게 표현하면 그야말로 청중에게는 수면제나 다름없습니다. 노래하듯이 리듬과 음성의 높낮이를 잘 살려서 표현하시기 바랍니다.

(6) Humorous(재미있는, 익살스러운)

현대의 스피치는 딱딱하고 지루해서는 환영받지 못합니다. 재미있어야 합니다. 그러기 위해서는 유머를 적절히 활용하는 것이 좋습니다. 평소에 유머에 관련한 자료들을 많이 모아두고 실제 스피치에 잘 활용하시기 바랍니다.

2. 좋은 연설 KISS의 법칙

스피치는 짧고 단순하게 표현하는 것이 좋다는 의미로 'Keep It Short and Simple'을 줄여서 KISS의 법칙으로 불리기도 합니다. 스피치가 길고 장황해서는 청중을 지루하게 만들고 흥미를 떨어뜨리게 됩니다. 스피치는 될 수 있으면 짧고 단순하게 표현하도록 노력해야 합니다.

그리고 스피치에 있어서 빠뜨릴 수 없는 또 다른 중요한 KISS의 법칙이 있습니다. 그것은 바로 '**좋은 연설 KISS의 법칙**'입니다. 이 법칙은 훌륭한 스피치를 하기 위한 요건을 스피치 강의에서 수강생들에게 더욱더 알기 쉽게 설명 드리기 위해 제가 고안한 법칙입니다.

(1) Knowledge(지식)

훌륭한 스피치를 하기 위해선 주제에 대해서 뭔가 알고 있어야 합니다. 지식이 있어야 합니다. 머릿속에 아무것도 든 것 없이, 입에서 무엇인가가 나오기를 기대할 수는 없습니다. 그리고 지식 또한 단편적으로 갑자기 급조된 지식이 아니라, 연사의 머리와 가슴 속에서 오랫동안 다듬고 다듬어진 숙성된 지식이야말로 더욱 큰 힘을 발휘하게 됩니다.

(2) Integrity(성실)

스피치는 누가 말하느냐 하는 것도 중요합니다. 고결하고 정직하며 성실한 인격을 갖춘 연사만이 청중에게 훌륭한 스피치를 하는 연사로 받아들여질 수 있습니다.

로마시대의 위대한 정치가였던 키케로(Cicero)는 'a good man speaking well'이라고 말했습니다. 이 말은 연설을 잘하는 사람이란 말을 잘하는 것에서 그치지 않고 훌륭하고 성실한 인격을 갖춘 사람이어야 한다는 것을 의미합니다. 빌 게이츠 마이크로소프트 회장은 CNBC와의 인터뷰에서 자신이 세계에서 최고 부자이기 때문에 주목받는 것은 싫다고 말하면서, 그는 워런 버핏으로부터 가장 많은 것을 배웠고 버핏으로부터 배운 가장 중요한 교훈이 바로 'Integrity'였다고 말했습니다.

(3) Skills(기술)

아무리 탁월한 지식과 훌륭한 인격을 갖춘 분이라고 해도, 표현 기술이 형편없다면 효과적인 스피치가 되지 못합니다. 스피치는 수영이나 운전처럼 기술이 필요합니다. 그리고 이 기술은 하루아침에 습득되기 어렵습니다. 꾸준한 훈련과 연습을 해야 합니다.

(4) Self-confidence(자신감)

자신감은 스피치에 있어서 필수적입니다. 연사가 자신 없어하는 위축된 모습을 보인다면 연사 스스로 자신이 말하는 내용에 대해 확신하지 못하는 인상을 주게 됩니다. 연사 자신도 확신을 못 가지는 내용을 어떤 청중이 그 말에 공감하며 믿겠습니까?

 참된 자신감은 철저한 준비와 연습이 바탕이 되어야 하겠고, 연사 스스로 실패를 두려워하지 말고 최선을 다해 준비해 온 자신의 스피치 능력을 믿는 것이 중요합니다.

4장
조화로운 스피치

1. 화이부동 스피치

『논어』 자로 편에서 공자님은 군자를 화이부동(和而不同) 하는 사람, 소인을 동이불화(同而不和)하는 사람이라고 합니다. 이 말을 저는 '군자는 다른 사람들과 조화를 이뤄나가지만 무조건 똑같아지려고 하지는 않는 사람이며, 소인은 남들과 똑같아지려고 하지만 조화를 이뤄나가지 못하는 사람'으로 받아들입니다.

다시 말하면, 군자는 자신의 빛깔로 세상과 조화를 이루는 사람이며, 소인은 자신의 빛깔도 없고, 남들과 조화를 이루지도 못하는 사람입니다.

우리도 화이부동 하는 사람이 되려면 먼저 자신의 참모습을 제대로 찾고, 자신의 개성을 갈고 닦아, 자기만의 색깔로 다른 사람들과 조화를 이루며 자신의 빛깔을 세상에 빛내려고 노력해야 할 것입니다.

그런데 많은 분이 자신을 타인과 비교하려고 합니다. 그리고 더 멋스럽다고 생각되는 것들과 똑같아지려고 합니다. 너무나 안타까운 것은 자신은 장미인데도 불구하고 백합을 부러워하고 백합과 똑같아지려고 한다는 것입니다.

그 속마음에는 자기 자신을 자랑스럽게 여기지 못하고, 자기 자신을 보잘것없이 여기는 열등감이 자리하는 것입니다. 열등감은 비교에서 나오게 되며, 사람들은 꼭 자신의 가장 못 한 부분과 타인의 가장 훌륭한 부분을 비교해서 주눅이 들어

합니다. '타인의 최상'과 '자신의 최하'를 비교하는 것은 열등감으로 향하는 지름길입니다.

그 열등감의 깊숙한 곳에는 오로지 남들에게 멋스럽게 잘 보이고 싶다는 이기적인 욕심이 자리하고 있습니다. 결국은 우월감을 느끼고 싶어 하는 욕심입니다. 그래서 우월감과 열등감은 동전의 앞뒷면과 같다고 합니다.

자신의 참모습을 제대로 깨닫지 못할 때 비교를 시작하게 되고 열등감이 싹트기 시작하는 것입니다. 그렇게 되면 '조화'는 생각하기도 어렵게 됩니다. 자신의 참모습이 없는데 무엇으로 타인과 조화를 이뤄낸다는 말입니까?

훌륭한 스피치란 남들과 똑같지 않은 자신만의 독특한 색깔로 청중의 마음과 조화를 이룰 수 있는 화이부동(和而不同) 스피치가 되어야 할 것입니다.

2. 스피치의 균형 감각

세상 모든 일이 그렇지만 스피치에 있어서도 균형 감각이 중요합니다.

(1) 청중을 너무 신경 써도 문제이고, 신경을 너무 안 써도 문제입니다. 청중에게 지나치게 신경을 쓰게 되면 연사의 마음은 부담스러워지고 긴장이 커져서 스피치를 제대로 수행하기가 어려워집니다. 그런데 청중에 대해서 별 신경 쓰지 않고 '내가 할 말만 한다.'라는 식으로 스피치를 해서는 청중의 공감을 얻기가 어렵습니다.

(2) 내용에 너무 몰입해도 문제이고, 내용에 제대로 몰입하지 못하는 것도 문제입니다. 내용에 지나치게 몰입되면 청중을 살피기가 어렵고, 내용에 제대로 몰입하지 못하면 형식적인 스피치가 되어 버리기 때문입니다.

(3) 긴장을 너무해도 문제이고, 긴장감이 너무 없어도 문제입니다. 적절한 긴장 유지가 중요합니다. 적절한 긴장은 스피치를 할 때 에너지가 됩니다. 그렇지만, 지나친 긴장은 스피치의 걸림돌이 되고 말죠. 그렇다고 해서 긴장감이 너무 없으면

연사는 생각을 집중시켜나가기가 어렵고 활력이 떨어질 수 있습니다.

(4) 스피치는 너무 짧아도 너무 길어도 문제입니다. 적절해야 합니다. 무조건 짧다고 좋은 것도 아니며, 길다고 좋은 것도 아닙니다. 상황, 목적, 청중에 맞게 적절한 길이의 스피치를 해야 합니다.

(5) 너무 유창해도 너무 눌변이어도 문제입니다. 많은 분이 스피치를 공부할 때 '유창함'에 지나친 집착을 보입니다만, 연사가 지나치게 말을 매끄럽게 쏟아내면 오히려 청중과 공감을 이루기 어렵습니다.

훌륭한 스피치가 되려면 청중과 호흡을 같이해야 하며 청중의 '생각의 리듬'과 조화를 이루는 스피치가 되어야 합니다. '저는 여러분보다 이렇게 말을 아주 잘합니다.' 하는 식으로 '청중과는 다른 연사'라는 이미지보다는 '저도 여러분과 같습니다.'라는 자연스럽고도 평범한 이미지를 줄 때 청중으로부터 더 신뢰를 받고 공감을 이끌어 낼 수 있습니다.

그래서 유창한 말은 오히려 신뢰감을 떨어뜨릴 수도 있는 것입니다.

한 음절도 틀리지 않고 쉴 새 없이 유창하게 쏟아내는 스피치는 청중이 보기에도 자연스러워 보이지 않고 자신들과는 다른 사람으로 받아들여지기 쉬우니까요. 그리고 너무 눌변이라면 청중은 답답해 할 것입니다.

5장
스피치의 3대 원칙

1. 누구에게 말할 것인가?

누구를 대상으로 말하게 되는지를 미리 파악하는 것입니다. 즉, 대상이 남, 여, 노, 소, 신분, 직업에 따라 강의와 연설 내용 및 표현 방법이 달라지기 때문입니다.

우선, 대상이 달라지면 인사말부터 달라질 수 있겠죠. 예를 들어 청중이 배움의 열기로 가득 찬 자발적인 남성 청중이라면 "여러분의 학습에 대한 열정적인 눈빛을 보니까 오늘 강의가 성공적으로 잘 되리라는 예감이 듭니다. 여러 곳에 강의를 다녀 봤지만 이렇게 강사에게 집중을 잘 해주고 적극적으로 수업에 임하는 청중은 제 기억엔 아마 없지 않았나 생각이 듭니다. 그럼, 여러분의 수업에 대한 뜨거운 열정을 제 마음에 가득 담고 기쁘고 즐거운 마음으로 오늘 수업 시작하도록 하겠습니다."

혹은 대상이 여성들만 모인 곳이라면 "강의실로 들어오는데 벌써 코끝에 전해지는 향기부터가 다르더라고요. 오늘 이렇게 보기 드문 미인들과 함께 수업을 할 수 있게 되어 대단히 기쁘고 영광스럽게 생각합니다. 저는 여러분께 행복을 한 아름 전달하러 온 이 시대 최고의 행복전도사 김현기입니다."

그러나 누구에게 말하든 스피치의 공통적인 원칙도 있습니다. 청중이 만일 여러 계층, 다양한 수준의 사람이 섞였을 때는 모두가 알아들을 수 있게 하기 위해 가장 낮은 수준에 맞춰 쉽게 말을 합니다. 아울러 간단하고 짧게 얘기해야 합니다. 뛰어난 스피치 전문가들은 대부분 'SES 법칙'을 활용합니다. 'SES 법칙'이란 S는 Simple로 간단하게, E는 Easy로 쉽게, 그리고 S는 short로 가능한 한 짧게 표현하는 기법을 말합니다.

2. 무슨 말을 할 것인가?

화자는 청중이 듣고 싶어 하는 말을 해야 합니다. 연사 자신이 생각할 때 중요하다고 생각해서 열심히 준비한 강의가 청중에게는 의외로 관심 밖의 지루한 연설이 될 수 있기 때문입니다. 따라서 무슨 말을 할 것인가에 대한 물음에 대해 화자는 상대 혹은 청중이 듣기를 원하는 말이나 강의를 하여야 한다고 스스로 말할 수 있어야 합니다.

> **Power Tip**
> **황금률(黃金律)과 백금률(白金律)**
>
> 인간관계에 있어 황금률(Golden Rule)은 '내가 대우받고 싶은 만큼 상대를 대우해 주어라'입니다. 그러나 스피치에서는 한 걸음 더 나아간 백금률(Platinum Rule)이 필요합니다. 즉 상대가 원하는 대로 해주는 것이 바로 백금률입니다.

다시 말씀드려서 황금률은 '내가 바라고 원하는 것, 대우받고 싶은 것이 이 정도니까 상대도 그럴 것이다.'라고 자기 기준으로 행동하는 것이지만, 백금률은 상대의 감정과 욕구(need)를 그대로 수용하여 상대가 원하는 대로 혹은 그 이상의 것을 제공하는 것으로 질적인 차이가 존재합니다.

스피치를 할 때도 내가 좋아하는 내용을 주제와 내용으로 택하기보다는 청중이 흥미와 관심을 둘 만하고 청중에게 도움이 될 만한 주제와 내용을 선택해야 할 것입니다.

여러분께 소와 사자의 우화를 들려 드리고자 합니다.

소와 사자 둘은 앞으로 맛있는 것이 있으면 서로 나눠 먹고 도와가며 사이좋게 잘 지내자고 약속했습니다. 그래서 소는 자기가 좋아하는 풀을 안 먹고 아껴 두었다가 사자에게 주었습니다. 또한, 사자는 자기가 좋아하는 고기를 안 먹고, 소에게 주기 위해 먹고 싶은 마음을 달래가며 소에게 모두 주었습니다. 소와 사자 모두 자신의 처지에서는 정말 최선을 다한 것입니다. 그러나 둘의 사이는 오래가지 못했습니다. 왜 그럴까요?

그렇습니다. 당연한 결과이지요. 그것은 바로 상대가 원하는 것을 해주기(백금률)보다는 내가 가장 좋아하는 것은 상대도 좋아할 것(황금률)이라는 자기 기준으로 생각하고 행동을 했기 때문입니다.

3. 어떻게 말할 것인가?

말을 크게 구분해보면 글말, 입말, 몸 말로 구분할 수 있습니다.

즉, 글말은 기록을 남기기 위한 문자화된 표현으로서 청중의 시각에 의존하며, 입말은 우리의 음성과 청중의 청각에 의존하는 음성 표현입니다. 그리고 몸 말은 청중에게 비치는 연사의 표정, 시선 처리, 제스처, 자세 등의 몸으로 하는 신체 표현을 말합니다.

무엇을 말할 것인가는 말의 내용을 일컫는 것입니다. 글로도 '무엇을'에 해당되는 내용을 잘 나타낼 수 있습니다. 하지만, 말로 표현해버리면 그 뉘앙스는 연사의 표현에 따라 달라질 수 있습니다. 예컨대 글로서 표현된 '잘.한.다'라는 메시지를 한 연사는 '잘한다'라고 표현을 하고, 또 다른 연사는 '자알 한다'라고 표현을 한다면 어떤 느낌이 들게 될까요? 서로 상반된 느낌이 들겠죠. 말은 내용도 중요하지만, 표현을 어떻게 할 것인가가 정말 중요한 것입니다.

어떻게 말할 것인가는 표현 방법 즉, 입말과 몸 말을 어떻게 하면 되는가의 방법상의 기술(skill)이 문제가 됩니다.

그래서 배우고 익히고 연습해야 합니다.

(1) 입말 – 리듬

입말에서는 어조를 살려 말하는 것이 중요합니다. 즉 말의 리듬을 살리고 감정을 실어 얘기하는 것이 중요합니다.

다시 말씀드려서 기쁠 때는 기쁘게, 슬플 때는 슬프게, 그리고 즐거울 때는 즐겁게, 화가 났을 때는 화가 난 표정과 음성으로 말하는 것* 등입니다. 말의 리듬을 살리며 그 내용에 맞게 말하기 위해서는 다음과 같은 다섯 가지 사항을 고려해야 합니다.

1) 말의 고저

높은음은 보통 놀랐을 때나 화났을 때의 소리이고, 낮은음은 졸릴 때나 부드럽게 얘기할 때 내게 되는 소리입니다.

여러분이 강의하신다면 자신의 목소리에 맞춰 트러스트 톤(trust tone)*을 찾는 노력이 필요하고, 그 톤을 찾아 반복된 훈련을 통해 자신의 기본 톤으로 습관화하는 것이 중요합니다.

2) 말의 강약

강조할 때는 목소리의 톤을 높여 강하게, 강조하지 않는 부분에서는 보통으로 얘기하면 됩니다.

이와 반대로 때로는 계속 강하게 얘기하다 중요한 부분을 아주 약하게 얘기함으로써 강조를 하는 약한 강조가 더 효과적일 때가 있습니다. 그리고 강음과 고음, 약음과 저음은 항상 일치되는 것이 아니라는 것을 말씀드리고 싶습니다.

그 예로 남성은 저음인 동시에 강음이고, 모깃소리는 약하면서도 높은 소리입니다.

> **Power Tip**
> * 우리의 얼굴 표정과 말의 표현에는 밀접한 관련이 있습니다. 즉 밝은 표정이 밝은 표현을 만들고, 밝은 표정은 어두운 표현을 제어하기도 합니다.
> * '믿음을 주는 어조'라는 뜻으로 일반 강의에서 청중이 가장 효과를 느낄 수 있는 기본 어조를 말합니다. 피아노 음정기준으로 '도'에서 '파'까지의 범위라고 보는 것이 일반 통계입니다.

3) 말의 장단

소리의 길고 짧음에 따라 그 뜻이 달라지는 장단음의 구별은 우리말에 있어 대단히 중요합니다. 우리말 중에서 지금까지 발표된 동형이의어(같은 글자에 다른 뜻)는 15,000단어에 이른다고 합니다. 이렇듯 일상적이고 중요한 장단음의 구분 기준은 글자 뒤에 ':' 표시가 나오면 장음이라는 뜻으로 단음보다 약 2배 반의 길이로 발음합니다.

① 눈에 눈[눈:]이 들어가니 눈을 뜰 수가 없었습니다.
② 말을 타고 말[말:]을 하며 갔습니다.
③ 밤에 밤[밤:]을 구워 먹으면서 이야기를 나누었습니다.

그리고 모음의 장단을 구별하여 발음하되 단어의 첫 음절에서만 긴소리가 나타난다는 것을 원칙으로 하고 있습니다. 즉, 두 글자 이상 둘째 음절에서는 긴소리를 내지 않는다는 것입니다.

① 눈[눈:], 눈보라[눈: 보라], 첫눈[천눈]
② 말[말:], 말씨[말: 씨], 참말[참말]
③ 밤[밤:], 밤나무[밤: 나무], 군밤[군밤]

이외에도 숫자 중에 2, 4, 5는 장음이라는 것과 두 음절이 다시 한 음절로 축약되는 경우에는 긴소리로 발음하는 것(이어 → 여[여:]) 등 여러 원칙이 있습니다.

4) 말의 완급

말의 속도는 적당해야 합니다. 그러나 적당한 속도가 좋다고 하여 처음부터 끝까지 일정한 속도로 말을 하는 것은 바람직하지 않습니다.

강의를 하는 입장이라면 서론 부분이나 예제를 들 때, 또는 가벼운 내용을 전달할 때는 강의의 속도가 상대적으로 느리게 진행되어야 효과적이며, 핵심을 강조할 때나 클라이맥스 부분에서 진한 감동을 주어야 할 때는 말의 속도를 빨리하여 청중의 마음에 열정을 불러올 수 있어야 합니다. 즉, 흐름이 끊기지 않게 해야 하는 부분에서는 강의 속도를 빨리해야 한다는 뜻입니다.

5) 쉼(pause)

쉼은 강조 기법에서도 다루고 있지만 쉼(pause)을 잘 활용하면 스피치가 빛나게 됩니다. 쉼은 다음과 같은 세 가지로 활용됩니다. ≪도움말 백미숙≫

첫째, **강조 전**에 활용합니다. (예문) 우리에게 필요한 것은 / **사랑**입니다.
둘째, **동격 전**에 활용합니다. (예문) 우리나라 / **대한민국**은 정말 아름답습니다.
셋째, **동사 전**에 활용합니다. (예문) 끝까지 함께 하기를 / **바랍니다**.

특히, 동사 전에 활용하는 쉼을 잘 활용하게 되면 말이 더 **격식 있게** 그리고 **품위 있게, 세련되게** 느껴집니다.

하나 더 예를 든다면, '끝까지 경청해 주신 여러분! 대단히 / **감사합니다**.'

(2) 입말 – 감정 싣기

자신의 목소리에 감정을 실어 내용에 맞게 말하는 것은 결코 쉬운 일이 아닙니다. 그러나 열심히 그리고 꾸준히 노력한다면 감정 표현은 잘 되리라고 봅니다. 왜냐하면, 발전이란 나무는 연습이라는 거름을 먹고 살고, 노력은 거짓말을 하지 않기 때문입니다.

아픔이 있는 음성, 혼이 담긴 육성

평소 감정 표현 훈련을 통해 이러한 음성을 만들 수 있습니다. 감정 표현 훈련의 몇 가지 예를 살펴보겠습니다.

밑줄 친 부분을 강조하면서 감정 표현 훈련을 해 봅니다.

> ① 우리 조국의 통일을 <u>간절하게</u> 기원했습니다.
> ② 여러분의 모습은 <u>참으로</u> 아름답습니다.
> ③ 봄이 오면 <u>꽃이</u> 피고 나비 날아 <u>춤을</u> 추네.
> ④ 이 살이 <u>뛰고</u>, 피가 <u>끓는</u> 울분을 어찌하랴.
> ⑤ 바위에 부딪혀 떨어지는 <u>폭포수와</u> 같이 <u>힘차게</u> 살라.

(3) 몸 말 – 표정 연기

여기서는 몸 말, 즉 표정, 시선 처리, 제스처, 자세 등 여러 가지 중에서 표정 연기에 대해서만 살펴보겠습니다. 연기자의 심정으로 기쁠 때는 기쁘게, 슬플 때는 슬프게 표현해야 합니다. 그리고 내가 감동 받았을 때 다른 사람도 감동, 감화시킬 수 있다는 것을 유념해야 합니다. 특히 우리의 언어는 주어가 생략된 술어 중심의 언어이기에 표정 연기는 더욱 중요하게 여겨지는 것입니다.

표정 연기가 정말 일품이었던 영국의 희극 배우 찰리 채플린이 인기 절정에 있을 때 기차 고장으로 어느 마을에 묵게 되었는데 마침 그곳에서 축제의 일환으로 '채플린 흉내 내기 대회'가 열리고 있었습니다.

호기심이 동한 채플린은 자신의 신분을 감추고 일반 참가자가 되어 대회에 참석했는데 결과는 3등이었습니다. 두 명의 가짜가 1, 2등을 하고 정작 자신은 3등을 한 것입니다. 물론 실화입니다. 그에 대한 한 화가의 해석이 재미있습니다. 진짜는 진짜이기 때문에 그럴 필요가 없지만, 가짜는 항상 진짜처럼 보이기 위해 진짜같이 보이는 노력을 하기 때문에 나온 결과라는 것입니다.

여러분! 그럴듯하지 않습니까?

우리도 실제 연기자는 아니지만, 연기자인 척해본다면 실감 나게 표정 연기가 잘되지 않을까요?

Power Talk
우리 언어의 세 가지 특징

우리 언어는 주어가 생략된 술어 중심의 언어이기에 더욱 표정 연기는 중요합니다.

첫째, 우리의 언어는 **공감대가 형성된 언어**입니다.
즉, 거시기!, 그거 있잖아! 혹은 두세 개, 네댓 개, 대 여섯 개 등 정확하게 얘기하지 않더라도 둘만의 그 어떤 공감대가 형성되어 있기에 다른 보조 설명이 많이 필요 없고, 대신 표정 연기가 중요합니다.

둘째, 우리의 언어는 **상황 중심의 언어**입니다.
즉, 식사 때에 국을 떠먹으면서 '싱거워'라고 했을 때와 회사 출근 때 지각을 했을 때에 상사가 '사람이 왜 이렇게 싱거워?'라고 하는 것은 의미상 큰 차이를 보이게 됩니다. 또한 '짭짤하다.'라는 표현에 있어 식사할 때 '짭짤해'라는 의미와 '요즘 경기가 어때?'라고 물었을 때 '짭짤해'라는 답변은 의미가 달라집니다.

그러나 우리는 위의 두 단어의 경우 같은 '싱거워'와 '짭짤해'라는 소리이지만, 전혀 사용에 불편함을 느끼거나 두 의미를 혼동하지 않습니다. 그것은 우리의 표정과 상황이 뒷받침되었기 때문입니다.

셋째, 우리의 언어는 느낌 표현에 있어 **과장된 언어**입니다.

예를 들어 "얼마만큼 좋아?"라고 물었을 때 "하늘만큼 땅만큼 좋아"라든가, "얼마만큼 사랑해?"라고 물었을 때 "죽도록 사랑해", "미치도록 사랑해"라는 표현은 외국인들이 이해하기에는 다소 어려움이 있다는 것입니다. 즉, 우리가 표정없이 말을 한다면 하늘만큼은 어느 정도의 호감을 나타내는 것인지, 땅만큼은 또한 어느 정도 좋다는 표현인지 구분을 짓기는 어려운 것입니다. 그리고 아무런 표정 없이 죽음과 사랑을, 미침과 사랑을 어떻게 연관을 시켜 본래의 의미를 살려 나갈 수 있는가는 의문입니다.

다시 반복하지만, 표정은 우리의 언어 표현에 밀접한 관련을 맺고 있습니다. 우리 모두 밝은 표정으로 밝은 표현을 만들어 나가야겠습니다.

6장
언제나 청중을 생각하라

청중을 생각하지 않고 스피치를 하는 것은 대상 없이 편지를 쓰는 것과 같습니다.

1. 청중 없는 스피치 없다

비석을 다듬는 석공이 있었습니다. 무릎을 꿇고 돌을 다듬는 석공의 모습을 물끄러미 바라보던 정치인이 석공에게 말했습니다. "당신이 정으로 돌에 글을 멋지게 새기듯 나도 나의 멋진 연설로 사람들의 마음속에 나의 이름을 새겼으면 좋겠소." 그러자 석공이 대답했습니다. "선생님도 저처럼 무릎 꿇고 일한다면 가능한 일입니다." 그렇습니다. 청중 위에 군림하려는 연설은 감동을 줄 수 없겠지요.

거울을 보세요? 찡그리면 찡그려 보이지요? 청중을 바라볼 땐 거울을 본다고 생각하세요. 연사가 관심 어린 눈빛과 따뜻한 미소로 청중이란 거울을 대하면 거기에 자신의 표정이 청중에게 나타나 비칩니다.

"고객은 무조건 옳다. 만일 아닐 경우 첫 번째 구절을 다시 보라."라는 어떤 미국 기업의 사훈은 많은 이들의 공감을 자아냅니다. 고객 지향 경영을 하는 회사는 결국 발전하며 성공하는 회사가 됩니다.

청중 지향 스피치를 하는 연사가 결국 성공적인 스피치를 해냅니다. 스피치는 연사 혼자 말하는 독백이 아닙니다. 내용, 표현 방법, 진행, 모두가 청중에 맞게 구성되고 조정되어야 합니다.

이 말은 연사 자신이 말하고자 하는 소신이나 철학을 청중에 따라 '이랬다 저랬다.' 하라는 뜻이 아닙니다. 근본 내용을 소신 없이 바꾸라는 것이 아니라 청중에게 잘 전달 되도록 신경 쓰는 노력, 포장하는 정성이 필요하다는 것입니다.

만일 어르신들을 청중으로 해서 '소고기'란 내용을 스피치를 한다면, 스테이크 같은 스피치 보다 갈비탕이나 불고기 같은 스피치를 해야 합니다. 그럼 입맛에 맞아 맛있게 드실 수 있겠지요. 그럼 청중 지향 스피치를 하려면 어떻게 해야 할지 하나씩 살펴보겠습니다.

(1) 주제 선정부터 청중에 알맞은 주제가 선택되어야 합니다.

청중의 관심과 흥미를 끌 수 있고 유익한 주제를 선정해야 합니다. 법률전문 강사라면 주부들이 모였을 때 어떤 주제를 선정해야 좋을까요? 형법이나 민사소송법을 주제로 삼는다면 과연 반응들이 어떨까요? 오히려 주부들에게는 임대차보호법과 같은 흥미를 끌고 도움이 되는 것을 주제로 삼아야겠지요.

(2) 내용 구성도 마찬가지입니다.

지적 수준이 높은 학구적인 청중은 다소 딱딱하더라도 논리적으로, 전문적으로, 체계적으로 논지를 구성해서 스피치를 해도 무방하겠습니다만 다양한 계층이 모인 일반인들을 대상으로 한 스피치는 쉽게 풀어서 이해하기 쉽도록 구성을 하고 특히 재미있고 이해하기 쉬운 예화를 많이 곁들이는 것이 좋겠습니다.

(3) 스피치는 청중과 호흡을 같이해야 합니다.

어떻게 보면 스피치는 함께 조깅하며 얘기를 나누는 것과 같습니다. 즉 연사는 청중과 보조를 맞추어야 합니다.

가끔 보면 청중은 따라오든지 말든지 혼자 저만큼 막 뛰어가는 연사를 볼 수 있습니다. 뒤처지는 청중은 결국 그 자리에 앉아서 졸게 마련이지요.

말의 속도도 청중이 어떤 분들이냐에 따라 조정하는 것이 좋습니다. 젊은 층이라면 좀 빠른 듯, 노년층이라면 다소 천천히 여유롭게 하는 것이 좋겠습니다. 준비한 내용도 청중의 반응과 상황에 따라 조정되어야 합니다.

스피치 원고에 청중을 맞추려 해서는 안 됩니다. 스피치를 실행해나가면서 스피치 원고 내용이 청중에게 맞추어져 가면서 다소 수정, 보완, 삭제되어나가야 하는 것입니다.

그래서 청중 지향적인 스피치는 원래 준비한 내용과 반드시 일치하기가 어렵습니다. 왜냐하면, 청중은 살아 움직이니까요.

(4) 청중이 알아듣기 쉬운 용어를 써야 합니다.

어려운 전문용어, 외국어를 많이 써서 청중이 제대로 알아듣지 못하는 경우를 종종 봅니다. 이것은 청중에게 뭔가 유익함을 전달하려는 청중을 위한 스피치가 아니라 연사 자신이 잘난 체하기 위한 스피치로 보이기 쉽습니다.

"디피컬트한 보케뷰러리로 자신을 업시켜 보이려 하지 말고, 청중이 납득하기 용이하도록 보다 이지하게 표현해서 효과성이 있는 스피치를 구현해야 하는 것입니다."

이런 식으로 말해선 절대 안 되겠지요? 될 수 있는 대로 알아듣기 쉬운 용어를 써야겠습니다.

(5) 제스처도 청중의 규모에 따라 달라집니다.

소수의 청중이라면 대화할 때처럼 해도 좋겠습니다만, 수백 명의 대중을 향한 스피치는 목소리와 제스처를 다소 크게 해야 하고 말의 속도는 다소 느려지는 것이 좋습니다.

(6) 가급적이면 청중이 참여할 수 있는 스피치가 좋습니다.

그럼 청중이 지루해하지 않고, 생동감 있는 강의가 됩니다. 질문을 주고받는다든지, 청중 중 한 명을 연단으로 나오게 하는 것처럼 청중을 참여시키면 연사와 스피치와 청중을 하나로 묶어주는 좋은 역할을 해줍니다.

학창시절을 떠올려 보면 질문을 잘하는 선생님 앞에서는 학생들은 쉽게 졸지 않습니다.

(7) 시간을 엄수해야 합니다.

아무리 명연설이라도 주어진 시간을 넘겨서 스피치를 계속 해나가면 앞서 잘해 놓은 스피치마저 지루한 느낌이 듭니다.

"지나침은 모자람만 못하다."라는 속담처럼 아무리 좋은 내용이라도 시간을 어겨서는 안 되겠습니다. 시간을 넘기고 질질 끌면 앞에서 고객들이 받았던 감동마저도 깡통이 되어버립니다.

(8) 장소를 미리 점검해야 합니다.

좌석배치, 실내 환경, 시각 보조자료 등도 청중이 편하게 경청할 수 있도록 배려를 잊지 말아야겠습니다. 주로 이런 것들은 진행요원들이 주로 맡아서 하지만 연사도 여러 상황을 미리 점검해 보는 것이 좋겠고, 강의 중에도 청중이 졸려 하거나 자세가 흐트러지면 가벼운 체조나 유머 등을 활용해서 청중이 재충전할 수 있는 지혜를 발휘하는 것이 좋겠습니다.

(9) 의욕에 찬 열정으로 말해야 합니다.

요즘은 고객 지향을 넘어 고객 만족을 넘고 또 고객 감동을 넘어서 이제는 고객 까무러치기라고들 합니다. 그만큼 고객을 위해 최선을 다한다는 것이죠. 강아지도 주인이 자기를 진짜 좋아하는지 느낄 수 있다고 합니다.

하물며 인간인 청중이 연사의 마음을 못 느낄 리 없습니다. 연사가 대충 시간만 보내려는 것인지, 억지로 연기하려 하는 것인지, 청중을 배려하고 사랑하며 열정을 다하는지 청중은 느낄 수 있습니다.

(10) 청중의 반응을 반영해가면서 말해야 합니다.

청자나 청중이라고 하면 연사가 하는 말을 그냥 받아들이는 수동적인 존재로 생각하기 쉽습니다. 그렇지만, 청중은 그냥 듣기만 하는 것이 아니라 능동적으로 판단하고 선별해서 받아들이며 반응을 나타냅니다. 굳이 말이 아니더라도 표정, 자세, 태도를 통해서 나타내기도 하지요.

이런 반응을 잘 느낄 수 있고 또 그것을 스피치에 반영시킬 줄 아는 연사가 바로 프로급 훌륭한 연사라 할 수 있겠습니다. 연사가 자신의 열정을 다하고, 청중을 최대한 고려하고 배려하고 반영하는 스피치가 되어야만 감동과 유익함을 주는 멋진 스피치가 될 수 있을 것입니다.

2. 연설은 연사와 청중의 합작품이다

"아무리 유머감각이 뛰어난 코미디언, 개그맨도 청중의 하품 한 번에 K.O 패한다."라는 말이 있습니다. 명가수도 관객들이 팔짱을 끼고 굳은 표정으로 지켜보면 흥겹게 노래하기란 어렵지요.

아무리 뛰어난 연사도 청중이 호응해주지 않으면 그날 연설은 실패할 수밖에 없습니다. 대화에서도 상대방이 들으려 하지 않고 딴청을 피운다면 말할 기운이 쏙 빠지게 되지요.

물론 비협조적인 청중이라도 흥미를 유발시켜 자신에게로 주의를 끌어들이는 능력도 연사에게 필요한 능력 중의 하나라고 할 수는 있겠지만, 명연설은 연사 혼자서 만들어 내는 것이 아니라 결국은 청중과 함께 만들어 내는 것입니다. 그래서 연사의 수준에 따라 그날 연설의 수준이 정해지기도 하지만 청중의 수준에 따라서도 그날 연설의 수준이 좌우되기도 한다는 것입니다.

왜냐하면, 연설이 외관상 보기엔 일방적인 말하기처럼 보일지 몰라도 연설이란 결국은 연사와 청중 간의 커뮤니케이션이기 때문입니다.

연사는 청중에게 조금이라도 더 유익함을 주고자 열정을 가져야 하고 청중은 연사의 말에 반응해주고 호응해서 조금이라도 더 연사의 영감을 이끌어내도록 해야겠습니다.

연설은 연사만의 작품이 아니라 연사와 청중과의 공동 작품입니다. 연설은 연사의 일방적인 전달이 아니라 지식과 감정을 함께 나누며, 함께 누리고 함께 공감하는 것입니다.

연사에게도 기본자질이 필요하고 청중에게도 기본자질이 필요합니다. 청중의 반응은 고려하지 않고 '너는 그래라 나는 계속 지껄인다.'라는 자세의 연사는 결코 연사의 자격이 있다고 할 수 없고, '어디 잘하나 못하나 보자.'라는 식으로 몸을 뒤로 젖히며 근엄하게 노려보거나 딴청을 피우는 청중은 청중의 자격이 없다고 할 것입니다.

'**좋은 연설 = 청중을 배려하는 연사 + 연사의 말을 경청하는 청중**'인 것입니다. 연설은 연사 혼자 말하는 것이 아니라, 청중과 커뮤니케이션하는 것이란 것을 잊지 마시기 바랍니다.

3. 청중의 유형에 따라 스피치도 달라져야 한다

청중을 유형에 따라 분류를 해보면 **우연적 청중, 수동적 청중, 능동적 청중, 단합적 청중, 조직적 청중** 이렇게 다섯 가지로 나눠볼 수 있습니다.

우연적 청중은 지나가다가 뭔가 하나보다 하면서 호기심으로 모여드는 청중을 말합니다.

공원이나 길거리, 광장 같은 데서 흔히 열리는 거리집회나 반짝 공연을 할 때 그 주위로 사람들이 몰려들지요. 이런 청중을 우연적 청중이라고 합니다. 이런 청중을 대상으로 연설하려면 먼저 주의 끌기를 잘해야 합니다. 그래야 많이 몰려들겠지요. 그리고 흥미 있게 말을 이어나가야 청중의 발목을 잡고 끝까지 듣게 할 수가 있습니다.

다음으로 수동적 청중은 들으려는 의욕도 별로 없고, 관심도 없이 앉아 있는 청중을 말합니다.

예비군 교육이나 민방위 교육에 모인 청중, 기업연수교육에 모인 청중을 예로 들 수 있겠습니다. 이런 청중에게는 우선 '들으면 도움이 되겠구나.', '재미있겠다.'라는 생각이 들도록 해야 합니다. 그래서 듣겠다는 자세를 갖게 하는 것이 중요합니다. 그러지 않고 계속 연설을 해나가면 '연사 따로 청중 따로'가 되어 버리는 것이죠.

능동적 청중은 자신이 듣고 싶어서, 필요해서 앉아 있는 청중입니다.

돈을 내고 듣는 강연회나 강의에 참석한 청중이 바로 이런 능동적인 유형이죠. 능동적인 청중에게는 주의 끌기나 관심 끌기 같은 것을 하기보다는 진짜 기대한 것, 요구하는 것들을 청중에게 안겨주는 것이 무엇보다도 중요하겠습니다. 알찬 내용으로 강연해서 청중의 기대에 들어맞는 연설이 되어야겠습니다.

단합적 청중은 시위군중이나 노조단체모임에 참석한 청중을 예로 들 수 있겠는데 이런 단합적인 청중을 대상으로 연설할 때는 청중이 충분히 공감할 수 있고 충분히 납득할 수 있는 연설을 해야 합니다. 노련한 연사는 이런 청중일 경우에 군중심리를 잘 활용하기도 하지요.

조직적 청중은 군대나 응원단같이 뭔가 하나로 뭉쳐진 청중입니다.

그리고 어떻게 행동해야 할지 지시나 명령을 기다리는 청중입니다. 이런 조직적 청중은 다루기가 쉽지요. 대신 명확하고 분명하게 지침을 내려 주는 것이 중요하겠습니다. 그럼 이해를 돕기 위해 한 가지 퀴즈를 내 보겠습니다.

어떤 대학 강당에 본부로부터 교육 명령을 받고 군인들 300명이 청중으로 모여 있습니다. 연설 주제는 '전역 후의 사회진출'입니다. 이때 청중은 어떤 유형의 청중일까요?

 이 경우는 군대조직이니까 무조건 조직적 청중이라고 생각하기 쉽지만, 이때는 수동적인 청중이라고 볼 수 있겠습니다. 여러분이 연설을 앞두고 있다면 여러분의 청중은 어디에 해당하는 청중일까를 생각해 보시기 바랍니다.

제4강
스피치 핵심 이론

Ⅰ. 대중 스피치의 특징
Ⅱ. 대중 스피치의 다양한 분류
Ⅲ. 스피치의 준비
Ⅳ. 내용 구성
Ⅴ. 스피치의 효과적인 시작
Ⅵ. 효과적인 본론 배열(구성)
Ⅶ. 스피치의 좋은 마무리
Ⅷ. 내용 기억법
Ⅸ. 메모 활용 스피치
Ⅹ. 원고를 작성해 봅시다

1장
대중 스피치의 특징

1. 대중 스피치란?

현대 스피치는 자연스런 대화체 스피치가 선호되고 있습니다. 그래서 연설할 때도 평소 대화하듯이 자연스럽게 말하라고 합니다만 여러분 어때요? 연단 위에서 말하는 것이 평소에 대화하는 것과 같다고 느끼십니까? '평소 얘기하듯이'라는 말은 자연스럽게 하라는 말이지 연설을 대화하는 것과 똑같게 하라는 것은 아니죠.

여러분은 그냥 얘기 나누는 것하고 연단 위에서 연설하는 것하고 어떤 것이 더 어렵습니까? 그렇지요. 당연히 연설이 어렵지요. 연설할 때도 평소 대화하듯이 하면 아주 쉽게 할 수 있을 텐데 왜 잘 안될까요? 연설이 더 어려운 이유가 뭘까요? 그건 바로 대화하고 연설이 차이가 있기 때문에 그렇다는 것입니다.

(1) 대화와 연설의 차이

대화와 연설의 차이점을 먼저 살펴볼까요? 연설은 대중 화술이며 대화는 대인 화술이라고 말하기도 말합니다.

그럼 대중 화술인 연설과 대인 화술인 대화는 어떤 차이가 있을까요? 연설과 대화의 큰 차이점은 대화가 한 두 사람을 상대로 하는 것에 비해서 연설은 바로 청중 다수를 상대로 한다는 점입니다. 그리고 대화는 특별한 경우가 아니라면 한 사람이 일방적으로 말하는 것이 아니라 서로 말을 주거니 받거니 하는 경우가 대부분입니다. 내가 한마디 하면 상대방이 한마디 하는 식으로 왔다 갔다 하면서 말을 하게 되지요.

그에 비해 연설은 많은 사람과 일일이 대화할 수는 없는 노릇이고 가끔 청중에게 질문을 던지고 받기도 하지만 대체로 연사가 일방적으로 말하는 형태를 띠게 됩니다. 그래서 대화는 즉흥적인 경향을 띠고 연설은 준비된 논지와 구성에 따라 이루어집니다. 그래서 연설은 준비해야 합니다.

말투도 차이를 보입니다. 일반 대화보다 대중 화술은 보다 정돈되고 반듯한 격식체를 많이 사용하게 됩니다. 그냥 얘기할 때는 말의 생략이 많고 어순도 뒤바뀌어가면서 대충 말하게 되지만, 연설할 때는 문장을 제대로 반듯하게 완성을 시켜야 하기 때문에 더 신경을 쓰면서 말하게 됩니다. 대중 스피치는 어느 정도 격식과 품위를 갖춰서 말해야 하기 때문이죠. 다시 말해 대화의 어투가 민얼굴이라면 연설의 어투는 화장한 얼굴이라고 볼 수 있겠습니다.

(2) 대중 스피치의 요령

대인 화술과 대중 화술은 결국 말하는 것이니까 많은 공통점이 있지만, 앞에서 말한 차이 때문에 같은 말이라도 좀 다르게 준비되고 표현되어야 할 필요가 있는 것입니다. 그럼 대화와 대비해가며 어떻게 해야 대중 화술(연설)을 잘할 수 있을지 살펴보겠습니다.

첫째, 대중 화술에서는 무엇보다도 **시선 처리**를 잘해야 합니다. 연설은 일대 일의 대화와는 달리 다수의 사람을 대상으로 하기 때문에 연사의 시선이 청중에게 골고루 미치도록 안배를 해야 합니다. 산만하지 않으면서도 자연스럽게 시선 이동을 해야 합니다.

둘째는 **제스처**를 좀 더 크게 해야 합니다. 우리가 일대 일로 대화할 때는 크게 몸짓을 하지 않아도 잘 보이지만 연단에서 대화 때처럼 제스처를 쓰면 뒤편에 있는 청중에게는 전달도 안 될뿐더러 연사의 태도가 소극적으로 비치기 쉽습니다.

셋째는 목소리도 대중 스피치는 대화할 때보다 크게 해야 합니다.

요즘은 마이크 시설이 발달해서 옛날처럼 그렇게 큰 목소리를 내지 않아도 되지만 그래도 대화 때보다는 큰 목소리로 스피치를 하는 것이 연사의 자신감을 북돋아주는 데도 도움이 되고 청중에게도 좀 더 열정적으로 비칩니다.

넷째는 대화 때보다 좀 더 천천히 말하고, 발음을 분명하게 해야 합니다.

대중 스피치인 경우 뒤쪽의 청중은 연사의 표정을 섬세하게 살피기도 어렵고 주로 목소리에 의존해서 듣게 됩니다. 그리고 떨어진 거리와 주위에 소음들이 집중을 방해하기 때문에 빨리 말하거나 우물우물 대충 발음을 하게 되면 제대로 알아듣기가 어렵습니다.

그리고 상대방이 자기만을 바라보며 얘기하는 대화에서는 딴전을 피울 수 없지만 대중 스피치의 경우는 연사가 전체를 바라보며 얘기하기 때문에 청중이 집중을 덜 하게 되는 심리적 경향이 있습니다. 따라서 대중 스피치에서는 대화 때보다 좀 더 천천히 말하고 발음 또한 분명하게 해 주는 것이 좋습니다.

다섯째는 대중 스피치는 대화와는 달리 내용을 미리 구성하고 철저히 준비해야 합니다.

대화라면 중간에 말이 끊기면 상대방이 바로 받아 줄 수도 있지만, 대중 연설은 그렇지 못하기 때문에 준비를 잘해야 하는 것입니다.

행사에 참석했다가 갑자기 "한 말씀 해주시죠."라는 부탁을 받고 갑자기 연단에 오르게 되어서 즉흥적으로 스피치가 이루어지기도 합니다만, 가능하면 정리되고 준비된 스피치가 되어야 합니다. 왜냐하면, 제대로 준비한 자만이 성공적인 스피치를 할 확률이 높으니까요.

행사에 참석했을 때 연설하기로 약속이 되어 있지 않은 경우에도 명 연사들은 혹시라도 연설을 하게 될 경우를 대비해서 준비합니다. 그야말로 준비가 하나도 되지 않은 상태에서의 즉흥 스피치는 실패할 우려가 큽니다.

(3) 대중 스피치의 3요소

대중 스피치를 떠올릴 때면 우리는 보통 스피치를 하고 있는 연사를 먼저 생각하게 됩니다. 그러나 대중 스피치는 연사 혼자 하는 것일까요? 혼자 이불 뒤집어쓰고 스피치를 한다면 그것을 대중 스피치라고 할 수 있을까요?

아니지요. 대중 스피치는 연사 혼자 하는 것이 아니라 청중과 커뮤니케이션하는 것입니다. 그래서 스피치를 할 때 청중의 반응을 살펴가면서 말하지 않고 일방적으로 전달만 하려는 스피치는 좋은 스피치가 될 수가 없겠습니다.

좋은 스피치, 훌륭한 스피치가 되려면 청중의 역할도 중요합니다. 연사의 말에 딴전을 피우거나, 냉담하게 반응을 하면 연사는 긴장되고, 부담이 돼서 준비한 것들을 제대로 전달하기가 어렵습니다. 이런 부담스러운 상황에서 여러분이 연사가 되었을 경우를 상상해 보세요. 당연히 힘들겠지요? 연사의 말에 호응을 해주면서 경청을 하면, 연사는 힘이 나서 연설을 더 잘할 수 있습니다.

이렇듯 훌륭한 대중 스피치는 연사 혼자 하는 것이 아니라 청중과 함께 만들어가는 것이죠. 그리고 빠뜨릴 수 없는 것이 내용입니다.

연사는 청중이 보다 알기 쉽고, 공감할 수 있는 내용을 청중에게 전달해야 합니다.

위의 내용을 정리해보면 대중 스피치의 3요소는 연사, 청중, 내용입니다.

2. 대중 스피치의 성공 요건 세 가지

대중 스피치의 성공 요건 세 가지는 다음과 같습니다.

첫째, 내용이 좋아야 하고, 둘째, 그 내용을 제대로 알릴 전달 기술이 뛰어나야 하며, 셋째, 마음을 담은 열정이 넘치는 스피치가 되어야 합니다.

이 세 가지가 잘 조화를 이루었을 때 명 스피치가 될 수 있습니다.

(1) 내용

풍부하고 깊이 있는 좋은 내용으로 말하려면 먼저 연사가 주제에 대한 지식이 있어야 합니다. 그렇지요. 뭘 알아야 말을 할 수 있겠지요.

(2) 표현 기술

그다음은 그것을 표현해야 하는데 아무리 많이 알고 있어도 그것을 청중에게 제대로 전달할 표현 능력이 시원치 않으면 어떻게 될까요? 그래서 좋은 내용뿐 아니라 그 내용을 제대로 전달하는 기술, 표현 능력이 있어야 하겠습니다.

(3) 열정

열정은 흔히 놓치기 쉬운 부분인데 청중에게 감동을 준 명연설 중에서, 연사가 마음을 담지 않고, 열정 없이 연설한 것은 하나도 없습니다. 다시 말해서, 명연설을 하려면 내용, 표현 방법, 열정이 삼위일체가 되어야 한다는 것입니다.

2장
대중 스피치의 다양한 분류

1. 목적에 따른 분류

스피치를 하는 목적은 다양하겠지만 크게 분류해보면 다음과 같이 4가지로 나눠 볼 수 있습니다. 실제 스피치에서는 반드시 한 가지에 국한되지 않고 여러 목적이 함께 어우러진 스피치가 되기도 합니다.

(1) 정보 전달을 위한 스피치

연사가 청중에게 지식이나 정보를 전달하기 위해서 하는 스피치입니다. 강의, 강연, 보고, 프레젠테이션 등과 같이 연사 자신이 아는 전문지식이나 조사한 내용, 수집한 정보 등을 청중에게 설명하고 이해시키기 위한 목적의 스피치입니다.

정보 전달 스피치는 대화를 나누는듯한 분위기로 자연스럽게 풀어나가는 방식이 좋겠습니다. 그리고 무엇보다도 내용을 알기 쉽고 명쾌하게 전달하도록 노력해야 합니다.

(2) 설득을 위한 스피치

청중을 연사가 바라는 대로 변화시킬 목적으로 하는 스피치입니다. 다시 말하면 연사의 주장을 청중이 받아들이고 믿도록 하며, 경우에 따라서 연사가 원하는 방향으로 행동하게 하기 위한 목적의 스피치입니다. 정치 연설, 선거 연설, 소견 발표, 군중시위, 선동 연설 등을 예로 들 수 있겠습니다. 그래서 표현은 강하고 호소력 있는 웅변적인 요소가 다소 필요한 스피치입니다.

설득은 청중의 이성에 호소하는 논리적인 설득과 청중의 감정에 호소하는 감성적인 설득이 있습니다.

효과적인 설득을 하기 위해서는 두 가지 모두 필요하겠지요. 내용은 논리가 있어야 하며 표현은 열정적이어야 합니다. 그래야만 청중의 이성과 감성을 자극하고 일깨워서 연사의 주장을 청중이 받아들이고 행동하게 할 수 있습니다. 참된 설득이 되기 위해서는 청중을 설득하기에 앞서 먼저 연사 자신을 설득해야 합니다.

우리는 우리의 생각과 지식을 전달하며 설득하려 하지만 실제로 설득은 우리의 느낌과 믿음의 전달을 통해서 이루어지는 것입니다. 즉, 연사 자신이 마음속으로 굳게 믿지 못하는 내용으로는 청중을 제대로 설득, 감동시킬 수 없다는 것을 꼭 명심해야겠습니다.

(3) 즐거움을 주기 위한 스피치

즐거움을 주기 위한 스피치는 여흥 스피치, 오락 스피치라고도 할 수 있겠습니다. 좋은 분위기를 만들고, 청중에게 즐거움을 주기 위한 스피치입니다. 연회 사회자의 '멘트'나 개그맨들의 우스갯소리뿐 아니라 친목 모임이나 회식, 연회, 파티 등의 자리에서 흥을 돋우며 분위기를 즐겁게 하기 위한 여러 가지 말들이 바로 여흥 스피치입니다. 재치와 유머가 가장 많이 활용되는 스피치이죠.

이 경우의 스피치는 분위기를 깨뜨리지 말고, 기쁜 마음으로 밝고 즐겁고 긍정적인 표현의 스피치를 해야 할 것입니다. 스피치 하나로 분위기를 흥겹게 살리는 사람이 있고, 화기애애한 분위기에 찬물을 끼얹는 사람도 있습니다. 즐거운 모임에 참석할 때는 선물만 준비해가지 말고 유머나 덕담 하나쯤은 꼭 준비해 갑시다.

(4) 행사를 위한 스피치

입학식, 졸업식, 환영식, 환송식, 시무식 등 각종 행사의 축사나 격려사를 예로 들 수 있겠습니다. 결혼식 주례사도 여기에 해당하겠습니다. 이때의 스피치는 주로 축하의 마음으로 칭찬과 더불어 발전과 성공을 기원하며 힘차게 나아가도록 격려해주는 스피치입니다. 이런 경우는 대개 준비한 원고를 들고 나와서 그냥 읽어 버리는 경우가 많은데 그래서는 스피치의 효과가 떨어질 수밖에 없겠습니다.

축사나 격려사를 해서 좋은 분위기가 더 좋아져야 할 텐데, 그냥 막 읽어 내려가는 지루한 연설 때문에 행사 분위기가 오히려 딱딱하고 지루하게 되어 버려선 안 될 것입니다. 행사를 위한 스피치는 행사를 빛내기 위한 것이어야지 형식에 그쳐선 안 되겠지요. 청중과 눈을 맞추어 가면서, 축하나 격려, 감사의 마음을 담아서 말해야 합니다.

2. 스피치를 하는 방법에 따른 분류

스피치하는 방법에 따른 분류를 살펴보겠습니다. 스피치하는 방법에 따라 분류한다는 것은 연사가 어떤 방법으로 연설하는가에 따라 구분을 하는 것입니다.

(1) 원고를 보고 읽는 방식

이것은 '원고 낭독법'이라고 말할 수도 있겠습니다. 식장에서 축사(祝辭)를 할 때 주로 볼 수 있습니다. 이 방법은 연설할 때 실수하거나 실패할 가능성은 거의 없다는 좋은 점은 있습니다만 청중의 마음에 와 닿는 연설은 되기 어렵겠습니다. 그리고 연사가 원고에 정신을 빼앗겨 있기 때문에 제대로 상황을 살피지 못하고 또 청중이 보기에도 지루한 연설이 되기 쉽습니다. 청중과 연사 사이에 원고라는 장벽이 가로막혀 있는 느낌이 드는 방식이라고 할 수 있겠습니다.

권위를 앞세우는 행사 때 격식을 차리기 위해서 자주 사용되는 것을 볼 수 있는데 특별한 경우가 아니라면 그리 권할만한 좋은 방법은 아닙니다. 자연스럽지도 않아 보이고 청중과 교감을 이룰 수 없다는 것이 큰 단점이 되기 때문입니다. 그런데 외교, 법률, 판결처럼 한 글자라도 잘못 말하면 안 되는 중요한 연설이면 오히려 원고를 보고 낭독하는 방식이 안전하며 합당한 스피치 방식입니다.

(2) 원고를 외워서 말하는 방식

원고를 외워서 말하는 방식은 다른 말로 '암기 낭송 방식'으로 불리기도 합니다. 웅변할 때 많이 볼 수 있는 방법이죠. 원고를 통째로 암기한 것을 연단 위에서 그대로 풀어놓는 방식입니다.

미리 작성된 원고의 내용을 암기해야 하기 때문에 연사는 무척 힘이 드는 연설법입니다. 그리고 또 준비하는 데 많은 시간이 필요합니다. 미리 잘 짜인 원고를 외운 것이기 때문에 내용은 풍부할 수 있고, 짜임새가 있을 수는 있어도, 외워 놓은 틀에서 벗어나기가 어렵겠습니다. 그래서 현장 상황에 맞게 융통성을 발휘한다거나 민첩하게 대응할 수 없어서 현장감이 없는 것이 단점입니다. 또한, 청중이 듣기에도 자연스럽지 않고 딱딱한 느낌을 받을 수밖에 없다는 점과 너무 많은 시간과 노력을 쏟아야 하는 것도 문제입니다. 만약에 연설 중간에 외워 놓은 걸 잊어버리게 되면 정말 실패할 수밖에 없는 방법입니다.

(3) 즉흥으로 말하는 방식

문자 그대로 아무런 준비도 없이 즉석에서 말하는 형식입니다. 친구의 생일 파티나 친목회 같은 작은 모임에서 짧은 인사나 의견을 말할 때가 더러 있죠. 이때는 미리 말할 것을 준비해 놓지 못한 경우가 대부분입니다.

아무런 준비 없이 순간적으로 말할 것을 떠올려 얘기해야 하죠. 이런 즉흥 스피치는 그리 쉽지 않습니다. 경험이 없는 사람은 당황하기 마련이지요.

그런데 요즘 사회는 즉석에서 갑자기 대중 앞에서 말해야 하는 기회가 많아지고 있습니다. 사회생활을 하면서 예상치 않은 곳에서 갑자기 인사를 해야 하거나 의견을 발표해야 할 경우를 자주 맞이할 수 있죠. 그래서 이런 경우를 대비하기 위해서는 평소에 충분히 스피치 연습을 해두는 것이 좋겠습니다.

즉흥적으로 스피치를 할 때는 무엇보다도 먼저 마음을 평정시킨 다음에 평소 생각하고 느꼈던 내용을 침착하고 조리 있게 한마디씩 풀어나가면 되겠습니다.

(4) 메모에 근거해서 말하는 방식

다시 말하면 개요서 활용 스피치입니다. 이 방법은 아우트라인을 적은 메모를 활용해서 스피치를 하는 방법이지요. 가장 권하고 싶은 방법이 바로 이 메모를 활용한 스피치입니다.

이 방법은 스피치의 요지를 메모지에 간단하게 적어 두고, 실제 스피치할 때 참고하는 방법이기 때문에 즉흥 스피치 분위기를 자연스럽게 내면서도, 하고 싶은 얘기를 빠뜨리지도 않고 말할 수 있는 좋은 방법이죠.

메모하는 요령으로는 큰 뼈대와 작은 주제, 그리고 중요한 사항들을 보기 쉽게 적어서 실제 스피치할 때 편하게 활용될 수 있도록 하면 되겠습니다.

3. 아리스토텔레스의 스피치 3대 분류

프로타고라스, 고르기아스 등의 소피스트에서부터 활발히 연구되어 오던 스피치는 '소크라테스'와 '플라톤'으로부터 영향을 받은 아리스토텔레스에 의해 집대성됩니다. 아리스토텔레스는 스피치를 **정책결정(deliberative) 스피치, 법정(forensic) 스피치, 축사(epideitic) 스피치** 3가지로 분류했습니다.

① '정책결정'을 위한 스피치는 우리가 앞으로 어떻게 해야 할 것인가 하는 미래에 대한 내용을 다루게 됩니다.

② '법정'에서의 스피치는 정의를 추구하며, 사실을 밝히는데 그 목적이 있습니다. 다뤄지는 내용은 과거에 대한 일을 다루게 됩니다. 사실의 여부를 밝히는 것과 더불어 배심원들을 설득하기 위한 스피치로 볼 수 있겠습니다.

③ '축사'는 의식행위에 사용되는 스피치입니다. 의식에서 행사를 더욱 빛내거나 적들을 성토하는 스피치를 말합니다. 찬양과 비난이 그 목적입니다. 시간상으로 보면 현재에 초점을 두고 있습니다. 스피치 기법으로는 과장법, 미화법 등을 사용합니다.

4. 키케로의 스피치 5대 분류

그리스의 스피치 교육이 로마로 넘어가면서 더욱 실용주의적인 성격을 띠게 됩니다. 로마의 스피치는 키케로가 집대성했다고 볼 수 있습니다.

키케로는 스피치의 5대 요소로 **창안**(invention), **조직**(organization), **스타일**(style), **기억**(memory), **전달**(delivery) 다섯 가지를 제시했습니다.

① '창안'은 말할 것들을 창안하는 것입니다. 주제를 선정하는 것, 자료를 조사하는 것, 말할 내용을 떠올리는 것 모두 창안에 해당됩니다. 적절하고도 훌륭한 창안이 되기 위해서 연사와 청중에 대해 분석을 하게 됩니다.

② '조직'은 내용의 구성을 의미합니다. 즉 연설의 효과를 위해 말할 재료와 생각들을 연설의 목적에 알맞게 배열하는 것입니다. 스피치의 큰 흐름은 서론, 본론, 결론 등으로 나뉘며 큰 주제에 따른 소주제별 내용으로 분류하기도 합니다.

③ '스타일'은 다섯 가지 중에서 가장 세분화되어 있습니다. 우리가 흔히들 접해온 반복법, 은유법, 직유법, 의인법, 제유법 등 말이 더욱더 멋스럽고 효과적일 수 있도록 하는 다양한 방법이 제시되어 있습니다. 근대에 와서는 글을 잘 쓰기 위한 기법으로 활용됐습니다.

④ '기억'은 전달할 메시지를 어떻게 효과적으로 기억하느냐 하는 것입니다. 연상 기억법, 대입 기억법 등을 활용해서 말할 내용을 더 잘 기억하게 합니다.

⑤ '전달'은 실제 스피치를 표현하는 스킬을 다룹니다. 말의 속도, 목소리의 높낮이, 발성법, 제스처 등으로 행동을 통해 연설을 효과적으로 실현하는 것입니다.

스피치의 준비

1. 스피치를 준비할 때 짚어 볼 것 3가지

스피치를 준비할 때, 원고작성을 할 때는 다음 세 가지를 염두에 두면서 준비해야 합니다. 그것은 '왜 / 무엇을 / 어떻게'입니다.

(1) 왜 말하려 하는가?

스피치를 하게 되었다면 먼저 '목적'을 분명하게 하고서 준비를 해야겠습니다. 목적이 분명하게 서 있지 않으면 엉뚱한 얘기를 풀어놓기 쉽습니다. 왜 스피치를 하는지에 대한 답을 명확히 한 다음에 스피치를 준비하시고 실행해야 하겠습니다.

(2) 무엇을 말하려 하는가?

'무엇을'이라는 것은 말하려는 '내용'입니다. 무엇을 말하려 하는지가 분명히 서 있지 않으면 횡설수설하게 됩니다. 그리고 그 내용은 진부하지 않고 새로워야 한다는 참신성, 청중에게 뭔가 도움이 되는 이야기면 좋겠다는 유익성, 거짓이 아니고 참이어야 한다는 진실성, 앞뒤가 맞아야 하는 논리성, 연설이 지루하지 않고 재미가 있어야 한다는 오락성 등을 포함하는 내용이라면 좋은 내용이라 할 수 있겠습니다.

(3) 어떻게 말할 것인가?

'어떻게'는 표현 방법을 말하는 것이죠. 강한 웅변 톤으로 말할지, 자연스럽게 풀어나갈지, 파워포인트를 활용해서 프레젠테이션할지, 그냥 말로 풀어나갈지, 내용과 상황과 청중에 맞는 적합한 표현 방법을 생각해 봐야 합니다.

2. 스피치 준비 원칙

(1) 목적을 분명하게 정하라.

목적을 분명하게 세우지 않고 말하는 것은 '나침반 없이 항해를 하는 것과 같다'라고 말씀드릴 수 있겠습니다. 앞에서 이미 설명 드린 바 있지만 스피치를 하기 전에는 '왜 이 연설을 하는가?', '연설을 해서 얻고자 하는 것이 무엇인가?', '내 연설이 청중에게 어떤 영향을 끼치길 바라는가?' 하는 것들을 자신에게 물어보면서 먼저 연설의 목적을 분명히 밝혀야 합니다.

(2) 청중을 파악하라.

물고기를 잘 잡는 낚시꾼은 물고기를 잘 압니다. 회사가 잘 되려면 고객을 잘 알아야 합니다. 연설이 성공하려면 청중을 제대로 파악해야 합니다.

스피치는 청중 없이 이뤄질 수 없고, 청중에게 감동이나 유익함을 주지 못하는 연설은 의미가 없는 연설입니다.

그래서 성공적인 훌륭한 연설을 하려면 청중을 제대로 파악하고 주제선택, 내용구성, 어휘선택 등 모든 면에서 청중에게 맞는 표현이 되도록 해야 합니다.

연설을 하는 것은 연사이지만 연설의 목적을 제대로 달성시켜주느냐, 실패로 끝맺게 하느냐 하는 것은 청중에게 달린 것입니다.

(3) 먼저 자기의 의견을 확립하라.

스피치는 자기의 의견을, 자기의 사상을, 자기의 주장을 사람들에게 전하는 것입니다. 그래서 자신의 생각이나 자신의 의견이 없다면 스피치를 하는 의미가 없지요. 연설에 연사 자신의 의견이나 견해, 중심 생각이 빠져 있다면, 그 연설을 하는 연사의 말은 앵무새가 지저귀는 것이나 다름없다고 할 수도 있겠습니다.

그래서 자신의 의견이 뚜렷이 섰을 때, 자신의 의견을 뒷받침할 재료들을 찾아봐야 하는 것이 순서입니다. 자기의 중심 생각이 확립되지 못했다면 자료가 아무리 많아도 쓰레기더미나 마찬가지고 연설도 우왕좌왕, 횡설수설하게 되지요. 자료들을 수집하기 전에 먼저 자신의 의견을 분명하게 확립하시기 바랍니다.

3. 스피치 준비 과정

(1) 주제 선정

강연을 요청받아 스피치를 해야 할 때 우리는 어떤 준비를 해야 할까?

먼저 '청중에게 어떤 주제로 얘기하는 것이 좋을까?' 하고 주제를 선정해야지요. 주제는 어떤 걸 정해야 할까요? "이러이러한 주제로 말씀해 주십시오."라고 요청을 받고 연설을 하게 되는 때도 있습니다만 어쨌든 주제는 청중에게 맞고, 상황에 걸맞은 주제를 선정해야 하겠지요.

주제를 잡을 때는 너무 넓게 잡으면 안 됩니다. 한 연설에서 너무 많은 이야기를 다루려다 보면 시간도 문제지만, 청중도 혼란스러워합니다. 또 내용도 깊이 있게 다루기가 어렵겠지요. 주제는 넓게 잡기보다는 좁고 구체적으로 잡는 것이 좋습니다.

(2) 주제에 대한 생각(메모)

보통 주제가 선정되고 나면 바로 자료 수집부터 해야 한다고 생각하시는 분이 있는데 그것은 좋은 방법이 아닙니다.

자신의 생각이 정리되기도 전에 자신의 의견과 다른 외부 정보가 자료 수집을 통해 먼저 들어오게 오면 자료에 의존하는 연설이 되기 쉽습니다. 그렇게 되면 연설은 자신이 하지만 그 내용은 자신의 얘기가 아니라 자료의 배열에 불과한 것입니다. 입으로 하는 자료 복사기나 앵무새가 되지 않으려면 바로 자신의 생각이 담긴 연설, 자신의 마음이 담긴 연설, 자신의 영혼이 담긴 연설을 해야 합니다.

주제에 대해 생각이 잘 떠오르지 않을 때는 자료나 정보를 통해서, 또는 다른 사람들과 대화를 통해서 주제에 대한 자신의 영감을 떠올릴 수 있습니다. 그렇지만, 중요한 것은 자료나 정보는 자신의 생각에 도움을 주고 뒷받침해주는 참조적인 역할이어야 한다는 것입니다.

사람들은 늘 바깥에서부터 자료나 정보 등 무엇인가를 구하려 하지만, 우선 자신의 내면에서부터 그러한 것들을 이끌어내려고 하는 노력을 기울여야 하는 것입니다.

즉 주제가 선정되게 되면 걸음을 걸을 때나 차를 마실 때 등 일상생활 속에서 그 주제를 화두 삼아 이런저런 생각을 떠올리며 먼저 자신의 영혼과 마음과 지혜 속에서 좋은 내용을 건져 올리려고 노력해야 합니다.

'가르치어 기른다.'라는 뜻의 교육(教育) 역시 외부에서 내부로 집어넣는 주입(注入)이 아니라 학습자의 잠재역량을 안에서부터 끄집어내기 위한 의식적인 활동입니다.

즉 'Education'의 어원을 살펴보면 < E(밖으로)+ duco(꺼내다) = educo > 밖으로 꺼낸다는 뜻을 내포하고 있듯이 스피치도 역시 마찬가지입니다. 자료수집에 앞서 우선 자신의 내면에서부터 말할 연설의 내용을 떠올려야 합니다.

(3) 자신의 생각 정리(배열)

다음은 여러 가지 떠오른 자신의 생각들을 정리해보고 배열해 봅니다.

주제에 대해서 다소 혼동이 되는 부분이 있고 잘 풀리지 않으면 이때 영감을 얻기 위해 자료를 참조하거나 그 분야에 알만한 친구들과 대화를 나누며 토론해 보는 것도 좋습니다.

이 정도 단계에서는 주제에 대한 자신의 독자적인 생각의 윤곽이 대충 그려지게 됩니다. 하지만, 이 정도로는 청중에게 자신의 생각을 뒷받침할만한 근거나 자료가 부족하기 때문에 설득력이 아직은 부족하다고 할 수 있습니다.

(4) 관련 자료 참조

그다음은 자신의 생각이나 주장을 뒷받침할 관련 자료들을 찾아보는 것입니다. 책이나 잡지, 논문도 좋겠고 요즘엔 인터넷을 통해 많은 정보를 얻을 수가 있겠습니다. 정보와 자료를 수집할 때는 직접 활용할 수 있는 것보다 훨씬 많은 양의 정보를 비축해 두는 것이 좋습니다.

(5) 내용 재배열

자신의 생각을 정리해두었지만 여러 가지 자료와 정보가 추가되면, 약간 보완해야 할 것들이 생깁니다. 그래서 적절히 다시 재배치를 합니다. 그리고 버릴 것은 버리고 선택할 것은 선택해야 합니다. 어렵게 모은 자료들이지만 아까워해서는 안 됩니다. 하나의 연설을 준비하기 위해서는 100가지의 생각과 100가지의 자료를 모으고 실전에서 연설은 그 중 10가지 정도만 쓰이게 됩니다. 훌륭한 연설은 그렇게 탄생되는 것입니다.

(6) 원고 구성 및 개요서 작성

다음은 원고를 구성해보고 실제 연설에서 참고할 '개요서'를 작성합니다.

스피치할 내용을 토시까지 전부 적은 것을 '전문서'라고 하는데 초보 연설자나 중요한 연설이면 전문을 한 번쯤 적어보는 것도 좋습니다. 그럼 연설할 때 내용 전체를 기억하는 데 도움이 많이 됩니다. 원고의 뼈대를 세운 다음에 도입부와 결론 부분은 따로 정성을 더 들일 필요가 있습니다.

그만큼 시작과 끝은 중요하기 때문입니다. 원고는 실제 연설하는 기분으로 구어체로 작성하는 것이 좋습니다. 그리고 나서는 전문서는 버릴 각오를 해야 합니다.

전문서 원고를 통째로 암기하려 한다거나 원고에 얽매이면 연설에 실패할 우려가 큽니다. 연설은 연사의 마음과 생각이 입을 통해 나오는 것이지 원고가 연사의 입을 통해 나오는 것이 아니기 때문입니다. 큰 줄기를 요약한 '개요서'를 작성하고서 거기에 근거해서 연설하는 것이 효과적입니다.

(7) 리허설 — 가까운 사람

어느 정도 스피치 준비가 마쳐지면 가까운 사람, 친구나 동료 앞에서 연설을 리허설해봅니다. 스피치는 무엇보다도 실제 해봐야 합니다. 실전적인 실습이 중요합니다. 그리고 리허설할 때는 지나치게 비판적이고 부정적인 사람 앞에서는 하지 않는 것이 좋습니다. 괜히 주눅이 들게 되고 자신감을 잃어버릴지 모르니까요.

객관적으로 자신의 스피치를 보아주고 긍정적인 격려와 허심탄회한 조언을 아끼지 않는 사람 앞에서 리허설을 하는 것이 바람직하겠습니다.

(8) 수정 보완

리허설을 통해 조언을 얻은 것을 참고로 해서 원고나 표현 방법을 더 좋게 수정 보완합니다. 수정 보완할 때는 아깝다고 우물쭈물하지 말고 과감하게 버릴 것은 버리고 바꿀 것은 바꿉니다.

(9) 스피치 실행

마지막으로 용기와 자신감을 가지고 멋지고 당당히 연단에 오릅니다.

이때는 '잘해야지', '멋있게 보여야지' 하는 자신에 초점을 맞춘 욕심을 버리고 '우리 청중 여러분께 꼭 이 좋은 내용을 말씀드려야지. 그래서 이분들께 도움이 되었으면 정말 좋겠다.' 하는 마음으로 연설하시면 훨씬 좋은 스피치가 될 수 있을 것입니다.

(10) 피드백

이렇게 열심히 준비해서 연단에 오르고 정성을 다해 열심히 스피치를 해도 연설을 마치고 연단에서 내려올 때면 늘 아쉬움과 안타까움이 남습니다.

'아차! 이것을 빠뜨렸구나!', '그 대목은 이렇게 표현하는 것이 나았을지도 몰라.' 이런 아쉬움이 남지요.

이런 반성과 성찰은 다음 연설에 도움을 줍니다. 부족했던 점은 보완하고 잘한 점은 더욱 발전시키는 것이지요. 그런데 빠뜨렸다는 것에 대해 너무 아쉬워할 것은 아닙니다. 물론 실수로 중요한 핵심적 내용을 빠뜨리면 안 되지만 보통의 내용은 준비한 원고대로 되지 않는 경우가 많고 그것이 오히려 바람직한 것이죠. 연설은 연사 혼자만의 쇼가 아니라 청중과 교감을 느끼면서 해야 합니다. 그래서 연사 자신이 혼자 준비한 원고가 실제에서 청중과 교감을 이룰 때는 상황에 따라 융통성 있게 조정되는 것이 올바른 일입니다.

결론적으로 말씀드리면 연설의 진정한 준비는 자료를 수집해서 원고를 만들고 그것을 암기하는 것이 아니라, 주제에 대한 자신의 생각과 확신을 살찌우는 것입니다. 단순한 정보 전달에 지나지 않는 연설이 아니라면 연설은 연사의 마음과 영혼이 담겨 있는 살아있는 스피치여야 하는 것입니다.

내용 구성

"구슬이 서 말이라도 꿰어야 보배"라는 말이 있습니다. 스피치도 마찬가지입니다. 아무리 좋은 내용이라고 해도 잘 꿰어져야만 훌륭한 스피치로 탄생하는 것입니다. 그런데 구슬은 주로 똑같은 구슬을 그냥 꿰기만 하면 되지만 스피치는 그렇게 단순하지만은 않습니다. 적절하고도 상황에 맞는 효과적인 순서로 꿰어야 합니다. 내용을 어떻게 구성해야 할지 다양한 내용 구성법을 익혀 보도록 합니다.

1. 3단계 구성법

3단계 구성법은 여러분께서 잘 아시는 '서론 / 본론 / 결론' 이렇게 세 가지로 표현되는 내용 구성법입니다. 서론에서 청중의 호기심이나 공감을 자아내고, 본론에서 할 얘기를 하고, 결론에서 요약하고 강조하면서 끝맺음을 하는 식으로 구성하는 방법이지요. 아래의 예문들은 3단계 구성법을 아주 단순화시켜서 나타내 본 것인데 참고하시기 바랍니다.

서론 : 많은 사람이 부자가 되고 싶어 한다.
본론 : 부자들을 조사해 보니 절약과 투자가 비법이었다.
결론 : 지금부터라도 저축하고 투자 능력을 기르자.

서론 : 시대가 빠르게 변화하고 있다.

본론 : 변화의 물결은 세계적이며 우리 생활 곳곳에서 나타나고 있다.
결론 : 변화에 빠르게 적응을 하자.

이 3단계 구성법은 우리가 국어 시간에도 많이 들어왔고 그래서 친숙하고 익숙한 내용 구성법입니다. 그리고 스피치할 때 가장 많이 활용되는 구성법입니다.

2. 4단계 구성법

4단계 구성법에 대해서 간단히 살펴보겠습니다.
4단계 구성법은 기/ 승/ 전/ 결 이렇게 4가지로 구성되어 있는데요. '기승전결' 하니까 여러분 귀에도 낯익은 말들이지요? 아마 한시 절구들을 공부하면서 들어보셨을 겁니다.

4단계 구성법은 3단계가 좀 단순하다면 그것에 약간의 변화를 준 내용 구성법이라고 볼 수 있겠습니다. 신문 만화를 보면 4칸의 만화를 볼 수 있지요. 그 신문 만화 4컷도 일종의 '기-승-전-결' 식인 4단계 구성법입니다.

4단계 구성법을 3단계 구성법과 대비해서 살펴본다면 '기'는 서론에 해당하고, '승'과 '전'은 본론에 '결'은 결론에 해당한다고 볼 수 있겠습니다. 아래쪽의 예화는 4단계 구성을 아주 단순화시켜 놓은 것입니다. 간단하게 살펴볼까요?

기 : 환경오염이 심각한 상태입니다. (문제 제시)
승 : 지금까지 환경보호는 정부와 기업에서 전담해왔습니다. (사례 제시)
전 : 그것만으로 안 되고 시민의 의식전환이 더 필요합니다. (새 화제)
결 : 의식교육과 홍보를 더욱 강화해야 합니다. (결어)

여기서는 본론을 두 가지로 나누어 놓았습니다.
'지금까지는 이러했다.'라는 사례가 '승'이고, '그것만으로는 안 되며 이런 새 해결책이 필요하다.'라는 것을 '전'에서 말하고 있습니다.

이렇게 4단계 구성법은, '3단계의 본론 부분을 변화 있게, 승과 전, 둘로 나누어 놓은 것이다.'라고 말해도 좋을 것 같습니다.

다음을 살펴볼까요?

기 : 부자가 되고 싶은 사람들이 많지만 어떻게 하면 부자가 될까?
승 : 부자들은 대부분 낭비하지 않고 알뜰하게 저축했다.
　　저축만으로 부자가 될 수가 있었을까? (분석)
전 : 그뿐만 아니라 투자를 하는데도 게으르지 않았다. (논증)
결 : 지금부터라도 저축하고 투자 공부를 하자.

여기서도 '승'에서는 저축이란 것을 비결로 말하고 있지만, 그것만으로는 부자가 안 되고 분석해보면 저축과 더불어 투자도 필요하다는 새로운 화제와 논증을 '전'에서 덧붙이고 있습니다. 그리고 결론엔 '승'과 '전'에 언급했던 저축하고 투자 공부를 하자는 얘기로 끝을 맺는 것입니다.

다음번 예화를 또 살펴볼까요?

기 : 시대가 빠르게 변하고 있다.
승 : 세계적으로 많은 변화가 진행되고 있다.
　　그 변화는 우리와 동떨어진 것인가? (분석)
전 : 이미 우리의 생활주변에서도 느껴지고 있다. (논증)
결 : 변화의 흐름에 빠르게 적응하자.

여기에서는 '승'에서 세계적인 관점의 변화를 말하고 있고, '전'에서는 우리의 생활 주변이란 시각으로 변화를 말하고 있습니다. '승'에서 세계적인 변화를 언급하면서 그 변화가 우리와 동떨어진 것인가? 분석해보니까 그게 아니라, 우리 생활 속에서 이미 느껴지고 있다는 논증을 '전'에서 뒷받침하는 것이지요. 여러분께서도 4단계 구성법으로 원고를 작성해 보는 연습을 해보시기 바랍니다.

3. 5단계 구성법

5단계 구성법은 미국의 스피치 학자 앨런 몬로(Alan H. Monroe) 교수가 창안했다고 하는 구성법입니다. 5단계 구성법의 특성을 간단히 말해 보면, 인간의 사고 과정을 다섯 단계로 나누고 그 단계에 따라 스피치를 전개하는 방식으로 볼 수 있겠습니다. 인간의 사고 단계는 **주의**(注意, attention), **흥미**(興味, interest), **욕구**(欲求, desire), **기억**(記憶, memory), **행동**(行動, action)의 순서로 진행되는데 이런 진행순서에 걸맞게 스피치를 한다면 효과적이지 않을까 하는 생각에서 출발한 것이죠.

몬로의 5단계 구성법(motivated sequence)은 ① **주의 환기** ② **필요 제기** ③ **해결 제시** ④ **해결의 구체화** ⑤ **결언, 행동화의 촉구**로 이루어집니다.

① 제 1단계는 주의를 끄는 도입의 단계입니다. 듣는 사람에게 흥미를 갖게 하는 단계입니다.
② 제 2단계는 필요성을 보이는 단계인데, 흥미를 갖기 시작한 청중에게 이러이러한 것이 필요하다는 생각이 들도록 메시지를 전달합니다.
③ 제 3단계는 청중의 욕구와 필요를 만족시키는 단계인데, 여기서는 중요하고 필요한 문제를 해결하기 위해서 어떻게 하면 좋은가를 알려줍니다.
④ 제 4단계인 구체화의 단계는 문제 해결법을 보다 상세하게 구체적으로 제시합니다.
⑤ 그리고 마지막 제 5단계는 청중이 결의를 다지고 행동하도록 합니다.

5단계 구성법을 굳이 3단계와 대비시켜 본다면 1단계와 2단계는 서론 부분에, 3단계와 4단계는 본론 부분에, 5단계는 결론에 해당한다고 볼 수 있겠습니다.

이 5단계 구성법은 판매, 설득, 광고, 홍보를 목적으로 하는 스피치에 적합한 구성법이라고 할 수 있겠습니다.

예전에 장기자랑을 할 때 간혹 뱀 장사 흉내를 내며 좌중을 웃음바다로 만드는 이들을 본 적이 있으실 겁니다.

이 '뱀 장사 화법(?)'도 어찌 보면 5단계 구성법이라고 할 수 있겠습니다. 다시 한 번 살펴볼까요?

① **주의 환기** : 이것이 무어냐? 뱀이야 뱀!
② **필요 제기** : 요즘, 기력이 떨어지고 힘이 없으신 남성분들 많으시지? 걱정되시지?
③ **해결 제시** : 걱정하지 말고 내 말 좀 들어 보슈. 일단 이 뱀 한 번 잡숴봐! 금방 달라져.
④ **해결의 구체화** : 딴 것 필요 없어. 요것 한 마리만 다려 아침저녁으로 먹어봐. 힘이 막 솟아. 아침에 소변을 보면 요강이 깨질 정도지.
⑤ **행동 촉구** : 자, 사세요. 수십 년 묵은 뱀을 세 마리나 푹 달여서 만든 정력제 '비암정'

그럼 이번엔 5단계 구성법을 활용해서 홍보용 문구를 만들어 볼까요?

① **주의 환기** : 여러분! 많은 사람 앞에서도 당당하고 조리 있게 말하고 싶지 않으십니까?
② **필요 제기** : 평소에는 말을 잘하다가도 대중 앞에만 서면 긴장해서 할 말을 제대로 하지 못하는 안타까운 경우가 많지요?
③ **해결 제시** : 이런 연단 공포도 훈련과 연습을 통해서 충분히 극복할 수 있습니다.
④ **해결의 구체화** : 매일 꾸준히 체계적으로 말하는 훈련을 하면, 점점 용기와 배짱이 생기고 결국 자신 있게 말하는 요령이 생깁니다.
⑤ **행동 촉구** : 여러분, '김현기 교수'를 찾아 주세요, 성심껏 도와드리겠습니다.

4. 육하원칙 구성법

육하원칙은 상황이나 사건이 전개된 과정을 설명하는데 매우 유용합니다. 사건의 발발 경위를 설명하거나, 역사적 사건의 진행과정을 논의할 때, 혹은 진척상황을 보고할 때 등은 활용하면 좋습니다.

육하원칙이란 **누가**(Who), **언제**(When), **어디서**(Where), **무엇을**(What), **어떻게**(How), **왜**(Why)라는 6가지로 구성됩니다. 뉴스 보도에서 많이 사용하는 것을 볼 수 있습니다.

(육하원칙 구성법 예제)
만득기업 회장은 / 어제 저녁 7시 / 중소기업연합회 연수원에서 / 한국 기업의 세계화 전략 이란 주제를 가지고 / 강연을 했습니다. / 이번 강연은 중소기업인들에게 세계화 의식을 고취하기 위해서 마련되었습니다. //

5. 대안 제시 구성법

대안 제시 구성법은 기존의 제도, 정책, 제품 등에 대한 새로운 대안을 제시할 때 유용하게 사용할 수 있는 내용 구성법입니다. 정책 토론을 할 때 유용하게 사용될 수 있습니다.

(1) 대안 제시 구성 방법

1) <u>문제</u> : "왜 새 대안이 필요한가?"
2) <u>심각성</u> : "문제가 대안을 필요로 할 만큼 심각한가?"

3) **본질성** : "문제가 현 상황의 본질적인 문제인가?"
4) **해결력** : "대안이 이 문제를 해결할 수 있는가?"
5) **실현가능성** : "대안은 실현 가능한가?"
6) **부작용** : "새 대안이 갖는 본질적인 문제는 없는가?"

(2) 대안 제시 구성법의 실제 적용 사례

주제 : 청소년 인성교육
세부목적 : 청중에게 인성교육의 중요성을 인식시키기 위해
핵심내용 : 인성교육으로 청소년들을 올바른 덕성을 함양한 민주시민으로 육성하자.

1) **문제** : 암기위주의 전달식 교육으로는 청소년들의 인성을 계발시킬 수 없다.
2) **심각성** : 청소년들의 범죄가 점점 증가하고 있다.
3) **본질성** : 청소년들을 공부기계로 전락시키고 정서를 메마르게 하고 있다.
4) **해결력** : 인성교육을 시행하면 청소년들의 품성을 올바르게 육성할 수 있다.
5) **실현가능성** : 특별 교과과정에 인성교육 프로그램을 운용할 수 있다.
6) **부작용** : 당장은 입시에 도움이 되지 않는다는 일부의 반발이 있을 수 있겠지만, 종국적으로는 모두가 중요성을 느끼고 공감해나갈 것이다.

5장
스피치의 효과적인 시작

1. 스피치의 좋은 시작

"첫 단추를 잘 끼워야 한다."라는 말이 있듯이 연설의 시작은 중요합니다. 연설의 시작 부분을 도입부라고 합니다. 짧은 스피치인 경우에는 서론이 곧 도입부가 되겠습니다. "시작이 반"이라는 옛말처럼 스피치의 시작이 잘되면 스피치의 반은 성공한 것이라고 해도 과언이 아닙니다.

따라서 도입부에서는 청중에게 호감을 사고, 공신력 확보 등으로 그들의 관심과 흥미를 돋우는 것이 중요합니다. 또한, 주제 선언을 통해 청중의 이해를 도와 연설을 듣고자 하는 마음이 들도록 유도하는 것도 유념해야 할 사항입니다.

즉 서론에서 우리가 생각해야 할 내용은 다음과 같은 세 가지입니다.
첫째, 호감 사기, 둘째, 관심 끌기, 마지막 셋째, 이해 돕기입니다.

(1) 호감 사기

청중의 호감을 사기 위한 방법으로 감사, 칭찬, 인연 등을 들 수 있습니다. 참고로 역대 미국 대통령 중 기자들의 미움을 사지 않은 대통령은 바로 로널드 레이건 대통령이라고 합니다.

즉 레이건 대통령은 호감 사기를 잘했다는 내용입니다.

1) 청중에게 감사하기

세상에서 가장 듣기 좋은 말 가운데 하나는 '감사합니다.'라는 말입니다. 따라서 초대해 준 것에 대해 감사의 말을 하되, 가능한 한 짧게 해야 합니다. 그러나 연설이 끝나고 박수를 받고 나서는 감사의 말을 길게 할 수 있습니다.

다음은 도올 김용옥 교수가 충남대학교에 강연하러 갔을 때 감사와 유머로서 강연을 시작하는 예입니다.

> "양반의 고장, 충절의 고장 충남대학교에서 강의할 수 있도록 초대해 주신 여러분께 감사의 말씀을 드립니다. 예로부터 충남은 3탕이 유명하다고 했는데, 그 첫째가 온천탕이요, 둘째는 매운탕, 그리고 마지막 하나는 역 앞에서 김 마담이 끓여주는 쌍화탕이라고 하던데 여러분 맞습니까?"

2) 청중 칭찬하기

칭찬받고 기분 나쁠 사람은 이 세상에 아무도 없다고 봅니다. 고래도 춤추게 한다는 칭찬으로 시작하면 청중은 호의를 갖고 연사를 대하게 됩니다.

칭찬은 인간관계를 원활하게 해주는 명약이기 때문이지요. 칭찬으로 감동을 받은 청중의 기분은 강연 내내 호의적인 분위기로 지속될 수 있습니다.

그러나 유의해야 할 점은 너무 과장해서 칭찬하지 말라는 것입니다. 과유불급(過猶不及)이라고 뭐든지 지나치면 모자람만 못한 법이니까요.

> "오늘 주제가 바로 '적극적 리더의 길'입니다만, 여러분께서 이 자리에 참석하셨다는 사실만으로도, 이미 여러분 모두가 적극적 리더라고 감히 말씀드릴 수 있겠습니다."

> "오늘 백의의 천사 여러분 앞에서 강연하게 돼서 무척 영광입니다. 저의 어릴 적 꿈이 바로 간호사가 되는 것이었습니다. 그런데 여러분은 벌써 저의 어릴 적 꿈을 이루셨네요."

3) 청중과의 인연 - 공통분모 찾기

청중이 연사의 말에 귀 기울일 수 있는 방법의 하나는 끈을 맺는 것입니다. 즉 '저도 이 학교 몇 회 출신이라든가', 혹은 '우리 아버지가, 우리 누나가 이곳 출신이라든가' 등의 얘기를 하고 강의나 연설을 하게 되면 그 효과는 대단히 좋다는 것입니다. '오늘 이곳에 온 것이 처음이 아니라 벌써 세 번째라든가' 등 청중과 닿을 수 있는 인연을 최대한 찾는 것입니다.

박삼중 스님이 감옥에 수감되어 있는 청소년 재소자들을 상대로 강연했을 때 인연 즉 동질성을 강조하며 하신 말씀입니다. 이 방법은 상대의 마음을 여는 위대한 힘을 가지고 있습니다.

> "여러분과 저는 세 가지 공통점이 있습니다. 첫째, 옷이 같습니다. 여러분의 옷은 청색이고, 제 옷은 회색입니다. 그러나 옷의 재질 면에서는 모두 같다는 것입니다. 둘째, 머리카락이 없습니다. 여러분이나 저나 말끔하게 깎았죠. 마지막 셋째, 여러분과 저는 여자가 없습니다. 그러나 여러분과 저의 마음속에는 사모하는 여인이 한 사람 있습니다. 그분은 바로 우리의 어머니입니다."

제가 '우리 강산 푸르게 푸르게'라는 자연환경을 소중하게 생각하는 기업인 Y 기업에 가서 인간관계 커뮤니케이션에 대한 강의를 할 때 Y 기업 직원들과의 끈을 맺기 위해 활용한 도입부 방법입니다.

"제가 여러 기업체에 강의를 나가고 있지만, 특히 이곳 Y 기업은 정이 많이 가고 친숙한 느낌이 듭니다. 우리에게 너무나도 친근한 뽀0화장지를 비롯해서 크○넥스, 하○스, 화○트까지, 이 모두가 Y 기업 회사 제품 맞죠? (네)

그래서 그런지 오래전부터 알고 지내던 사이 같고요!

특히 훌륭한 기업 유한킴(Kim)○○와 성격이 유한 저 김(Kim)현기의 Kim이 같은 스펠링 Kim이라 종씨 같다는 느낌이 들어 더욱 친근함을 느끼게 됩니다. (하하하)"

(2) 관심 끌기

청중의 관심을 끄는 방법으로 경험담, 날씨, 내외 귀빈 소개, 본론과 관련된 얘기, 시사적인 뉴스를 이용한 도입, 인용문을 인용한 도입, 재미있는 내용을 이용한 도입, 계속된 강의로 내 강의가 앞의 연사와 비교가 될 때의 도입 등을 들 수 있습니다.

1) 경험담(생생한 일화를 이용한 도입)

주제가 정말 딱딱하더라도 생생한 일화를 이용해 도입하면 비록 딱딱한 주제라고 할지라도 청중을 주목시키고, 관심을 불러일으키는 데 도움이 될 수 있습니다. 일화는 독창적인 위트나, 언론 또는 책에서 짧은 이야기가 인용될 수도 있고, 개인적인 체험담이 될 수도 있습니다. 그러나 중요한 것은 일화는 가능한 한 그 현장에 있는 것처럼 실감 나게 전달해야 한다는 것입니다.

"이곳에 제가 오늘 강의를 위해 제 차를 몰고 오는데 실제 벌어졌던 사건을 여러분께 말씀드리겠습니다. 명륜동 성균관 대학교 입구 신호등 사거리에서 다음 신호를 기다리고 있었습니다. 그 순간, 제 바로 옆에 즉 조수석 쪽으로 오토바이 한 대가 섰습니다. 뒷좌석에는 초등학교 1,2학년 정도로 보이는 아이와 앞좌석에는 아버지로 보이는 분이 타고 있었습니다. 아이는 오토바이가 서자 아빠 허리에 잡고 있던 손을 놓고 게임기를 가지고 놀고 있었습니다. 이때 신호는 빨간 신호에서 파란 신호로 바뀌었고, 오토바이는 신호가 떨어지기가 무섭게 출발했습니다.

그런데 이게 웬일 입니까? 오토바이 뒤에 타고 있던 아이가 뒤로 나가떨어진 것입니다. 아이의 아빠는 그것도 모르고 저만 치 달려가고 있습니다. 저는 이것저것 생각할 것도 없이 아이를 제 차 조수석에 태우고 저 멀리 가는 아빠를 쫓아갔습니다. 아이의 아빠를 어렵게 따라가서 오토바이 옆에 차를 세울 수 있었습니다. 조수석 창문을 내리고 아이가 "아빠" 하고 부르자, 아빠는 오토바이 뒤를 보더니 정말 충격적인 놀라운 얘기를 하는 것이었습니다.

그것은 "엄마는?"이었습니다. 처음엔 엄마까지 세 명이 오토바이에 타고 있었다는 얘기입니다.

여러분! 우리는 정말 바쁘다는 핑계로 뒤는 물론 좌우도 안 돌아 보고 앞만 보고 전진해 나아갑니다. 그러나 소중한 가족까지 떼어 놓고 앞만 보고 가야 하는 상황이라면 다시 한 번 생각해 봐야 하지 않을까요?

따라서 저는 오늘 우리가 살아온 과거와 현재를 함께 점검하고 다가올 미래를 예측하고 준비하는 시간을 가져보고자 합니다."

2) 날씨에 관한 얘기

관심 끌기의 여러 가지 내용 중에 청중이나 연사 모두에게 가장 부담 없는 것이 날씨에 관한 얘기가 아닐까 생각합니다.

"요즘 날씨가 은근히 춥죠? 거지가 겨울 동안 잘 버티다가 봄에 얼어 죽는다는 얘기가 있듯이 요즘 날씨 정말 춥습니다. 더욱이 봄옷을 서둘러서 입으신 분은 제 얘기에 더 공감하실 겁니다. 감기 예방을 위해 봄이지만 상황에 맞는 옷차림이 필요한 때라고 생각합니다.

다행히 오늘 강연장 안은 온도도 적당하고 공기도 정말 좋습니다. 그리고 분위기도 아주 좋습니다."

다음은 경기대 리더스 스피치 과정의 회원님들과의 번개팅에서 활용한 스피치 도입부입니다.

"폭우가 내리고 번개가 치는 날, 번개팅을 하게 되어 오늘 모임이 더욱 각별하게 여겨집니다.
바쁘신 중에도 이 자리에 참석해 주신 여러분 모두에게 감사드립니다.
번개는 순간 반짝이지만, 우리의 만남은 스피치와 함께 영원히 반짝반짝 빛나기를 바랍니다."

3) 내외 귀빈 소개

라이온스, 로터리 클럽 등 규모가 큰 단체의 모임에 참석해 보면 많은 시간을 들여 내외 귀빈을 한 분 한 분 소개하는 것을 볼 수 있습니다. 그래서 시간 절약 등 회의 간소화를 위해 소개하는 것을 생략하자는 얘기가 한쪽에선 계속 흘러나오고 있으나 그것이 실행되지 못하는 것이 현실입니다.

그 이유는 인간에게는 인정을 받으려는 욕구가 있다는 것입니다. 즉 멀리서 바쁜 시간을 내어 모임을 빛내주기 위해 참석해 주신 점에 대해 여러 사람이 있는 곳에서 박수를 보내줌으로써 공식적으로 감사를 표하고, 그가 오기 어려운 상황임

에도 참석해 주었다는 것을 함께 인정해주는 것입니다.

실제로 저는 1998년부터 라이온스 클럽의 회원으로 참가하여 봉사활동을 해오면서 내외귀빈 소개의 중요성에 대해 피부로 실감하고 있습니다.

이러한 과정을 거치면서 청중과 주최자 혹은 연사와는 마음의 문을 열고 모임을 진행하게 됩니다.

따라서 이 내외 귀빈을 소개하며 시작하는 방법은 요즘 많이 활용되고 있는 도입 방법의 하나라고 할 수 있겠습니다.

4) 본론과 관련된 얘기로의 도입

아무리 재미있는 유머라고 하더라도 본론과 연관이 없다면 그 가치는 반감된다고 할 수 있습니다. 따라서 항상 본론과 관련이 있는 내용으로 시작해야 한다는 것을 잊어서는 안 됩니다.

> "요즘 결혼한 신혼부부에게 물었습니다.
> 결혼을 왜 했느냐고 그러자 판단력이 없어서 결혼했다고 하더군요.
> 이번엔 이혼한 사람에게 물었습니다.
> 이혼을 왜 했느냐고 그러자 인내력이 부족해서 이혼했다고 답을 합니다.
> 끝으로 재혼한 사람에게 물었습니다.
> 재혼을 왜 했느냐고 그러자 기억력이 부족해서 했다고 합니다.
> 여러분! 어떻게 들으셨습니까?
> 웃고만 지나가기에는 뭔가 안타까운 면이 있습니다. 따라서 저는 오늘 우리가 세상을 살면서 주변에서 보이고 있고, 일어날 수 있는 일들을 중심으로 얘기를 전개해 나가고자 합니다. 즉, 결혼, 이혼, 재혼이라는 주제로 우리 주변의 이야기, 세상 사는 이야기를 여러분과 함께 나눠보고자 합니다."

> "안녕하십니까? 김철수입니다. (인사)
> 지금 저에게 박수를 보내주신 분은 만사형통하시길 바랍니다.
> 우리가 보통 손뼉을 칠 때 보통 몇 번 정도 쳐야 박수를 받는 분이 기분이 좋아진다고 생각하십니까? 참고적으로 북한에서는 한 서른 번 정도는 쳐야 아오지 탄광에 끌려가지 않는다는 이야기가 있습니다. 모 기관의 연구 결과를 보게 되면 우리가 손

뼉을 칠 때 기분이 좋아지는 박수 횟수는 열 번에서 열세 번 사이라고 합니다.
　앞으로 연단에 나와 발표를 하게 되는 모든 연사에게 열렬한 박수로서 격려를 아끼지 않는 멋진 선생님들이 되시기 바랍니다.
　저는 오늘 '격려'라는 주제로 말씀드리겠습니다."

4-1) 본론과 관련된 동영상으로의 도입

　요즘은 강의를 위한 장비가 좋아졌기 때문에 도입부도 청중의 이해를 돕고 흥미를 끄는 방향으로 색다르게 전개해 나갈 수 있습니다. 그것이 바로 본론과 관련된 동영상으로의 도입입니다. 예를 들면 오늘의 주제가 칭찬일 때 어려서 부모나 선생님, 혹은 주위 사람들로부터 칭찬을 받아 훌륭하게 성장한 사람들의 동영상을 5분에서 10분가량 틀어준 후 청중에게 묻습니다.

　"여러분, 동영상 재미있게 잘 보셨나요? (네) 재미있게 잘 보셨다니 감사합니다. 여러분께서 보신 동영상은 무엇을 주제로 한 것일까요? (칭찬이요.) 그렇습니다. 오늘은 여러분과 함께 고래도 춤추게 한다는 칭찬이라는 주제로 약 두 시간동안 함께 하겠습니다."

5) 시사적인 뉴스나 장안의 관심사로 시작하기

　시사적인 뉴스나 장안의 관심사는 스피치 내용에 있어 누구에게나 관심을 끌 확률이 높은 도입방법이라 할 수 있을 정도로 신선한 느낌을 우리에게 줍니다.
　그러나 이 방법은 오래전부터 미리 준비할 수 없다는 것이 단점입니다. 왜냐하면, 시사적인 뉴스는 바로 사용할 수 없다면 신선함을 잃기 때문입니다.

　또한, 연설하는 날 활용 가능한 적합한 뉴스거리가 없는데도, 시사적인 뉴스로 연설을 시작하기를 고집한다면 유리할 것이 없게 됩니다. 따라서 시사적인 뉴스나 장안의 관심사로 시작할 것인가에 대해서는 즉시 결정해야 합니다.

　"여러분, 여러분 모두가 오늘 아침 신문에서 보셨듯이 우리나라 출산율이 1.08명으로 OECD 최저수준입니다. 전 세계 평균인 2.6명의 절반을 훨씬 밑도는 것이라고 합니다. 오늘은 '신혼부부 특강' 두 번째 시간으로 '출산과 육아'에 대해서 여러분과 살펴보겠습니다."

6) 인용문을 이용한 도입

위인이나 영웅의 책, 신문, TV 광고나 영화에서 얻은 좋은 문구나 명대사를 강연의 서두에 활용하는 기법입니다. 이처럼 잘 아는 유명한 사람의 이름을 거론하게 되면 우리는 이야기에 흥미를 갖게 되고, 그만큼 청중의 주의나 관심 끌기에 성공적이 됩니다. 여기서 유념해야 할 사항은 사용된 인용문은 강연 주제와 관련이 있거나 아니면 강연 내용과는 무관하게 단지 웃길 목적으로 활용되었다는 것이 분명히 드러나야 합니다.

"사람은 마음먹은 만큼 행복해 질 수 있다." 이 말은 여러분이 아시는 바와 같이 에이브러햄 링컨의 말이지요. 여러분께서는 어떻게 생각하십니까? 사람은 정말 마음먹은 대로 행복해 질 수 있는 것일까요? 오늘은 여러분과 함께 우리가 모두 원하는 '행복'이라는 주제로 함께 살펴보도록 하겠습니다.

다음은 K 대학교에서 웃음과 유머의 중요성에 대해 잘 알고 계시는 카페 회원님들을 대상으로 강의할 때 활용한 스피치 도입부입니다.

여러분! 윌리엄 제임스는 "우리가 행복해서 웃는 것이 아니라, 웃기 때문에 행복해진다."라고 했습니다. '웃기 때문에 행복하다.' 그렇다면 우리의 표현과 마음이 같이 간다는 말인데요. 여러분! 과연 그럴까요? 오늘은 여러분과 함께 우리의 표현과 감정, 생각 등이 어떻게 서로에게 영향을 주며 작용하게 되는지를 함께 살펴보는 시간을 갖도록 하겠습니다.

7) 재미있는 내용을 활용한 도입

"사람의 얼굴을 '칠성판'이라고 합니다. 그 이유는 사람의 얼굴에는 구멍이 일곱 개 있는데, 그것은 눈이 두 개, 귀가 두 개, 콧구멍이 두 개, 입이 한 개로 합이 일곱 개이기 때문이라는 것입니다. 그런데 눈이 두 개인 이유는 좋은 것도 보고 나쁜 것도 보라는 것이고, 귀가 두 개인 것은 좋은 것도 듣고 나쁜 것도 들으라는 것이라고 합니다. 그리고 콧구멍이 두 개인 이유는 좋은 것도 냄새 맡고 나쁜 것도 냄새 맡으라는 것입니다.

　그러나 모두 두 개인데 입만 한 개인 이유는 바른말만 하라는 의미라고 합니다. 따라서 저는 오늘 여러분께 바른 말만 하는 사람이 되겠습니다."

　"안녕하십니까? 방금 소개받은 홍길동입니다. 이 세상에 어려운 일이 세 가지가 있다고 하는데 여러분, 혹시 알고 계십니까? 그것은 첫째가 자기 쪽으로 기울어진 담을 기어오르는 일이고, 둘째는 자기를 싫어하는 이성과 키스하는 일이라고 합니다. 그리고 마지막 셋째는 이렇게 거창한(과분한) 소개를 받고 무슨 말을 해야 될 때라고 하는데, 제가 지금 정말 어렵다는 생각이 드는군요.

　그러나 공자님 말씀에 '아는 것은 안다고 하고 모르는 것은 모른다고 하는 것이 참으로 아는 것이다.'라고 하신 말씀처럼 제가 아는 소신껏 열심히 발표해 볼 생각입니다. 그럼, 여러분께서 잘 협조해 주시리라 믿고 힘차게 출발해 보도록 하겠습니다."

　"여러분, 일정표를 보니 오늘 제가 하는 강의가 5일 간의 수업 중 마지막 날 마지막 강의로 알고 있습니다. 지금은 강의를 하는 입장이지만, 저도 강의를 많이 들어봐서 여러분의 심정을 누구보다 잘 이해할 수 있습니다. 부처님께서는 '일체유심조'를 말씀하셨습니다. '모든 것은 마음먹기에 달렸다.'라는 뜻이지요. 그래서 드리는 말씀입니다만, 저와 앞으로 두 시간 동안 '공부한다.'라고 생각하지 마시고, '함께 논다.'라고 생각해 주시면 어떻겠습니까? 여러분 어떻습니까? 괜찮겠습니까? (몇몇 분만 네~) 잘 안 들립니다. 조금만 더 큰 소리로 부탁합니다. 여러분, 괜찮겠습니까? (네~) 좋습니다. 그럼, 환호와 함께 광란의 박수로 시작해 보겠습니다."

8) 목차를 이용한 도입

　얼른 보기에 가장 독창적이지 못한 도입 방법이 목차를 이용한 도입 방법일 수 있습니다. 그러나 특별히 청중의 관심을 쏠리게 하는 아주 좋은 주제가 있다면 이 도입은 매우 효과적인 방법이 될 수 있습니다.

　또한 목차를 활용함으로써 시작부터 끝날 때까지 솔직하게 숨김없이 다 보여주는 인상을 주게 됩니다.

　다시 말씀드려서 이 방법은 숲을 먼저 보여주고 나무 하나하나에 대해서 설명해 주는 연역법적인 전개 방법을 사용하게 됩니다. 따라서 청중은 앞으로 무엇이 전개될지를 알고 듣게 되는 이점이 있습니다. 좋은 시작이 매우 중요하다는 것을 유넘하고 목차를 장황하게 말하지 않도록 유의합니다.

"여러분, 저는 오늘 (숫자)에 대해서 여러분과 함께 생각해보는 시간을 갖고자 합니다.(예고, preview)* 우선 오늘 다룰 주제, 숫자에 대한 주요내용을 세 가지(1부터 3까지) 말씀드리고자 합니다. 첫째, (1)에 대해 알아보고, 둘째, (2)에 대해서 살펴보겠습니다. 이때 (2-1)에 대해서도 잠깐 여러분과 의견을 나누고 지나갈 것입니다. 그리고 마지막 셋째, (3)에 대해 방법을 모색해 보는 시간을 갖도록 하겠습니다." (중간 예고, internal preview)

* 예고나 중간 예고와 같이 청중의 이해를 돕고, 내용 간의 관계를 부드럽게 연결해주는 단어나 구 또는 문장을 안내사라고 합니다.
안내사의 유형은 이러한 중간 예고 외에도 논의 전환사(transition), 중간 요약(internal summary), 내용 이정표(signpost)로 크게 4가지로 나눌 수 있습니다.
청중에게 자상하고 친절하다는 인상을 주고, 신뢰감을 주는 좋은 스피치를 하기 위해서는 적절한 안내사 사용이 필요합니다.
위의 문장과 연결해 안내사에 대한 짧은 설명을 드리자면,

그럼, 설명드릴 숫자 세 가지 중 첫 번째(내용 이정표) 1에 대해서 살펴보겠습니다.
(예고) 지금까지 숫자 세 가지 중 1에 대해서 살펴보았습니다. 지금까지 드린 말씀을

> 요약 하자면 …(중간 요약), 그럼, 다음은 숫자 세 가지 중 두 번째(내용 이정표) 2에 대해서 살펴보도록 하겠습니다. (논의 전환사)
>
> 내용 이정표는 이처럼 전체 가야 할 여정에서 어디쯤 가고 있다는 것을 청중에게 안내해주는 역할 뿐 아니라, 안전 운전을 당부하는 위험 표시와 같이 중요한 내용임을 알려주는 구나 문장도 여기에 해당됩니다. "오늘 저의 강의 중에서 다른 것은 다 잊더라도 여러분이 반드시 기억해야 하는 내용은 ….", "제 얘기 중에서 오늘 가장 중요한 핵심은 …." 등의 표현이 여기에 속합니다.

9) 계속된 강의로 내 강의가 앞의 연사와 비교가 될 때

강의를 나가서 이런 경우를 맞이하다 보면 당황이 되는 경우가 있게 되죠. 특히 앞의 연사와 내 강의 스타일이 다른 경우는 더욱 그렇습니다.

그럴 땐 이렇게 얘기해 보면 어떨까요?

> "앞 연사의 강의를 저도 뒷좌석에서 듣게 되었는데요. 정말 훌륭한 강의가 아니었는가 생각해 봅니다. 따라서 앞의 연사의 강의를 '흰 쌀밥에 고기반찬'에 비유한다면 제 강의는 '구수한 된장찌개에 꽁보리밥' 정도로 생각하고 들어 주시면 어떨까 생각을 해 보았습니다."

(3) 이해 돕기(주제 선언)

연사는 청중의 이해를 돕기 위해 주제를 선언하는 것이 효과적입니다.

> 술을 평소 지나치게 많이 마시는 아들에게 술의 해로움을 인식시켜 주기 위해 아버지는 다음과 같은 실험을 아들에게 직접 보여주었습니다. 두 개의 비커에 한쪽에는 물을 넣고, 다른 한쪽에는 술을 넣습니다. 그리고 그 안에는 지렁이를 각각 한 마리씩 넣습니다. 시간이 지나자 물 안에서 노는 지렁이와는 달리 술 안에 있던 지렁이는 형체도 없이 녹아 사라져 버렸습니다. 놀라는 반응을 보이는 아들을 보고 아버지가 물었습니다.
> "하나 묻자꾸나! 너는 이 실험을 통해 무엇을 느꼈느냐?"
> "예 아버님! 역시 술이 기생충을 없애는 데는 탁월한 효과가 있다는 것을 새삼 깨달았습니다."

웃기 위해 한 얘기지만, 청중은 이처럼 연사가 주제 선언을 하지 않고 얘기한다면 자기 마음껏 상상을 하며 듣는다는 것입니다. 그렇지 않으면 연사의 얘기가 다 끝날 때까지 '대체 무슨 얘기를 하려고 하나?' 이런 식으로 많이 답답해하면서 연사의 말을 듣게 될지도 모릅니다. 따라서 청중의 이해를 돕는 차원에서 주제 선언은 꼭 필요한 것입니다.

그렇다면 주제선언은 어떻게 할까요?

우선 주제는 가능한 한 좁게* 잡고, 흥미 있게* 잡는 것이 중요합니다.

그리고 이렇게 선정된 주제 선언의 공식은 다음과 같습니다.

저는 지금부터 ~~~ 에 대해서 말씀드리겠습니다.
즉, 저는 지금부터 술의 해로움에 대해서 말씀드리겠습니다.

Power Tip

주제를 좁게 잡으라고 하는 이유는 제한된 시간에 내용을 제대로 다룰 수 있게 하기 위함입니다. 가령 3분 스피치 시간에 조선시대의 역사에 대해 말해야 한다면, 주제가 너무 포괄적이어서 연사는 무엇을 얘기해야 좋을지 막막해 집니다. 만일 그렇게 스피치를 전개한다면 수박 겉핥기식의 스피치가 되어 버릴 것입니다.

따라서 주어진 시간에 충분히 소화해낼 수 있는 구체적인 주제를 선정하는 것이 중요합니다. 다시 말하면 주제를 좁게 잡아야 한다는 것입니다. 예를 들면 주제를 좁혀서 조선시대 최초 궁궐인 경복궁에 대해 말씀드리겠다고 하면 어떨까요? 만약 이것도 경복궁의 어떤 얘기를 주제로 삼아야 할지 몰라 주제를 좀 더 좁혀 본다면, 경복궁 내에서도 건청궁 곤녕합에서 일본인들에 의해 자행된 명성황후의 시해와 관련한 우리나라의 슬픈 역사에 대해 말씀드리겠다고 하면 어떨까 생각합니다.

주제를 잡는 요령은 청중의 주의를 끌 수 있는 흥미 있는 단어로 주제를 잡는 것입니다. 영화의 제목을 잘 정해서 히트한 영화 중에는 대표적으로 '살인의 추억'을 꼽을 수 있습니다. 살인의 추억이라는 전혀 어울리지 않을 것 같은 두 단어의 조합으로 영화의 내용이 기대되면서도 한편으로는 생소하게 관객들에게 다가온 것입니다. 만일 다른 제목으로 정했다면 그 정도의 인기는 누리지 못했으리라 봅니다. 따라서 돌, 지우개와 같은 중립적인 단어가 주제일 때는 그냥 주제로 사용할 것이 아니라 의미 있는 단어로 만들어서 주제를 잡으면 더욱 효과적입니다. 즉 '돌' 하면 중립적인 단어이지만 '멧돼지를 잡은 돌' 하면 전해지는 의미가 달라집니다. '지우개' 하면 별다른 호감을 느낄 수 없으나 '백범 김구 선생님이 쓰시던 지우개' 하면 느낌이 달라집니다. 중립적인 단어가 주제일 때는 의미 있는 단어로 각색해서 보다 흥미 있게 만들어야 합니다.

2. 올바른 도입부 표현 방법

(1) 시작에서부터 칭찬, 감사, 인연 등의 호감 사기 기법 등을 동원해서 청중의 마음을 사로잡아야 합니다.
(2) 도입부는 청중의 관심을 불러일으켜서 청중의 주의를 강연의 주제로 끌어 들여야 합니다. (관심 끌기)
(3) 청중의 이해를 돕기 위해 주제를 선언해야 합니다.
(4) 연설의 도입 방법은 본론과 연관이 있어야 합니다.
(5) 청중에게 시선을 맞추고 말을 시작합니다. 말보다 눈이 먼저 말을 시작해야 합니다.
(6) 처음에는 긴장, 불안 등의 이유로 말이 빨라질 수 있으므로 의도적으로 정(正)호흡*을 하며 아주 천천히 말하십시오.

Power Tip

숨을 충분히 들여 마신 상태에서 말을 할 때가 바로 정(正)호흡의 상태입니다. 물론 호흡을 밖으로 다 내뿜은 상황에서도 말은 나오지만, 힘 있는 목소리를 기대하긴 어렵죠. 왜냐하면, 호흡은 발성의 에너지 원천이기 때문입니다. 즉 호흡을 자동차의 휘발유에 비유한다면 연료가 가득 찬 상태의 운행이 바로 편안한 정호흡에 비유될 수 있으며, 기름이 거의 없어 경고등이 들어온 상태의 불안한 운행은 우리가 숨을 밖으로 다 내보내고서도 몸속에 기본적으로 남아 있는 잔여 호흡량으로 말하는 것이라고 설명할 수 있겠습니다. 따라서 불안하고 떨리는 목소리보다 자신 있고 힘 있는 목소리를 원한다면 평소 숨을 충분히 넣고 말하는 정호흡을 습관화해야 합니다. 연료를 넣고 주행하듯이 숨을 충분히 채우고 말을 합시다.

3. 도입부에서 피해야 할 말

다음은 도입부에서 피해야 할 말들을 살펴보겠습니다.

(1) 논란을 불러일으킬 만한 얘기 즉, 정치, 종교, 지방 얘기는 안 하는 것이 좋습니다.
(2) 자신을 과장하거나 비하하는 표현은 삼가는 게 좋습니다.
(3) 변명하는 것으로 시작하지 않는 게 좋습니다.
(4) 청중을 탓하는 투의 시작은 금물입니다.

Power Tip

잘못된 도입부 사례

"준비를 철저하게 해야 했었는데…, 혹시 실수가 있더라도 이해 바랍니다."

"여러분을 지루하고 힘들게 할지 모릅니다. 저에게 많은 기대를 하지 말아 주시기 바랍니다."

"여러분께 홍길동 연사를 대신해서 제가 이렇게 말씀드리게 된 것을 용서하십시오."

"저는 이 분야의 전공자도 아니고 전문가라고 하기에도 아직 부족합니다. 그렇지만, 이왕 이렇게 나왔으니까 시간은 채워야 할 텐데 솔직히 자신이 없습니다."

"오늘 독감 때문에 제대로 강연을 하기 어려울 것 같습니다만 그래도 잘 들어주시기 바랍니다."

"여러분! 이렇게 적은 사람이 참석하셔서 유감스럽습니다만 어쨌든 주어진 시간이니 시작을 해 보도록 하지요."

"제가 등단할 때는 박수소리가 너무 작았습니다. 좀 기운이 빠지긴 합니다만 시작해 보겠습니다."

6장
효과적인 본론 배열(구성)

1. 어떻게 배열(구성)하느냐에 따라 메시지가 달라집니다

똑같은 문구라도 배열을 어떻게 하느냐에 따라 메시지의 뉘앙스가 달라질 수도 있습니다. 다음의 두 가지 예제를 비교해 볼까요?

① 홍길동 씨는 성실하고 부지런한 사람입니다. 그러나 상사들이 보는 홍길동 씨는 눈치만 보고 게으른 사람입니다.
② 상사들이 보는 홍길동 씨는 눈치만 보고 게으른 사람입니다. 그러나 홍길동 씨는 성실하고 부지런한 사람입니다.

여러분이 보시기엔 전자와 후자 중 어느 쪽이 더 괜찮아 보이는 홍길동 씨인가요? 물론 후자겠죠? 같은 내용이라도 어떻게 내용을 배열하는가에 따라 그 의미가 이렇듯 달라집니다. 또한, 어떻게 메시지를 배열하느냐에 따라 메시지를 받아들이는 청자에게 미치는 영향도 달라질 수 있습니다. 예컨대 어린 아기에게 "엄마가 좋아? 아빠가 좋아?" 이렇게 묻게 되면 아빠라고 답할 확률이 높다고 합니다. 우리 인간은 마지막 메시지에 더 큰 영향을 받는 경향이 있으니까요. 그래서 유능한 판매원은 이 원리를 잘 활용하기도 합니다. 물건을 사러 왔을 때 팔려고 하는 물건을 처음부터 권하지 않고 제일 마지막에 권하는 것이죠.* 이렇듯 말의 조리는 중요합니다.

> **Power Tip**
>
> "우리 회사는 ②성실, ③유능, ①건강한 사원을 뽑습니다." 이 문장을 놓고 볼 때 이 회사에서 가장 우선으로 보는 채용기준은 건강이 되겠습니다. 그다음의 채용기준은 첫 번째 나온 성실한 사원이고(첫 이미지도 중요하므로 때에 따라서는 가장 중요한 것을 맨 앞에 두는 경우도 간혹 있습니다. 예를 들면 청중의 주의를 확 끌어 당겨야 하는 경우 등이 해당됩니다), 맨 마지막 채용기준이 중간에 나온 유능한 사원입니다.

2. 본론의 내용은 논리적이어야 합니다

본론의 내용은 논리적이어야 합니다. 그것은 첫째, 내용 전개면에서 논리적이어야 합니다. 둘째, 내용 형식면에서도 논리적이어야 합니다. 마지막 셋째, 내용 배열(구성)면에서 논리적이어야 한다는 것입니다.

(1) 내용 전개면

1) 쉬운 것과 어려운 것이 있다면 쉬운 것부터 전개합니다.
2) 재미있는 것과 재미없는 것이 있다면 재미있는 것부터 전개합니다.
3) 객관적인 것과 주관적인 것이 있다면 객관적인 것부터 전개합니다.
4) 잘 알고 있는 것과 잘 모르는 것이 있다면 잘 알고 있는 것부터 전개합니다.

이렇게 내용을 전개해 나갈 때 청중의 관심과 흥미를 그대로 유지 발전시켜 나갈 수 있기 때문입니다.

(2) 내용 형식면

1) 스토리텔링형식(storytelling 형식) : 이야기 형식

동양 사람과 아프리카 사람들이 많이 활용하는 이야기 방식으로서 얘기가 끝나기 전까지 무슨 얘기가 전해질지 모르는 것이 특징입니다. 즉 귀납법의 형식*입니다. 따라서 이야기의 반전을 생각하는 경우라면 이 스토리텔링 형식이 좋습니다.

2) 쓰리 포인츠 형식(three points 형식) : 요점식

서양 사람들이 많이 활용하는 방식으로서 '저는 오늘 ~에 대해서 세 가지를 말씀드리겠습니다. 첫째, ~~, 둘째, ~~, 마지막 셋째, ~~'라고 하는 것이 쓰리 포인츠 형식, 즉 요점식이므로 듣는 청중이 내용을 받아들이는데 편리하고 쉽다는 것이 특징입니다. 또한 목적지까지 가는 여정에서 어디쯤 가고 있다는 내용이정표(signpost)의 역할을 해 줌으로써 연사가 친절하다는 느낌을 줍니다. 다시 말해서 갈 길을 알려주는 연역법의 형식입니다. 따라서 내용 전달의 스피치에서는 이러한 쓰리 포인츠 형식이 좋습니다.

3) 네러티브 형식*(narrative 형식) : 절충식

스토리텔링 형식과 쓰리 포인츠 형식을 절충한 방식으로서 긴 내용의 강연을 하면 효과적이라는 것이 특징입니다.

Power Tip

* 연역법은 일반적인 원리를 토대로 개별적인 사실을 이끌어내는 방법으로서, 대표적인 예가 삼단논법입니다.
즉 진리나 보편화된 원칙 등을 토대로 자신의 주장을 전개해 나가는 방법입니다.
대전제 (원칙) - 모든 사람은 행복을 추구한다. (누군가가 행복을 추구하겠구나!)
소전제(사실) - 홍길동은 사람이다.
결론 - 고로 홍길동은 행복을 추구한다. (누군가가 바로 홍길동이었구나!)

* 귀납법은 개별적인 사실을 토대로 일반적인 원리를 끌어내는 방법입니다. 다시 말씀드려서 연역법은 우선 숲을 보여주고 숲 속에 있는 하나의 나무를 클로즈업 해주는 형식입니다. 이에 비해 귀납법은 개별적인 사실을 토대로 일반적인 원리를 끌어내는 방법이므로 연사의 얘기가 끝나기 전에는 연사가 무엇을 얘기하려고 하는지에 대한 핵심을 찾기 어려운 논리 전개 방법입니다.

> 사실 1 : 식물은 영양을 섭취해야 성장한다.
> 사실 2 : 동물도 영양을 섭취해야 성장한다.
> 사실 3 : 사람도 영양을 섭취해야 성장한다.
> 일반적 원리 : 그러므로 모든 생물은 영양을 섭취해야 성장한다.
>
> 따라서 청중으로서는 연역적 방법이 귀납적 방법보다 연사의 말을 이해하는 데 도움이 되는 편하고 좋은 방법이라 할 수 있습니다.
>
> * narrative 형식과 storytelling 형식은 우리말로 해석하게 되면 모두 이야기 형식으로서 그 차이점을 설명하자면, 약(medicine)에 비유했을 때, storytelling은 약 그 자체이고, narrative는 처방, 조제까지 주어진 약입니다. 즉 narrative는 연사의 감정까지 전달된 것으로서 방송에서 나레이션(narration)하는 아나운서를 보면 이해가 쉽습니다.

예를 들자면 저는 오늘 제 삶의 가치관 세 가지에 대해 말씀드리겠습니다.

첫째, 성실하게 살자는 것입니다. (요점식) + 성실하게 삶을 살아감으로써 복을 받은 경우를 청중에게 소개합니다. (이야기 형식, 사례 1,2,3…)

둘째, 감사하며 살자는 것입니다. (요점식) + 감사하게 삶을 살아감으로써 복을 받은 경우를 청중에게 소개합니다. (이야기 형식, 사례 1,2,3…)

마지막 셋째, 봉사하며 살자는 것입니다. (요점식) + 봉사하며 삶을 살아감으로써 복을 받은 경우를 청중에게 소개합니다. (이야기 형식, 사례 1,2,3…)

(3) 내용 배열(구성)면

상황에 맞는 연설이 좋은 연설입니다. 언제나 한 가지 내용 배열(구성)방법으로 접근해선 안 됩니다. 따라서 여러 가지 내용 배열(구성)방법을 살펴보고자 합니다.

> 내용 배열(구성)할 때에 고려해야 할 사항 세 가지는 연사, 내용, 청중입니다. 즉 연사는 발표할 주제(내용)에 대해 잘 알고 있는가? 그 내용은 발표할 시간, 장소, 상황에 맞는가? 청중의 관심과 흥미를 고려한 내용인가? 입니다.

1) 시간적 배열(구성)

시간적 내용 배열은 과거 - 현재 - 미래의 순으로 내용을 전개해 나가는 방식입니다. 사람은 과거와 현재, 미래의 순으로 얘기해야 내용을 말하기도 쉬울 뿐 아니라 기억하기도 쉽습니다. 이 방법은 역사적 사건이나 제도적 변천과정을 설명하기에 좋은 내용 배열 방법입니다. 예를 들어 회사 창립기념일 행사에서 스피치를 하게 되었을 때 어제의 회사 모습과 오늘의 회사 모습을 시간적으로 전개한 다음, 앞으로의 회사 전망을 말하는 방식으로 내용을 전개해 볼 수 있겠습니다. 다음은 결혼식 주례에 시간적 배열법을 활용한 예제입니다.

신랑 홍길동 군은 어려서부터 부모님 말씀 잘 듣고 학교에서는 선생님 말씀 잘 따르는 성실한 모범생으로 자랐습니다. 특히 초등학교 때부터 타의 모범이 되어 6학년 때는 전교 학생회장으로서 두각을 나타냈습니다. 그뿐만 아니라 중학교, 고등학교 시절은 물론 대학교 때에도 총 학생회장으로서 그의 탁월한 역량을 발휘해 왔습니다.

홍길동 군의 이러한 과거를 돌이켜 볼 때 오늘날 사회가 인정해주는 멋진 지도자가 된 것은 우연히 혹은 단순히 운이 좋아 된 것이 아님을 알 수 있습니다. 홍길동 군의 뛰어난 리더십과 봉사정신은 하루아침에 얻어진 것이 아니라 어려서부터 이처럼 잘 키워져 온 것입니다.

오늘 홍길동 군은 하늘에서 정해준 연분인 신부 이갑순 양을 만나 여러분 앞에서 한평생 부부로서 서로 사랑하며 살아갈 것을 약속했습니다. 사회에서 쌓은 리더십과 봉사정신을 이제는 가정에서 발휘할 차례입니다.

앞으로 아름다운 신부 이갑순 양을 천생배필로 생각하고, 검은 머리 팥 뿌리가 되도록 행복하게 잘 살아가기를 바랍니다. 아울러 사회에서 더욱 인정받는 지도자가 되시기를 바랍니다.

끝으로 바쁘신 중에도 신랑 신부의 결혼을 축복해 주기 위해 자리에 참석해 주신 하객 여러분께 심심한 감사의 말씀을 드리면서 이것으로 주례사를 마칩니다.

2) 공간적 배열(구성)

공간적 배열은 여행담을 얘기할 때처럼 공간을 차례대로 옮겨 가면서 지리적 순서로 내용을 전개해나가는 방식입니다.

저는 오늘 각 지방의 특산물을 소개하고자 합니다. 먼저 경상도의 특산물을 살펴보고, 이어서 전라도, 강원도 그리고 제주도의 특산물을 살펴보고자 합니다.

3) 문제 - 해결식 내용 배열(구성)

문제해결식 내용 배열은 서론에서 문제의 심각성을 얘기하며 문제를 제기하고, 본론에서는 주제문을 먼저 밝힌 후 문제해결을 위한 원인과 해결 방안을 제시합니다. 그리고 결론에서는 다시 한 번 내용을 요약하고 호소하고 끝을 맺습니다.

- 서론 : 미혼모 낙태의 심각성에 대한 말을 하고자 할 때 서론에서는 호감 사기(청중에 대한 감사, 칭찬, 인연 등) 혹은 관심 끌기, 이해 돕기를 해주면서 미혼모 낙태의 심각성에 대한 부분을 서론에서 잠깐 언급해 줍니다. 즉, 여러분! 살인 사건이 벌어지면 각종 매스컴을 통해 세상이 떠들썩해지는데 20초에 한 번꼴로 벌어지는 뱃속 살인에 대해서는 왜 그렇게 무관심하십니까? (관심 끌기) 따라서 저는 오늘 미혼모의 낙태라는 주제로 여러분과 함께 살펴보고자 합니다. (이해 돕기)

- 본론 : 우선 미혼모의 낙태에 대한 저의 생각은 어떠한 이유에서든 반대의 견해임을 밝힙니다. (문제 해결식 조직 구성에서는 이처럼 본론 첫머리에서 주제문 〈말하고자 하는 핵심 문장〉을 먼저 밝힙니다.*)

Power Tip

스피치를 실행할 때와 준비할 때의 순서는 다릅니다. 즉 실행할 때는 서론, 본론, 결론의 순서로 가지만, 준비할 때는 본론, 결론, 서론의 순서대로 가야 합니다. 즉, 스피치를 준비할 때는 주제에 대한 자신의 핵심 생각을 먼저 확고하게 정하는 것이 가장 선행돼야 하는 과제이며, 그런 다음에 그 주장을 뒷받침할 수 있는 주요 아이디어를 찾고, 그 아이디어의 우선순위를 정하는 것이 순서가 된다고 볼 수 있습니

> 다. 이처럼 스피치를 준비할 때 가장 먼저 생각해야 하는 핵심 생각을 놓는 위치 또한 본론의 가장 첫머리이기 때문에 본론을 가장 먼저 준비하는 것입니다.

　　왜냐하면 자신이 원하지 않는 임신을 하였다고 하더라도 미혼모 임의대로 뱃속의 아이를 낙태시킬 수 있는 권한은 없다고 보는 것입니다. 따라서 심각해지는 미혼모 낙태의 원인에 대해 살펴보고, 그에 따른 대책을 살펴보고자 합니다.

　결론 : (**요약 및 호소**) 이상에서 살펴본 바와 같이 원인과 대책은 ~ 입니다. 이 문제를 놓고 지금 당장 해결책을 마련하기는 어렵습니다. 그러나 분명한 것은 우리의 생명은 소중한 것이며, 앞으로 이 문제에 대해서 가정, 학교 그리고 사회에서 더 많은 신경을 써나가야 한다는 것입니다.

4) 소주제별 배열(구성)

　소주제별 배열은 대 주제에 따른 여러 가지 내용들을 항목으로 묶어 소주제별로 나누어 설명하는 방식입니다.

　　지금부터 저는 우리나라의 환경오염에 대해 살펴보겠습니다. 우선 대기오염에 대해 살펴보고, 다음은 토양오염 그리고 수질오염에 대해 살펴보고자 합니다.

5) 중요도 순서에 따른 배열(구성)법

　이는 중요한 것부터 차례대로 메시지를 배열하는 방식입니다. 신문이나 방송의 뉴스 보도 기사에 많이 쓰입니다. 만일 시간이 없어서 모든 내용을 전부 전달할 시간이 없는 경우에 중요한 내용을 빠뜨리지 않게 하는 장점이 있습니다.

6) 양 극단 비교 배열(구성)법

　양 극단 비교는 장점과 단점, 찬성 대 반대, 부정 대 긍정, 경영진과 노조 등의 방식으로 상반되는 양쪽 극단을 비교해 나가는 내용 조직 방법입니다.

　　저는 오늘 여러분께 '원하지 않은 임신과 낙태'라는 주제로 말씀드리겠습니다. 여러분은 어떻게 생각하십니까? 이 주제에 대해서 찬반양론이 팽팽한 것 같습니다. 먼저 찬성 측의 견해를 살펴보고 다음으로는 반대 측의 의견들을 살펴보도록 하겠습니다.

7) 저 난도 우선 배열(구성)법

청중이 처음부터 어렵고 복잡한 메시지를 접하면 금방 흥미를 잃어버리게 되고 다음의 메시지에 관심을 두지 않게 되는 경우가 발생할 수 있습니다. 그래서 저 난도 우선 배열법은 청중이 편안하게 화자의 메시지를 따라갈 수 있도록 처음에는 낮은 난도에서 시작해서 점점 단계를 높여나가는 메시지 배열 스킬입니다.

3. 본론의 내용은 구체적이어야 합니다

(1) 메시지가 있으면 반드시 증거가 뒷받침되어야 합니다.

연사가 예전에 동네 가수였다고 말을 하게 되면 청중은 연사의 얘기를 100% 믿는 것은 아닙니다. 즉 연사는 청중이 그 메시지를 사실로 받아들여질 수 있도록 직접 불러보는 실연을 해본다든가, 가수로서 트로피를 안고 노래를 부르는 사진을 보여주는 등 다각적인 노력*을 펼쳐야 믿게 됩니다.

(2) 메시지는 알기 쉽게* 구체적으로 얘기해야 합니다.

1) 보고서의 양이 75,000장인데, 그것은 대략 바닥에서 내 키 정도 되는 양이지요!
2) 20m 높이에서, 그것은 보통 건물의 4~5층 정도의 높이입니다.
3) 거리가 1000km 정도, 그러니까 서울과 부산을 왕복한 거리 정도 됩니다.

4. 본론의 내용은 간결해야 합니다

'여자의 스커트와 스피치는 짧을수록 좋다.'라는 말이 있습니다.

길면 피곤해하고 들으려 하지 않습니다. 스피치를 잘하려면 kiss(keep it simple and short)를 잘해야 한다고 합니다.

simple, 여기에서 '3'*이라는 숫자가 나온 것입니다. 우리 민족처럼 3이라는 숫자를 좋아한 민족은 없습니다. 즉, 3분 스피치, 삼세번, 3대 원칙, 손가락 세 마디, 팔 3등분, 3355, 337박수, 3분면, 3단 논법, 3요소, 3원소, 3분력……. 우리가 4분도 아니고 5분도 아닌 3분 스피치를 하는 이유는? 우리의 집중력이 요구되는 시간이 3분이기 때문입니다. '3분'이란 커뮤니케이션의 최소단위이자 반대로 최대단위인 것입니다. 따라서 인생에서 3분의 가치를 깨닫고, 3분 안에 자신을 어필할 수 있다면, 또 감동시킬 수 있다면 우리 인생은 거칠 것이 없습니다.

Power Tip

* 상대에게 무슨 말을 했을 때 상대가 다 이해하고 받아들이진 않습니다. 상대가 만일 내 얘기에 의심을 품는다면 더 큰 증거로서 그 의심을 눌러주어야 합니다. 그 증거 중에 실제로 뭔가 해 보이는 실연(여성들이 잘 받아들임)이 있고, 통계 수치(남성들에게 설득력이 더 높음) 그리고 예화, 우화, 일화(세 이야기 모두 남, 여 구분없이 잘 받아들임) 등이 있는 것입니다.
* 그래야 설득력을 가질 수 있습니다. SES(Simple, Easy, Short) 법칙을 활용해야 합니다. 이제 핵심 메시지는 간단하고, 쉽고(초등학교 4학년이 알아들을 수 있는 수준) 그리고 짧게 해야 합니다. 어렵거나 길면 들으려 하지 않기 때문이죠. 여기에 하나를 더 추가하자면 격이 같은 말로 해야 합니다. 예를 들어 '나의 인생관 세 가지'라는 주제로 얘기하려고 할 때 첫 번째, '성실하게 살아가자는 것입니다.'라고 했다면 두 번째와 세 번째 모두 '..하게 살아가자는 것입니다.'라고 끝을 맺어야 한다는 것입니다. 그렇게 얘기할 때 말의 성의가 느껴지고, 품격이 느껴지게 됩니다.
* 주장을 요약할 때 세 가지로 많게는 네 가지로 요약 정리해서 얘기하는 것이 가장 좋습니다. 왜냐하면, 다섯 가지가 넘어가면 우리의 기억 구조상 받아들이기가 곤란해지기 때문입니다. 예를 들어 핵심요지가 부득이하게 9가지가 되었을 경우는 3가지씩 묶어 주면 효과적입니다.

Power Tip

주장을 요약할 때 왜 서너 가지로 요약 정리하는 것이 좋은가에 대한 이론적 근거 사례

조지 스퍼링(G. Sperling)이란 심리학자는 다음과 같은 기억 실험을 했습니다.

스퍼링은 피험자들에게 12개의 무의미 철자의 조합을 4개씩 3줄로 배열하여 잠깐만 보여 준 다음 다시 자기가 본 글자를 회상하도록 했는데, 그 결과 피험자들은 평균 4-5개의 글자만을 회상했다고 합니다. 따라서 주장을 요약할 때는 세 가지로 많게는 네 가지로 요약 정리해서 얘기하는 것이 좋습니다.

Power Tip

본론을 얘기할 때 유념하면 좋은 점

(1) 살을 붙이되 본질을 흐리는 살을 붙여서는 안 됩니다. 즉 주제와 거리가 먼 얘기는 삼가라는 것입니다.
(2) '~했다고 합니다.', '~같습니다.'와 같은 표현은 실감이 나지 않으므로 사용을 삼가라는 것입니다.
(3) 감정이입을 시켜 대화체를 구사하면 생생한 표현이 됩니다.
(4) 일반적인 것처럼 평범하게 얘기하다 반전을 시키는 것도 좋은 방법입니다.

7장
스피치의 좋은 마무리

스피치의 마무리는 짧으면서도 강하고, 여운이 남게 끝맺음을 해야 합니다. 내용면에서는 긍정적, 미래지향적, 감동적으로 끝내는 것이 좋습니다.

1. 끝맺음의 중요성

우리가 어린 시절에 풍선을 많이 불어 봤죠. 풍선을 크게 불어 놓고서 마지막에는 매듭을 짓게 됩니다. 이때 매듭을 제대로 짓지 못하고 실수로 놓쳐 버리게 되면 어떻게 될까요? 바람이 일제히 휙~ 하고 빠져나오면서 공중을 맴돌다가 땅바닥에 떨어지고 맙니다. 세상 일이 다 그런 것 같습니다. 마지막에 끝마무리를 잘 해주어야 하는데 실컷 일을 열심히 잘해놓고 나서 마지막에 끝마무리를 제대로 하지 못해서 애써 해놓은 노력이 허사가 되는 경우들을 자주 볼 수가 있습니다.

우리 연설도 마찬가지입니다. 앞에서 아무리 좋은 내용을 표현했다고 해도 마지막에 끝마무리를 제대로 짓지 못하면 그 연설 전체가 실패로 끝나기가 쉬운 것입니다. 만약에 앞서서 발표한 내용이 100점을 줄 수 있을 정도로 만족한 이야기의 표현을 했으나, 끝맺음의 말은 50점 정도의 점수밖에 얻지 못할 정도로 낙제의 형편없는 점수를 받았다고 한다면 이 연설은 아마 60점 정도의 점수를 얻을 수밖에 없을 것이라고 봅니다.

그러나 반대로 합이 같은 150점이라고 해도 앞의 경우보다는 점수를 후하게 받는 경우가 있습니다. 즉 앞서서 발표한 내용이 50점의 점수였다고 하더라도 끝맺음 부분에서 정말 100점을 받을 정도로 잘했다, 멋진 끝맺음을 했다고 볼 때는 이 연설 전체는 80점 정도 아니면 최대 90점까지 점수를 줄 수 있다는 것이죠. 그래서 스피치를 할 때 있어서 마지막 부분은 정말 중요하다고 말씀드릴 수가 있겠습니다.

왜 이렇게 끝맺음이 중요한가의 원인을 살펴본다면 우리 인간의 기억이 바로 처음과 마지막을 기억하기가 쉽게 되어 있기 때문에 그렇습니다. 우리가 책을 읽을 때나, 연설을 들을 때나, 정보를 습득할 때 처음 부분과 마지막 부분은 기억하기가 쉽다고 합니다. 특히 마지막 부분은 기억하기가 더 쉽죠. 그래서 연설에 제대로 귀를 기울이지 않는 청중이라 해도 연사의 마지막 말 만큼은 대개 기억을 하게 됩니다. 그래서 그 기억이 청중의 마음속에 오래 남을 수 있도록 그 감동이 오래도록 지속할 수 있게 하기 위해서는 바로 끝맺음 부분을 멋있게 장식해야 된다는 것입니다. ≪도움말 임중기≫

2. 효과적인 끝맺음의 요령

끝맺음을 효과적으로 하기 위해서는 우선 스피치의 목적과 연관지어 볼 수 있어야 합니다. 오늘의 스피치를 어떤 목적으로 어떻게 실행을 하는가? 스피치의 목적은 크게 네 가지로 나누어 볼 수 있습니다.

    첫째, 정보 전달을 위해서
    둘째, 설득을 하기 위해서
    셋째, 분위기를 띄우기 위해서(여흥 스피치)
    넷째, 격려를 위한 스피치가 있을 수 있겠습니다.

(1) 정보 전달 스피치

정보를 전달하기에 효과적인 끝맺음의 요령은 내용을 요약해 주고 정리해 주는 것이 좋은 끝맺음입니다. 특히 긴 강연이나 청중이 많은 메시지를 전달받고 있기 때문에 제대로 내용을 분명하게 전달하지를 못하지요. 그때 끝맺음 부분을 연사가 요약해 주고 재정리를 해주게 되면 훨씬 더 분명하게 청중에게 와 닿을 수 있는 것입니다.

(2) 설득 스피치

설득 스피치는 결국 청중의 어떤 생각을 변화시키고, 행동을 촉구하는 목적으로 진행되는 스피치이기 때문에 마찬가지로 끝맺음도 행동을 촉구하고 호소하는 끝맺음을 하는 것이 좋은 끝맺음이 되겠습니다. 특히 설득 스피치 같은 경우는 강렬한 인상을 심기 위해서 마지막에 구호를 외친다든지 아니면 연사의 사자후를 토한다든지 이렇게 강하게 끝맺음을 하는 것도 좋겠습니다.

(3) 여흥 스피치

친목적인 분위기에 연설하는 경우 또는 편안하고 즐거운 분위기 속에서 연설하는 경우, 이런 여흥 스피치를 하는 경우는 마지막에 좋은 말, 축원하는 말 또한 행사를 위해 애쓰신 분들에 대한 감사의 말, 감동적인 말을 하는 것도 좋겠고 칭찬하는 따뜻한 말, 이러한 따뜻함이 있는 말을 해주는 끝맺음이 여흥 스피치에서는 중요하다는 말씀을 드릴 수가 있겠습니다.

(4) 격려 스피치

격려 스피치는 여흥 스피치와 마찬가지로 감사, 감동, 감화, 칭찬, 따뜻한 말로 끝맺음을 해주게 됩니다.

3. 결언의 기법

(1) 인용을 활용한 결언(인용 : 출처 + 인용문 + 의미)

어느 광고 copy에 나오는 얘기입니다. (**출처**) "역사는 아무도 2등을 기억해 주지 않습니다." (**인용문**) "우리도 역사의 뒤안길에 사라져 버리는 2등이 되지 않기 위해 노력합시다." (**의미**)

하지만 의미를 설명해 주지 않고 출처와 인용문만을 밝히는 경우가 있습니다. 그렇게 되면 여운이 오래 남기 때문입니다.

1) 속담

본론에서 부단한 노력을 강조했다면 "낙숫물이 댓돌을 뚫는다."라는 우리 속담이 있듯이 우리 모두 부단히 노력해서 21세기 성공인이 되어야겠습니다.

2) 고사성어, 사자성어 : '세상만사 새옹지마'라고 하지 않습니까?

3) 유명한 사람의 얘기

우리의 기억에 아직도 남아있는 명언과 명구들이 많이 있습니다. 그 명언과 명구들은 거의 연설의 마지막 부분에 있었던 말입니다. 그리고 여운이 남게, 짧고 강하게 인식될 수 있는 감동을 주는 끝맺음을 하려면 명언이나 명구들을 활용하는 것이 가장 효과적입니다. 예를 들어 살펴보자면,

① 페드릭 헨리 : 자유가 아니면 죽음을 달라.
② 맥아더 장군 : 노병은 죽지 않는다. 다만 사라질 뿐이다.
③ 케네디 대통령 : 국민 여러분! 그렇기 때문에 '나라가 여러분에게 무엇을 줄 것인가를 묻지 말고, 여러분이 나라를 위해 무슨 일을 할 수 있을까?'를 물어 주십시오.

④ 에이브러햄 링컨의 게티즈버그 연설 : 이 국가로 하여금 신의 가호 아래 새로이 자유의 탄생을 이루기 위하여 국민에 의한, 국민을 위한, 국민의 정치를 지상에서 영속시키기 위한 것입니다.
⑤ 체육대회에서의 끝맺음 말은 쿠베르탱 남작의 "승리하는 게 문제가 아니라 참가하는 데 의의가 있다."라는 말을 빌려올 수가 있겠습니다.
⑥ 본론에서 말조심에 대해 얘기를 했다면 명심보감의 얘기를 빌려 끝맺는 것도 좋으리라는 생각이 듭니다. 명심보감 언어 편 제11조에 나오는 얘기입니다. "군자란 말 한마디로 지혜로워지거나 지혜롭지 못하게 될 수 있으므로 말을 조심하지 않으면 안 된다."
⑦ 전쟁의 폐해에 대해서 전쟁은 없어져야 한다는 메시지를 본론에서 전달했다면 마지막 마무리에서는 케네디 대통령의 말로 끝맺음을 맺는 것도 좋으리라 봅니다.

"우리 인류가 전쟁의 종지부를 찍지 않는다고 한다면, 결국은 전쟁이 우리 인류의 종지부를 찍을 것입니다."

이처럼 명언과 명구들이 앞서서 자신이 연사로서 얘기한 내용과 적합하고 어울릴 수 있는 것을 빌려와야 됩니다. 즉 본론과 관련 있는 명언과 명구들을 활용하면 멋진 끝맺음이 될 수 있다는 것입니다.

위에서 살펴본 바와 같이 명언과 명구들을 잘 활용할 수 있겠으나 기존의 것이 좀 식상해 보인다고 한다면 패러디하는 것도 괜찮을 듯싶습니다.

패러디란 기존의 명언들을 활용해서 재미있게 만들어 보는 것입니다. 예를 들어 "자유가 아니면 죽음을 달라." 이것을 패러디해서 "보너스가 아니면 휴가를 달라." 이렇게 패러디를 해본다면 청중이 더 재미있게 와 닿을 수 있으면서 인상적으로 기억할 수 있겠습니다.

또 하나의 방법은 명언과 명구를 창조하는 것입니다. 우리가 명언과 명구를 직접 만들어 보는 것입니다. 뛰어난 창의력을 가진 연사라면 훌륭한 명언과 명구를 만들 수 있는 것입니다. "여러분! 원고를 읽으려고 노력하지 마십시오. 대신 청중의 마음을 읽으려고 노력하십시오."

(2) 미래 지향적 결언

자신의 스피치가 가질 수 있는 미래에 대한 효과를 강조하면서 종결시키는 방법입니다.

1) 미래 상황의 가시화(상상) : 우리가 모두 긍정적으로 삶을 살아간다면 얼마나 미래가 밝아지겠습니까?
2) 미래 예언 제시(예언) : 우리가 모두 심리적 한계를 극복해 나간다면 우리의 미래는 밝을 것입니다.
3) 자신의 미래 결심(결심) : 저는 반드시 해 낼 수 있다는 확고한 신념을 가지고 부단히 노력해 나아가겠습니다.

(3) 청중 중심의 결언

1) 결언 속에 청중을 끌어들이는 기법(청중에게 질문을 던지는 기법)

【예시 1】

여러분! 스피치는 즐거운 커뮤니케이션입니다. 그런데 불안이 문제죠. 우리가 이 연단 불안을 꾸준히 극복해 나간다면 스피치는 바로 즐거움입니다. 여러분께 어려운 문제를 하나 드리겠습니다.

여러분! 스피치는 뭘까요? (즐거움입니다.) 이번에는 다 함께 큰 목소리로 답변해 주시기 바랍니다. 스피치는 뭘까요? (즐거움입니다.)
더 큰 소리로 부탁합니다. 스피치는 뭘까요? (즐거움입니다.)

지금까지 스피치가 즐거운 남자 ○○○였습니다.

【예시 2】

"이제 여러분의 선택은 분명해졌습니다.

제가 여러분께 스피치는? 하게 되면 '경기대'라고 답변해 주시기 바랍니다."

"스피치는?" (경기대), "스피치는?" (경기대)

> 다시 한 번 더 큰 소리로 부탁합니다. "스피치는?" (경기대)
>
> 감사합니다.

> 【예시 3】
>
> 여러분! 제가 하는 질문에 '접니다.'라고 답변해 주시기 바랍니다.
>
> 우리 인생의 주인공은 누구입니까? (접니다.)
> 그렇다면 경기대 리더스 스피치의 주인공은 누구입니까? (접니다.)
>
> 그렇습니다. 경기대 리더스 스피치의 주인공인 여러분을 위해 앞으로도 더욱 열심히 서포트하겠습니다. 여러분! 감사합니다.

2) 결언 속에 청중을 끌어들이는 기법(청중에게 노래를 부르게 하는 기법)

여러분! 지금 우리가 들고 있는 양초가 자신의 온몸을 불태워 세상을 밝게 비추듯이 우리 스피치도 나 자신만을 빛내려는 스피치가 아니라 모든 분들을 밝게 빛나게 하는 세상의 빛과 같은 멋진 스피치를 하시기 바랍니다.

앞으로도 우리 모두 '스피치와 사람들'과 함께 하면서 사랑으로 더 큰 사랑으로 큰 발전 함께 이루어 나가시길 기원합니다.

그런 의미에서 '사랑으로'라는 노래를 우리 모두 마음을 담아 힘찬 목소리로 1절만 함께 불러보도록 하겠습니다.

♪ 내가 살아가는 동안에 할 일이 또 하나 있지~

3) 청중으로 하여금 특별한 행동을 하도록 호소

여러분! 혼자 빛나려다가 결국 외롭게 떨어지고 마는 별똥별이 되지 말고, 우리 모두 함께 더불어 빛나는 찬란한 은하수가 됩시다. 모두 나가시면서 회원 가입서를 제출해 주시기 바랍니다.

(4) 명언, 명구가 아닐 때의 결언

1) 긍정적으로 끝맺음하는 것이 좋겠다는 말씀을 드립니다.
2) 미래지향적, 발전적으로 끝맺음하는 것이 좋겠습니다.
3) 감동을 주는 끝맺음을 한다면 금상첨화라 하겠습니다.

그 외에 세부적인 테크닉을 말씀드리자면, 시를 인용한다든지, 마지막에 유머로 장식한다든지, 어떤 특별한 도구를 사용한다든지, 우리가 연구하기에 따라서 그 연설의 상황에 따라서, 내용에 따라서, 청중에 따라서 다양하게 많은 기법을 사용할 수 있겠습니다만, 근본적이고 기본적인 원칙은 앞에서 말씀드린 것과 같습니다.

8장
내용 기억법

강의나 발표를 대비해서 전달을 효과적으로 하기 위해 내용을 암기했는데 중간에 잘 나가다가 생각이 갑자기 안 나는 위급상황이 벌어진다면 여러분은 어떻게 하시겠습니까?

1. 그냥 다음으로 넘어간다.
2. '솔직하게 원고 좀 봐도 될까요?'라고 얘기한다.
3. '이것 말고 또 무엇이 있을까요?'라고 질문한다.
4. 주의를 분산시키고 원고를 본다. 즉, "저 뒤의 학생, 미안하지만 창문을 좀 열어주시겠습니까?"라고 주의를 분산시켜 놓고 자료를 여유 있게 찾는다.

그런데 찾고자 하는 내용을 그 사이에도 만약에 못 찾았다면 여러분은 이때 어떻게 하시겠습니까? 다시 한 번 더 부탁해 볼까요?

즉 "뒷자리에 앉은 학생, 정말 미안한데요, 이번에는 창문을 좀 닫아주시겠습니까?"라고 주의를 다시 한 번 더 분산시키시겠습니까?

농담이었습니다만, 강의나 발표할 때는 내용을 기억하는 것이 정말 중요합니다. 따라서 이번 8장에서는 '내용 기억법'이라는 주제로 살펴보겠습니다. 내용 기억법의 종류는 정말 많지만, 여기서는 가장 많이 활용되고 여러분에게 실질적으로 도움이 될 내용만 엄선해서 소개해 드리겠습니다.

1. 이름 기억법

대인관계를 잘 맺고 성공적으로 인생을 사는 분들의 공통점이 있다면 그것은 이름을 잘 외워서 다정하게 많이 불러준다는 것입니다. 여기서는 이름을 기억하는데 'IRA'라고 하는 다음과 같은 세 가지 이름 기억법을 소개합니다.

(1) **Impression (인상)** : 즉 특징을 기억하는 것입니다. 별명을 생각하는 것도 좋은 방법이 되겠습니다. 즉 잘 생겼는데 이름이 마침 김용준이라면, 영화배우 배용준 씨를 떠올리며 기억한다면 쉽게 외울 수 있습니다.

또한, 키가 큰 사람의 이름이 배수남이라면 가수 서수남 씨의 큰 키와 연관시켜 외우는 것입니다.

(2) **Repetition (반복)** : 반복해서 이름을 불러주는 것입니다. 이름을 정답게 불러준다면 정도 두터워질 뿐 아니라 이름도 빨리 외울 수 있겠죠. "안 그런가요? 김미숙 씨?^^"

(3) **Association (연상)** : 이름을 듣고 연상되어지는 것을 생각합니다.
김흥수 - 화백 연상(제가 아는 스피치 전문가가 계시는데 그분이 김흥수 선생님이신데요, 화가 김흥수 선생님을 떠올린다면 이름을 아마 잊기는 어렵겠죠?)

강부자 - 운율을 생각한 연상(강남의 부자 - 강부자)
최진실 - 운율을 생각한 연상(최고로 진실한 - 최진실)
최불암 - 운율을 생각한 연상(불암산에 사는 - 최불암)
이복희 - 가수 연상(비슷한 이름 가수 윤복희 씨를 연상합니다.)
김진배 - 여자 연상(받침을 다 빼 보신다면 왜 여자인지 아시게 될 겁니다. ^^)

2. 숫자 연상법

사람들에게 '1' 하면 떠오르는 단어가 무엇이냐고 물었더니 '일등'이라는 단어라고 말했습니다. 다음은 '2' 하면 떠오르는 단어가 무엇이냐고 물었더니 '이슬'이라는 단어가 가장 많았다는 것입니다. 이렇게 숫자를 '10'까지 물어본 결과는 다음과 같습니다.

1 : 일등, 2 : 이슬, 3 : 삼팔선, 4 : 사자, 5 : 오리,
6 : 육교, 7 : 칠판, 8 : 팔찌, 9 : 구름, 10 : 십자가

이때 암기해야 할 내용이 있다면 외워야 할 항목 수에 따라 위의 내용과 연관시켜 외우면 됩니다.

즉 스탠드, 종이학, 소, 숫자, 컴퓨터, 물병, 모니터, 사전, 마우스, 한글 이처럼 열 개의 외워야 할 단어가 있을 때 무작정 외우는 것보다는 위의 낱말들과 연관 지어서 외우는 것이 기억에도 오래 남고 훨씬 효과적이라는 것입니다.

다시 말해서 '학급에서 일등을 하면 스탠드를 사주신다고 어머니가 약속하셨다.'와 같이 일등과 스탠드를 연관 지어서 외우는 것입니다. 이런 방식으로 두 번째 이슬과 종이학, 세 번째 삼팔선과 소…, 열 번째 십자가와 한글까지 연관지어서 외우는 것입니다. 여기서 중요한 것은 일등, 이슬, 삼팔선, … 십자가의 낱말은 상황에 따라 변하는 낱말이 아닐 뿐 아니라 반드시 미리 외우고 있어야 한다는 것입니다.

3. 말머리 배열법

글자의 앞머리 글자만 따서 외우는 것으로서 일곱 빛깔 무지개(빨, 주, 노, 초, 파, 남, 보)와 같이 외우는 방식입니다.

다음은 성공에 필요한 7요소로서 꾀, 꼴, 끼, 꿈, 꾼, 끈, 깡, 즉 'ㄲ'으로 시작되는 글자로 성공에 필요한 7요소를 만든 것입니다. 그런데 꾀, 꼴, 끼, 꿈, 꾼, 끈, 깡 보다는 '꾀꼬리 꿈꾸는가?'가 더 자연스럽고 외우기에도 한결 쉬운 것입니다. 머리를 한 번 더 회전시키면 더 오래 기억에 남게 됩니다.

1. 꾀 : 지식, 지혜 2. 꼴 : 자기관리, 태도 3. 끼 : 재능, 열정 4. 꿈 : 목표, 야망
5. 꾼 : 전문가, 프로정신 6. 끈 : 네트워킹, 인간관계 7. 깡 : 기개, 추진력

4. 신체 대입 연관법

발표자나 연사들이 사람의 얼굴을 보고 스피치를 하기에 신체 대입 연관법은 많이 활용하는 방법의 하나라고 할 수 있습니다.

■ 21세기 성공 리더로서 갖추어야 할 조건

(1) 머리카락 : 변화(빨강, 노랑, 파랑 등 다양한 머리카락 염색을 통해 변화를 떠올립니다.)
(2) 이마 띠 : 적극성(적극적인 의지를 나타낼 때 우리는 머리띠를 두르게 되는 것 같습니다. 필승, 하면 된다. 등등)
(3) 눈 : 비전(눈을 보고 미래의 통찰력을 연상하는 것입니다.)
(4) 코 : 의지(사람의 얼굴 부위 중에서 가장 단단한 곳은 코 부위로서 코를 보며 강한 의지를 연상하는 것입니다.)
(5) 콧수염 : 개성(요즘은 콧수염을 기르고 다니는 사람을 찾아보기 어려울 정도로 콧수염을 기른다는 것 자체만으로도 대단한 개성이라고 생각합니다.)
(6) 입 : 커뮤니케이션 능력(의사소통 능력으로서 의사소통은 입으로 하기 때문에 입을 연상하는 것입니다.)
(7) 턱수염 : 유머(어릴 때 그림을 다 그리고 재미있게 표현하고자 턱에 수염을 세 가닥만 길게 늘어뜨린 기억이 납니다. 턱수염을 보고 유머를 연상합니다.)
(8) 가슴 : 인간미(따뜻한 말)
(9) 배 : 배짱(배를 보고 배짱을 연상하는 것은 그렇게 어려운 주문이 아닌 듯합니다.)

(10) 배꼽 아래 : 활력(배꼽 아랫부분을 생각하며 스테미너, 정력을 연상시킵니다.)
(11) 발 : 인맥(발이 성실해야 인간관계가 좋아지는 법입니다. 발을 부지런하게 움직여서 인맥을 넓힌다고 보는 것입니다.) ≪도움말 임중기≫

5. 그림 연상법

이 교재 파워 스피치 특강 제7강의 3장 상대의 마음을 여는 부드러운 커뮤니케이션의 스킬이라는 단원에서 이름 다음에 자녀관계로 화제를 이어가고, 그다음은 집, 꿈과 비전, 직업, 최근 기뻤던 일, 단기 목표, 취미, 여행, 단체 가입, 자격증의 순서대로 얘기를 진행해 나가고 있습니다. 그런데 이 11가지의 내용을 한 폭의 그림으로 연상을 해본다면 순서를 외워서 활용하는 데 많이 도움이 되리라는 생각이 듭니다.

(배경 그림) 서울 월드컵 축구 경기장만 한 넓은 잔디밭에 청와대만 한 큰 집을 먼저 떠올리시기 바랍니다. 집이 청와대 정도로 크니까 대문도 남대문처럼 크네요.

(1) 이름 : 그 대문을 밖에서 보니 황금 문패가 번쩍번쩍 빛이 납니다. 가까이 가서 보았더니 '홍길동'이라고 적혀 있습니다.
(2) 자녀관계(미혼 ; 가족관계) : 그 큰 문을 삐걱 소리를 내면서 열고 들어가니 색동저고리 입은 아이들이 잔디밭에서 재미있게 뛰어노는 것입니다.
(3) 집 : 저 멀리 청와대만 한 큰집이 보입니다.
(4) 꿈과 비전 : 그 집은 다른 집과는 달리 굴뚝이 2개가 있는데, 한쪽 굴뚝에서는 흰 연기가 모락모락 피어오르고,
(5) 직업 : 또 다른 굴뚝은 굴뚝이 워낙 수평으로 넓어서 그 위에 사람이 앉아 있을 수 있는 충분한 공간이 있습니다. 그 굴뚝 위에 앉아 있는 사람은 한쪽 손에는 목장갑을 끼고 있습니다.
(6) 최근 기뻤던 일 : 다른 한쪽 손에는 은색 트로피를 들고 있습니다.
(7) 단기 목표 : 그런데 어떻게 된 영문인지 그 사람 머리 위에 축구 골(Goal)대가 둥실 떠 있습니다.

(8) 취미 : 그 골(Goal)대 그물망 안에는 테니스 라켓이 대롱대롱 걸려 있습니다.

(9) 여행 : 그 위에 비행기가 한 대 떠 있습니다. 가까이 다가가서 보니 747 점보 비행기라고 적혀 있군요.

(10) 단체 가입 : 그 안에 파란 유니폼을 입은 사람들이 보입니다. 단체라는 느낌이 듭니다.

(11) 자격증 : 손에 무엇을 하나씩 들고 있는데 자세히 보았더니 ○○대학교 ○○교육원 스피치 과정 수료증입니다.

9장
메모 활용 스피치

메모 활용 스피치란 것은 굵직한 뼈대와 특별히 참조해야 할 사항만을 메모해 놓고, 그 적은 메모를 활용해서 연설하는 방법입니다. 다시 말하면 만들어 놓은 뼈대를 가지고 즉석에서 자유롭게 살을 붙여나가면서 말하는 방법이지요.

1. 메모 활용 스피치의 장점

먼저 메모를 활용하는 스피치의 장점을 살펴보겠습니다.

(1) 상황에 맞게 융통성을 발휘할 수 있는 연설 방식입니다.

연설을 할 때 '연사가 준비한 것을 빠뜨리지 않고 무조건 그대로 잘 쏟아내는 것이 좋은 연설인가?' 하면 그렇지 않습니다.

좋은 연설을 하려면 청중의 반응에 따라서 또 상황이 바뀌면 바뀌는 대로 적절하게 조절해 가면서 말해야 합니다. 경우에 따라 표현도 약간씩 달라져야 하지요. 완성된 대본을 외워서 하는 암송 연설이나 그대로 읽어버리는 낭독 연설이면 융통성 있게, 상황에 맞게 조정한다는 것이 거의 불가능합니다.

그런데 큰 가닥을 적어 놓은 메모를 활용해서 스피치를 하는 경우에는 얼마든지 융통성을 발휘해서 상황에 맞게 조절하는 것이 가능해지지요.

(2) 자연스러운 연설방식입니다.

기억 안 나는 중간 중간에만 메모를 참고로 하고, 청중을 바라보면서 청중과 대화하는 기분으로 살을 덧붙여나가면 되기 때문에 연설하는 분위기가 자연스럽습니다.

(3) 안전한 연설 방식입니다.

간략하게 메모한 것이지만 중요한 것들과 순서를 미리 적어 놓은 메모를 활용하기 때문에 잊어버릴 걱정이나 빠뜨릴 염려가 없지요.
그래서 힘들게 외웠다가 연단에서 갑자기 잊어버려서 당황하게 되기도 하는 암송 연설에 비해서는 안전한 연설 방법이라고 볼 수 있겠습니다.

2. 메모 카드 활용 요령

다음은 메모 카드 활용 요령에 대해서 살펴볼까요?

(1) 손에 가볍게 들고 편히 볼 수 있는 적당한 크기의 카드를 활용합니다.
(2) 빼곡히 적지 말고 뼈대와 중요한 것만 기록합니다.
(3) 들여쓰기를 해서 알아보기 쉽게 합니다.
(4) 오른쪽 상단에 번호를 매깁니다.
(5) 도입부와 끝맺음은 따로 된 각각의 카드를 이용해 더 정성 들여 준비합니다.
(6) 색깔이나 기호를 사용해서 시각 자료와 일치를 이루게 합니다.

3. 메모 활용 스피치의 유의점

메모 활용 스피치는 그냥 생각하기에는 쉬워 보입니다만 막상 해보면 처음에는 이것도 그리 만만한 게 아닙니다. 개요만 적은 메모를 한다는 게, 이것저것 욕심내서 마구 적다가 보니까 완전히 전체 내용을 적은 전문서 원고가 되어 버리기도 하고, 어떤 때는 개요서 메모장은 잘 작성했는데, 실제 연단에서 살 붙이기가 잘 안 돼서 횡설수설하면서 당황해 하기도 합니다. 그래서 메모 활용 스피치가 편리하긴 하지만 잘 활용하려면 익숙해지도록 숙달을 시켜야 한다는 것입니다. 연설할 내용 중에서 개요를 잘 뽑아서 잘 요약해서 보기 쉽게 메모장으로 옮기는 연습도 해보고, 메모를 보고 말로 살을 붙여나가는 연습도 자주 해보는 것이 좋겠습니다.

그리고 메모를 활용한다고 해도 역시 연설을 성공적으로 잘하려면 철저히 준비해야 하지요. 말할 주제에 대해서 준비를 철저히 해야만 제대로 연설이 되지, 골격만 몇 자 적어놓은 메모장만 믿고 대충 때우려 하다 보면 연설은 실패할 수밖에 없습니다.

'메모장은 생각 안 날 때 참고하는 참고장이다.'라는 것을 생각하시고 메모만 믿고 준비를 소홀히 해서는 안 되겠습니다. 메모장을 작성하는 방법은 들여 쓰기 방식으로 하는 것이 대개 좋은데 특별한 원칙보다는 자신이 제일 참고하기 쉬운 스타일로 작성하는 것이 좋겠습니다. 메모장은 어쨌든 알아보기 쉬워야 하니까요.

10장
원고를 작성해 봅시다

1. 원고와 스피치

앞에서 설명한 바와 같이 대중 스피치를 실행하는 방법에 따라 분류해 보면 다음과 같이 4가지로 나누어 볼 수 있습니다.

① 원고 보며 낭독하기
② 원고 외워서 말하기
③ 즉흥으로 말하기
④ 메모에 근거해서 말하기

원고를 보며 낭독하는 연설하는 방식(manuscript mode)은 중요한 정견 발표, 외교적인 연설처럼 문구 하나가 결과에 큰 영향을 미칠 때에 유용하고 효과적인 연설방식입니다. 때로는 공식적인 축사, 기념사, 대리 연설, 신년 인사 등에서 많이 활용되기도 합니다.

연설 원고를 활용한 스피치는 정확한 언어를 쓰게 되고, 구조가 안정되며 잊어버릴 염려가 없습니다. 그러나 생동감, 현장감이 떨어져 가슴에 와 닿는 연설이 되기가 어렵고, 융통성을 발휘하지 못하는 단점이 있습니다.

그렇지만, 그런 한계에도 불구하고 원고를 보긴 하지만 대화 조의 자연스러운 어투로 청중을 적절히 봐가면서 마치 즉흥적으로 하는 듯 멋지게 연설하는 분들도 많이 있습니다. 물론 부단한 훈련과 준비의 결과임은 분명할 것입니다.

2. 원고의 유용성

'원고 낭독형 스피치'를 할 때가 아니더라도 어떤 스피치이건 준비할 때 원고를 작성해 보는 것은 많은 도움이 됩니다. 원고를 다듬으면서 자신의 생각을 더 다듬게 되고 내용을 더 확실히 익히게 됩니다.

실제 연설에서 그 원고에 적힌 단어들이 그대로 표현되지 않는다고 해도 원고를 작성해 보지 않은 경우보다는 훨씬 더 정제된 표현을 할 수 있게 됩니다. 내용도 더 짜임새 있게 되지요. 원고 없이 자연스럽게 즉흥 조의 스피치를 할 경우에도 시간이 있다면 일단 연설 원고를 작성해 보시길 권합니다.

전혀 준비 없이 하는 즉흥 스피치는 영어로 'impromptu speaking'이라고 하며, 준비는 했지만, 원고에 의존하지 않고 즉흥적인 분위기로 하는 스피치를 'extemporaneous speaking'이라고 합니다.

'extemporaneous speaking'인 경우에도 원고를 작성해 보면 도움이 될 것입니다.

3. 원고 어휘의 구성과 선택

똑같은 내용의 이야기를 보여주거나 들려주고 나서 사람들에게 다시 말로 표현해 보라고 하면 내용은 비슷하게 나오지만 쓰이는 어휘도 다 다르고 구성도 조금씩 다름을 볼 수 있습니다. 비슷한 뜻이라도 사람에 따라 상황에 따라 다양하게 표현됩니다.

'이제 해결의 실마리가 잡혔습니다.', '답이 보입니다.', '이제 해답이 나옵니다.', '이제 답이 눈에 들어옵니다.', '이제 문제를 풀겠네요.', '이제 알겠네요.' 이처럼 사람마다 자신이 즐겨 사용하는 어휘가 있습니다. 그래서 원고는 자신에게 자연스러운 언어를 사용하는 것이 좋습니다. 그렇지 않으면 내용을 기억하기도 어렵고 자연스럽게 표현하기도 쉽지 않습니다.

　다른 사람이 써준 원고를 연설하려고 했을 때 힘든 이유는 내용을 제대로 소화하지 못한 이유뿐만 아니라 연사가 즐겨 쓰는 자연스러운 어휘가 아니라는 것과 내용 구성이 연사의 스타일과 맞지 않다는 것입니다. 그래서 연설의 원고는 연사의 스타일에 맞아야 합니다. 연사 자신이 즐겨 쓰는 언어를 사용하고, 연사 자신에게 익숙한 구성법으로 스피치를 풀어나가야 더욱 자연스럽고 편안하게 연설을 할 수 있는 것입니다. 그래서 연설 원고나 개요서도 될 수 있으면 연사 자신이 직접 작성하는 것이 좋습니다.

4. 원고 준비의 유의 사항

　스피치 원고를 준비할 때는 다음 사항들을 유념해서 작성하는 것이 좋겠습니다.

(1) 왜 말하려 하는가? (목적)
(2) 무엇을 말하려 하는가? (내용)
(3) 어떻게 말할 것인가? (표현 방법)
(4) 내용이 진부하지 않고 새로운 참신성이 있는가?
(5) 도움이 되는 이야기인가?
(6) 각 내용은 거짓이 아니고 참인가?
(7) 앞뒤의 논리가 맞는가?
(8) 주장을 뒷받침할 적절한 근거가 제시되었는가?
(9) 청중이 듣기에 재미가 있을까?

5. 원고 작성 요령

다음은 원고를 작성하는 요령을 살펴보겠습니다.

(1) 문장은 구어체로 작성하시기 바랍니다. 즉, 말하는 것처럼 글을 써야 합니다.
(2) 어려운 문구를 피하고 쉬운 단어를 사용하시기 바랍니다.
(3) 문장은 간결하게 표현하시기 바랍니다.
(4) 자신에게 익숙하고 자신의 스타일에 맞는 언어를 사용하시기 바랍니다.
(5) 내용 구성이 체계적이고 논리정연하도록 전체를 살펴가며 부분을 작성합시다.
(6) 적절한 이음 말을 사용합시다.
(7) 중심 생각이 분명히 드러나도록 합시다.
(8) 반복해서 낭독해보며 시간을 체크해 보고, 어색한 부분은 다듬어 나갑시다.
(9) 쉽게 눈에 들어오도록 글자를 적당한 크기로 적절하게 배열합니다. 하나의 문장이 잘려서 다음 페이지로 이어지면 안 되겠지요.
(10) 원고에 핵심 단어나 문구, 유념할 사항, 끊을 곳과 포즈 부분 등을 표시해 두면 실제 스피치할 때 편리하겠습니다.

다시 강조하지만, 연설 원고는 실제 스피치에서 쓰이는 자연스러운 구어체(입말)로 작성되어야 합니다. 그리고 원고를 가지고 낭독을 해보며 음성 표현, 신체 표현을 곁들여 연습해 봅니다. 그러고서 뼈대만 적은 메모를 바탕으로 해서 원고 없이 자연스러운 즉흥 조의 스피치를 연습하면 아주 멋스러운 성공적인 스피치가 될 것입니다.

제5강
스피치 트레이닝

Ⅰ. 자연스럽고도 열정적인 표현
Ⅱ. 쉽고 재미있게 표현하기
Ⅲ. 멋있고 근사하게 표현하기
Ⅳ. 언어의 순발력 높이기
Ⅴ. 자신만의 템플리트 만들기
Ⅵ. 살아있는 감정 표현
Ⅶ. 실감 나는 표현 기법
Ⅷ. 연극을 통한 표현력 향상
Ⅸ. 신체 표현

1장
자연스럽고도 열정적인 표현

1. 회화형과 웅변형

예전에는 연설하면 바로 웅변을 떠올렸습니다만, 이젠 시대의 흐름이 연설도 평소 말하듯이 표현하는 회화형 스피치가 주목을 받고 있습니다.

여러분께서 잘 아시다시피 회화형이 평소 얘기 나누는 것처럼 자연스럽게 말하는 스타일이라면, 웅변형은 강약의 차이가 크고, 속도도 대화보다는 좀 느리고, 강한 에너지가 느껴지는 스타일이라 볼 수 있겠습니다.

회화형은 청중이 듣기에 편안하고 친근한 느낌이 들고 무엇보다도 자연스러운 느낌이 드는 게 장점입니다. 그런데 평소 말하는 것과 똑같이 그냥 얘기를 해버리면 반드시 좋지만은 않습니다.

연설은 대화할 때보다는 좀 더 격식을 차린 말을 해야 하고, 가까이서 표정까지 자세히 보이는 대화와 비교하면 멀리 떨어진 많은 청중을 상대로 말해야 하기 때문에 뭔가 조금은 달라져야 합니다.

평소 얘기 나누는 것처럼 자연스럽게 말을 풀어나가더라도 좀 더 분명하게 전달되도록 노력을 해야 한다는 것입니다. 그러기 위해서는 말도 조금만 더 천천히 하고, 제스처는 조금 더 크게 해주고, 내용도 좀 더 정리되게 해줘야 하고, 눈 맞춤도 골고루 적절하게 해줘야 합니다. 그렇게 보면 회화형 스타일에 약간의 웅변적인 요소를 곁들이는 것이 좋을 것 같습니다.

다시 말씀드리면 주 요리는 회화형으로, 웅변형은 양념으로 조금만 활용하는 회화형 위주의 연설을 하는 것이 바람직하겠습니다.

물론, 가벼운 화제나, 정보를 전달하는 스피치라면 회화형만으로도 괜찮겠습니다만, 강하게 설득을 해야 하는 목적으로 연설하는 경우에는 웅변형을 적절히 활용하는 것이 더 좋기 때문입니다.

한 강연에서도 회화형과 웅변형을 적절히 활용하면 훨씬 더 멋스러운 연설이 될 수 있지요. 특히 클라이맥스 부분이나 강한 설득을 하는 부분, 연사의 강한 열정이 뿜어져 나오는 부분에서는 웅변형의 양념을 듬뿍 활용하는 것이 좋겠습니다.

2. 회화형 웅변형 실습

아래 원고는 실제 원고가 아니라 연습을 하기 위해서 편의상 만든 것입니다.
'회화형'과 '웅변형'의 분위기를 함께 느껴보면서, 상황에 따라 적절히 활용할 수 있도록 연습을 해보시기 바랍니다.

【주제 : 여유를 가집시다.】

(대화하듯이)
여러분 안녕하세요. 산소처럼 신선한 사람 ○○○입니다.
요즘 어때요? 여러분, 모두 많이 바쁘시죠?
저도 요즘 무척 바쁘게 보냈거든요.
그러다 보니까 계절이 바뀌는 것도 몰랐습니다.
너무 여유가 없었어요.
산다는 게 뭔지, 바쁘다 보니까 세월만 가는 것 같습니다.
여러분은 어때요? 여유를 좀 가지고 살아가십니까?

(회화형으로)
어떤 성자는 여유가 없는 생활은 향기 없는 꽃과 같다고 했습니다.
여유가 없는 삶은 여백 없는 동양화와 같다는 말도 있습니다.

여유가 없다 보니까 마음은 점점 더 조급해지고 스트레스는 점점 쌓여만 갑니다. 조그만 일에도 화를 내고, 쉽게 짜증 내고, 다른 사람을 배려하는 마음도 없어져 갑니다.

(약간 웅변형으로)
채근담에서 이르기를 '망처요유유한적취미(忙處要有悠閒的趣味)'라고 했습니다.
바쁜 때일수록 여유 있는 마음을 가져야 한다는 뜻입니다.
이젠, 나와 이웃들을 조용히 둘러보는 여유를 가져야 합니다.
주변마저 돌아볼 시간이 없다면 바쁜 일들이 무슨 의미가 있겠습니까?

(시 낭송 분위기로)
만약에 내 차 앞으로 끼어드는 차가 있다면 3초만 멈추고 기다려 주면 어떨까요? 혹시 그 사람 아내가 정말 아플지도 모르니까요.
화가 나서 도저히 참을 수 없을 때는 숨 한 번 크게 쉬고, 3초만 고개를 들어 하늘을 보면 어떨까요? 내가 화낼 일이 보잘것없는 것은 아니었는지.

(강한 웅변형으로)
여러분, 여유를 가집시다. 바쁜 걸음을 잠시 멈추고 자신을 돌아봅시다. 그리고 주위를 둘러봅시다. 우리의 이웃과 우리의 사회를 둘러봅시다.
여유는 바로 우리 생활의 산소이며 우리 마음의 에너지 충전소입니다.
바쁘다고 핑계 대지 맙시다.
여유는 누군가로부터 얻어지는 것이 아니라 적극적으로 창조하는 것이기 때문입니다. 이젠 여유를 가지고 나도 돕고, 남도 도웁시다.

(회화형으로)
모두 바쁘실 텐데 여유를 가지고 끝까지 경청해주신 여러분 감사합니다.

3. 열정적 표현

연사의 열정은 청중의 마음을 움직입니다. 내용도 중요하지만, 표현이 그에 맞게 열정적으로 이루어져야만 스피치는 효과적일 수 있습니다. 특히 설득 목적의 스피치는 열정적인 표현이 무엇보다도 중요하다고 하겠습니다.

아래의 원고를 열정적으로 표현해 봅시다.

【원고 : 공교육을 바로 세웁시다.】

여러분,
우리의 교육이 이런 식으로 계속 나아가면, 우리나라의 희망은 없습니다.

이런 교육으로 어떻게 아이들의 감성을 깨울 수 있겠습니까?
이런 교육으로 어떻게 아이들의 창의력을 계발시킬 수 있겠습니까?
벌써 심각한 문제점들이 쏟아져 나오고 있습니다.

엄청난 사교육비에 파출부를 나가야 하는 엄마,
애들 교육문제로 혼자 살림을 하며 해외로 송금해야 하는 기러기 아빠,
돈 몇 푼 때문에 원조교제에 흔들리는 여학생들,
이것뿐만이 아니죠.
'왕따', '학교 폭력', '가출', '청소년 범죄', '제자들의 선생님 폭행' …….
이제 교육문제는 단순히 교육에 국한되지 않고,
총체적인 사회문제가 되어버렸습니다.

왜 이 지경까지 이르게 되었을까요? 여러 가지 원인이 있겠지만
이 모든 것의 출발점은 바로, 공교육이 잘못되었기 때문에 생겨난 것입니다.
공교육이 바로 서야 합니다.
여러분, 공교육을 바로 세웁시다.

2장
쉽고 재미있게 표현하기

어떤 스피치가 듣기 좋은 스피치일까요? 일단 쉽고 재미있어야 합니다. 그럼 어떻게 해야 쉽고 재미있는 스피치가 될까요? 그 비결은 바로 '비유'와 '예화'입니다. 비유나 예화를 들어 설명하면 청중은 재미있어하고 이해하기 쉽습니다. 부처님이나 예수님께서도 청중이 더 쉽게 알아들을 수 있게 비유와 예화를 즐겨 사용하셨습니다.

1. 예화 활용 스피치

아래의 두 가지 표현들을 보면서 예화를 활용했을 때와 그렇지 않을 때를 비교해 보시기 바랍니다.

(1) 예화 미활용

【예제 1】

사람들 사이에서는 서로 관심이 같은 화제로 대화를 나누게 되면 양쪽 모두 흥미를 느끼기 때문에 즐거운 대화가 이어질 수 있습니다. 서먹서먹한 사이에서 대화를 이끌어가기 가장 좋은 방법은 서로 함께 관심이 있는 것이 뭔지를 잘 찾아보는 것입니다. 서로의 공통 화제를 가지고 대화를 나누면 대화가 겉돌지 않고 원활하게 진행됩니다. 만약에 한

쪽만 관심이 있는 주제를 가지고 대화를 한다면 한쪽은 신나서 얘기하지만 다른 쪽은 그렇지 않을 것입니다. 대화는 서로의 공통 화제를 나누는 것이 좋습니다. 여러분, 서로 친밀감을 가지고 대화를 하고 싶거든 먼저 서로 공통 화제를 찾아보시기 바랍니다.

【예제 2】

여러분 안녕하십니까? 최고를 향해 최선을 다하는 최고운입니다.
저는 오늘 여러분께 '의사소통의 중요성'에 대해서 말씀드리겠습니다.
사적 조직이든 공적 조직이든 가릴 것 없이 어떤 조직이건 간에 조직원 상호 간의 의사소통, 다시 말해 커뮤니케이션은 여러모로 중요합니다. 그런데 화자의 메시지가 청자에게 전달되는 과정에서 그 뜻이 제대로 전달되지 않는다면, 다시 말해서 왜곡현상이 빚어진다면 어떻게 될까요?
그 조직은 제대로 원활하게 운영되기가 곤란하겠지요. 조직원 상호간에 의사소통이 분명하고 명확하게 이루어지기 위해선 먼저 우선으로 청자가 명쾌한 표현을 해야 합니다. 일반 사례들을 살펴보면, 화자가 추상적이거나 모호한 표현으로 전달하고서는 메시지가 확실히 전달되었을 거라고 혼자 믿어버리는 경우를 볼 수 있습니다. 그래서 확인 작업을 거치지 않는 경향이 발생하게 되지요.
그리고 청자 쪽에서도 모호한 메시지를 분명하게 확인치 아니하고, 지레짐작으로 화자의 뜻을 앞질러서, 그릇되게 해석을 하는 경우도 많이 볼 수 있는 현상입니다.
여러분! 청자와 화자 사이에 의사소통이 원활하게 이루어지려면 서로 추측적인 해석을 우선시해서는 안 됩니다. 무엇보다도 명쾌하지 않은 부분은 분명히 재확인하고 넘어가야만 효과적인 커뮤니케이션이 이루어질 수 있을 것입니다. 저는 지금까지 '의사소통의 중요성'에 대해서 말씀드렸습니다. 감사합니다.

(2) 예화 활용

【예제 1】

어떤 집에 강도가 들어 집주인에게 권총을 겨누며 고함을 질렀습니다.
"꼼짝 말고 손들어!"
집주인이 왼손만을 번쩍 들자 강도가 무서운 얼굴로 다그칩니다.
"왜 오른손은 들지 않는 거야?"
"신경통 때문에 오른팔은 들 수가 없습니다."
"신경통이라고? 사실 나도 신경통 때문에 고생하고 있는데……."

강도는 신경통이라는 말에 한결 부드러운 태도를 보입니다.
그리고 본래의 목적을 망각한 채 신경통에 좋다는 약을 설명하기 시작합니다.
너무나 열성적인 설명에 집주인마저도 상대가 강도라는 걸 잊고 관심 있게 설명을 듣습니다. 그러다가 이제 두 사람은 신경통 증세와 치료 방법에 관해 함께 이야기를 나눕니다. 여러분, 서로 간의 공통분모가 있으면 서로 통하게 되고 대화가 잘 이루어집니다. 서로 친밀감을 가지고 대화를 하고 싶거든 먼저 서로 간의 공통 화제를 찾아보시기 바랍니다.

[예제 2]

여러분 안녕하십니까? 최고를 향해 최선을 다하는 최고운입니다.
저는 오늘 여러분께 '의사소통의 중요성'에 대해서 말씀드리겠습니다.
먼저 우리 생활에서 볼 수 있는 사례를 하나 말씀드리겠습니다.
사장님께서 박 대리에게 심부름을 시킵니다.
"이봐, 박 대리! 오늘 저녁 8시 부산행 새마을호 기차표, 특실로 두 장만 끊어 오게."
"알겠습니다." 하면서 박 대리는 씩씩하게 역으로 달려갑니다.
그리고 나서는 잠시 후에 박 대리로부터 전화가 걸려옵니다.
"사장님! 특실은 다 팔렸고, 일반실 몇 장밖에는 없답니다. 어떻게 할까요?" "뭐? 특실이 다 팔렸다고? 그럼 할 수 없지 뭐." 이렇게 전화를 끊습니다.
그리고 얼마 후에 박 대리가 들어옵니다. "어이, 박 대리 수고했네? 근데 표는?" "표라니요? 사장님께서 할 수 없다고 하셔서 그냥 왔는데요." "무슨 소리야. 박 대리? 할 수 없으니까 일반석이라도 끊어 와야 할 거 아니야." 이렇게 말이 서로 잘못 전달돼서, 황당해지는 경우들을 우리 주위에서도 흔히 볼 수 있습니다. 사장님하고 박 대리하고, 둘 중에서 누가 잘못했을까요? 그렇지요. 둘 다 잘못한 것이지요.
사장님은 뜻을 분명하게 표현해야 했고, 박 대리는 확실한 뜻이 뭔지 다시 확인해야 했었지요. 여러분! 우리가 말을 할 때는 분명하게 뜻을 전하고, 말을 들을 때는 다시 확인하는 습관을 가집시다. 저는 지금까지 '의사소통의 중요성'에 대해서 말씀드렸습니다. 감사합니다.

(3) 예화 활용의 유의점

1) 예화는 쉽고 단순해야 합니다.

예화가 어렵고 복잡하다면 쉽게 설명하기 위한 예화의 활용 의미가 없어집니다.

2) 예화는 **짧아야** 합니다.

예화는 너무 길어서는 안 됩니다. 예화가 길면 청중은 지루해지고 단순하게 표현하고자 하는 예화의 활용 의미가 없어집니다.

3) 예화는 **명쾌해야** 합니다.

예화는 전하고자 하는 메시지를 더 분명하게 하기 위함인데 적절한 예화가 사용되지 못하고 불분명하다면 오히려 예화가 메시지의 초점을 흐리게 됩니다.

4) 예화는 **재미있어야** 합니다.

예화의 가장 큰 장점은 재미있다는 것입니다. 재미없는 예화를 사용하게 된다면 예화 사용의 의미가 반감될 수밖에 없습니다.

2. 비유법

청중이 이미 알고 있고 익숙해 있는 것에 비유해서 모르는 새로운 것을 설명하는 것은 아주 효과적인 스피치 방법입니다.

이를 '비유법'이라고 합니다. 비유를 활용해 설명하면 청중이 이해하기 쉽습니다. 그리고 재미있습니다. 아래의 두 가지 예제를 살펴보면서 비유를 활용했을 때와 그렇지 않았을 때의 차이를 느껴보시기 바랍니다.

(1) 비유 미활용

여러분, 우리가 어떤 일을 할 때는 여러 가지에 관심을 분산시켜 놓아서는 효율적으로 일을 수행해 내기가 어렵습니다. 자원과 에너지를 여러 곳에 투입하기보다는 목표하는 곳에 집중하는 것이 더욱 효과적입니다. 여러분, 일을 추진하실 때는 분산보다는 집중이 효과적이라는 것을 염두에 두시고 지혜롭게 일 처리를 하시기 바랍니다. 감사합니다.

(2) 비유 활용

여러분, 학창시절에 돋보기로 햇볕을 모아서 검은 색종이를 태웠던 기억이 나십니까? 어떻게 돋보기가 종이를 태울 수 있었을까요? 그것은 바로 한곳에 초점을 맞추고 그 한곳에 태양열을 집중시켰기 때문입니다. 마찬가지로, 우리가 일을 할 때도 이것저것 벌여놓기보다는 한곳에 집중하는 것이 훨씬 더 효과적입니다.
감사합니다.

(3) 비유 활용의 다양한 예

청중이 이미 잘 아는 것에 빗대어 자신이 말하고자 하는 것을 표현해봅시다.

【예제 1】

경제가 몸이라면 돈은 몸속을 도는 피입니다.
우리 몸에 피가 잠깐이라도 돌지 않는다면 우리는 죽게 됩니다. 그렇듯이 돈이 돌지 않으면 기업은 망하고, 우리 경제는 무너지게 되죠.

【예제 2】

　스피치 훈련을 한답시고 발성 훈련이나 배짱 훈련만 시키는 것은 운동선수에게 머리는 쓰지 않고 근육만 쓰도록 훈련하는 것과 같습니다.

【예제 3】

　기타 줄은 너무 팽팽하면 끊어지기 쉽고 너무 느슨하면 소리가 나지 않습니다. 그런 것처럼 우리의 신체도 적절한 긴장 유지가 중요한 것입니다.

3장
멋있고 근사하게 표현하기

1. 수사법을 활용한 표현 훈련

수사법은 말을 더 맛깔스럽게 효과적으로 전달하기 위한 방법입니다. 그리스 시대부터 오랜 역사를 거쳐 발전해 왔습니다. 크게 보아 강조법(强調法), 변화법(變化法), 비유법(比喩法)으로 분류해 볼 수 있습니다.

강조법은 말하려는 내용을 더 확실하고 뚜렷하게 나타내기 위한 표현법인데 과장법(誇張法) 반복법(反復法) 점층법(漸層法) 등이 있습니다.

변화법은 밋밋하지 않고 단조롭지 않게 말에 생기가 느껴지게 하는 표현법입니다. 설의법(設疑法), 돈호법(頓呼法), 대구법(對句法) 등을 예로 들 수 있습니다.

비유법은 표현하려는 대상을 청중이 쉽게 이해할 수 있는 대상에 빗대어 나타내는 표현법입니다. 직유법(直喩法), 은유법(隱喩法), 환유법(換喩法), 제유법(提喩法), 대유법(代喩法) 등이 비유법에 해당한다고 볼 수 있습니다.

앞에서 키케로가 분류한 스피치의 5대 분류 중에서 가장 섬세한 발전을 이룬 '스타일' 부분이 바로 이러한 수사법들입니다. 수사법의 다양한 기법에 대한 구체적인 내용은 이번 파워 스피치 특강에서 모두 다룰 수는 없어서 여러분께서 따로 공부해보시길 권합니다. 다음엔 스피치를 할 때 쉽게 효과적으로 쓸 수 있는 몇 가지 수사법의 실제 표현 사례를 살펴보도록 하겠습니다. 여러분도 아래의 내용을 바탕으로 수사법을 활용한 표현 기법을 응용해 보시기 바랍니다.

(1) 과장법

- 개미 한 마리 비집고 들어갈 틈이 없이 잠실 경기장은 관중으로 꽉 찼습니다.
- 절이 얼마나 조용한지 개미 기어가는 소리가 들릴 정도에요.

(2) 의성법

- 위기에 빠진 타잔이 숲을 향해 '아 아 아 아 ---' 하고 소리를 질렀습니다.
- 개 한 마리가 사자한테 채이더니 '깨갱' 하고 도망을 갔어요.

(3) 의태법

- 포동포동한 얼굴의 꽃분이가 방실방실 웃고 있었습니다.
- 오늘은 왠지 자신감이 철철 넘칩니다.

(4) 대구법

- 이성은 투명하되 얼음과 같고, 지혜는 날카로우나 갑 속에 든 칼입니다.
- 판단은 신중하게 해야 하고, 행동은 신속하게 해야 합니다.

(5) 직유법

- 찐빵같이 먹음직스런 둥근 달이 떴습니다.
- 그 사람의 성공담은 한 편의 드라마 같은 이야기입니다.

(6) 은유법

- 역사란 과거와 현재와의 대화입니다.
- 스피치는 한쪽 날개입니다.

(7) 의인법

- 바다가 춤추고 갈매기가 노래하는 환상의 섬 발리에 오신 걸 환영합니다.
- 하늘이 보고 있습니다.

(8) 비교법

- 책이 없는 궁전보다 책이 있는 마구간에 사는 것이 낫습니다.

(9) 설의법

- 국민의 뜻을 외면하고서 이런 일을 벌일 수 있는 것입니까?
- 사랑하는 사람과 함께 있고 싶은 것은 당연한 것 아닙니까?
- 여러분 중에 먹지 않고 살 수 있는 분이 한 사람이라도 있습니까?

(10) 문답법

- 예수님이 뭐라고 하셨습니까? 원수를 사랑하라고 하셨습니다.
- 성공하지 못하는 가장 큰 이유는 뭘까요? 바로 실패에 대한 두려움 때문입니다.

2. 시 활용 화법 연습

스피치는 산만하기보다는 간결하고 명쾌한 것이 좋습니다. 그런 점에서 스피치에 시를 활용하는 것은 매우 유용합니다. 효율적이면서도 멋스러움까지 더해주는 표현이 됩니다. 다음 시를 활용한 예제들을 활용해서 스피치를 해 봅시다.

【예제 1】
사랑하고 있어도 사랑할 수 없음은 안타까움입니다.
그런데 사랑할 수 있음에도 사랑하지 않음은 비극이라고 합니다.
여러분, 이제는 비극이 일어나지 않도록 우리 서로 사랑합시다.

【예제 2】

여러분은 혹시 속눈썹에 가뭄 든 사람이 되어가고 있지는 않으십니까?
눈물이 메마르면 감정이 메마르고, 결국은 인생이 메말라집니다.
눈물은 우리의 인생과 우리의 영혼을 정화해주는 청정수입니다.

【예제 3】

두려움을 태울 때 자신감의 향내가 납니다.
두렵지만 해내는 동안 자신감이 생기는 것이지요.

【예제 4】

별은 밤하늘이 어두울수록 더 빛이 납니다.
여러분! 현실이 힘들다고 좌절하지 말고
모두 밤하늘에 밝게 빛나는
별이 되시기 바랍니다.

【예제 5】

삶은 승자의 전유물이 아닙니다.
삶은 사랑하는 사람들의 소유입니다.
여러분, 승자가 되기 위한 전쟁을 이제 그만두고,
서로 따뜻한 마음으로 사랑을 나누었으면 좋겠습니다.

【예제 6】

여러분, 세상에서 가장 중요한 날은 바로 오늘입니다.
어제의 비로 오늘의 옷을 적시지 말고,
내일의 비를 위해 오늘의 우산을 펴지도 맙시다.
여러분, 오늘에 충실 합시다.

【예제 7】

연탄재 함부로 발로 차지 마라.
너는 누구에게 한 번이라도 뜨거운 사람이었느냐?
안도현 시인의 '너에게 묻는다'란 시 구절입니다.
여러분, 열정을 가지고 삽시다.

평소에 시집들을 펼쳐들고 아름다운 시들을 감상하면서 그중에서 멋진 표현이 있으면 자신의 스피치에 활용해 보시기 바랍니다. 그리고 시 몇 편쯤은 외울 수 있는 멋스러운 사람이 됩시다. 스피치 도중에 내용과 연관된 시 낭송을 활용하는 것도 좋은 방법의 하나입니다.

3. 연결 고리 화법 실습

애기들을 주절주절 늘어놓는 것보다 간결하면서도 명쾌한 표현이 좋습니다. 그런 점에서 연결 고리 화법은 간결함과 명쾌함뿐만 아니라 운율이 있고 멋스러움을 줍니다. 그리고 말하기도 듣기도 재미있습니다. 단순히 어떤 내용을 말하기보다 좀 더 분명하고 정돈된 느낌이 듭니다. ( ) 속에 다른 말을 넣어 자신만의 표현을 해보세요. 그리고 연결 고리 화법을 활용해서 자신이 직접 여러 가지 표현을 만들어 봅시다.

(몸)은 (마음)에 의존하고
(마음)은 (돈지갑)에 의존한다. -탈무드-

(부자)가 되려면 (부자 마인드)가 필요하고
(부자 마인드)는 (부자에 대한 올바른 이해)에서 생겨납니다.

(아이를 가지기)가 어려운 것이 아니라 (아이를 낳기)가 어렵고
(아이를 낳기)가 어려운 것이 아니라 (아이를 키우기)가 어렵고
(아이를 키우기)가 어려운 것이 아니라
(아이를 사람답게 만들기)가 어려운 것입니다.

(성공)은 (훌륭한 행동)에서 나오고
(훌륭한 행동)은 (훌륭한 판단)에서 나오고
(훌륭한 판단)은 (훌륭한 경험)에서 나오고
(훌륭한 경험)은 (많은 실수)에서 나옵니다.

(훌륭한 스피치)는 (훌륭한 연사)에서 나오고
(훌륭한 연사)는 (훌륭한 준비)에서 나오고
(훌륭한 준비)는 (훌륭한 훈련)에서 나오고
(훌륭한 훈련)은 (훌륭한 교육)에서 나옵니다.

4장
언어의 순발력 높이기

1. 삼행시 짓기

　삼행시 짓기는 스피치를 할 때 언어의 순발력을 길러 주는데 아주 도움이 됩니다. 스피치 수업 시간에 '스피치'란 단어로 삼행시 짓기를 했습니다. 아래와 같이 아주 다양한 삼행시가 탄생되었습니다. 여러분도 한 번 지어보세요.

　　스스로의 도전의식으로 / **피**하지 말고 부딪히면 / **치**솟는 자신감
　　스마일 표정은 / **피**로를 씻어주는 / **치**료약입니다.
　　스치듯 지나가는 / **피**리 소리처럼 / '**치**르륵' 하는 벌레 소리
　　스리랑카에서 만든 / **피**아노는 / **치**기가 좋아요.
　　스몰사이즈 마음은 / **피**곤하게 만듭니다 / **치**사해지고요.
　　스키를 오래 탔더니 / **피**곤이 몰려와서 / **치**질이 도졌어요.
　　스피치를 / **피**하면 / **치**졸해집니다.
　　스피치를 할 때는 / **피**부에 와 닿는 말을 하자 / **치**약처럼 상큼한 말을 하자.

2. 템플리트 활용 스피치 훈련

　어느 초등학교에서 다음과 같은 괄호 넣기 글짓기 시험문제가 있었습니다.

[문제] "(   )라면 (   )겠다."를 사용해 완전한 문장을 지어보세요.
[다양한 정답] "(내가 부자)라면 (가난한 사람들을 도와 주)겠다."
            "(내가 의사)라면 (어려운 이웃들의 병을 무료로 고쳐 주)겠다."
            "(내가 신이)라면 (지구상의 모든 전쟁을 없애)겠다."
[어떤 어린이의 답] "(컵)라면 (맛있)겠다."

템플리트란 말은 본뜨는 공구나 형판을 말합니다. '템플리트 활용 스피치 훈련'이란 방금 초등학교 괄호 넣기 문제처럼 스피치의 일정한 원고 틀을 만들어 놓고 괄호 속에 자신의 말을 집어넣는 훈련입니다. 스피치가 정돈되지 못하고 말을 짜임새 있게 표현하는 것이 서투른 경우 이 연습을 해보는 것이 도움됩니다. 또한, 템플리트를 한 번만 훑어 본 후 준비 없이 바로 읽어나가며 즉흥으로 말을 채워나가는 훈련은 말의 순발력을 기르는데 아주 유용합니다.

 유머 : 담배는 사색을 낳고 술은 철학을 낳고 여자는? (사람)을 낳는다.

(1) 실습 I (짜임새 있는 템플리트 스피치 훈련)

다음 템플리트를 활용해서 괄호 안을 자신의 언어로 채워봅시다. 그리고 이를 바탕으로 스피치를 해 봅시다.

여러분 반갑습니다. (만남을 소중하게 생각하는) ○○○**입니다.**
저는 오늘 여러분께 ('행복한 인간관계의 비결')**이란 주제로 말씀드리겠습니다.**
(사람은 사회적 동물이라고 아리스토텔레스는 말했습니다.
그렇습니다. 인간은 서로 얽히고 부대끼면서 살아가는 존재입니다.
그러다 보니까 오해도 많고 다툼도 많습니다.
그럼, 어떻게 하면 인간관계를 행복하게 잘할 수 있을까요?)
저는 그 비결을 세 가지로 요약해서 말씀드리겠습니다.

첫째로 (먼저 자기 자신을 존중하라는 것)**입니다.**
(타인도 존중해야 하지만 먼저 자기 자신을 존중해야 합니다.

자기 자신을 존중하는 사람이야말로 타인을 올바로 존중할 수 있기 때문입니다.)

둘째는 (상대방과 입장을 바꿔서 생각해보라는 것)**입니다.**
(우리가 상대편 입장이 되었을 때 그때야 우리는 상대방을 제대로 이해할 수 있습니다. '역지사지의 태도' 바로 이것이 인간관계의 기본입니다.)

셋째는 (좀 손해 본 듯하며 살라는 것)**입니다.**
(악착같이 하나라도 더 얻으려고 하는 욕심이 서로의 사이에 금이 가게 합니다. 상대방이 좀 이득을 보고 내가 좀 모자란듯하게 얻으면 인간관계는 아주 평화로워집니다.)

지금까지 저는 ('행복한 인간관계의 비결' 세 가지를) **여러분께 말씀드렸습니다.**
(우리 인간은 혼자서는 나약한 존재입니다. 하지만, 서로 힘을 합하면 아주 강해집니다.) **여러분 모두** (행복한 인간관계를 이루시길) **바랍니다. 감사합니다.**

(2) 실습Ⅱ (템플리트 활용 즉흥 스피치 훈련)

다음의 템플리트를 한 번만 읽어 본 후 준비 없이 곧바로 말을 채워 봅시다. 주제를 바꿔가며 다른 내용으로도 말을 풀어 봅시다.

① 템플리트 1

여러분 반갑습니다.
(**알면 알수록 정이 가는 사람**) (○○○)입니다.
저는 오늘 여러분께 (**다이어트**)에 대해서 말씀드리겠습니다.
(**다이어트**)는 여러분께서 아시다시피 (**비만하지 않도록 식사를 조절하는 것**)입니다.
요즘엔 (**누구나 다이어트가 중요하다는 걸 공감하고**) 있습니다.
만약에 (**식사 조절 없이 많이 먹기만**) 한다면, (**온갖 성인병에 시달리게 될 것**)입니다.
중요한 것은 (**다이어트를 알고 있다는 것이 아니라 실천해야 한다는 것**)입니다.
여러분, 우리 모두 (**다이어트를 생활화해서 건강**)합시다.
끝까지 경청해 주셔서 감사합니다.

② 템플리트 2

여러분 안녕하십니까? (**가슴이 따뜻한**) 사람 (○○○)입니다.
여러분, 여러분은 요즘 텔레비전의 인기 프로인 (**대장금**)을 즐겨 보십니까?
저는 이 프로를 무척 재미있게 보고 있습니다.
제가 이 프로를 즐겨보는 이유는 (**너무나 감동적이고 재미있기**) 때문입니다.
또 이 프로는 우리에게 (**삶의 지혜를 깨우쳐**) 줍니다.
여러분께도 (**대장금**)을 꼭 시청해 보시길 권해 드립니다.

③ 템플리트 3

여러분 반갑습니다. (○○○)입니다.
날씨가 (**참 화창**)합니다.
오늘 저는 여러분께 (**보험**)에 대해서 말씀드릴까 합니다.
여러분은 (**보험**)에 대해서 어떻게 생각하십니까?
저는 (**보험**)은 (**경제적 에어백**)이라고 생각합니다.
왜냐하면 (**곤경에 처했을 때 우리를 경제적 파산에서 구해주기**) 때문입니다.
그래서 저는 (**여러분께서도 빠짐없이 보험에 가입하시길**) 바랍니다.
저는 지금까지 (**보험**)에 대해서 말씀드렸습니다. 감사합니다.

5장
자신만의 템플리트 만들기

 자신만의 템플리트를 만들어 봅시다. 사람마다 자주 하게 되는 스피치가 있습니다. 스피치는 말을 훌륭하게 하는 기술이므로 후천적인 학습에 의해 습득할 수 있는 능력입니다. 즉 수학 문제를 공식에 대입하여 풀듯 지속적으로 자신만의 말하기 공식을 만들어 반복 훈련하다 보면 우리가 스케이트나 운전을 배우듯이 누구나 말을 잘할 수 있게 됩니다. 템플리트를 활용해서 자신의 말 길을 잘 닦아 봅시다. 자신만의 다양한 템플리트를 만들어 보는 과정에서, 그리고 그 템플리트를 활용해서 연습해보는 과정에서 원고 작성 기술, 짜임새 있는 구성력, 다양한 표현력, 언어의 순발력 향상 등 여러모로 유익함을 얻을 것입니다.

1. 자기소개 스피치와 마무리 스피치

 우리가 대중을 상대로 스피치할 때 제일 많이 하게 되는 스피치가 바로 처음 만났을 때 돌아가면서 하게 되는 자기소개 스피치와 모임이나 행사가 끝났을 때 하게 되는 마무리 스피치가 아닌가 생각합니다.

(1) 자기소개 스피치

 자기소개 스피치를 통해 자신의 이름, 사는 곳과 어떻게 해서 이곳에 오게 되었는지 등을 말함으로써 상호 간의 공감대를 형성할 수 있습니다.

자기소개 스피치는 5단계로 내용을 조직할 수 있는데, 이에 대한 내용 조직 프레임은 다음 [표 1]과 같습니다.

> [표 1] 자기소개 스피치의 내용 조직 프레임
> ① 시작 단계, ② 거주지 소개 단계, ③ 직업 소개 단계, ④ 참여 동기 소개 단계, ⑤ 마무리 단계

 자기소개 스피치의 구체적인 내용 조직 방법

(상황) 우이동에 사는 아무개 씨가 홍길동 선생님의 소개로 어느 봉사 단체에 참석하게 되었습니다. 자기소개를 하려고 합니다.

① 시작 단계

전체 5단계 중 시작 단계는 1단계에 해당되는 것으로써 인사와 함께 자신을 소개하는 단계입니다. 이때 밋밋하게 이름만을 이야기할 수도 있으나 자신을 표현할 수 있는 적당한 수식어를 앞에 놓는 것도 자신을 알리고 기억시키는 데에는 좋은 방법이 될 수 있습니다. 이에 대한 구체적인 템플리트는 다음 (1)과 같습니다.

(1) 템플리트 1
  ① 안녕하십니까? 멋진 사람(남자, 여자) ○○○입니다.
  ② 안녕하십니까? 스피치가 즐거운 사람 ○○○입니다.

③ 안녕하십니까? 운이 좋은 사람 ○○○입니다.
④ 안녕하십니까? 행운을 기다리기보다는 행운을 개척해 나가는 사람 ○○○입니다.
⑤ 안녕하십니까? 상큼한 사람(남자, 여자), 괜찮은 사람, 사랑을 아는 사람의 화끈한 데이트 상대자 ○○○입니다.

때로는 자신의 이름을 한 음절씩 청중에게 운을 떼어 달라고 하여 멋진 삼행시를 읊어 보는 것도 효과적일 경우도 있습니다. 이에 대한 템플리트는 다음 (2)와 같습니다.

(2) **템플리트 2**
안녕하십니까? 저의 이름은 김현기입니다. 저의 이름자로 삼행시를 지어 보도록 하겠습니다. 여러분께서 운을 떼어 주시면 고맙겠습니다.

김 : 김삿갓의 풍류를 아는 남자
현 : 현재 이 시대가 요구하는 남자
기 : 기상나팔처럼 21세기를 힘차게 열어갈 남자 김현기입니다.

② 거주지 소개 단계

전체 5단계 중 거주지 소개 단계는 2단계에 해당되는 것으로써 자신이 거주하는 지역명을 소개하는 단계입니다. 다른 곳에도 같은 지역명이 있다면 광역 지명을 붙여줍니다. 예를 들면 광주광역시가 아닌 경기도 광주라고 표현하는 것입니다. 또한 마을 이름의 유래나 관련된 이야기 등을 덧붙이는 것도 좋은 방법이 될 수 있습니다.

템플리트) 존경하는 여러분과 우의를 다지고자 우이동에서 비행기를 타고 오는 꿈을 꾸며 버스를 타고 급하게 달려왔습니다.
우이동의 우이란 지명은 소의 귀처럼 생긴 봉우리의 아래에 있다고 이름 지어졌다고 합니다. 우이독경(소귀에 경 읽기)이 되지 않도록 여러분의 훌륭하신 고견을 잘 경청하겠다는 마음으로 이 자리에 참석하게 되었습니다.

③ **직업 소개 단계**

전체 5단계 중 직업 소개 단계는 3단계에 해당되는 것으로써 자신의 직업을 소개하는 단계입니다. 사람들이 가장 궁금해 하는 것 중의 하나가 바로 직업입니다. 상황에 따라 직업 선택의 배경, 일의 보람, 직업의 사회적 기여도 등을 언급해 주어도 좋겠습니다.

> 템플리트) 저는 기타학원을 운영하고 있습니다. 고등학교 때부터 음악을 좋아해서 만날 기타만 메고 다녀 부모님으로부터 꾸중을 듣기도 했지만, 이젠 저의 행복한 천직이 되었습니다. 특히 요즘은 7080세대들이 취미로 음악을 하려는 분들이 많아 그분들에게 삶의 활력을 드리는 것 같아 더 보람을 느끼고 있습니다.

④ **참여 동기 소개 단계**

전체 5단계 중 참여 동기 소개 단계는 4단계에 해당되는 것으로써 자기소개를 하는 곳에 오게 된 동기를 이야기하는 단계입니다. 이때 모임을 소개해 준 사람이나 모임에 대한 관심 정도 등을 표현합니다.

> 템플리트) 이 모임의 부회장님이신 홍길동 선생님의 권유로 오늘 이 자리에 함께하게 되었습니다. 각계각층의 분들이 허심탄회하게 대화를 나누며 함께 봉사 활동을 하는 멋진 모임이라 소개를 받았는데 정말 가슴이 설레고 기대가 됩니다.

⑤ **마무리 단계**

전체 5단계 중 마무리 단계는 5단계에 해당되는 것으로써 끝 인사로 마무리하는 단계입니다. 이때 앞으로의 계획·다짐·소망·덕담 등을 표현하면 좋을 경우가 많습니다. 마지막은 주로 감사로 끝맺습니다.

> 템플리트) 아무쪼록 우리의 만남이 소중한 인연으로 계속 이어지길 바랍니다. 앞으로 저도 열심히 활동하겠습니다. 많이 격려해 주시고 이끌어 주시길 바랍니다. 감사합니다.

앞에서 제시했던 자기소개 스피치에 대한 5단계 템플리트의 전체 흐름을 살펴보기 위해 하나의 실습 템플리트로 제시하면 다음과 같습니다.

자기소개 스피치의 실습 템플리트 1(짧은 소개)

(상황)

구청에 근무하는 이영희 씨가 친구의 소개로 어느 모임에 처음 참석하게 되었습니다.

(안내 지침)

새롭게 모임의 일원으로 참석한 경우의 자기소개는 길게 늘어놓기보다는 짤막한 자기소개가 더 적절하겠습니다. 이름, 거주지, 직업을 간단히 소개하고 참여 동기를 짤막하게 언급하고 나서 긍정적인 바람을 담은 마무리로 진행하는 것이 효과적입니다. 첫 모임에서는 첫인상이 중요한 만큼 밝은 표정과 밝은 어조로 말하는 것이 좋겠습니다.

(실습 템플리트)

안녕하십니까? (멋진 여자 이영희)입니다. (허리 숙여 인사) (① 시작 단계)
저는 (중랑구 면목동)에 살고 있습니다. (② 거주지 소개 단계)
그리고 저는 (중랑구청)에 근무하고 있습니다. (③ 직업 소개 단계)
저는 오늘 여러분과 좋은 인연을 맺고자 이 자리에 참석했습니다.
　　　　　　　　　　　　　　　　　　　　(④ 참여 동기 소개 단계)
우리 모두 즐겁고 뜻깊은 시간을 가졌으면 합니다. 감사합니다.
　　　　　　　　　　　　　　(허리 숙여 인사)　(⑤ 마무리 단계)

Power Tip

고개만 숙여 인사하는 것은 목례라고 합니다. 이는 가벼운 인사입니다. 스피치를 할 때 목례는 적절하지 않습니다. 고개는 움직이지 않고 허리를 숙여 제대로 인사하는 것이 정중한 인사법이 되겠습니다. 또한 청중이 손뼉을 칠 수 있는 시간을 주고 정중함을 더 하고자 허리를 숙인 상태에서 잠깐(약 1~2초 정도) 머물러 줍니다.

자기소개 스피치의 실습 템플리트 2(긴 소개)

(상황)
경기대학교 사회교육원 리더스 스피치 과정 주임 교수로 근무하는 김현기 씨가 개강하는 날 수강생들에게 자기소개 스피치에 대한 시범을 보이려고 합니다.

(안내 지침)
주임 교수로서의 자기소개는 지나치게 간략한 표현보다는 학습자들에게 더욱더 풍성한 자기소개가 필요하겠습니다. 효과적인 교육이 되려면 학습자와 교육자 간의 친밀감 형성이 무엇보다도 필요하기 때문입니다. 전체적으로는 긍정적, 발전적인 내용을 담는 것이 좋겠습니다.

(실습 템플리트)
안녕하십니까? 김현기입니다. (① 시작 단계)
훌륭하고 멋지신 여러분을 만나 뵙고자 중랑구 상봉동*에서 왔습니다. '상봉'이라는 단어를 사전에서 살펴보면 여러 가지 뜻 중에서 '서로 만난다.'라는 뜻도 있듯이 여러분과의 오늘 만남이 앞으로 소중한 인연으로 발전하여 가리라는 기대를 하고 있습니다. (② 거주지 소개 단계)
'걸림돌이 디딤돌이 된다.'*라는 금언도 있습니다만, 말에 자신이 없던 제가 그러한 저의 걸림돌을 디딤돌로 바꾸고자 스피치 연구에 연구를 거듭하다 보니까 몇 년 전부터는 여러 기업체와 대학교 사회(평생)교육원 등에서 다른 사람의 발표를 돕는 스피치 강사(교수)의 일을 하게 되었습니다. (③ 직업 소개 단계)
여러분을 만나 뵙게 되어 대단히 기쁘게 생각합니다. 앞으로 여러분과 함께하게 될 15주 동안 여러분의 스피치 실력 향상을 위해 온 정성을 쏟겠습니다. (④ 참여 동기 소개 단계)
끝으로 15주 동안 여러분과 함께하는 모든 시간이 우리 모두에게 값진 시간, 유익한 시간, 행복한 시간이 되기를 바라면서 제 소개를 마칩니다. 감사합니다. (⑤ 마무리 단계)

 **Power Tip**
이 부분에 거주지 소개와 함께 자기 복장에 대한 색상으로 자기를 소개하는 방법도 있습니다. 예를 들자면, "제가 오늘 매고 나온 넥타이가 파란색 넥타이입니다.

> 파란색은 제가 제일 좋아하는 색입니다. 파란색은 우리에게 시원하고 진취적인 느낌을 줍니다. 그래서인지는 몰라도 처음 사람을 만나러 가는 자리이거나 귀한 분을 만나러 갈 때에는 저도 모르는 사이에 이 파란색 계통의 넥타이에 손이 가게 됨을 느낍니다."
>
> 이 부분에다 다음과 같은 구절을 삽입하는 것도 좋을 수가 있습니다. 예를 들면, "저는 무슨 일을 하게 되면 그 일에 흠뻑 빠져서 헤어 나오지 못하는 성향을 가지고 있기도 합니다. 저는 현재 스피치 연구와 교육 활동에 한참 몰입해 있는 상태입니다."

(2) 마무리 스피치

마무리 스피치는 어떤 행사를 마치고 소감을 발표할 때 하게 되는 스피치를 말합니다. 마무리 스피치의 경우에도 5단계로 내용을 조직할 수 있는데, 이에 대한 내용 조직 프레임은 다음 [표 2]와 같습니다.

> [표 2] 마무리 스피치의 내용 조직 프레임
> ① 시작 단계, ② 감사 단계, ③ 소감 피력 단계, ④ 보충(다시 감사) 단계, ⑤ 마무리 단계

마무리 스피치의 구체적인 내용 조직 방법

(상황) ○○○ 씨가 1박 2일의 스피치 연수 교육을 마치고, 참가한 사람들이 한 명씩 돌아가면서 느낌을 이야기하는 마무리 스피치 시간입니다.

① 시작 단계

첫 번째 순서는 청중에 대한 인사와 자기소개를 하는 단계입니다. 행사를 마친 경우이므로 청중과도 가까워진 상황에서의 스피치입니다. 지나치게 격식을 차려 말하려 하지 말고 마음을 열고 친근한 표현을 하도록 합니다.

템플리트) 안녕하십니까? 스피치가 즐거운 남자(여자) ○○○입니다.

② 감사 단계

두 번째 순서는 주최자와 관계자, 동료에 대한 감사의 인사를 전달하는 단계입니다. 마무리 스피치의 방향은 감사입니다. 주최 측과 관계자의 노고에 대한 감사를 표합니다.

템플리트) 우선 우리에게 이렇게 좋은 배움의 기회를 열어 주시고, 1박 2일 동안 우리의 스피치 실력 향상을 위해 힘써주신 ○○○ 원장님께 깊은 감사의 말씀을 드립니다.

③ 소감 피력 단계

세 번째 순서는 자기의 소감을 피력하는 단계입니다. 마무리 스피치는 과거, 현재, 미래의 시간적 구성법으로 내용을 전개해 나가면 효과적입니다. 마무리 스피치는 모임이 끝날 때 소감을 한마디씩 하는 경우의 스피치이므로 부정적인 내용은 자제하고 긍정적인 면을 부각시키도록 합니다.

템플리트)
1) 과거 : 참여 동기
   종로의 한 스피치 트레이닝 센터에서 ○○○ 선생님을 만나 이 뜻깊은 교육 과정에 참가하게 되었습니다.

2) 현재 : 교육 후 소감(긍정적으로)
   교육을 마친 지금의 제 심정은 벅찬 감동과 기쁨으로 넘칩니다. 그리고 이번 연수에 참석하길 정말 잘했다는 생각이 듭니다. 좋은 분들도 만나고, 즐겁게 스피치 교육도 받으면서 여러분과 정을 많이 나누었습니다. 함께 보낸 시간은 비록 짧은 기간이지만 제 가슴 속에 소중한 추억으로 간직되리라 믿습니다.
   모든 교육이 체계적이고 알찬 내용으로 진행이 잘 되었습니다. 특히 인간관계에 대한 교육은 정말 제 마음을 울리는 감명 깊은 강의였습니다.

3) 미래 : 계획과 다짐
   앞으로 이 교육을 통해 얻게 된 강한 자신감과 행동력을 가지고 실생활에서 꾸준히 스피치를 연마해 나간다면 우리는 모두 21세기에 빛나는 멋진 성공인이 될 수 있으리라 믿습니다.

④ 보충(다시 감사) 단계

네 번째 순서는 주최자와 관계자, 동료에게 다시 한 번 감사의 인사를 전하는 단계입니다. 혹은 ② 감사 단계에서 아직 표현하지 못한 분(들)에게 감사의 인사를 전달하는 단계입니다.

> **템플리트)** 이번 스피치 연수 교육을 통해 서로 격려해 가며 스피치에 함께 몰두했던 여러분 모두에게 감사드립니다. 아울러 여러분 모두가 스피치의 달인이 되시기 바랍니다.

⑤ 마무리 단계

다섯 번째 순서는 끝 인사로 마무리하는 단계입니다. 감사의 마음을 듬뿍 담아 감사의 눈빛과 감사의 말로 간략히 마무리합니다. 마무리 말은 '감사합니다.'로 할 수도 있겠고 '이것으로 저의 소감의 말씀을 마칩니다. 감사합니다.'로 끝낼 수도 있겠습니다.

> **템플리트)** 이것으로 스피치 연수 교육 수료 소감의 말씀을 마칩니다. 감사합니다.

앞에서 제시했던 마무리 스피치에 대한 5단계 템플리트의 전체 흐름을 살펴보기 위해 마무리 스피치를 하나의 실습 템플리트로 제시하면 다음과 같습니다.

 마무리 스피치에 대한 실습 템플리트

(상황)
손정숙 씨가 경기대학교 사회교육원 리더스 스피치 과정 15주의 스피치 교육을 마치고 스피치를 하려고 합니다.

(안내 지침)

스피치 과정 수료 소감을 발표하는 자리이니만큼 스피치를 잘해야만 하는 부담이 있을 것입니다. 하지만 발전된 기쁨과 열심히 지도해주신 분에 대한 감사의 마음이 충만하다면 부담은 사라지고 마음 담은 스피치만이 남게 될 것입니다. 인사로 시작한 다음 지도해 주신 교수님에 대한 감사를 바로 이어가는 것이 자연스러운 순서가 되겠습니다. 그리고 교육을 통해 느낀 소감을 피력하고 보충 단계에서 다시 감사하고 바람을 덧붙입니다.

(실습 템플리트)

안녕하십니까? 스피치가 즐거워진 여자 손정숙입니다. (① 시작 단계)

한 학기 동안 저희를 위해 애써 주시고 열정을 다해 지도해 주신 홍길동 교수님께 감사드립니다. (② 감사 단계)

스피치로 고민하던 저에게 전 기수이신 홍명보 선생님께서 소개를 해주셔서 리더스 스피치 교육 과정에 참여하게 되었습니다.

이젠 스피치가 즐거워졌습니다. 자신감도 많이 얻었습니다.

다음 학기에도 다시 재등록해서 계속 열심히 해나갈 생각입니다. (③ 소감 피력 단계)

여러분께서 함께 해주셨기에 더욱 힘이 났습니다. 이 기회를 빌려 스피치에 함께 몰두했던 여러분 모두에게 감사의 말씀을 드립니다. 앞으로도 여러분과 계속 좋은 인연 가꾸어 나갔으면 합니다. (④ 보충(다시 감사) 단계)

이상으로 저의 수료 소감의 말씀을 마칩니다. 감사합니다. (⑤ 마무리 단계)

2. 경연 대회에서 사회 보기 스피치

강연회에서의 사회 보기는 특정 강사 한 명 혹은 적은 인원을 소개합니다. 따라서 소개 내용을 좀 더 길게 구체적으로 구성할 수 있습니다.

하지만 경연 대회의 사회 보기 스피치는 경연 대회에 참여하는 모든 참여자를 사회자가 소개해야 합니다. 그러므로 시간 관리가 중요합니다. 한 분당 소개 시간이 길어지게 되면 시간 운영이 어려워질 수 있고 참여자보다 사회자가 말을 더 하게 되는 우스꽝스런 분위기가 되어버릴 수도 있겠습니다. 경연 대회에서 사회를 보는 사회자는 연사를 장황하게 소개하기보다는 연사를 빛낼 수 있는 핵심만을 집어 간결하고 짧게 소개하도록 하는 것이 효과적입니다.

(1) 첫 번째 연사의 발표 전

첫 번째 연사의 발표 전 경연 대회 사회 보기 스피치는 5단계로 내용을 조직할 수 있는데, 이에 대한 내용 조직 프레임은 다음 [표 3]과 같습니다.

> [표 3] 첫 번째 연사의 발표 전 경연 대회 사회 보기 스피치의 내용 조직 프레임
> ① 시작 단계, ② 관심 끌기(호감 사기) 단계, ③ 개회 선언 단계, ④ 연사와 주제 소개 단계, ⑤ 박수 유도 단계

 첫 번째 연사의 발표 전 경연 대회의 사회 보기 스피치의 구체적인 내용 조직 방법

① 시작 단계

첫 번째 순서는 청중에 대한 인사와 자기소개를 하는 단계입니다.

② 관심 끌기(호감 사기) 단계

두 번째 순서는 청중에게 관심 끌기(호감 사기)를 하는 단계입니다.

③ 개회 선언 단계

세 번째 순서는 청중에게 개회 선언을 하는 단계입니다.

④ 연사와 주제 소개 단계

네 번째 순서는 청중에게 첫 번째 연사와 발표 주제를 소개하는 단계입니다.

⑤ 박수 유도 단계

다섯 번째 순서는 청중이 첫 번째 연사에게 응원의 박수를 보낼 수 있도록 박수를 유도하는 단계입니다.

앞에서 제시했던 첫 번째 연사의 발표 전 경연 대회 사회 보기 스피치에 대한 5단계 내용 조직 프레임의 전체 흐름을 살펴보기 위해 하나의 실습 템플리트를 제시하면 다음과 같습니다.

 첫 번째 연사의 발표 전 경연 대회 사회 보기 스피치에 대한 실습 템플리트

(실습 템플리트)
안녕하십니까?
오늘의 사회*를 맡게 된 미소가 멋진 남자(여자) ○○○입니다. (① 시작 단계)
　스피치를 사랑하시는 여러분을 이렇게 건강한 모습으로 한자리에서 뵐 수 있게 되어 대단히 기쁘고 반갑습니다. 여러분! 오늘은 좋은 날입니다. 왜냐하면 그동안 훌륭하신 ○○○ 교수님으로부터 전수받은 스피치 실력을 마음껏 발휘할 좋은 기회의 장이 펼쳐졌기 때문입니다.
　아무쪼록 여러분과 함께하는 오늘 바로 이 시간이 우리 모두에게 도움이 될 수 있는 값진 시간, 소중한 시간, 유익한 시간이 되시기를 바랍니다. (② 관심 끌기(호감 사기) 단계)
　그럼, 지금부터 2010년 제9회 ○○대학교 사회(평생)교육원 주최 파워 스피치 경연 대회를 시작하겠습니다. (③ 개회 선언 단계)
　(연사의 소속·이름·직함·직업 등 이력을 소개하고 발표 주제를 소개)
　그럼, 첫 번째 연사부터 여러분께 소개해 드리도록 하겠습니다. 제일 먼저 발표를 해 주실 분은 한 학기 동안 우리 학우들을 위해 봉사를 아끼지 않으신 우리들의 회장님입니다.
　오늘 우리에게 '행복의 비결'이라는 주제로 스피치를 해 주실 참가 번호 1번 ○○○ 연사님을 소개합니다. (④ 연사와 주제 소개 단계)
　여러분, 힘찬 박수로 환영해 주시기 바랍니다. (⑤ 박수 유도 단계)

Power Tip

* 말을 잘하는 사람은 많아도 사회를 잘 보는 사람은 드물다는 얘기가 있을 정도로 사회를 잘 보기는 쉬운 일이 아닙니다. 사회자는 돌아가는 내용을 모두 꿰뚫고 있어야 하기 때문입니다. 따라서 사회는 그 계통의 최고 권위자가 보는 것이 원칙입니다. 그래야 패널 석에서 나온 어려운 얘기를 청중에게 쉽게 요약해서 얘기해 주고, 질문을 반복 확인하여 질문의 정확한 의도를 파악해서 본 의제가 옆길로 새는 것을 방지해 줄 수 있기 때문입니다.

* 사회를 한다고 하지 않고 왜 사회를 본다고 할까요?
  그것은 단순한 진행을 뛰어넘어 모임의 분위기를 살펴 참가자들의 심리 상태까지 잘 파악하고 조절하면서 진행해야 하기 때문에 사회를 본다고 말하는 것입니다.

(2) 첫 번째 연사의 발표 후

첫 번째 연사의 발표 후 경연 대회 사회 보기 스피치의 내용 또한 5단계로 조직할 수 있는데, 이에 대한 내용 조직 프레임은 다음 [표 4]와 같습니다.

> [표 4] 첫 번째 연사의 발표 후 경연 대회 사회 보기 스피치의 내용 조직 프레임
> ① 격려 단계, ② 내용 요약 단계, ③ 격려의 박수 유도 단계, ④ 다음 연사와 주제 소개 단계, ⑤ 환영의 박수 유도 단계

 첫 번째 연사의 발표 후 경연 대회 사회 보기 스피치의 구체적인 내용 조직 방법

① 격려 단계

첫 번째 순서는 발표를 마친 연사에게 격려의 마음을 전달하는 단계입니다.

② 내용 요약 단계

두 번째 순서는 발표를 마친 연사의 발표 내용을 요약하는 단계입니다.

③ 격려의 박수 유도 단계

세 번째 순서는 청중이 발표를 마친 연사에게 격려의 박수를 보낼 수 있도록 박수를 유도하는 단계입니다.

④ 다음 연사와 주제 소개 단계

네 번째 순서는 다음(두 번째, …) 연사와 발표 주제를 소개하는 단계입니다.

⑤ 환영의 박수 유도 단계

다섯 번째 순서는 청중이 다음(두 번째, …) 연사에게 환영의 박수를 보낼 수 있도록 박수를 유도하는 단계입니다.

앞에서 제시했던 첫 번째 연사의 발표 후 경연 대회 사회 보기 스피치에 대한 5단계 내용 조직 프레임의 전체 흐름을 살펴보기 위해 하나의 실습 템플리트를 제시하면 다음과 같습니다.

 첫 번째 연사의 발표 후 경연 대회 사회 보기 스피치에 대한 실습 템플리트

(실습 템플리트)

○○○ 연사님, 참으로 훌륭한 발표였습니다. 첫 번째로 나오셔서 스피치를 한다는 것이 결코 쉬운 일은 아닌데요, 우리들의 대표답게 멋있는 모습으로 잘 해주셨습니다. (① 격려 단계)

특히, "행복하려면 행복하여라."라는 짧고 강한 여운을 남기는 멘트로 마무리하는 기법은 참으로 감동적이었습니다. 그것은 한 학기 동안 진행된 리더스 스피치의 학습 결과가 아닌가 생각됩니다. (② 내용 요약 단계)

여러분! 오늘 '행복의 비결'이라는 주제로 훌륭한 발표를 해주신 ○○○ 연사님

께 다시 한 번 힘찬 격려의 박수를 부탁합니다. (③ 격려의 박수 유도 단계)

계속해서 다음 연사를 소개해 드리겠습니다. 오늘 두 번째로 발표를 해 주실 분은 미소가 정말 아름다운 분입니다. 오늘 우리에게 '건강의 비결'이라는 주제로 스피치를 해 주실 참가 번호 2번 ○○○ 연사님을 소개합니다. (④ 다음 연사와 주제 소개 단계)

여러분, 우렁찬 박수로 환영해 주시기 바랍니다. (⑤ 환영의 박수 유도 단계)

(3) 마지막 연사의 발표 후

마지막 연사의 발표 후 경연 대회 사회 보기 스피치의 내용 또한 5단계로 조직할 수 있는데, 이에 대한 내용 조직 프레임은 다음 [표 5]와 같습니다.

> [표 5] 마지막 연사의 발표 후 경연 대회 사회 보기 스피치의 내용 조직 프레임
> ① 격려 단계, ② 내용 요약 단계, ③ 격려의 박수 유도 단계, ④ 종료 안내 단계, ⑤ 폐회 선언 단계

마지막 연사의 발표 후 경연 대회 사회 보기 스피치의 구체적인 내용 조직 방법

① 격려 단계

첫 번째 순서는 마지막 발표를 마친 연사에게 격려의 마음을 전달하는 단계입니다.

② 내용 요약 단계

두 번째 순서는 마지막 발표를 마친 연사의 발표 내용을 요약하는 단계입니다.

③ 격려의 박수 유도 단계

세 번째 순서는 청중이 마지막 발표를 마친 연사에게 격려의 박수를 보낼 수 있도록 박수를 유도하는 단계입니다.

④ 종료 안내 단계

네 번째 순서는 종료 신호로서 관계자와 청중에게 감사의 말씀을 전달하는 단계입니다.

⑤ 폐회 선언 단계

다섯 번째 순서는 폐회 선언과 함께 경연 대회를 마무리하는 단계입니다.

앞에서 제시했던 마지막 연사의 발표 후 경연 대회 사회 보기 스피치에 대한 5단계 내용 조직 프레임의 전체 흐름을 살펴보기 위해 하나의 실습 템플리트를 제시하면 다음과 같습니다.

 마지막 연사의 발표 후 경연 대회 사회 보기 스피치에 대한 실습 템플리트

(실습 템플리트)

　○○○ 연사님! 감동적인 휘날레를 장식한 멋진 발표였습니다. 그것은 모범생의 모습으로 수업을 한 번도 빠지지 않고 열심히 수강한 결과라고 생각합니다. (① 격려 단계)
　특히 성공을 위해 포기하지 말고 부단히 노력해야 한다는 말씀은 현대를 살아가는 우리가 꼭 유념해야 할 값진 내용이라고 생각합니다. (② 내용 요약 단계)
　여러분! 오늘 '성공의 비결'이라는 주제로 좋은 발표를 해 주신 ○○○ 연사님께 다시 한 번 큰 격려의 박수를 부탁합니다. (③ 격려의 박수 유도 단계)
　이제 아쉽게도 참가 번호 17번 ○○○ 연사님을 끝으로 마쳐야 할 시간이 되었습니다. 끝으로 이 자리를 마련해 주신 ○○○ 교수님을 비롯한 관계자 여러분께 깊은 감사의 말씀을 드립니다. 그리고 끝까지 자리를 함께해 주신 모든 학우 여러분께 다시 한 번 감사의 말씀을 드리면서, (④ 종료 안내 단계)
　2010년 제9회 ○○대학교 사회(평생)교육원 주최 파워 스피치 경연 대회를 모두 마칩니다. 감사합니다. (⑤ 폐회 선언 단계)

3. 강연회에서 사회 보기 스피치(초청 강사가 한 분일 때)

강연회에서 사회 보기 스피치는 한 사람 혹은 적은 인원을 소개해야 한다는 점에서 비교적 많은 인원을 사회자가 소개하는 경연 대회에서의 사회 보기 스피치와 구분이 됩니다. 다시 말해서 경연 대회 사회자가 많은 인원을 소개하기 위해 연사의 핵심만을 표현해서 간결하고 짧게 표현했다면, 한 사람 혹은 적은 인원을 소개해야 하는 강연회에서 사회를 보는 사회자는 강사의 소개는 물론 강연의 주제까지 풍성하게 표현해야 합니다. 강연의 필요성과 중요성을 설명해서 청중이 강연을 들어야 하는 이유를 인식시키고, 강연을 하게 될 강사님은 해당 분야 전문가임을 부각시켜 청중에게 강연의 궁금증과 호기심을 최대한 불러일으켜야 합니다.

(1) 강연회에서 강사의 강연 전 사회 보기 스피치

강연회에서 강사의 강연 전 사회 보기 스피치는 5단계로 내용을 조직할 수 있는데, 이에 대한 내용 조직 프레임은 다음 [표 6]과 같습니다.

> [표 6] 강연회에서 강사의 강연 전 사회 보기 스피치의 내용 조직 프레임
> ① 시작 단계, ② 관심 끌기(호감 사기) 단계, ③ 제목 제시 단계, ④ 강연의 필요성 제시 단계, ⑤ 강사 소개 단계

 강연회에서 강사의 강연 전 사회 보기 스피치의 구체적인 내용 조직 방법

① 시작 단계

첫 번째 순서는 청중에 대한 인사와 자기소개를 하는 단계입니다.

② 관심 끌기(호감 사기) 단계

두 번째 순서는 청중에게 관심 끌기(호감 사기)를 하는 단계입니다.

③ 제목 제시 단계

세 번째 순서는 청중에게 강연의 제목을 알리는 단계입니다.

④ 강연의 필요성 제시 단계

네 번째 순서는 청중에게 강연의 필요성을 제시하는 단계입니다.

⑤ 강사 소개 단계

다섯 번째 순서는 청중에게 강사를 소개하는 단계입니다. 이때 포즈(pause)나 강약 등 말의 리듬을 살려 소개한다면 더욱 효과적입니다.

> **Power Tip**
>
> **TIS**
>
> 강연회 사회 보기 스피치의 공식은 TIS입니다. T는 Topic(화제)으로 청중에게 강연의 제목을 알리고, I는 Importance(중요성)로 강연의 중요성 또는 필요성을 알린 다음, S는 Speaker(연사)로 강사를 청중에게 소개하는 것입니다.

> **Power Talk**
>
> 사회자가 연사를 소개할 때 소개할 분의 이름을 미리 언급할 수도 있고 나중에 언급할 수도 있습니다. 공식적인 자리에서의 연사 소개는 주로 미리 성함을 언급하고 부연 설명을 곁들이는 것이 좋습니다. 하지만 친근한 사교적인 분위기 속에서 청중의 궁금증을 유발하며 주의를 끌려면 성함을 맨 뒤에 언급하는 것이 더 효과적입니다. 그렇게 해야 청중으로 하여금 과연 누구일까 하는 궁금증과 기대감을 유발할 수 있습니다. 또한 사회자는 연사의 이름이 호명될 때 일제히 박수로써 환영할 수 있도록 유도합니다. 박수 유도는 사회자의 중요한 역할 중의 하나입니다. 사회자는 박수를 유도함으로써 분위기를 띄우기도 하고, 유머를 사용함으로써 가라앉은 분위기를 살리기도 해야 합니다.

앞에서 제시했던 강연회에서 강사의 강연 전 사회 보기 스피치에 대한 5단계 내용 조직 프레임의 전체 흐름을 살펴보기 위해 하나의 실습 템플리트를 제시하면 다음과 같습니다.

 강연회에서 강사의 강연 전 사회 보기 스피치에 대한 실습 템플리트

(실습 템플리트)

안녕하십니까? 오늘의 사회를 맡은 완소남 ○○○입니다. (① 시작 단계)

완소남이 무슨 뜻인지 궁금하신 분이 계실 것 같은데요. 완전히 소중한 남자라는 뜻입니다. 우선 오늘 강연회에 자리를 가득 메워 주신 여러분께 사회자로서 깊은 감사의 말씀을 드립니다. 바로 지금 이 순간 자기개발을 위해 노력하시는 훌륭하신 여러분과 함께 잠시 후면 유익하고도 재미있는 명강의를 들을 생각에 벌써 마음이 설레고 행복합니다. (② 관심 끌기(호감 사기) 단계)

오늘의 연제는 '성공의 비결'입니다. (③ 제목 제시 단계)

우리는 모두 성공을 원합니다. 그러나 우리가 모두 성공을 하는 것은 아닙니다. 그렇다면, 어떻게 해야 성공할 수 있을까요? 성공을 위한 특별한 비결이라도 있는 것일까요? 따라서 오늘은 성공에 대한 전문가를 모시고 '성공의 비결'이라는 주제로 좋은 강연을 듣는 순서를 마련했습니다. (④ 필요성 제시 단계)

오늘 여러분께 좋은 강연을 해 주실 강사님께서는 대한민국 스피치계에서 둘째 가라면 서러울 정도로 크게 성공을 하신 분입니다. 또 강사님께서는 현재 ○○대학교 등 여러 대학에서 인재 양성을 위해 왕성하게 활동 중이시며 성공학 개론 등 약 30여 권의 책을 저술하기도 했습니다. 여러분, 이렇게 훌륭하신 강사님을 모시고 특강을 듣게 된 것은 우리 모두의 큰 영광이 아닐 수 없습니다. 오늘 우리에게 '성공의 비결'이라는 주제로 좋은 강연을 해 주실 강사님을 소개합니다.

여러분, /// (포즈를 취하면서 청중을 쭉 둘러본 후) ○○○ 박사님을 힘찬 박수로 환영해 주시기 바랍니다. (포즈, 강약, 완급 등의 리듬을 살려 표현을 하면 효과적인 소개가 됩니다.) (⑤ 강사 소개 단계)

(2) 강연회에서 강사의 강연 후 사회 보기 스피치

강연회에서 강사의 강연 후 사회 보기 스피치는 5단계로 내용을 조직할 수 있는데, 이에 대한 내용 조직 프레임은 다음 [표 7]과 같습니다.

> [표 7] 강연회에서 강사의 강연 후 사회 보기 스피치의 내용 조직 프레임
> ① 감사 표현 단계, ② 내용 요약 단계, ③ 박수 유도 단계, ④ 종료 안내 단계, ⑤ 마무리 단계

 강연회에서 강사의 강연 후 사회 보기 스피치의 구체적인 내용 조직 방법

① 감사 표현 단계

첫 번째 순서는 강의를 마친 강사에게 감사 표현을 하는 단계입니다.

② 내용 요약 단계

두 번째 순서는 강연 내용을 요약하는 단계입니다.

③ 박수 유도 단계

세 번째 순서는 강사에게 다시 한 번 힘찬 박수로써 감사를 표현하는 단계입니다.

④ 종료 안내 단계

네 번째 순서는 종료 신호로서 안내 말씀을 하는 단계입니다.

⑤ 마무리 단계

다섯 번째 순서는 폐회 선언과 함께 강연회를 마무리하는 단계입니다.

앞에서 제시했던 강연회에서 강사의 강연 후 사회 보기 스피치에 대한 5단계 내용 조직 프레임의 전체 흐름을 살펴보기 위해 하나의 실습 템플리트를 제시하면 다음과 같습니다.

 강연회에서 강사의 강연 후 사회 보기 스피치에 대한 실습 템플리트

(실습 템플리트)
○○○ 박사님! 감사합니다. (① 감사 표현 단계)
○○○ 박사님의 주옥같은 말씀 잘 들었습니다. 특히 성공을 위해 적극적인 사고방식을 가지고 목표를 달성하고자 끊임없이 도전해야 한다는 말씀은 현대를 살아가는 우리가 꼭 명심해야 할 값진 가르침이라고 생각합니다. (② 내용 요약 단계)
여러분! 다음 달에 강연을 해 주실 분은 ○○대학교 사회교육원 리더스 스피치 과정 주임 교수로 계시는 ○○○ 박사님이십니다. 연제는 '성인들의 발표 불안의 원인과 해결 방안'입니다. 우리 모두에게 유익한 시간이 되리라 믿습니다. 꼭 참석해 주시기 바랍니다. (③ 박수 유도 단계)
여러분! 오늘 성공에 관한 유익한 말씀을 해주신 ○○○ 박사님께 다시 한 번 힘찬 감사의 박수를 부탁합니다. (④ 종료 안내 단계)
끝으로 이 자리를 마련해 주신 ○○○ 원장님을 비롯한 관계자 여러분께 감사의 말씀을 드립니다. 그리고 끝나는 시간까지 자리를 함께 해주신 모든 학우 여러분께 다시 한 번 감사의 말씀을 드리면서, 이 강연회를 모두 마칩니다. 감사합니다. (⑤ 마무리 단계)

4. 선물 주고받을 때의 스피치

(1) 선물 주기 스피치

선물 주기 스피치는 5단계로 내용을 조직할 수 있는데, 이에 대한 내용 조직 프레임은 다음 [표 8]과 같습니다.

> [표 8] 선물 주기 스피치의 내용 조직 프레임
> ① 감사 표현 단계, ② 내용 요약 단계, ③ 박수 유도 단계, ④ 종료 안내 단계, ⑤ 마무리 단계

 강연회에서 강사의 강연 후 사회 보기 스피치의 구체적인 내용 조직 방법

① **시작 단계**

첫 번째 순서는 인사와 함께 자신을 소개하는 단계입니다.

② **동기와 감사 표현 단계**

두 번째 순서는 청중에게 모임의 동기를 확인시키고, 참석해 주신 것에 대한 감사의 표현을 하는 단계입니다.

③ **설명 단계**

세 번째 순서는 강사에게 다시 한 번 힘찬 박수로써 감사를 표현하는 단계입니다.

④ **안내 단계**

네 번째 순서는 왜 이 선물을 주게 되었는지 그 사연을 청중에게 설명하는 단계입니다. 선물 주기 스피치는 과거, 현재, 미래의 시간적 구성법을 활용하여 주인공의 공로와 업적을 설명해 주면 효과적입니다. 이때 에피소드를 곁들이면 청중은 더 재미있고 실감 나게 느끼게 됩니다.

⑤ **마무리 단계**

다섯 번째 순서는 박수를 유도하며 마무리하는 단계입니다.

앞에서 제시했던 선물 주기 스피치에 대한 5단계 내용 조직 프레임의 전체 흐름을 살펴보기 위해 하나의 실습 템플리트를 제시하면 다음과 같습니다.

선물 주기 스피치에 대한 실습 템플리트

(실습 템플리트)

안녕하십니까? 저는 오늘의 주인공 ○○○ 군의 외삼촌, 마음이 따뜻한 남자 ○○○입니다. (① 시작 단계)

오늘 우리는 ○○○ 군의 사법고시 2차 시험 합격을 축하하고자 이 자리에 모였습니다. 우선 바쁘신 중에도 자리를 빛내주려고 참석해 주신 여러분께 ○○○ 군의 외삼촌으로서 진심으로 감사의 말씀을 드립니다. (② 동기와 감사 표현 단계)

우리 속담에 "될성부른 나무는 떡잎부터 알아본다."라는 말이 있습니다. ○○○ 군은 어려서부터 뭔가 달랐습니다.

가정에서는 부모님 말씀 잘 듣는 효자로서, 학교에서는 선생님 말씀 잘 듣고 공부 잘하는 우등생으로서 잘 성장해 왔습니다.

그리고 리더십이 뛰어나 초등학교 6학년 때는 전교 어린이회장을 맡을 정도로 두각을 나타냈습니다. (과거)

자신의 꿈과 목표를 정해서 그 길을 향해 꾸준히 계획을 세우고, 실천해 온 결과 오늘 이런 뜻 깊은 행사를 하게 되었습니다. (현재)

앞으로 대한민국의 자랑스러운 법조인으로서 ○○○ 군의 멋진 활약을 기대합니다. 아무쪼록 ○○○ 군이 꿈꾸는 꿈과 목표들이 모두 실현되기를 기원합니다. (미래) (③ 설명 단계)

그럼, 오늘의 주인공 ○○○ 군의 사법고시 합격을 축하하는 장학금 전달식이 있겠습니다. ○○○ 군은 앞으로 나와 주시기 바랍니다. 선물 전달은 ○○○ 군의 외할아버지께서 해 주시겠습니다. (선물 수여자와 수상자가 자리를 준비하는 동안 사회자는 선물은 어떤 것이고, 그 비용은 어떻게 마련했다는 등의 이야기를 해주면 좋겠습니다.) 참고로 선물로 드린 장학금은 ○○○ 만 원이고, ○○○ 군의 친가 외가의 친척 분들 한 분 한 분의 사랑과 정성이 담긴 선물임을 알려 드립니다. (④ 안내 단계)

여러분, 우렁찬 박수로 축하해 주시기 바랍니다. (⑤ 마무리 단계)

Power Tip 선물 수여자와 수상자의 위치 선정

선물 수여자는 청중이 볼 때 왼쪽에, 수상자는 오른쪽에 섭니다. 그래야 선물을 준 후 소감 발표를 해야 하는 수상자를 청중 앞에 세우기가 더 편리하기 때문입니다. 다시 말해서 선물 수여자가 청중이 볼 때 수상자의 왼쪽에 있어야 선물을 준 후, 수상자와 악수를 했을 때 수여자가 마주 잡은 오른손을 자기 앞쪽으로 살짝 당겨서 수상자를 청중을 향하게 유도해 줄 수 있습니다.

(2) 선물 받기 스피치

선물 받기 스피치는 5단계로 내용을 조직할 수 있는데, 이에 대한 내용 조직 프레임은 다음 [표 9]와 같습니다.

> [표 9] 선물 받기 스피치의 내용 조직 프레임
> ① 시작 단계, ② 감사 표현 단계, ③ 의미 해석 단계, ④ 다시 감사 표현 단계, ⑤ 마무리 단계

 선물 받기 스피치의 구체적인 내용 조직 방법

① 시작 단계

첫 번째 순서는 인사와 함께 자신을 소개하는 단계입니다.

② 감사 표현 단계

두 번째 순서는 관계자와 협력자에 대해 감사의 표현을 하는 단계입니다.

③ 의미 해석 단계

세 번째 순서는 받은 선물의 의미를 해석하는 단계입니다.

④ 다시 감사 표현 단계

네 번째 순서는 모든 분께 다시 감사를 표현하는 단계입니다.

⑤ 마무리 단계

다섯 번째 순서는 끝 인사를 하는 단계입니다.

앞에서 제시했던 선물 받기 스피치에 대한 5단계 내용 조직 프레임의 전체 흐름을 살펴보기 위해 하나의 실습 템플리트를 제시하면 다음과 같습니다.

 선물 받기 스피치에 대한 실습 템플리트

(실습 템플리트)
안녕하십니까? 과분한 칭찬과 함께 귀한 상을 받은 ○○○입니다. (① 시작 단계)
우선 저의 사법고시 합격을 축하해 주고자 이 자리에 모이신 할아버지, 할머니, 외할아버지, 외할머니, 삼촌, 외삼촌, 부모님 그 외 모든 친지 여러분께 감사의 말씀을 드립니다. (② 감사 표현 단계)
여러모로 부족한 제가 이렇게 오늘의 큰 영광을 얻게 된 것은 모두가 여러분의 관심과 격려 덕분이라고 생각합니다. 여러분 한 분 한 분의 따뜻한 정성이 담긴 이 상은 어떠한 경우라도 정의의 편에 서는 훌륭한 법조인이 되라는 의미로 겸허히 받겠습니다. 앞으로 여러분의 기대에 어긋나지 않도록 더욱 열심히 노력하겠습니다. (③ 설명 단계)
그리고 끝까지 자리를 함께해 주신 이 자리에 계신 모든 여러분께 다시 한 번 감사의 말씀을 드립니다. (④ 다시 감사 표현 단계)
감사합니다. (⑤ 마무리 단계)

Power Tip
T-CUT

선물 받기의 공식은 T-CUT입니다. T는 Thank you(우선 감사하고), C는 Credit for(…을 ~의 공으로 돌린 다음), U는 Use로 이 상금을 어떻게 사용할 것인지 이야기하고, T는 Thank you로서 다시 한 번 감사의 말을 한 후 끝내는 것입니다.

- **시계를 선물로 받았을 때** : 시간을 소중히 생각하며 하루하루를 보람되게 살라고 하는 의미로 감사히 받겠습니다.
- **건강식품을 선물로 받았을 때** : 앞으로 건강한 몸으로 인재 양성에 더욱 매진하라는 의미로 감사히 받겠습니다.

살아있는 감정 표현

1. 살아있는 감정 표현 트레이닝

"죽은 말이 아니라 산 말로 말하자. 감정이 담겨 있지 않는 말은 죽은 말이다."

우리가 말을 할 때 감정이 담겨 있지 않고 단지 단어들을 나열만 한다고 하면 어떻게 들릴까요?

여러분을 만나서 정말 기쁩니다. (무뚝뚝하게 말해봅니다)
이번 분기의 실적은 아주 좋습니다. (우울한 분위기로 표현해봅니다)

어때요? 반갑다고 하는데 진짜 반가운 느낌이 듭니까? 실적이 진짜 좋은 것 같습니까? 아니지요. 바로 이런 말은 죽은 말입니다. 말과 일치하는 참된 감정이 깃들어 있는, 마음이 담겨 있는 말이 돼야 합니다.

우리나라는 언행일치를 옛날부터 강조해 왔습니다. 말과 행동이 일치해야 한다는 것입니다. 말 따로 행동 따로 하는 사람을 우리는 좋아하지 않습니다. 이처럼 우리는 말과 행동의 일치를 중요하게 강조해 왔습니다. 다시 말해서 우리가 말을 할 때는 말하는 내용과 표현이 일치돼야 합니다. 기쁜 내용이면 기쁘게 표현해 줘야 하고, 슬픈 내용이면 슬픈 톤으로 말해야 합니다. 그렇지 않고 만약에 무뚝뚝한 목소리로 "여러분을 뵙게 돼서 정말 기쁩니다." 이렇게 말한다면 도대체 정말 기쁜 건지 듣는 사람은 혼란스러워질 것입니다. 내용에 따라서 적절하게 감정을 잘 살려서 표현해야 합니다. 그래야만 진짜 뜻이 제대로 전달될 수가 있습니다.

그런데 특히 우리나라 사람들은 감정 표현에 서투른 경우가 많습니다. 감정을 제대로 살리지 못하고 스피치를 하게 되면 딱딱하고 건조한 느낌이 들게 됩니다. 마음에 전혀 와 닿지도 않고 실감 나지도 않습니다. 재미도 없고 지루한 연설이 되어버립니다.

이번에는 감정 표현 연습을 해보도록 하겠습니다.

감정 표현 연습을 하라면 모두 대개 쑥스러워하는데 그렇게 해서는 발전이 되지 않겠지요? 자신을 표현하는 것을 쑥스러워한다는 그것이 바로 자꾸 소극적인 성격으로 자신을 몰고 가는 것입니다. 감정 표현 연습을 하실 때는 그 감정에 몰입해서 실감 나게 표현하도록 노력하시기 바랍니다.

2. 다양한 감정 표현 연습

다음 원고를 보며 다양한 감정 표현을 해봅시다.

- 기쁨 : 우와 드디어 해냈습니다. 오늘은 매우 기쁜 날입니다.
- 슬픔 : 어떻게 이런 일이 있단 말입니까? 흑흑
- 걱정 : 후, 무사히 잘 되어야 할 텐데 정말 걱정입니다.
- 탄식 : 아이고, 오늘도 1분을 못 넘겼습니다. 정말 어찌 해야 할지?
- 시인 : 바로 보셨습니다. 그 말이 맞습니다.
- 명령 : 조용히 해주세요. 모두 자리에 앉아 주세요.
- 포기 : 할 수 없지요 뭐. 그만두고 잠이나 잡시다.
- 협박 : 반드시 크게 후회할 일이 있을 것입니다.
- 멸시 : 흥, 돼지 목에 진주 목걸이를 걸어봤자 소용없지요.
- 비방 : 역시, 걸레는 빨아도 걸레입니다.
- 칭찬 : 우와 정말 잘했습니다. 정말 훌륭해요.
- 미움 : 내 눈앞에서 사라져요. 꼴도 보기 싫습니다.
- 신음 : 으으으으 아이고 나 죽겠습니다.
- 위엄 : 경들은 들으시오. 과인의 뜻을 즉각 시행하시오.
- 노여움 : 떨린다고 발표를 피해요? 그게 말이나 됩니까?
- 놀람 : 아니, 어떻게 이럴 수가 있지요?
- 두려움 : 전 안 할 겁니다. 정말 못하겠어요.
- 부정 : 절대 그럴 리가 없습니다. 그렇다면 내 손에 장을 지집니다.
- 욕심 : 아무도 손대지 마세요, 그건 내 것이에요.
- 놀림 : 어쭈, 굼벵이도 구르는 재주가 있다고.
- 가소로움 : 흥, 호박에 줄 긋는다고 수박 되겠습니까?
- 불평 : 제기랄, 죽어라 일 해봤자 요 모양 요 꼴이니.
- 가엾음 : 쯧쯧. 며칠째 한 끼도 못 먹었대요.
- 반김 : 야아, 이게 누구십니까? 길동 씨 아닙니까?
- 아양 : 아이잉, 자기 정말 화났어?
- 사랑 : 자기야, 난 자기와 함께 있는 것만으로도 좋아. 사랑해.

어떤 표현이 서투르다면 익숙하지 않아서입니다. 잘 안 되는 표현은 청중 앞에서는 훨씬 더 어렵겠지요. 표현은 자꾸 표현해 볼수록 잘 표현할 수 있게 됩니다. 자꾸 연습해 보시기 바랍니다. 배우들의 명연기도 끊임없는 연습과 훈련의 산물입니다. 다양한 감정 표현은 스피치를 할 때 여러모로 도움이 되지만 특히 대사 인용 표현을 할 때 진가를 발휘할 것입니다.

3. 변화 있는 감정 표현

다음은 변화 있는 감정 표현의 연습을 위한 독백 대사입니다.

각 감정에 몰입해서 누가 봐도 감정의 구분이 확연히 드러나도록 표현해봅니다.

【변화 있는 감정 표현 원고 : 전쟁과 사랑】

(행복과 사랑의 감정으로)
전 그 사람을 정말 사랑했습니다.
종일 온통 그 사람 생각뿐이었지요.
음악을 들을 때도, 거리를 걸을 때도
밥을 먹다가도 온통 그 사람 생각뿐이었죠.
전 너무너무 행복했습니다.

(분노의 감정으로)
그런데, 그런데 그놈의 전쟁이, 그놈의 전쟁이
나의 모든 것을 짓밟고 빼앗아 가버렸어요.
그놈의 저주받을 전쟁이 말입니다.

(슬픔의 감정으로)
나의 모든 것이었던 나의 사랑 그 사람도
전쟁이 그놈의 전쟁이 빼앗아 가버리고 말았습니다.
나의 사랑 그 사람은 검은 연기의 폭탄 속에서
그렇게 사라져버렸습니다.

(놀람)
아니 그런데 이럴 수가!
죽은 줄만 알았던 그 사람을
어제 길가에서 마주쳤지 뭡니까?
분명히 죽었다고 생각했는데.

(기쁨과 설렘)
저는 오늘 이 자리에서 그 사람을 만나기로 했습니다.
이제 10분이 남았습니다.
이제 10분 후면 그 사람을 다시 만나게 됩니다.
꿈에 그리던 그 사람을 말입니다.

7장
실감 나는 표현 기법

1. 대사 인용 화법

얼마 전 저와 저의 직장동료, 그리고 직장동료의 친구 이렇게 셋이서 수영장에 갔습니다. 그런데 동료의 친구가 수영 배운지 두 달이라고 했는데 수영을 너무 잘 하는 겁니다. 그래서 동료에게 제가 물었죠.
"그 친구 수영 참 잘하던데 어디서 배웠대?"
그러니까 그 친구 대답이 (잠깐 쉼을 둔 다음) "응, 물속에서."

이렇게 대화를 그대로 옮겨 표현하면 훨씬 현장감 있는 생생한 표현이 됩니다. 청중은 마치 라디오 드라마를 듣는 것처럼 실감 나고 재미도 있지요.
그러나 반대의 다음 표현을 살펴볼까요?

"얼마 전 저와 저의 직장동료, 그리고 직장동료의 친구 이렇게 셋이서 수영장에 갔습니다. 그런데 동료의 친구가 수영배운지 두 달이라고 했는데 수영을 정말 잘하는 겁니다. 그래서 저는 동료에게 그 친구가 수영을 참 잘하던데 어디서 배웠느냐고 물었더니 물속에서 배웠다고 대답하더군요."

좀 밋밋하지요. 이렇게 표현하기보다는 대화를 그대로 옮기는 것이 훨씬 효과적이라는 것을 실감하시겠죠? 특히 유머를 할 때는 대사 인용 화법을 잘 활용해야 합니다.

사람의 말귀를 알아듣고 대답을 할 수 있도록 훈련을 받은 강아지가 있었습니다. 사람들의 질문에 긍정은 '멍', 부정은 '멍멍'으로 대답했습니다. 많은 사람이 이 모습이 너무 신기해서 이 집을 자주 방문했습니다. 어느 날 이 집을 방문하려는 어떤 손님이 강아지에게 묻습니다.
"아저씨 계시냐?" "멍" "아주머니도 계시냐?" "멍" "애들도 있고?" "멍멍"
"그럼, 두 분은 지금 뭐하시니?" "헥헥헥"

그럼, 다음의 표현을 대사를 인용한 표현으로 바꿔서 표현해봅시다.

인도 선교사로 유명한 윌리엄 캐리는 본래 직업이 구두수선공이었습니다. 그가 선교사로 봉사하고 있던 어느 날, 사람들이 캐리의 과거를 들먹이며 그가 옛날에 구두나 만들던 사람이었다고 놀려댔습니다. 그러자 그는 온화한 목소리로 구두를 만들지는 못하고 겨우 수선하던 사람이었다고 겸손하게 대답했습니다.

인도 선교사로 유명한 윌리엄 캐리는 본래 직업이 구두수선공이었습니다. 그가 선교사로 봉사하고 있던 어느 날 사람들이 캐리의 과거를 들먹이며 놀려댔습니다. "당신은 옛날에 구두나 만들던 그런 사람 아니었소?" 그러자 그는 온화한 목소리로 겸손하게 대답합니다. "아닙니다. 저는 구두는 만들지 못하고 겨우 수선하던 사람이었습니다."
(유의 : "당신은 옛날에 구두나 만들던 그런 사람 아니었소?"를 비꼬는 말투로 실감나게 표현합니다.)

이젠 좀 더 긴 원고로 실습을 해 볼까요? 아래의 원고를 먼저 낭독해 본 뒤 대사를 인용한 표현으로 바꿔서 말해 봅시다.

【대사 미인용】
백성은 돌보지 않고 / 기생들을 데리고 한강에 나가서 뱃놀이를 즐기던 연산군에게 / 표연말이라는 충신이 뱃머리를 붙잡고 간곡히 말렸습니다. // 그러나 포악한 연산군은 화를 버럭 내면서 / 휘하장수들을 시켜 표연말을 물속에 빠뜨려 버렸습니다. // 연산군은 / 물에 빠져서 허우적거리는 표연말을 비웃으면서 바라보다가 / 갑자기 무슨 생각이 들었는지 / 다시 표연말을 건져내게 했습니다. 그리고 나서는 / 표연말이 물속에서 무얼 하고 있었는지를 물었습니다. / 그러자 표연말은 주저하지 않고 / 초나라 회왕의 신하 굴원을 만나고 왔다고 대답을 했습니다. // 굴원은 초나라 회왕에게 바른말을 하다가 / 왕이 자기 말을 듣지 않자 / 물에 투신해서 죽은 충신의 이름입니다. // 불난 데 기름을 붓는 격이랄까 / 이 말을 들은 연산군은 표연말이 자기를 / 어리석고 나쁜 초나라 회왕에 비교한 것에 더 화가 났습니다. // 그래서 굴원을 만난 것이 틀림없는 사실인지를 물었는데 / 표연말은 / 굴원에게서 시 한 수까지 얻어 왔다고 대답을 했습니다. //

무슨 시인지 연산군이 당장 읊어보라고 하자 / 표연말은 주저 없이 / 굴원 자신은 어리석은 임금을 만나서 / 뜻을 이루지 못하고 강물에 빠져 죽었지만 / 표연말은 어진 임금을 만나고도 / 무슨 일로 물에 빠져서 이곳을 왔느냐고 묻더라는 대답을 했습니다. // 자기를 어진 임금으로 치켜세우는 / 표연말의 유머와 재치가 담긴 이 말에 / 연산군은 화가 풀어지지 않을 수 없었습니다. //

【대사 인용】

백성은 돌보지 않고 / 기생들을 데리고 한강에 나가서 뱃놀이를 즐기던 연산군에게 / 표연말이라는 충신이 뱃머리를 붙잡고 간곡히 말렸습니다. // 그러나 포악한 연산군은 화를 버럭 내면서 / 휘하장수들에게 명령을 내렸습니다.// "여봐라, 저 표연말을 물속에 던져버려라." //

연산군은 / 물에 빠져서 허우적거리는 표연말을 비웃으면서 바라보다가 / 갑자기 무슨 생각이 들었는지 / 다시 표연말을 건져내게 합니다. // 그런 다음 / "네 이놈! 물속에서 너는 무얼 하고 있었느냐?" / 하고 묻습니다. // 그러자 표연말은 주저하지 않고 / "예, 저는 방금 / 초나라 회왕의 신하 굴원을 만나고 왔습니다." 하고 대답합니다. // 굴원은 초나라 회왕에게 바른말을 하다가 / 왕이 자기 말을 듣지 않자 / 물에 투신해서 죽은 충신의 이름이죠. // 불난 데 기름을 붓는 격이랄까 / 이 말을 들은 연산군은 표연말이 자기를 / 어리석고 나쁜 초나라 회왕에 비교한 것에 더 화가 났습니다. // "이놈 네가 굴원을 만난 것이 틀림없는 사실이렷다." /// "예, 그러하옵니다. 전하! / 게다가 저는 / 굴원에게서 시 한 수까지 얻어 왔나이다." /

"그래? 무슨 시냐? / 어서 당장 읊어 보아라." // 이에 표연말은 주저 없이 대답합니다. // "굴원은 이런 시를 제게 주었습니다. / 나는 어리석은 임금을 만나서 / 뜻을 이루지 못하고 강물에 빠져 죽었지만 / 당신은 어진 임금을 만나고도 / 무슨 일로 물에 빠져서 이곳을 왔느냐?" ///

자기를 어진 임금으로 치켜세우는 / 표연말의 유머와 재치가 담긴 이 말에 / 연산군은 화가 풀어지지 않을 수 없었지요. //

대사를 인용해서 표현할 때는 감정이 살아있는 실감 나는 표현이 되어야 합니다. 실제 느낌이나 분위기가 생생하게 전해지지 않으면 인용을 하는 의미가 없습니다. 예를 들어 "이놈, 네가 굴원을 만난 것이 틀림없는 사실이렷다."라는 표현을 할 때는 정말 포악한 연산군의 목소리가 실감 나게 느껴지도록 표현해야죠. 그게 바로 대사 인용 표현의 생명입니다.

2. 입체적이고 실감 나는 표현 연습

음성은 감정 표현은 물론이겠고, 멀고 가까움, 크고 작음 등의 입체적인 표현까지 할 수 있습니다.

(1) 엄청나게 큰 괴물과 아주 작은 난쟁이가 나란히 서 있었습니다.
'엄청나게 큰 괴물'은 큰 목소리로 '아주 작은 난쟁이'는 작은 목소리로 표현해봅니다.

(2) 그날은 영하 20도였습니다. 무척 추운 날씨였죠. 그날 저는 팬티 차림으로 눈밭에 서 있었습니다. 일분도 되지 않아서 온몸이 덜덜덜덜 떨려왔습니다.
'덜덜' 하는 의태어를 실감 나게 표현하면서, 추워서 떠는 표정과 모습도 함께 곁들입니다.
청중이 이 표현을 듣고는 마치 함께 눈밭에 서 있는 것처럼 추운 느낌이 들도록 실감나게 표현해 봅시다.

(3) 맹구가 뛰어가며 맹순이를 보고 외칩니다. "나 잡아 봐라."
"나 잡아 봐라." 하는 부분은 가성을 사용해서 바보스러운 목소리를 내며 달리는 시늉을 해봅니다. 청중이 웃지 않고는 못 배길 정도로 바보스러운 맹구의 표정까지 곁들이면 금상첨화겠죠.

(4) 방안이 온통 불바다로 변했고 저는 있는 힘을 다해서 "사람 살려" 하고 소리쳤습니다.
청중이 깜짝 놀랄 정도로 실감 나게 "사람 살려" 하고 외칩니다.

(5) 까마득히 저 멀리서 흑기사가 말을 타고서 다그닥 다그닥 다그닥 다그닥 달려오더니 어느새 바로 앞에 와 있는 것이 아니겠습니까?
말발굽 소리를 입체적으로 표현해 봅니다. 처음 '다그닥'은 작은 소리로 시작해서 점점 더 소리를 크게 내어가며 '다그닥 다그닥 다그닥 다그닥' 표현합니다.

8장
연극을 통한 표현력 향상

1. 연극 대본을 통한 실습 I

 이젠 실제 연극 대본을 활용해서 감정 표현 훈련을 해 봅시다. 청중을 울리고 웃기는 명 스피커가 되기 위해서는 어느 정도 배우의 자질이 필요합니다. 연기란 누군가를 흉내 내는 것이 아니라, 바로 나 자신이 그 누군가가 되라는 것임을 상기하며 몰입해서 표현해 봅시다.

【신파극 "불효자는 웁니다." 중에서】

어머니 : (걸어가는 등산객을 물끄러미 바라보며) 아이고, 직장 잃은 사람들이 많다카더마는 저 사람들이 아마 그런 사람들인 가배……. 살기가 이리 힘들어가지고 우찌 살겠노? (그러다가 한숨을 푹 쉬고는) 그런데 이 녀석은 어디서 무슨 짓을 한다고 엊저녁에 나간 놈이 아직도 안 들어오나 그래……. 또 무슨 일을 저지른 것은 아닐까?

그때 부산하게 떠드는 소리 들리며 기철, 등장한다.

기 철 : 돈! 돈! 돈이 뭐기에 사나이 가슴을 이리도 울린단 말이냐? (그러다가 주먹을 불끈 쥐고) 돈을 벌어야 돼! 돈만 있으면 세상에 못 할 게 없어! 부귀영화도 사랑도 다 돈이면 살 수 있다구. 아, 돈! 돈!

어머니 : (달려나오며) 이놈아! 대낮부터 웬 주정이고. 남부끄럽다, 어서 들어가자. 어서!

기 철 : (어머니를 끌어안으며) 어머니! 우리 어머니, 저요, 어머니의 아들 기철이요, 이렇게 촌구석에 처박혀서 청춘을 보낼 놈 아닙니다. 반드시 성공해서 돈 많이 벌

어 가지고 어머니 호강시켜 드릴 겁니다.
어머니 : (아들을 떼어놓으며) 기철아, 제발 좀 정신 차리그레이. 내가 언제 호강하고 싶다 카더나? 나는 호강이고 요강이고 다 싫다. 그저 네가 정신 차려서 공장에라도 열심히 다니며 마음 편히 사는 게 이 에미의 소원인기라. 내 말 알아듣겠나? 기철아!
기　철 : (어머니의 손을 잡으며) 어머니! 불쌍한 우리 어머니! 평생을 저 하나만을 위하여 고생만 하시는 어머니. 흑흑……. (눈물 젖은 얼굴로 어머니를 바라보며) 어머니! 조금만 더 참고 기다리세요. 제가 반드시 성공해서 어머니를 편안히 모시겠습니다.
어머니 : (울먹이며) 네가 이 에미를 진심으로 생각한다카모 제발 이제부터라도 마음잡고 새사람이 되어다오. 오직 그것만이 내 소원이다. 이 에미의 소원을 들어줄 수 없겠나?
기　철 : (괴로운 듯) 어머니……. 아! 어머니……. (울음을 터뜨린다.)

2. 연극 대본을 통한 실습 II

【손들어 꼼짝 마!】

　　일제 식민지 시대를 배경으로 한 시대극으로 터져 나오는 발성과 위압적인 감정 표현으로 긴장을 떨쳐내고 자신감을 향상시키는 데 도움이 되도록 고안된 프로그램입니다. 일제의 앞잡이 와루바시의 모습을 벽에 붙여 두고 소품으로 장난감 권총을 준비해 두면 더 실감 나는 분위기가 될 것입니다.

　　손들어 꼼짝 마! 움직이면 쏜다.
　　민족의 반역자 와루바시!
　　너를 찾아 만주벌판을
　　이 잡듯이 뒤졌다.
　　하하하하하하하
　　오늘에야 드디어 만나게 됐구나.
　　민족의 배신자 와루바시.

　　우리 민족의 이름으로

너를 처단하겠다.
각오는 돼 있겠지?
하나 둘……
뭐? 어쩔 수 없었다고? 어쩔 수 없었다?
허허허허 그게 말이나 되냐?
와루바시!
너 때문에 너 때문에
우리의 누이가 우리의 형제가
일본 놈들의 총칼에 쓰러졌거늘 …….
뭐? 어쩔 수 없었다고?
(망설이다가)
그래 좋다. 가거라.
다시는 우리 땅을 밟지 마라.

나는 오늘 너를 그냥 돌려보낸다만
하지만 와루바시
역사는 너를 용서하지 않을 것이다.

가거라! 가!
내 눈앞에서 사라져 버려!
가란 말이야!!!!!!

신체 표현

1. 시선 처리

(1) 눈 맞춤의 중요성

사람들은 대화할 때 상대방의 눈을 주로 바라보며 얘기를 합니다. 상대방을 바라보지 않고 얘기한다는 것은 실례가 되고 무시하는 것이 됩니다. 요즘은 많이 좋아졌습니다만 관공서에 가서 뭐 좀 물어보는데 직원이 쳐다보지도 않고 "저쪽으로 가서 알아보세요." 하며 손가락만 가리킵니다. 그때 기분 좋은 시민은 한 사람도 없겠죠. 말할 때는 꼭 상대를 바라보며 하는 것이 기본이요, 예의입니다.

대중 스피치에 있어서도 시선이 중요함은 마찬가지입니다. 말이 청중에게 전해지기 이전에 눈이 먼저 말을 건네게 됩니다. 'Eye Contact'가 되어야 'Heart Contact'가 되는 법입니다.

어떤 강연회에 참석했는데 피곤하기도 해서 딴생각에 빠져 있다고 합시다. 그런데 갑자기 연사가 자기 쪽으로 눈을 맞추고 말을 해오면 어떻습니까? 이럴 때는 집중하지 않을 수 없습니다. 적어도 끄덕거리며 듣는 척이라도 해야죠. 우리가 청중의 입장이 되어보면 연사가 자기 쪽을 바라보며 말할 때와 그렇지 않을 때는 느낌이나 듣는 태도가 많이 달라집니다.

어떤 메시지를 전달할 때 시선은 그만큼 중요한 것입니다. 그럼 이번엔 우리가 연사 입장이 되어서 생각해 볼까요. 청중의 눈을 바라보면서 말을 해야겠는데 청중은 한두 사람도 아닌 다수입니다. 한 사람만 바라보며 말할 수도 없고, 아예 보지 않고 말할 수는 더더욱 없습니다. 어떻게 하는 것이 좋을까요? 그래서 대인 화술과 대중 화술의 기법 중 가장 다른 점이 바로 시선 처리입니다.

(2) 시선 처리 요령

그럼 다수의 사람을 대상으로 하는 연설의 경우 시선 처리는 어떻게 해야 할지 살펴보겠습니다.

1) 시선을 청중에게 골고루 미치도록 안배를 해야 합니다.

2) 기계적이지 않고 자연스럽게 시선 이동이 되어야 합니다. 딱딱한 로봇이 되어선 안 되겠지요.

3) 시선은 빠르게 이동하지 말고 한 번의 시선이 청중에게 최소한 3초 이상은 머물러야 합니다. '한 문장 한 시선'이란 얘기도 있습니다. 한 문장이 끝나는 동안 한 사람을 보고 말하라는 것이죠. 너무 빨리 시선 이동이 되면 불안해 보이고 연사의 마음이 전달되기 어렵습니다.

4) 눈이나 목만 돌아가지 말고 가슴도 함께 시선을 두는 방향으로 향하게 하는 것이 좋습니다. 말(馬)의 눈은 얼굴의 양옆에 붙어 있어서 시야가 350도나 된다고 합니다. 그래서 고개나 몸을 돌리지 않고도 뒤에서 따라오는 말(馬)까지 볼 수 있다고 합니다. 말(馬)이 만약 연설을 한다면 머리를 고정한 채 연설을 할지도 모르겠습니다. 말(馬)처럼 눈동자만 굴리는 시선 처리를 하지 말고 자연스럽게 눈과 머리와 가슴이 청중을 향하면서 골고루 바라보도록 합시다.

5) 시선 이동의 방향은 지그재그나 8자 형 등 자신이 편한 대로 할 수 있겠으나 무엇보다도 여유롭고 자연스러워야 함을 꼭 명심해야겠습니다. 그럼 시선 이동 훈련을 해 볼까요? 시선 훈련은 자연스러워야 한다고 말했지만, 연습의 목적으로 아래와 같이 시선 옮기기 훈련을 해 봅시다.

- 가운데 중간쯤에 계신 한 분을 보면서 한 문장을 말합니다.
- 오른쪽 앞쪽에 계신 한 분을 보면서 한 문장을 말합니다.
- 가운데 뒤에 계신 분을 보면서 한 문장을 말합니다.
- 그리고 왼쪽 앞쪽에 계신 한 분을 보면서 한 문장을 말합니다.
- 왼쪽 뒤에 계신 분을 보면서 한 문장을 말합니다.
- 다시 중간 앞쪽에 계신 한 분을 보면서 한 문장을 말합니다.
- 오른쪽 뒤에 계신 분을 보면서 한 문장을 말합니다.

(3) 눈 맞춤이 부담스러운 경우

청중 중에 시선을 맞추기가 부담스러운 분이 계속 신경이 쓰여서 더 긴장을 하게 되는 경우가 있습니다. 어떤 때는 팔짱을 딱 끼고서 배타적인 자세로 앉아 있는 분들이 있기도 하지요. 이런 분들이 있으면 연사는 부담되고 여러 가지 신경이 쓰이게 됩니다. 그런 경우는 일부러 자꾸 보려고 할 필요 없이 오히려 의식하지도 말고 안 보는 것이 더 좋겠습니다. 부담스러운 한 사람에게 주의를 뺏기고 신경이 곤두서 있다 보면 다른 청중에게 신경을 못 쓰게 되는 것은 물론, 연설 내용에 몰입하기도 어려워지는 것이죠. 부담스러운 곳은 차라리 안 보는 것이 좋겠습니다. 회사에서 프레젠테이션할 때 사장님이 너무 부담스러우면 사장님을 지나치게 보지 말고, 다른 사람을 보거나 초점을 흐린 채로 그 주변 전체를 봐주는 것도 요령이겠습니다. 또, 긴장이 될수록 친근해 보이고, 마음이 편해 보이고, 호의적으로 보이는 청중과 시선을 맞추다가 보면 긴장이 훨씬 덜 해지고 자신이 생기는 것을 느낄 수 있을 겁니다.

2. 자세

(1) 자세와 이미지

연설이 말로만 할 것 같지만 실제로는 우리의 신체도 함께 말을 합니다. UCLA

의 메라비언 박사의 연구에 따르면 우리가 말을 할 때 사람들이 신뢰감을 갖게 하는 비중이 단어나 어휘 같은 언어 메시지는 7%에 불과한 데 비해서 음성 메시지가 38%, 시각 메시지는 55%나 된다고 합니다. 그만큼 보이는 신체 표현이나 이미지가 중요하다는 것입니다.

자신감 있는 긍정적 이미지	긴장된 부정적 이미지
바른 자세로 선다	자세 중심이 기울어진다
고개를 든다	고개를 숙인다
어깨를 활짝 편다	어깨를 움츠린다
배를 약간 내민다	배가 쑥 들어가 있다
미소를 띤다	무표정한 얼굴이다
움직임이 여유롭다	움직임이 산만하다
마이크를 자연스럽게 잡는다	다른 손으로 마이크 줄을 꼰다

(2) 올바른 등·하단 자세

등·하단 자세란 스피치를 하기 위해 연단에 오르고 내리는 자세를 말합니다. 많은 분이 서투르거나 부자연스럽고 단정치 못한 등·하단 자세를 보입니다.

1) 등단할 때는 자신 있고 여유 있게 걸어 나온다.
2) 청중을 미소 띤 얼굴로 둘러본 다음 공손히 인사한다.
3) 연단에서는 양발을 자연스럽게 벌리고
4) 무게를 양발에 균등히 두어 바르게 서고
5) 고개는 바르게 들고
6) 어깨는 활짝 펴고
7) 등을 곧고 바르게 펴고
8) 양손은 옆으로 자연스럽게 늘어뜨리거나 연단 위에 살며시 얹어 놓는다.
9) 바로 말을 시작하지 말고 한 호흡 고른 다음 첫말

을 시작한다.
10) 끝 인사를 마치고 하단을 할 때에도 자신 있고 단정한 모습을 흐트러지게 하지 말고 자연스럽고 당당하게 퇴장한다.

(3) 하지 말아야 할 동작과 자세

많은 분의 스피치 하는 모습을 지켜보면 정말 우스꽝스런 동작이나 자세들을 종종 보게 됩니다.

자신도 모르게 길들여진 잘못된 습관들이 여과 없이 나오게 됩니다. 아래의 항목들을 살펴보면서 유의하도록 합니다.

1) 머리를 긁적이는 동작
2) 혀를 쑥 내미는 것
3) 한숨을 푹 내쉬는 것
4) 건들건들하는 동작
5) 고개를 푹 숙이고 말하기
6) 양손으로 단상을 꽉 움켜잡고 말하기
7) 단상에 팔꿈치 올려놓고 말하기
8) 주머니에 손 넣고 말하기
9) 원고나 자료만 바라보며 말하기
10) 팔짱을 끼고 말하기
11) 배꼽 아래에 손을 모으고 말하기
12) 뒷짐 지고 말하기
13) 뭔가를 만지작거리며 말하기
14) 입술에 침을 발라가며 말하기
15) 고개를 절레절레 흔들며 퇴장하기
16) 도망치듯 황급히 퇴장하기

3. 제스처

경찰이 소매치기를 체포했습니다. 조사를 하려는데 소매치기는 말을 제대로 하지 못하는 것이었습니다.

"너 정말 그럴 거야? 말 못하겠어?" 하며 경찰이 다그치자 소매치기가 대답합니다.

"내 손이 수갑으로 채워져 있는데 어떻게 말을 할 수 있겠어요?"

제스처 없이는 의사소통을 제대로 할 수 없음을 보여주는 예화입니다.

■ 제스처의 요령 및 유의점

(1) 너무 과다한 제스처를 하지는 말아야 합니다. 지나치면 모자람만 못한 법이죠.
(2) 내용과 제스처가 일치해야 합니다. 말은 크게라고 하면서 제스처는 작게 표현하면 청중은 혼란스러워집니다.
(3) 제스처는 변화가 있어야 합니다. 같은 제스처를 계속 반복하지 말아야 합니다. 같은 제스처를 계속 반복하면 부자연스러울 뿐만 아니라 청중의 관심이 그 제스처에만 쏠리게 됩니다.
(4) 제스처는 완성을 해야 합니다. 어중간한 제스처는 단정치 못하고 산만한 느낌을 주게 됩니다. 물론 제스처가 연속으로 이루어질 경우는 융통성을 발휘해야겠지요.

Power Talk

우리가 스피치를 배우거나 기술을 익힐 때 다음과 같은 4단계 과정을 거치게 됩니다.
1. 무의식과 무 기술의 단계
   ▷ 잘 해보겠다는 의식이나 기술도 없는 단계
2. 의식과 무 기술의 단계
   ▷ 잘해 보려고 하는 의식은 있지만, 몸이 따라주지 않는 단계
3. 의식과 기술의 단계

> ▷ 잘해 보려는 의식이 있을 때 기술이 나오는 단계
4. 무의식과 기술의 단계
> ▷ 무의식 속에서도 기술이 나오는 능숙하고 자연스러운 단계

이 네 번째 단계의 자연스러운 수준이 되기 위해서는 이 책의 프롤로그에서 말씀 화(話)자를 설명했듯이 천(千) 번 이상 하여야 하지 않을까 생각이 듭니다.

(5) 제스처는 자연스러워야 합니다. 로봇처럼 제스처를 하는 분이 많습니다. 숙달이 되지 않아서입니다. 그래서 의도적으로 제스처를 하려고 하기 때문입니다. 제스처는 의도적인 느낌을 주지 않고 자연스러워 보일 때 최고의 효과를 발휘합니다. 연습할 때는 의도적으로 할 수밖에 없겠습니다만 숙달을 시켜 습관을 들인 다음에 실제 연단에서는 의식하지 않고 자연스럽게 나와야 합니다.

4. 표정

스피치할 때의 표정은 연사가 전하고자 하는 내용과 일치된 표정이어야 합니다. 밝은 내용을 말하면서 딱딱한 표정을 짓는다든지, 슬픈 내용을 말하면서 웃으면서 말한다면 청중은 혼란스러워 할 것입니다. 그런데 대화할 때는 자연스럽게 잘 지어지던 표정이 대중 앞에서는 쉽지 않습니다. 자꾸 굳어지고 어색해지기도 합니다. 표정 표현력도 훈련을 통해 향상될 수 있습니다.

(1) 원활한 표정을 위한 안면 근육 체조

1) 눈썹을 추어올렸다가 내리기
2) 눈을 힘줘 꼭 감았다가 뜨기
3) 입술을 입안으로 말아 넣었다가 원위치
4) 입안에 공기를 부풀려 볼을 팽창시키기
5) 입을 '아' 입 모양으로 크게 벌렸다가 닫기
6) 입을 '이' 입 모양으로 옆으로 늘리기

7) 입술을 '우' 입 모양으로 앞으로 쭉 내밀기
8) 혀로 아래위 잇몸을 둥글게 훑기
9) 턱을 올리며 목 근육을 팽창시키기
10) 환하게 미소 짓기

(2) 표정 훈련

한 명의 발표자가 앞으로 나와 적혀 있는 각 문장을 낭독하고, 그에 따른 표정을 청중에게 보여줍니다. 그런 다음 세 가지 표정을 지어서 청중이 알아 맞추어보도록 합니다. 퀴즈 식으로 진행되기 때문에 즐겁고 재미있는 분위기 속에서 자연스럽게 표정 훈련을 할 수 있습니다.

(무표정한) 저의 표정은 이렇습니다.
(자신 있을 때) 저의 표정은 이렇습니다.
(졸릴 때) 저의 표정은 이렇습니다.
(의문스러울 때) 저의 표정은 이렇습니다.
(놀랐을 때) 저의 표정은 이렇습니다.
(슬플 때) 저의 표정은 이렇습니다.
(화났을 때) 저의 표정은 이렇습니다.
(고민할 때) 저의 표정은 이렇습니다.
(행복할 때) 저의 표정은 이렇습니다.

5. 마이크 사용법

마이크나 앰프의 성능에 따라 또 앰프를 조작하기에 따라 다양한 목소리를 만들 수 있습니다. 부족한 목소리를 마이크와 음향으로 보완할 수도 있습니다. 마이크는 현대 스피치에 있어서 든든한 힘을 주는 유용한 도구입니다.

그런데 마이크 공포증을 앓고 있는 분들이 의외로 많습니다. 그 공포는 마이크 사용법을 제대로 익히지 못했기에 비롯되는 경우가 많습니다. 장비나 기기를 잘 다루는 것도 연사가 갖추어야 할 능력 중의 하나이므로 마이크를 적절히 잘 활용하는 것은 성공적인 연설의 필수 요소입니다.

(1) 마이크의 볼륨과 에코우, 음색, 음량, 이퀄라이저를 자신의 음성과 행사의 성격과 걸맞게 적절히 조작해둡니다.
(2) 파열음은 조금 약하게 그리고 마이크와 좀 떨어져서 발음하는 것이 좋습니다.
(3) 거친 숨소리나 헛기침 소리가 마이크를 통해 나가지 않도록 합니다.
(4) 같은 느낌으로 말을 계속할 때는 마이크와 일정한 거리를 유지하는 것이 좋으나, 내용에 따라 마이크와 입의 거리를 적절히 조정해 가며 효과를 살리면 더욱 멋스러운 연설이 될 수 있습니다.
(5) 마이크가 몸에 붙어 다니도록 합니다. 즉 마이크와 입, 가슴의 중심선이 일치해야 합니다. 마이크 따로 몸 따로는 보기 좋지 않습니다. 훈련을 많이 해서 몸에 익히도록 해야 합니다.
(6) 정확한 메시지를 전달해야 할 때는 에코를 많이 줄이고, 여흥 분위기에서 오락적인 효과를 연출할 때에는 에코를 적절히 활용합니다.
(7) 상황에 따라 마이크의 종류를 효과적으로 선택하는 것도 필요합니다. 들고 말하는 마이크, 클립형 마이크, 스탠드형 마이크 등 여러 가지 종류의 마이크 중에서 적절한 마이크를 선택합니다.
(8) 연설을 시작하기 전에 반드시 마이크가 켜져 있는지 확인합니다.
(9) 마이크를 손으로 잡고 말할 때는 노래 자랑할 때의 모습처럼 너무 멋을 부리지 않도록 합니다. 그렇게 되면 청중의 주의가 온통 손으로 쏠리게 됩니다.
(10) 마이크와 앰프와의 거리, 방향 등을 고려해서 연설 중간에 "삐" 하는 불쾌한 소음이 생기지 않도록 유의합니다.

제6강
스피치 실전 기법

Ⅰ. 주제 발표
Ⅱ. 즉흥 스피치
Ⅲ. MC 스피치 기법
Ⅳ. 분위기 있는 스피치 트레이닝
Ⅴ. 어려운 상황의 스피치

1장
주제 발표

1. 열정이 담긴 주제로 말하자

물건을 파는 사람은 자기가 파는 상품에 대한 믿음을 가져야 합니다. 자신도 만족하지 못한 상품을 다른 사람들에게 파는 상인의 목소리에는 힘이 들어가기 어렵습니다. 그리고 잘 팔기도 어렵고 바람직하지도 않습니다.

스피치도 마찬가지입니다. 연사 자신이 먼저 자신이 말할 내용이 정말 좋은 내용이라고 생각되는 스피치여야 합니다. '이것은 청중에게 정말 도움이 될 거야.'라는 마음이 샘솟는 스피치가 되어야 합니다. 그럴 때 연사의 목소리에는 힘이 있고 눈동자는 빛납니다.

김주혜 씨는 목소리도 작고 스피치의 자신감이 없어 보입니다. 그래서 발표할 때도 다른 사람들의 눈에 잘 띄지도 않고 기억되지도 않았습니다. 그러던 어느 날 김주혜 씨가 자연생식에 대해서 발표를 할 기회가 있었습니다. 자신이 수년간 병으로 앓아 왔던 힘든 시기의 얘기, 병원을 전전하면서 돈을 쏟아 부었다는 얘기, 그러다가 포기 직전에 자연생식을 시작하게 된 사연, 그 후로 점점 나아져서 지금처럼 건강해졌다는 얘기들이 마치 폭포처럼 터져 나왔습니다. 그녀의 목소리는 힘이 있고 표정은 열정과 자신감으로 가득 찼으며 시선은 청중의 가슴을 꿰뚫는 듯했습니다. 모두 감동했습니다. 음성 표현, 신체 표현이 어땠냐고 분석하고 평가할 겨를도 없이 모두 그 내용 속에 푹 빠졌었습니다. 자기 목숨을 구해 준 자연생식 그리고 이 자연생식이 다른 사람들에게도 큰 도움이 될 것이라는 믿음과 다른 사람들에게도 도움이 되었으면 하는 바람이 그녀를 명연사로 탈바꿈시켰습니다.

김호식 씨는 평소에는 목소리도 작고 말도 우물거리기 일쑤입니다. 그런데 교회 이야기만 나오면 열정적으로 말을 아주 잘합니다.

이순영 씨는 음악이 전공이자 특기이자 취미입니다. 다른 얘기는 몰라도 음악 얘기만 나왔다 하면 금방 얼굴이 밝아지며 열변을 토합니다.

자신이 좋아하고 관심이 있는 주제에 대해서는 누구나 열정적으로 말하게 됩니다. 그래서 스피치할 때 자신이 열정을 가질 수 있는 주제를 선택하는 것이 좋습니다. 열정은 전염성이 매우 강합니다. 선생님이 학생을 잘 가르치려면, 많이 아는 것도 중요하지만, 먼저 자신이 가르치는 내용을 좋아해야 하며 열정을 가져야 합니다. 선생님의 열정이 학생들에게 전염되기 때문입니다. 스피치도 마찬가지입니다. 열정은 열정을 낳습니다. 연사가 가득한 열정으로 스피치를 한다면 청중의 가슴 가슴마다 똑같은 열정의 불꽃이 타오를 것입니다.

2. 다양한 주제 활용 스피치

다음 주제로 실전 스피치를 해 봅니다.

(1) 모교 행사에서 갑자기 후배들에게 도움되는 한 말씀?
(2) 갑자기 신입사원들을 대상으로 선배로서 한 말씀?
(3) 업계 모임에 참석했는데 갑자기 한 말씀?
(4) 동문회에 참석했는데 갑자기 동문들에게 한 말씀?
(5) 지역주민들의 모임에서 갑자기 한 말씀?
(6) 회사에서 회사발전을 위한 한 말씀?
(7) 시민단체 모임에서 갑자기 한 말씀?
(8) 졸업식 내빈으로 참석했다가 갑자기 한 말씀?
(9) 자녀의 학교를 방문했는데 갑자기 짧은 강의 요청?

(10) 자신의 회사에 대해서 깜짝 홍보를?
(11) 부자가 되기 위한 방법?
(12) 우리나라의 가장 시급한 문제점과 개선방안?
(13) 성공적인 직장생활의 비결은?
(14) 효과적인 인맥관리 비법은?
(15) 인생 성공의 비결은?
(16) 건강한 생활의 비결은?
(17) 효과적인 스트레스 해소법은?
(18) 원만한 인간관계의 요령은?
(19) 인생을 멋있게 사는 방법?

3. 가상 스피치 주제(만약 ~라면?)

가상 스피치 주제는 '만약'이라는 전제하에 가상적인 내용을 구성, 전개해보는 것입니다.

(1) 신이 만약 한 가지 소원을 들어준다면?
(2) 내가 다시 태어난다면?
(3) 내가 로또에 당첨된다면?
(4) 내일 지구가 멸망한다면?
(5) 내가 미국 대통령이라면?
(6) 무인도에 꼭 가져갈 것 하나는?
(7) 학창시절로 되돌아간다면?

4. 정보 전달 스피치 주제

정보 전달 스피치 주제는 청중에게 유익한 정보를 전달하기 위한 것입니다.

(1) 꼭 가서 먹어 볼만한 음식이나 식당 소개
(2) 권하고 싶은 영화 소개
(3) 읽을 만한 책 소개
(4) 생활 속의 유용한 지혜 하나 알려주기
(5) 나만의 건강관리 요령 중 하나 소개
(6) 돈 되는 유용한 정보 하나
(7) 기타 자유주제

5. 설득 스피치 주제

설득 스피치 주제는 청중의 마음과 생각을 변화시키고 행동화시키기 위한 주제입니다.

(1) 우리는 변화해야 한다.
(2) '하면 된다.'는 신념을 가져야 한다.
(3) 긍정적인 생각을 하자.
(4) 인사를 잘하자.
(5) 공중도덕을 잘 지키자.
(6) '왕따 문제'를 뿌리 뽑자.
(7) 기타 자유주제

6. 시간 조정 능력과 순발력을 기르기 위한 스피치 주제

스피치는 주어진 시간에 알맞게 표현하는 능력도 중요합니다. 아래의 주제를 제한된 시간에 표현해 보는 연습을 해 봅시다. 옆에 초시계를 준비해두고 스피치를 실행해 봅니다.

(1) 2분 동안 자기소개를 해 봅시다.
(2) 자기의 제일 친한 친구를 2분간 소개해 봅시다.
(3) 자신의 장점과 단점에 대해서 3분간 얘기해 봅시다.
(4) 자신의 취미에 대해서 2분간 얘기해 봅시다.
(5) 자신의 현재 직업에 대해서 2분간 얘기해 봅시다.
(6) 자신의 올해 목표에 대해서 1분간 얘기해 봅시다.
(7) 자신의 꿈에 대해서 2분간 말해봅시다.
(8) 자기의 가족에 대해서 2분간 말해 봅시다.
(9) 자신의 경험 중 재미있는 에피소드 하나를 말해 봅시다. (3분)
(10) 자신이 좋아하는 이성 상에 대해서 말해 봅시다. (1분)
(11) 자신이 로또 복권에 1등으로 당첨된다면 가장 하고 싶은 일은? (1분)
(12) 자신이 제일 슬펐을 때는? (1분)
(13) 자신이 제일 기뻤을 때는? (1분)
(14) 자신의 좌우명에 대해서 말해 봅시다. (1분)
(15) 자신이 제일 좋아하는 음식에 대해서 말해 봅시다. (1분)
(16) 세상에서 제일 소중한 것에 대해서 말해 봅시다. (1분)
(17) '사랑'을 주제로 2분간 말해 봅시다.
(18) '우정'을 주제로 2분간 말해 봅시다.
(19) '성공'을 주제로 2분간 말해 봅시다.
(20) '인내'를 주제로 2분간 말해 봅시다.
(21) '선택'이란 주제로 2분간 말해 봅시다.
(22) '희망'이란 주제로 2분간 말해 봅시다.
(23) '거짓'에 대해서 2분간 말해 봅시다.
(24) '최근 이슈'에 대해서 자신의 의견을 2분간 말해 봅시다.
(25) '여행'에 대해서 2분간 말해 봅시다.
(26) 행사의 사회자로서 오프닝 멘트를 해 봅시다. (30초)
(27) '스피치의 필요성'에 대해서 2분간 말해 봅시다.
(28) '말 잘하는 사람'이란 주제로 2분간 말해 봅시다.
(29) '왜 사는가?'에 대한 답을 말해 봅시다. (2분)
(30) '당근과 채찍'에 대해서 말해 봅시다. (2분)

2장
즉흥 스피치

1. 즉흥 스피치 요령

우리가 일상생활에서 나누는 대부분의 대화는 모두 즉흥 스피치에 속한다고 할 수 있습니다. 그렇게 늘 해오던 즉흥 스피치지만 이것이 대중 앞에서의 즉흥 스피치라면 얘기가 달라집니다. 준비해도 어려운 것이 스피치인데 준비 없이 즉흥으로 스피치를 해야 한다니, 어떤 분은 눈앞이 캄캄해질 것입니다.

하지만, 즉흥 스피치가 점점 늘어가는 이 시대에 피할 수도 없고 두 손 놓고 있을 수만은 없죠. "학문에 왕도는 없다."라는 말처럼 즉흥 스피치도 마찬가지로 왕도는 없습니다. 평소에 열심히 갈고 닦은 기량이 발휘될 수밖에 없죠. 그렇지만, 즉흥 스피치도 요령과 기법을 알아두면 비교적 훨씬 더 잘해낼 수 있습니다. 즉흥 스피치의 요령과 기법을 살펴봅니다.

① 즉흥 스피치를 하게 되면 논점을 장황하게 해선 횡설수설하게 됩니다.
　　논점은 좁고 구체적으로 잡는 것이 좋습니다.
　　'Say more with less'가 'Say less about more'보다 더 효과적입니다.
② 많은 분이 즉흥 스피치를 하게 되면 준비를 제대로 하지 못해서 죄송하다는 말을 서두에 꺼내곤 합니다. 그러나 준비 부족에 대해 말할 필요가 없습니다. 청중은 오히려 즉흥 스피치 상황의 자연스러움을 좋아할 것입니다.

청중은 즉흥 스피치에서 짜임새 있는 정교한 내용의 스피치를 기대하지 않습니다.

③ 자신의 경험 속에서 화젯거리를 찾아보세요. 나의 경험은 가장 독창적이면서도 내가 가장 잘 아는 최고의 스피치 창고입니다.
④ 관련된 것과 연관을 지어 표현해 봅니다. 다른 것과 결합시키려는 시도는 새로운 아이디어를 떠오르게 합니다.
⑤ 즉흥 스피치는 속성상 정돈되기 어렵고 말끔하지 않습니다. 주눅이 들어 하지 말고 적극적이고 긍정적인 자세를 견지하시기 바랍니다.
⑥ 앞사람이 하는 말을 경청하는 것도 도움이 됩니다. 앞 연사의 내용에서 말할 거리를 길어 올릴 수도 있고, 불안을 차단하는데도 효과적입니다.
⑦ 중심 생각을 순발력 있게 형성해야 합니다. 이런 내용의 이야기를 펼쳐나가겠다는 중심 생각의 씨앗이 빨리 형성되어야만 싹을 틔우고 줄기도 뻗고 잎도 돋아날 수 있습니다.
⑧ 아무리 즉흥이라도 약간의 준비 시간은 늘 있기 마련입니다. 그 자투리 시간을 최대한으로 이용해야 합니다.

⑨ 역시 평소의 연습이 중요합니다. 다양한 주제로 자주 즉흥 스피치를 연습해 보는 것이 실제에 큰 도움이 됩니다.
⑩ 여러 상황에 쓸 수 있는 인용문이나 말할 거리를 수시로 수집해 두는 것은 즉흥 스피치 상황에서 큰 힘을 발휘합니다.
⑪ 짧고 함축적으로 말하세요.
   말을 길게 쏟아내야 한다는 부담이 있는 분들이 많습니다.
   긴 스피치는 청중을 지루하고 졸리게 합니다.
   길게 말해야 한다는 부담을 버리십시오.
   스피치는 가능하면 짧고 함축적인 것이 좋습니다.

최초의 비행으로 유명해진 라이트 형제 중 윌버 라이트가 축하연에 초대받았을 때, 그는 청중을 대상으로 인사말을 하게 되었습니다. 준비할 여유가 없이 갑자기 단상에 오르게 된 그는 다음과 같이 아주 짧은 인사말을 했습니다. 그러자 청중으로부터 뜨거운 환호와 박수갈채가 이어졌습니다.

"신사 숙녀 여러분! 새 중에서도 말을 잘하는 앵무새는 그다지 잘 날지 못합니다. 저는 잘 날기는 하지만, 말은 그다지 잘하지 못합니다. 여러분, 오늘 밤 즐겁게 보내십시오."

2. 즉흥 스피치 내용 구성 요령

즉흥 스피치의 내용 구성은 그야말로 즉흥으로 구성해야 하기 때문에 쉽지만은 않습니다. 하지만, 다음의 요령으로 연습을 쌓아나간다면 점점 자신감을 갖게 되고 즉흥 스피치 능력이 향상되어 갈 것입니다.

(1) 목적을 떠올린다.

'목적을 떠올린다.'라는 것은 '이 스피치를 왜 하는가?'에 대한 답입니다. 목적이 분명해야만 생뚱맞은 내용이 되지 않고 제대로 된 내용의 방향을 잡게 됩니다.

(2) 핵심 메시지를 떠올린다.

핵심 메시지란 연사가 청중에게 전하고자 하는 내용이 함축된 골자입니다. 즉, '당신은 청중에게 무엇을 꼭 말하고 싶은가?'라는 질문에 대한 답입니다. 핵심 메시지가 분명하지 않으면 알맹이 없는 산만한 스피치가 되어 버립니다.

(3) 주제를 정한다.

핵심 메시지와 주제는 서로 관련은 있지만, 반드시 일치하지는 않습니다. 예를 들면 주제가 '잘 노는 사람이 성공한다.'인 스피치에서 핵심 메시지가 '잘 노는 사람이 되자.'인 경우도 있습니다만 주제가 '화가 화를 부른다.'인데 핵심 메시지는 '마음을 넓게 가지자.'일 수도 있습니다. 청중의 관심을 끌며 내용을 대표할 만한 인상적인 주제를 설정해보시기 바랍니다.

(4) 큰 뼈대를 만든다.

뼈가 있어야 살을 붙일 수 있습니다. 뼈대가 없으면 횡설수설 스피치가 되어 버립니다. 말할 내용의 큰 뼈대를 빨리 만들고 난 다음에 살을 붙여나가야만 합니다.

(5) 뼈대에 따른 살의 키워드를 적는다.

즉흥 스피치라고 해도 대개 잠깐의 준비할 짬은 있습니다. 그때 메모지에 간략하게 말할 뼈대를 적고 그에 따른 내용을 풀어나갈 살의 키워드를 적어둡니다. 그러면 당황하지 않고 내용을 잘 풀어나갈 수 있습니다.

3. 실제 적용 사례

즉흥 스피치는 다양한 상황이 있겠습니다만 아래의 경우에 어떻게 즉흥 스피치를 전개해 나갈지 함께 실습을 해봅니다.

(상황)
모교 행사에 선배 내빈으로 방문했는데 갑자기 교장선생님께서 나에게 후배들을 위해 도움될 만한 즉흥 연설을 해 달라고 요청하십니다.

(즉흥 스피치의 내용 구성)
① 목적
   선배로서 후배들에게 도움될 만한 이야기를 해 줘야 한다.

② 핵심 메시지
   스피치 능력을 반드시 갖춰라.

③ 주제를 정한다.
   '스피치는 성공을 향한 자신의 한쪽 날개다.'

④ 큰 뼈대를 만든다.
   1) 간단한 인사말
   2) 스피치의 중요성
   3) 스피치 능력 향상 방법
   4) 바람 및 끝 인사

⑤ 뼈대에 붙일 살들의 키워드 적기
   1) 간단한 인사말 - 반가움, 부족하나마
   2) 스피치의 중요성 - 다니엘 웹스터 / G.E 잭 웰치 / 한쪽 날개
   3) 스피치 능력 향상 방법 - 배워라, 자꾸 말해봐야, 시도 도전
   4) 바람 및 끝 인사 - 모두 바라는 목표 이루시고 / 감사

4. 실전 즉흥 스피치

그럼 앞에서 준비했던 즉흥 스피치의 내용 구성 실제 적용 사례를 활용해서 즉흥 스피치를 구현해 봅니다.

(1) 간단한 인사말

여러분 반갑습니다.
자랑스러운 모교 서라벌 고등학교 25기 졸업생 홍길동입니다.
사랑하는 후배 여러분을 만나게 돼서 무척 반갑고 기쁜 마음입니다.
부족한 저에게, 교장선생님께서 갑자기 '깜짝 특강'을 하라고 하시니, 정말 몸 둘 바를 모르겠습니다만, 후배들에게 조금이라도 도움이 되었으면 좋겠다는 마음으로 용기를 내서 이 자리에 섰습니다.

(2) 스피치의 중요성

저는 오늘 여러분께 '스피치는 성공을 향한 자신의 한쪽 날개다.'라는 주제로 짧은 말씀을 드리겠습니다.
먼저 한 가지 질문을 드려보죠. 만약에, 여러분 자신의 능력을 누군가가 모두 빼앗아가고, 단 한 가지 능력만 남겨 놓게 한다면 여러분은 어떤 능력을 택하시겠습니까?
미국의 정치가 다니엘 웹스터는 이 질문에 서슴없이 '스피치 능력'이라고 단언합니다. 왜냐하면, 스피치 능력만 있으면 빼앗겼던 능력들을 다시 찾아올 수 있다는 겁니다. 그만큼 스피치 능력은 소중하고, 특히나 커뮤니케이션이 중요해진 현대사회에서는 더더욱 중요해졌습니다.

여러분, 미국 G.E의 잭 웰치 전 회장 아시죠? 이분이 자신의 후임자를 뽑을 때, 후임자의 첫 번째 자질로 꼽은 것이 바로 '스피치 능력'이었다고 합니다. 그래서 뽑힌 사람이 제프리 이멜트 회장이고, 이분의 스피치 능력은 정말 탁월합니다.
이제 스피치 능력은 특정 계층의 전유물이 아닙니다. 이제 스피치 능력은 현대를 살아가는 우리가 모두 갖춰야 할 필수 능력이 되었습니다. 아무리 많은 전문지식을 갖추고 있다고 해도 그것을 다른 사람들에게 표현할 수 없다면 말짱 도루묵인 것이죠. 그래서 비유적으로 말씀드리자면 자신의 전문지식이 한쪽 날개라면, 자신의 또 다른 한쪽 날개는 바로 '스피치 능력'인 것입니다. 이렇게 양쪽 날개를 갖춰야만 성공의 창공으로 힘차게 비상할 수 있는 것입니다.

(3) 스피치 능력 향상 방법

그럼 스피치 능력을 어떻게 향상시켜 나가야 할까요?

첫째는 '스피치를 배우고 익히라.'라는 것입니다. 대화와 스피치는 공통점도 있지만 다른 점도 많습니다. 스피치는 학습해야 합니다. 여건이 되신다면 꼭 스피치 교육 프로그램에 참석해보시길 권해 드립니다.

둘째는 '말로 자꾸 표현해보라.'라는 것입니다. 독서를 많이 했다고 해서, 그 내용이 말로 잘 풀려나오느냐 하면 그렇지 않습니다. 말은 말로 자꾸 표현해봐야 실력이 늘게 됩니다. 그리고 한 번 말했던 것은, 다음에 더 쉽게 말할 수 있게 됩니다.

셋째는 '시도하고 도전하라.'라는 것입니다. 스피치는 경험이 중요합니다. 그런데도 많은 사람이 스피치할 기회를 다른 사람에게 미루거나 피해버리고 맙니다. 스피치는 성공의 기회입니다. 스피치할 기회를 다른 사람에게 미루거나 피해버린다는 것은, 성공을 다른 사람에게 양도하거나, 성공을 뿌리치는 것과 다름없습니다. 미루지 말고 피하지 말고 '연단 경험'을 꾸준히 쌓아나가시길 바랍니다.

(4) 바람 및 끝 인사

지금까지 저는 여러분께 '스피치는 성공을 향한 자신의 한쪽 날개다.'라는 주제로 말씀드렸습니다. 여러분 모두 바라는 목표를 꼭 이루시고, 여러분이 선택한 분야에서 스피치 능력을 제대로 갖춘 탁월한 리더가 되시기를 바랍니다.

끝까지 경청해 주셔서 대단히 감사합니다.

MC 스피치 기법

1. 사회 보기 스피치

모임에서 사회를 보는 사람을 부러워하신 적이 있습니까? 사회 보기도 연습하고 훈련하면 누구나 잘해낼 수 있습니다. 사회자는 어떻게 표현하고 진행해야 할지 살펴보겠습니다.

(1) 상황에 알맞은 표현을 해야 합니다.

사회는 청중에 맞게, 행사 성격에 맞게, 분위기에 맞게 알맞은 표현이 되어야 합니다. 신나는 분위기의 행사 사회를 너무 딱딱하게 진행한다든지, 엄숙한 분위기의 행사 사회를 너무 가볍게 진행해서는 안 될 것입니다. 사회자의 언어 표현의 분위기가 행사의 분위기에 큰 영향을 끼칩니다.

(2) 타이밍을 잘 맞춰야 합니다.

사회자는 진행이 원만하게 이루어질 수 있도록 타이밍에 유념해야 합니다.

1) **시작의 타이밍** – 행사 분위기를 고려해서 장내가 정리되고 청중의 시선이 무대로 집중된 다음에 시작의 타이밍을 잡아야 합니다. 시작에 앞서서 청중의 주의를 끄는 것도 사회자의 몫입니다.

2) **박수와 멘트의 타이밍** – 사회자는 청중이 박수를 보내는 동안은 말을 멈추고 잠시 기다렸다가 박수가 잦아들 즈음에 말을 시작해야 합니다. 그렇지 않으면 박수소리와 사회자의 말이 뒤섞여 청중은 제대로 알아들을 수 없습니다.

3) **진행 상황과 멘트의 타이밍** – 사회자는 출연자의 동작을 살펴가면서 진행을 해야 합니다. 출연자가 나올 준비가 되지 않았는데 소개말을 먼저 하면 곤란한 상황이 빚어지게 됩니다.

4) **시간 엄수의 타이밍** – 사회자는 정해진 시간을 지켜야 할 임무가 있습니다. 너무 빨리 끝내서도 안 되고 정해진 시간을 초과해서도 안 됩니다. 진행 중간마다 시간체크를 하면서 정해진 시간에 행사가 마쳐질 수 있도록 조정해나가야 합니다.

(3) 단락 전환 시 새로운 느낌의 표현을 합니다.

하나의 순서가 끝나고 다음 순서로 이어질 때 사회자는 그 단락의 전환을 청중이 느낄 수 있게끔 해주는 것이 좋습니다. 그러기 위해서는 목소리를 더 높여서 말하든지, 더 낮춰서 말하든지, 잠시 쉼을 두든지, 다른 톤으로 말하든지 새로운 느낌의 표현을 해주는 것이 좋겠습니다.

(4) 너무 지나치게 말을 많이 하지는 말아야 합니다.

사회자는 진행하는 사람이지 주인공이 아닙니다. 순서를 차질 없이 진행해나가면서 때로는 분위기를 조성해주고 청중을 고무시키면서 출연자를 빛내주는 사람입니다. 사회자는 자신이 말을 많이 하기보다는 출연자가 말을 잘할 수 있도록 이끌어주고 도와줘야 함을 잊지 말아야겠습니다.

(5) 평가하는 말이나 부정적인 말은 하지 말아야 합니다.

사회자는 심사위원이 아닙니다. 그런데 만일 "네, 연습이 좀 부족한 것 같았지만 그런대로 잘하신 것 같습니다." 하는 식으로 평가하면 출연자는 기분이 좋을 리 없습니다.

그리고 사회자는 분위기를 밝게 만들어 주는 사람이 되어야 합니다. 그런데 "음향 시설이 문제가 있어서 흥이 덜 나겠지만 그래도 흥겨운 자리이길 바랍니다." 하는 식으로 부정적인 말을 해버린다면 분위기를 오히려 가라앉게 할 것입니다.

(6) 전체 상황을 잘 살펴가면서 진행하고 융통성을 잘 발휘해야 합니다.

어떤 행사든지 예정된 대로 진행되기는 어렵습니다. 순간순간 돌발 상황이 생기기 마련입니다. 그래서 사회자에게는 임기응변 능력과 융통성이 필요합니다. 사회를 맡아 행사를 진행할 때는 전체 상황을 잘 살펴가면서 매 순간 융통성을 잘 발휘할 수 있어야 합니다. 그러기 위해서는 훈련과 경륜을 쌓아나가야 하겠습니다.

2. 사회 보기 오프닝 멘트 실습

① 행사 제목 선언
2010년 전국 스피치 경연 대회

② 인사와 사회자 자기소개
여러분 안녕하십니까? 오늘 사회를 맡은 MC 이상백입니다.

③ 청중에게 감사 메시지
붉게 타올랐던 단풍들이 하나둘씩 떨어져서 /
더 성장할 내년을 위해 / 대지를 향해 흩날리는 늦가을입니다. //
먼저 오늘 / 이렇게 자리를 가득 메워 주신 여러분께 / 감사드립니다.

④ 행사 간략 소개
오늘 전국에서 / 예선을 통과한 30여 명의 연사들이 /
그동안 갈고 닦은 스피치의 기량을 여러분께 선보이고, /

> 서로 자웅을 겨루기 위해, 이 자리에 모였습니다. //
> 저도 / 과연 어떤 분이 어떤 내용으로 영예의 대상을 차지할지 /
> 무척 궁금해지는데요. /
>
> "연사의 에너지는 청중의 박수로부터 나온다."라는 말이 있습니다. //
> 스피치가 진행되는 동안 / 여러분의 아낌없는 격려를 부탁드립니다. //
> 여러분의 격려는 / 우리 연사들에게 큰 힘이 되어줄 것입니다. //
>
> ⑤ 개회 선언
> 그럼, 지금부터 / 2010년 전국 스피치 경연 대회를 시작하겠습니다. //

3. 즐겁고 흥겨운 분위기의 사회 보기 실습

즐겁고 흥겨운 분위기에서의 사회자의 스피치는 엔터테인먼트 스피치라고 할 수 있습니다. 이때는 활력적이고 경쾌한 톤으로 청중의 시선과 마음을 끌고 분위기를 즐겁게 만들어 나가야 합니다. 열정적으로 리드미컬하게 표현해야만 분위기가 잘 살아나게 됩니다. 다음의 원고를 활용해서 멋지게 표현해 볼까요?

여러분, 안녕하세요?
전 국민의 대. 축. 제 / 여름 맞이 '썸머 페스티발' ///
사회를 맡은 ○○○입니다. /// (허리 숙여 인사)
'여름' 하면 여러분은 어떤 단어가 떠오르십니까? //
아마도 모두 / 뜨거운 열정 / 태양 / 파도 / 바캉스 / 축제 ///
이런 단어들을 / 떠올리지 않을까 생각됩니다. ///
오늘은 답답한 도시의 일상을 벗어나 ///
시원~한 바닷바람 / 그리고 흥~겨운 음악과 함께하겠습니다. //

자, 여러분의 '엔도르핀'을 팍팍 샘솟게 하는 //
매력 넘치는 국민 가수 /// ○○○ 님을 무대로 모시겠습니다. ////
여러분, 큰 박수 부탁합니다. ///

4장
분위기 있는 스피치 트레이닝

현대 스피치는 감성적인 요소가 더욱 부각되고 있습니다. 분위기를 잘 살릴 수 있는 스피치를 구사할 수 있다면 어디서나 환영받는 연사가 될 것입니다. 그러기 위해서는 연습과 훈련이 필요합니다. 다양한 장르가 있지만, 이번 장에서는 D.J / 건배 제의 / 송년회 / 신년회 / 시 낭송을 통해 분위기 있는 스피치 트레이닝을 연습해 보도록 하겠습니다.

1. D. J

D. J는 분위기 있는 스피치의 대가라고 해도 과언이 아닐 것입니다. 졸린 오후에는 생동감 있고 발랄한 스피치를 구사하고, 심야시간대에는 아늑하면서도 가슴을 움직이는 감동적인 스피치를 전해줍니다. 다음의 원고를 활용해서 멋진 D. J가 되어 볼까요?

【원고 : 별이 빛나는 밤에】

별이 빛나는 밤에 청취자 여러분 / 안녕하십니까? //
여러분의 별밤지기 / ○○○입니다. //

오늘은 첫눈이 내렸습니다. //

사랑하는 사람과 함께 / 눈을 맞으며 /
무작정 거리를 걷고 싶은 / 그런 밤입니다. //
오늘처럼 첫눈이 내릴 때 / 사랑하는 사람과 /
만나기로 약속한 분들이 많을 것 같은데요. //
첫눈이 / 사랑을 떠올리게 하는 것은 / 왜일까요? //
(쉼)
영등포에 사시는 아이디 '사랑지기'님의 글입니다.

첫눈 내리는 날 / 나는 그녀를 만났다. /
그리고 첫눈에 반했다. //

너무 멋진 글이라서 /
우리 별 밤 가족 여러분에게 / 전해 드렸습니다. //
오늘은 / 사랑과 첫눈에 얽힌 사연과 /
그에 어울리는 음악들로 준비했습니다. //
감미로운 음악과, / 아련한 추억과 /
아름다운 사연에 푹 젖어보는 /
행복한 밤이 되시기 바랍니다. //
오늘의 첫 번째 곡입니다. / "눈이 내리네"

2. 건배 제의 멘트 실습

연회모임에 참석했는데 갑자기 건배 제의 요청을 받고서 당황이 되는 경험을 해 보신 적이 누구나 한두 번쯤은 있으실 것입니다.

준비된 연사만이 박수받을 자격이 있다는 말처럼 건배 제의도 마찬가지입니다. 미리 준비해두면 실제 상황에서 당황하지 않고 멋스럽게 분위기를 잘 살리는 건배 제의를 할 수 있습니다.

다음 원고를 활용해서 건배 제의 멘트를 연습해 볼까요? '자, 건배!', '자, 위하여' 하는 선창 구호 대목은 더욱 크고 활기찬 목소리로 하셔야 분위기가 한층 고조된다는 것을 유념하시기 바랍니다.

【예제 1】

시인 안도현님의 '너에게 묻는다'라는 시에 /
이런 구절이 있습니다. //
연탄재 함부로 발로 차지 마라. /
너는 / 누구에게 한 번이라도 / 뜨거운 사람이었느냐? //
여러분은 어떻습니까? /
한 번이라도 / 뜨겁게 놀아 보신 적이 있습니까? //
오늘만큼은 / 정말 뜨겁고, 정말 화끈한 밤을 보내봅시다. //
자, 뜨겁고 화끈한 밤을 위하여!!!!

【예제 2】

저는 / 오늘 여기 모인 모든 분들이 /
승리자가 되시기를 바랍니다. //
승리자들에게는 / 두 가지 공통점이 있다고 합니다. //
첫째는 / 약간 미쳐 있다는 것이고, /
둘째는 / 뜨겁다는 것입니다. //

오늘은 / 우리가 모두 승리자로서 / 이 분위기에
뜨겁게 미쳐보는 / 화끈한 밤이 되었으면 합니다. //
자, 우리 모두 화끈한 밤을 위하여!!!!

【예제 3】

기업에는 / 비용으로 평가되는 직원이 있고, /
자산으로 평가되는 직원이 있다고 합니다. //
여러분 모두, / 우리 회사의 귀중한 자산이 되는 /
유능한 인재가 되시기를 바랍니다. //
자! 위하여!

【예제 4】

중국 고사 중에
'주향백리, 화향천리, 인향만리'라는 고사성어가 있습니다.

즉 술의 향기는 백리를 가고, 꽃의 향기는 천리를 가고,
사람의 향기는 만리를 간다는 말이지요.

우리의 만남이
영원하길 바라는 마음을 담아

제가 '인향'하게 되면
여러분께서는 '만리'라고 외쳐 주시기 바랍니다.

인향~

【예제 5】

부처님께서는 '일체유심조'라는 말씀을 하셨습니다.
여러분께서도 아시는 바와 같이 '모든 것은 마음먹기에 달렸다.'라는 말입니다.

우리가 술잔에 따른 것은 술뿐만이 아닙니다.
우리의 사랑이 담겨 있다고 생각합니다.

그런 의미에서 제가 '우리의 사랑을' 하게 되면
여러분께서는 '마시자!'라고 큰 소리로 외쳐 주시기 바랍니다.

우리의 사랑을~

【예제 6】

혼자 꿈을 꾸면 꿈에 그치지만,
함께 꾸면 꿈이 현실이 된다고 합니다.

그런 의미에서 제가 '우리의 꿈을' 하게 되면
여러분께서는 '위하여'라고 힘차게 외쳐 주시기 바랍니다.

우리의 꿈을~

【예제 7】

2010년은 경인년, 호랑이의 해입니다.
우리 모두 호랑이처럼 건강하게 살았으면 합니다.

그런 의미에서
제가 '어흥' 하게 되면

여러분께서도 '어흥'이라고
좀 더 큰 소리로 외쳐 주시기 바랍니다.

어흥~

【예제 8】

송년회에서의 건배 제의 멘트

들었던 잔을 잠시만 내려 주시기 바랍니다.//
건배의 의미는/ 두 가지가 있다고 생각합니다.//
하나는/ 잔을 비우기 위해/
다른 하나는/ 잔을 채우기 위해…//
2010년을 보내고/
새로운 2011년을 맞이하면서/
버릴 것은 모두 버리고/
새로운 희망과 설렘으로/
채울 것은 가득 채워야겠습니다.//
제가/ '다가오는 2011년을 위하여'라고/

선창을 하면/ 여러분께서는 '위하여', '위하여', '위하여'라고/
3단계로 점점 크게/ '위하여'를 외쳐 주시기 바랍니다.//
자, 이제 모두 잔을 드시기 바랍니다.//
다가오는 2011년을 위하여!!!

【예제 9】

생일잔치에서의 건배 제의 멘트

오늘은 홍길동 선생님의 생일입니다.
온 마음을 담아 진심으로 축하합니다.

생일(生日)은 말 그대로
살아있는 날입니다.

누군가의 관심과 사랑을 한몸에 받고 있을 때
그것이 바로 진정으로 살아있는 날, 생일입니다.

홍길동 선생님의 생일을 다시 한 번 축하하면서
제가 '홍길동 선생님을 위하여' 하게 되면
여러분께서는 '위하여'라고 힘차게 외쳐 주시기 바랍니다.

홍길동 선생님을 위하여~

【예제 10】

동창회에서의 건배 제의 멘트

우리는 오징어 친구입니다.
왜 오징어 친구인지 궁금하시죠?
여러분의 궁금증을 오징어 삼행시로
풀어 드리겠습니다.

다 같이 오~
오 : 오래도록
징 : 징그럽게
어 : 어울리며 지내야 할 우리는 오징어 친구입니다.

제가 그런 의미에서

'오징어' 하게 되면
'친구'라고 점점 큰소리로 세 번 외쳐 주시기 바랍니다.

오징어~

【예제 11】

단합대회에서의 건배 제의 멘트

우리는 하나가 되기 위해
오늘 이 자리에 함께 했습니다.

기쁠 때 함께 기뻐하고,
슬플 때 함께 슬퍼할 수 있을 때
우리는 진정 하나라고 할 수 있습니다.

오늘은 우리 모두 기쁨으로만
하나가 되길 바랍니다.

그런 의미에서 제가 '우리는' 하게 되면
여러분께서는 '하나다'라고 외쳐 주시기 바랍니다.

우리는~

3. 송년회 멘트 실습

【예제 1】

여러분 반갑습니다. ○○○입니다.
　설레는 희망으로 출발했던 한 해가 어느덧 저물어 가고 있습니다. 먼저, 올 한 해 동안 아낌없이 도와주시고 격려해주신 여러분께 깊은 감사를 드립니다. 돌이켜보면 금년 한해도 정말 다사다난했습니다. 보람찬 일도 많았고 아쉬운 점도 많았습니다.
　안 좋았던 기억들은 모두 잊어버리고 행복했던 기억들은 추억의 일기장에 고이 간직하면서, 새해에는 모두 더 건강하고 희망찬 모습으로 발전해 나가길 소망합니다. 아울러 여러분의 가정에 건강과 행운이 가득하시길 기원합니다.

감사합니다.

【예제 2】

안녕하십니까? ○○○입니다.

시작과 끝은 연결되어 있다고 합니다. 오늘의 송년 모임이 우리 모두에게 밝아오는 새해의 멋진 출발을 가져올 것을 믿어 의심치 않습니다.

아무쪼록 얼마 남지 않은 2010년 잘 마무리하시고, 다가오는 2011년 새해에는 가운융성 할 수 있는 한 해 되시기 바라면서 저의 송년사에 가름합니다. 감사합니다.

【예제 3】

오늘은 즐거운 송년회 날입니다. 지나온 날들을 점검하고 잘한 일에 대해서는 모두가 축하해 주고, 잘못한 일에 대해서는 다시 수정 보완하고 멋진 미래를 기약해 보는 뜻깊고 의미 있는 날입니다.

아무쪼록 며칠 남지 않은 2010년 알차게 마무리하시고 2011년 새해에는 만사형통하시고 웃음과 행복이 가득 넘쳐나시길 기원합니다. 감사합니다.

【예제 4】

성경 말씀에 '범사에 감사하라.'라는 말이 있듯이 이 세상 모두가 고맙고 감사합니다. 2010년 한 해를 마무리 하는 시점에 회원 여러분과 한자리에 모여 송년의 아쉬움을 달래고, 이렇게 끈끈한 정을 나눌 수 있음에 또한 깊은 감사를 드립니다. 새해에는 우리 모두에게 더 큰 성장과 발전, 행복이 함께하는 감사의 한 해가 되었으면 합니다. 감사합니다.

【예제 5】

2010년이 저물어 가고 있지만, 2011년 새해가 다가오고 있습니다.

새해는 글자 그대로 희망과 설렘으로 가득한 새로운 출발의 해입니다. 새 술은 새 부대에 담으라는 성경 말씀도 있듯이 이제 묵은 것은 다 버리고, 새로운 희망과 설렘으로 다가오는 새해를 가득 채워야겠습니다.

모든 창조물은 우리의 생각으로 시작되듯이 2011년에는 우리 모두에게 분명히 좋은 일이 가득하리라는 것을 믿어 의심치 않습니다.

아무쪼록 2011년 새해에는 우리 모두에게 축복과 행운이 늘 함께하기를 기원하면서 저의 말씀을 마칩니다. 감사합니다.

4. 신년회 멘트 실습

【예제 1】

여러분 반갑습니다. ○○○입니다.

희망찬 새해가 밝았습니다. 새해에는 누구나 마음도 새롭고 기분도 새롭습니다. 떠오르는 태양처럼 의욕과 열정이 꿈틀거려집니다.

여러분은 어떤 새해 계획들을 세우셨는지요?

올 한해는 세상 곳곳에 평화와 행복이 가득하고 온 세상 사람들이 사랑으로 하나 되는, 뜻깊은 한 해가 되었으면 좋겠다는 소망을 가져봅니다. 그리고 우리도 서로 아껴주고 위해주고 도와주면서 함께해서 더욱 행복한 한 해가 되길 바랍니다. 올 한해 여러분 모두 건강하시고, 좋은 일들만 가득하시길 기원합니다. 감사합니다.

【예제 2】

안녕하십니까? ○○○입니다.

지난해는 스피치와 스피치를 사랑하시는 여러분 덕분에 정말 행복했습니다. 올 한해도 스피치와 그리고 스피치를 사랑하시는 여러분과 더불어 행복하리라고 믿어 의심치 않습니다.

여러분! 입에서 말이 나오는 사람은 말을 잘하지 못하는 사람이고, 머리에서 나오는 사람은 그래도 좀 나은 사람이며, 가슴에서 말이 나오는 사람이야말로 진정 말을 잘하는 사람이라고 합니다.

그렇습니다. '대문을 열면 도둑이 들어오지만, 마음의 문을 열면 행운이 들어온다.'라는 말도 있지요. 올 한 해도 우리 모두 입을 열기 전에 마음의 문을 활짝 열고, 말과 생각과 감정이 진정으로 통할 수 있는 이심전심의 멋진 스피치를 하였으면 좋겠습니다. 그리하여 우리가 모두 의사소통이 잘 되는 한 해, 웃음과 행복이 가득 넘쳐 나는 멋진 한 해가 되기를 기원해 봅니다. 감사합니다.

5. 시 낭송 스피치 실습

시는 함축적인 내용 전달과 정서적 감흥 그리고 운율이 특징입니다. 그런 점으로만 보아도 시는 스피치 표현 기법의 훌륭한 모델 중의 하나로 손꼽힐 수 있겠습니다. 시 낭송을 통해 우리는 스피치 표현 기법을 향상시키는 데 유용한 도움을 얻을 수 있습니다.

(1) 시 낭송 요령

1) **자연스럽게** 표현합시다.

시 낭송을 하면서 지나치게 감정을 싣다 보니 과장되고 우스꽝스런 표현을 하는 분들을 볼 수 있습니다. 시 낭송은 반드시 이렇게 해야 된다는 정형화된 법칙은 없지만 지나치게 연출되고 과장된 듯한 표현보다는 자연스러운 표현이 더 낫지 않을까요?

시 낭송을 할 때는 자연스러움을 견지하면서도 감정을 잘 살려나가는 균형 감각이 필요하겠습니다.

2) **발음을 정확하게** 합시다.

시는 함축적인 표현입니다. 정확하게 발음되지 않는다면 제대로 내용이 전달되기가 더욱 어렵습니다. 시인은 하나의 시어를 위해 며칠 동안 불면의 밤을 지새우면서 고민합니다. 그렇게 해서 탄생한 귀중한 언어들을 그냥 대충 표현해 버려서는 안 되겠습니다.

한 음절 한 음절 분명하게 전달될 수 있도록 정확하게 발음하도록 해야 합니다.

3) **포즈(pause)를 잘 활용**합니다.

단락의 구분과 쉴 틈도 없이 시어를 계속해서 이어나가기만 하는 경우들을 종종 보게 됩니다. 쉴 때는 쉬어가면서 낭송을 해야 합니다. 그래야 그 침묵의 순간에 청중은 시를 음미할 여유를 갖게 됩니다.

시 낭송은 낭송하는 사람만을 위한 것이 아닙니다. 낭송자의 목소리를 통해 울려 퍼지는 아름다운 시를 통해 낭송하는 사람은 물론 청중 모두가 함께 느낌과 감정을 공유해나가는 것입니다.

그런 과정의 여유 공간이 바로 포즈(pause)인 것입니다.

4) **띄기를 적절히** 합시다.

너무 자주 띄어주면 감정의 흐름이 자연스럽게 이어지지 못하게 됩니다. 띄지 않고 낭송해나가면 급하고 답답한 느낌이 들게 됩니다. 그리고 띄기에 따라 느낌마저 달라질 수도 있습니다. 적절한 순간에 적절한 띄기를 해야 합니다. 시를 낭송하기 전에 띄어야 할 곳을 표시를 해두는 것도 좋은 방법이겠습니다.

5) **감정을 잘 살려야** 합니다.

시는 입으로 낭송하는 것이 아니라 마음으로 낭송한다는 자세로 감정을 잘 살려 표현해야 합니다. 과장되지 않으나 느낌이 살아있고 감정의 파장이 가슴으로 전해질 수 있는 표현이 되어야 합니다.

시를 단어의 나열로 보고 낭송을 한다면 제대로 표현될 수 없습니다. 그것은 국어 시간의 책읽기나 다름없습니다. 시 낭송이란 단순히 시를 읽어 내려가는 것이 아니라 시상(詩想)을 선명히 떠올리고 그 느낌을 마음으로 쏟아내야 합니다.

(2) 시 낭송 실습

다음의 시를 활용해 시 낭송을 해보도록 합니다.

1) 시 낭송 실습 예제 II

(요령 : 기도하듯이 마음을 담아 차분하게 표현합니다.)

말을 위한 기도

― 이해인

내가 이 세상에 태어나
수 없이 뿌려 놓은 말의 씨들이

어디서 어떻게 열매를 맺었을까
조용히 헤아려 볼 때가 있습니다.

무심코 뿌린 말의 씨라도
그 어디선가 뿌리를 내렸을지 모른다고 생각하면
왠지 두렵습니다.

더러는 허공으로 사라지고
더러는 다른 이의 가슴속에서
좋은 열매를 또는 언짢은 열매를 맺기도 했을
언어의 나무

내가 지닌 언어의 나무에도
멀고 가까운 이웃들이 주고 간
크고 작은 말의 열매들이
주렁주렁 달려 있습니다.

둥근 것 모난 것
밝은 것 어두운 것
향기로운 것 반짝이는 것
그 주인의 얼굴은 잊었어도
말은 죽지 않고 살아서
나와 함께 머뭅니다.

살아 있는 동안 내가 할 말은
참 많은 것도 같고 적은 것도 같고
그러나 말이 없이는
단 하루도 살 수 없는 세상살이

매일매일 돌처럼 차고 단단한 결심을 해도
슬기로운 말의 주인이 되기는
얼마나 어려운지

날마다 내가 말을 하고 살도록 허락하시고
하나의 말을 잘 탄생시키기 위하여
먼저 잘 침묵하는 지혜를 깨우치게 하소서

헤프지 않으면서 풍부하고

경박하지 않으면서 유쾌하고
과장하지 않으면서 품위 있는
한마디의 말을 위해
때로는 진통 겪는 어둠의 순간을
이겨내게 하소서

내가 어려서부터 말로 저지른 모든 잘못
특히 사랑을 거스른 비방과 오해의 말들을
경솔한 속단과 편견과
위선의 말들을 용서하소서

나날이 새로운 마음, 깨어 있는 마음
그리고 감사한 마음으로
내 언어의 집을 짓게 하시어
해처럼 환히 빛나는 삶을
당신의 은총 속에 이어가게 하소서

2) 시 낭송 실습 예제 Ⅱ

(요령 : 이 시의 내용에서 풍겨 나오는 의지적, 저항적, 미래지향적, 애국적 느낌을 잘살려 남성적인 웅장하고도 열정적인 어조를 활용해 표현합니다.)

광 야

― 이육사

까마득한 날에
하늘이 처음 열리고
어데 닭 우는소리 들렸으랴.

모든 산맥들이
바다를 연모(戀慕)해 휘달릴 때도
차마 이곳을 범(犯)하던 못하였으리라.

끊임없는 광음(光陰)을
부지런한 계절이 피어선 지고

큰 강물이 비로소 길을 열었다.

지금 눈 내리고
매화 향기(梅花香氣) 홀로 아득하니
내 여기 가난한 노래의 씨를 뿌려라.

다시 천고(千古)의 뒤에
백마(白馬) 타고 오는 초인(超人)이 있어
이 광야(曠野)에서 목 놓아 부르게 하리라

5장
어려운 상황의 스피치

어려운 상황은 언제나 생기게 마련입니다. 스피치할 때도 마찬가지입니다. 이런 때 어떻게 대처해나갈지 미리 생각을 한 번쯤이라도 해 둔다면 실제 상황이 닥쳤을 때보다 현명하게 대처해 나갈 수 있겠습니다.

스피치 측면에서 어려운 상황이란 여러 가지가 있을 수 있겠지만, 갑자기 말문이 막혀버리면 어떻게 대처할지, 심하게 흥분된 상황에서는 스피치를 어떻게 풀어나갈지, 잘 모르는 주제에 대해서 즉흥 발표를 해야 하는 경우 어떻게 해야 할지를 함께 생각해보도록 하겠습니다.

1. 스피치 도중 말문이 막히는 경우 응급조치 요령

스피치를 하다가 갑자기 중간에 말이 끊어지게 되는 경우가 있습니다. 정말 난감한 상황입니다. 그 이유는 뭘까요? 크게 긴장 측면과 내용 측면으로 나누어 볼 수 있습니다.

(1) 긴장 측면

긴장 측면은 긴장이 증폭돼서 숨이 가빠지고, 떨려서 말을 잇기가 갑자기 어려워지는 상황입니다. 이때는 호흡을 다시 고르는 것이 중요합니다. 잠깐 포즈를 두고 숨을 크게 한 번 들이쉬었다 내쉬는 것이 도움됩니다.

혹은 물을 한 모금 들이마시고 나서 스피치를 진행하는 것도 좋은 방법입니다. 그래도 말을 잇기가 어려울 것 같으면 대화 분위기로 청중에게 질문을 던져보는 것도 좋습니다.

(2) 내용 측면

내용 측면에서는 세 가지 원인으로 살펴볼 수 있습니다.

첫째는 적당한 단어나 표현이 떠오르지 않을 때이고, 둘째는 적절한 비유나 예화를 들려고 하는데 마땅히 떠오르지 않은 경우이며, 셋째는 갑자기 무슨 대목을 말하고 있는지 잊어버리게 되는 상황입니다.

이럴 때 연사는 정말 당황하게 되고, 당황하면 할수록 생각은 더욱 떠오르지 않게 됩니다.

이렇게 말문이 막히는 것을 방지하기 위해서는 주제에 대한 준비와 연습을 착실히 하는 것이지만 그럼에도 갑자기 생각의 흐름이 끊어지고 말이 막히게 되는 경우는 다음의 요령을 활용해 봅니다.

1) 적당한 단어나 표현이 떠오르지 않을 때

① 바로 앞의 내용을 다시 반복해봅니다.
② 청중에게 요청해봅니다. "그걸 뭐라고 하죠? 혹시 아시는 분 계십니까?"
③ 단어 자체를 신경 쓰지 말고, 풀어서 표현하려고 시도합니다.

2) 적절한 비유나 예화를 들려고 하는데 마땅히 떠오르지 않았을 때

① 방금 서술한 내용을 다른 말로 다시 한 번 풀어봅니다.
② 설명만 하고 비유나 예화는 생략하고 그냥 넘어갑니다.
③ 자신의 체험 속에서 말할 거리를 찾아봅니다.

3) 갑자기 무슨 대목을 말하고 있는지 잊어버리게 되는 상황

① 솔직하게 청중에게 요청합니다. "제가 어디까지 얘기했었죠?"
② 시작부터 신속히 말한 내용을 머릿속에서 전개해 봅니다.
③ 원고나 판서한 것들을 잠깐 다시 훑어봅니다.

2. 화가 나거나 흥분될 때 스피치 요령

평상시에는 말을 잘하다가 화가 나거나 흥분돼서 감정이 격해지면 목소리가 떨리고 목이 잠기고 정작 할 말을 하지 못하는 경우가 있습니다.

화가 나거나 감정이 격해져서 흥분 상태가 되면 신경이 과민해지고 자율신경계에서는 아드레날린이 분비되고, 때로는 숨이 가빠지는 과(過)호흡 상태가 되기도 하며, 목이 조여지는 느낌을 받기도 합니다. 그런 상황이 심한 경우는 목소리는 물론 몸까지도 떨리는 경험을 하게 될 수 있습니다. 이런 경우의 대처법을 세 가지 측면에서 살펴봅니다.

(1) 스피치 측면

이런 흥분 상태에서는 될 수 있는 대로 말을 하지 않는 것이 좋겠고, 일단 한 걸음 물러난 다음에 어느 정도 마음의 평정을 찾게 되고서 말을 하는 것이 실수를 줄이고, 합리적이면서도 현명한 대처를 할 수 있을 것입니다. 하지만, 그 상황에서도 꼭 말을 해야 하는 경우라면, 먼저 호흡을 잘 관리해야 합니다. 흥분 상태가 심하다고 판단되면 일단 심호흡을 크게 몇 번하시기 바랍니다. 대부분은 심호흡 몇 번 만으로도 흥분 상태는 상당히 감소함을 느낄 수 있습니다. 그리고 복식호흡을 활용한 발성법으로 말을 하는 것이 효과적입니다. 이때는 말의 속도를 너무 빠르게 하지 말고, 한 음절 한 음절 천천히 또박또박 발음한다는 마음가짐으로 차근차근 자신의 견해를 말해나가는 것이 좋겠습니다.

(2) 행동적 측면

"인간은 슬프기 때문에 우는 것이 아니라 울기 때문에 슬프다."라는 말이 있습니다. 우리의 마음이 우리의 행동에 영향을 끼치듯이 우리의 행동 또한 우리의 마음에 큰 영향을 끼칩니다. 마음이 잘 다스려지지 않을 때는 우리의 행동에 영향을 줘 보십시오. 그런 점에서 화가 날 때는 오히려 미소를 지어보십시오. 생각보다 큰 효과를 느끼실 수 있으실 것입니다.

(3) 마음 수행적인 측면

인간관계나 일상생활, 비즈니스에 이르기까지 모든 것을 부분적으로만 살피면 화낼 일이 너무나 많습니다. 하지만, 전체적인 관점에서 성찰해 보면 순간에 지나지 않거나 미미한 경우가 대부분입니다. 우리의 마음은 일어난 일 자체보다 그 일을 우리가 어떻게 받아들이느냐에 달렸습니다. 당장 눈앞의 현실만 보려고 하지 말고 크고 넓게 생각해 보시기 바랍니다. 지구와 우주를 떠올려 보면 우리 인간사의 좁쌀처럼 조그만 문제에 흥분해 있는 자신이 머쓱해질 것입니다. 그리고 화나 흥분이 곧 가라앉게 되고 평정심을 찾게 될 것입니다.

3. 잘 모르는 주제에 대해서 즉흥 발표를 해야 하는 경우

만약 자신이 잘 모르는 내용에 대해서 질문을 받고서 답변을 해야 하는 경우, 혹은 잘 모르는 주제에 대해서 준비도 안 된 상태에서 발표해야 하는 상황이라면 어떻게 하겠습니까?

정말 곤혹스럽고 난감할 것입니다. 이런 경우의 대처법을 살펴보겠습니다.

(1) 모르는 것은 '모른다'라고 합시다.

아는 것은 안다고 하고 모르는 것은 모른다고 하는 것이 바로 진실한 스피치입니다. 모르는 것을 짐짓 아는 체하며 스피치를 실행한다는 것은 결국 실패로 끝나게 됩니다. 모르는 것은 부끄러운 것이 아니라 모르면서도 배우지 않는 것이 부끄러움이란 말이 있는 것처럼 지금은 몰랐지만 배우고 익히면 됩니다.

(2) 앞 연사의 말을 참조합시다.

그래도 굳이 스피치를 해야 하는 경우라면 그 주제에 대한 다른 연사들의 스피치에 귀를 기울여 다양한 내용을 경청하면서 자신의 생각과 의견을 정리해보는 것도 좋은 방법입니다.

하나의 주제에 대해 여러 사람의 스피치를 듣다가 보면 어느 정도는 내용을 이해하게 되고 그에 따른 자신의 생각이 떠오르게 될 것입니다.

(3) 비켜가기 기법을 활용해 봅시다.

그냥 '모르겠습니다' 하고 끝내기에 분위기가 뭔가 어색하겠다 싶으면 경우에 따라 주제와는 맞지 않지만 비켜가기 스피치 전략을 구사해 보는 것도 하나의 방법이 될 수는 있겠습니다.

예를 들어 '네트워크 마케팅'이란 주제로 스피치를 해야겠는데 '대충 그런 것 같다'라는 정도만 알지 그에 따른 자세한 내용은 잘 모르는 경우에 '저는 모르겠습니다'로 끝내는 것이 아니라 다음과 같이 비켜가기 전략을 쓸 수도 있겠습니다. 물론 경우에 따라서이겠지만요.

> "오늘 주제가 네트워크 마케팅입니다. 제가 아는 분 중에서도 많은 분이 네트워크 마케팅을 하고 계십니다. 인생의 새로운 도전이라는 각오로 모두 열정과 신념에 차서 열심히 일하는 모습이 부러웠습니다.
> 그런데 정작 네트워크 마케팅이 무엇인지에 대해서는 정확히 알 기회는 가져보질 못했습니다. 네트워크 마케팅에 대해서 긍정적인 견해를 가지고 계시는 분들도 많지만 부정적인 견해를 가지신 분들도 꽤 있으신 것 같습니다.
> 오늘 이 자리가 바로 네트워크 마케팅에 대해서 자세히 알 좋은 기회가 될 것이라고 기대됩니다. 여러분의 스피치를 통해서 많이 배우도록 하겠습니다. 감사합니다."

제7강
효과적인 대화 기법

Ⅰ. 상황에 맞게 분명하고 진실하게 표현하라
Ⅱ. 마음을 열고 잘 듣고 맞장구쳐라
Ⅲ. 상대의 마음을 여는 부드러운 커뮤니케이션 스킬
Ⅳ. 상대방에게 호감 받는 대화 요령

1장
상황에 맞게 분명하고 진실하게 표현하라

대화는 서로 주고받는 것입니다. 함께 커뮤니케이션하는 것이지요. 한쪽이 일방적으로 말을 너무 많이 해서도 안 되겠고, 한쪽이 침묵으로 일관해서도 안 되겠습니다. 좋은 대화가 되려면 대화를 나누는 당사자들 모두의 노력이 있어야 합니다. 한쪽이 성실하게 대화를 하려고 해도, 다른 한쪽이 협조하지 않는다면, 다시 말해 들으려 하지도 않고 말을 비꼬거나 엉뚱한 딴소리를 늘어놓는다면 대화가 제대로 이루어질 수 없지요. 좋은 대화가 되려면 서로 협력을 해야만 합니다. 서로가 서로의 말을 공감하면서 서로 잘 들어주고, 이해하기 쉽고 분명한 표현을 해야만 서로에게 즐겁고 유익한 대화가 될 수 있겠습니다.

'그라이스'라는 학자는 원만한 대화 진행을 위한 요건으로 '협력의 원리'를 제시했습니다. 또한, 대화가 일종의 협동 작업이라는 관점에서, 대화를 나누는 양측이 대화를 정상적으로 진행해 나가려면 대화에서 지켜야 할 근본 규칙이나 규범인 격률을 지녀야 한다고 하며, 다음의 네 가지를 제시했습니다.

(1) 양의 격률(The maxim of quantity)
    요구되는 필요한 양만큼의 정보를 전달하라.
(2) 질의 격률(The maxim of quality)
    진실한 정보를 전하고, 근거를 찾을 수 없는 모호한 말은 하지 마라.
(3) 관련성의 격률(The maxim of relevance)
    주제와 관련이 있는 적절한 말을 하라.
(4) 태도의 격률(The maxim of manner)

애매모호함을 피하고 분명하고 구체적으로 표현하라.

간단하게 재정리를 해보자면 '상황에 맞게 진실한 말을 적절한 양으로 분명하게 표현하라'라는 것입니다. 그럼, 앞의 순서에 상관없이 좀 더 알기 쉽게 살펴보도록 하겠습니다. 좋은 대화가 되려면, 첫 번째는 진실을 말하고 근거 없는 말을 하지 말아야 되겠습니다. 진실하지 못한 말들의 사례를 살펴볼까요?

모 회사에 면접 보러 나온 사람이 동료와 얘기를 나누면서 "나는 이 회사에 꼭 다니고 싶은 마음은 없어."라고 말합니다. 다니고 싶은 마음이 없는 회사에 면접까지 보러 나왔다는 것은 뭔가 앞뒤가 맞지 않지요? 솔직하지 못한 말입니다. 시험 준비를 하는 학생이 "나는 꼭 합격할 생각은 없고, 그냥 머리가 굳어지지 않으려고 공부해 보는 거야."라고 말한다면 이 말이 진실일까요? 이 말은 혹시 시험에 떨어질까 봐, 시험에 떨어졌을 때 창피를 덜 당하려고 합리화시키는 말이라고 볼 수 있겠습니다.

다음은 근거 없는 말들의 사례를 살펴볼까요? 누군가가 "당신은 귀가 크니까 음악을 좋아하시겠네요."라고 말합니다. 귀가 큰 것하고 음악을 좋아하는 것하고 전혀 상관이 없을 텐데 말입니다. "자제분이 머리가 크니까 공부도 잘하겠네요." 칭찬하는 의도는 좋지만, 너무나 근거가 없는 얘기로 칭찬한다면 자칫 놀리는 것으로 오해받을 수도 있겠습니다. 좋은 대화가 되려면 솔직하지 못한 말, 근거가 없는 말을 하지 말고 진실한 말이 되도록 해야 하겠습니다.

두 번째는 너무 과도하지 않고 부족하지도 않은 적절한 정보를 제공해야 합니다.

어디에서나 너무 과묵한 사람이거나 혹은 너무 말 많은 수다쟁이가 환영받기는 어려운 법입니다. "저분이 이번 대회에서 최고상을 타신 분이세요?" 이렇게 묻는데 "맞아요. 저분이 대상을 탔는데, 집이 강남이고 얼마 전에 이혼했대요. 아마 고향이 제주도라고 하는 것 같습니다. 취미는 음악 감상하고 골프랍니다." 이렇게 묻지도 않은 말들을 쏟아낸다면 좋은 대화가 될 수도 없겠고 경망스런 사람으로 비치게 될 것입니다.

대화에 있어서 너무 부족한 정보를 제시하는 것도 문제입니다. 너무 단순하게 말해버리면 듣는 사람은 대화에 흥미를 잃어버리고 황당해집니다.

"이번 사태에 대한 선생님의 의견은 어떠신지요?" 이렇게 묻는데 "네, 정말 심각한 일이죠." 하고 답변을 끝내 버린다면 질문한 사람이 말할 맛이 나지 않겠죠? 그리고 분명하게 답변하지 않는 두리뭉실한 답변 태도도 문제입니다.

"나이가 몇이죠?" 하고 물었는데 "전 386세대입니다.", "연세가 어떻게 되시죠?" 하니까 "아직 환갑 전 입니다." 이렇게 분명치 않은 대답을 한다면 상대방을 조롱하는 것처럼 보일 수도 있겠습니다. 군대에서 고참이 후임병에게 묻습니다. "김 이병, 너는 집이 어디야?", "네, 서울입니다.", "서울이 전부 네 집이란 말이야?" 이런 풍경을 종종 볼 수 있었지요?

좋은 대화가 되려면 너무 과도하지도 말고, 너무 부족하지도 않은 적절한 정보를 상대에게 제공해야 되겠습니다.

세 번째는 주제와 관련된 얘기를 해야 합니다. 물론 대화는 주제를 정해 놓고 하는 것은 아니지만 하나의 이슈에 대해서 서로 내용을 전개해나가는 와중에 갑자기 어느 한 쪽이 생뚱맞게 딴 얘기를 시작해 버리면 대화의 흥이 깨어져 버리고 맙니다. 잘 얘기하다가 삼천포로 빠지게 되는 이런 경우들을 흔히 볼 수 있습니다.

예를 들어 본다면 나이가 들수록 건강이 참 중요하다는 생각이 들더라 하는 건강 주제로 얘기하다가 건강식품 회사를 차렸다가 망한 친구 얘기를 늘어놓습니다. 그리고 그 친구와의 학창 시절 얘기를 시작하다가 갑자기 기업가로 성공한 그 친구의 삼촌 얘기로 이어집니다. 너무 산만한 대화 방식입니다. 이렇게 일방적으로 횡설수설하는 대화 유형을 전문용어(?)로 '수다'라고 하죠.

"어제 그 연속극 참 재미있었지? 가족의 소중함을 느끼게 해주더라고."

"그래 맞아, 그런데 주인공을 맡았던 그 배우가 이번에 어떤 회사 CF에 출연해서 수억 원을 받았대." 이런 식으로 주제에서 자꾸 벗어나게 말을 하게 되면, 대화는 횡설수설, 중구난방이 되어 버리고 말겠습니다. 한때는 동문서답을 하는 만득이 시리즈가 한창 유행한 적이 있었습니다만 실제 생활 속의 대화에서는 만득이가 되어선 안 되겠습니다.

네 번째는 명쾌하고 구체적으로 말해야 한다는 것입니다. 만약에 어떤 사람이 "주가가 오를 것 같습니까?" 하고 전문가에게 묻는데 "아! 주가 말입니까? 주가는 경기를 선행한다고 볼 수 있지요. 그래서 경기가 요즘 같다면 아마 내릴 수도 있겠지만, 오를 가능성도 전혀 배제할 수는 없다고 보입니다만 무엇보다도 신중한 자세가 필요하지 않을까 하는 조언을 드리고 싶습니다." 이런 답변은 어떻습니까? 전혀 실제적인 도움이 되지 않는 얘기입니다.

또 하나 예를 들어 볼까요?

취직을 하려는 수험생이 어떤 회사의 입사 담당자한테 "이 회사의 취직시험에 합격하려면 어떤 준비를 해야 할까요?" 하고 물어보는데 "아, 그건 그렇게 어려운 일이 아닙니다. 평소 열심히 공부를 했고, 또 여러 가지 능력들을 계발시키는데 소홀하지 않았다면 좋은 결과가 있을 거라는 생각이 듭니다. 잘 준비하시고 잘하시면 아마 잘 될 것입니다."

이렇게 막연한 답변을 한다면, 답변을 하지 않은 거나 마찬가지겠습니다.

말은 명쾌하고 분명하게 구체적으로 해야 제대로 알아들을 수 있겠습니다.

2장
마음을 열고 잘 듣고 맞장구쳐라

대화는 인간과 인간 사이의 마음과 생각을 이어주는 통로입니다. 우리는 대화를 통해 서로의 마음을 알고 생각을 공유합니다. 그런데 무조건적인 대화가 우리를 목표한 곳으로 이끌어 주는 것은 아닙니다. 효과적인 대화가 되기 위해 필요한 조건을 몇 가지 꼽으라고 한다면 우선 다음과 같은 세 가지를 생각할 수 있겠습니다. 그것은 **경청**과 **잡음제거** 그리고 **맞장구**입니다.

1. 경청

대화의 법칙 중 제1원칙이 바로 잘 들어야 하는 경청입니다. 우리의 입이 하나이고 귀가 두 개인 이유*를 더 이상 설명하지 않더라도, 잘 들어야 상대의 관심이 무엇인지, 무엇을 얘기하고 싶어 하는지, 어떠한 고민거리가 있는지 알 수가 있다는 것입니다. 우리 인간이 자신이 하고 싶은 얘기 즉, 상대에게 들려주고 싶어 하는 얘기가 두 가지가 있다고 하는데요. 그 하나는 자랑거리를 얘기하고 싶어 하고, 다른 하나는 자신의 고민거리를 상대에게 들려줌으로써 상대가 자신의 부담을 반으로 덜어주길 바라는 마음이 있다고 합니다. 잘 듣는 것이 중요한 것은 성인 성(聖)자를 보면 알 수 있습니다.

> * 탈무드 명언, 이는 말하기보다 듣기를 두 배로 더하라는 뜻이 담겨있습니다.

즉, 성인 성(聖)자가 耳(귀 이)자 옆에 口(입 구) 그리고 그 밑에 王(임금 왕)자로 구성되어 있습니다. 즉, '성인은 듣고 말하는데 왕이 되어야 한다.'라는 얘기겠지요. 혹자는 임금도 말하기 전에 먼저 들어야 한다는 뜻으로 듣는 것을 강조한 한자어가 바로 성인 성(聖)자라고 해석합니다. 이렇게 지혜와 덕이 뛰어나 길이길이 남들이 본받을 만한 성인을 나타내는 성인 성(聖)자에도 들으라는 의미의 耳(귀 이)자가 들어 있는 것을 보면 듣는다는 것이 얼마나 중요한 것인가를 새삼 깨닫게 됩니다.

'경청'이라는 글자를 한자로 적어보면 그 한자에 담겨 있는 의미를 통해 배우고 느끼는 것이 많이 있는데요. 우선 '경'자는 귀 기울일 '경'자이고, '청'자는 들을 '청'자입니다.

영어에서는 '듣는다'라는 표현이 두 개가 있습니다. 하나는 귀에 들려오는 것을 듣는 'hearing'이고, 다른 하나는 귀를 기울여서 듣는 'listening'입니다. 그렇다면 경청(傾聽)의 의미에 가까운 것은 'hearing'보다는 'listening'이고, 여기에 'active'가 붙으면 'active listening' 즉, 적극적인 경청이라는 뜻이 되겠습니다. 그럼, 들을 청(聽)자를 함께 살펴보도록 할까요?

聽

(1) 耳 + 王 : 임금처럼 들어라

우리가 임금이 아닌데, 어떻게 임금처럼 듣습니까? 그것은 임금이 백성을 포용하듯 마음을 열고 들으라는 것입니다.

(2) 十 + 目 : 열 개의 눈으로 들어라

우리의 눈이 두 개밖에 없는데, 어떻게 열 개의 눈으로 듣습니까? 그것은 상대의 얘기를 그만큼 진지하게 들으라는 것입니다. 상대와 대화를 나눌 때 시선이 상대로부터 멀어져 다른 곳을 쳐다보고 있다면 그것은 진지한 눈빛이라고 할 수 없겠죠.

(3) 一 + 心 : 하나의 마음으로 들어라

우리의 마음이 두세 개 됩니까? 하나의 마음으로 듣게요? 그것은 그만큼 상대의 얘기를 진지하게 진심으로 들어주라는 말입니다.

위에서 살펴본 바와 같이 들을 청(聽)자를 보고 제대로 실천한다는 것은 쉬운 일이 아닙니다. 그래서 "세상에서 말을 배우는 데는 2년, 침묵을 제대로 배우는 데는 60년이 걸린다."라고 하는 말이 있습니다.

2. 잡음 제거

효과적인 대화를 위해서 필요한 조건 두 번째는 잡음 제거입니다.

잡음 제거에는 두 가지가 있습니다. 그것은 외부적인 잡음과 내부적인 잡음으로 나눌 수 있습니다. ≪도움말 백미숙≫

(1) 외부적인 잡음

외부적인 잡음에는 자동차 소리, 아이들 떠드는 소리, 공장에서 기계 돌아가는 소리 등 물리적인 잡음이 여기에 해당합니다. 외부적인 잡음이 있으니까 당연히 내부적인 잡음도 있겠죠?

(2) 내부적인 잡음

효과적인 대화를 방해하는 것은 외부적인 잡음보다도 내부적인 잡음에 문제가 더 있습니다. 내부적인 잡음이란 편견, 가치관, 고정관념 등 우리의 내부 의식 속에 이미 존재하는 여러 가지 요인이 상호 간의 원만한 대화를 방해하는 것입니다. 즉, 화자의 얘기에 집중하지 못하고 자꾸 딴생각에 빠지게 됩니다.

더 나아가 사고방식의 차이, 살아온 경험의 차이, 지식수준의 차이 등은 우리가 상대의 얘기를 똑같이 듣고 있다 하더라도 우리 모두에게 그 얘기가 같은 의미로 똑같이 전달되는 것이 아니라 위와 같은 차이 등으로 말미암아 사람마다 각기 다른 해석을 불러일으킬 수 있다는 것입니다. 이런 차이에서 비롯된 다른 해석 즉 의미적 잡음은 상호 간 의사소통의 단절로 확대될 수 있습니다.

우리의 선현들은 정말 훌륭했습니다. 우리가 지금 공부하는 스피치를 한 글자의 한자로 바꾼다면 말씀 언(言) 자가 되겠습니다. 그런데 이 言 자를 옆으로 뉘어 놓고 살펴보면 心 + 口, '입을 열기 전에 마음을 먼저 열어라.'라고 하는 속뜻이 담겨있습니다. 그래서 말을 먼저 하는 것이 아니라 마음을 열고서 상대와의 차이를 인정하고 상대의 입장을 고려하며 상대와 대화를 했을 때 정말 진솔한 대화가 이루어지지 않을까 생각해 봅니다. ≪도움말 임중기≫

3. 맞장구

효과적인 대화를 위해서 필요한 조건 중 세 번째는 입으로 듣는 맞장구입니다. 우리가 상대의 얘기를 들을 때 가장 먼저 귀로 듣고, 다음은 입으로 듣고, 그다음이 마음으로 들어야 한다는 것입니다. 따라서 '입으로 듣는다'는 맞장구는 정말 필요한 것입니다.

판소리 좋아하십니까? 판소리에 대해서 얘기를 듣다 보면 8시간 완창을 했느니,

10시간 완창을 했느니 하는 얘기를 들을 수가 있습니다. 그런데 이 판소리는 혼자 하는 것이 아니라 옆에서 '얼쑤~' 하면서 추임새를 넣어주는 고수가 있지요. 그렇습니다. 고수가 없이는 완창을 하기가 어렵고, 맞장구가 없이는 사람이 혼자 계속해서 말하기가 어렵겠지요.

맞장구가 중요한 이유가 하나 더 있습니다. 그것은 제가 아무리 여러분께 내용을 잘 전달하려고 노력해도 말하고자 하는 내용 전체의 80% 밖에 전달할 수 없고, 그리고 여러분께서 경청능력이 뛰어나서 제 얘기를 하나도 빠뜨리지 않고 아무리 귀담아들으려고 애를 써도 제가 하는 말의 80% 밖에 받아들이지 못한다는 것입니다. 결국, 우리는 서로 최대 64%의 대화를 할 수밖에 없다는 것이지요. 그렇다면 나머지 36%는 우리가 맞장구를 통해 찾아야 합니다.

언중유언(言中有言)이란 말이 있습니다. 이러한 사자성어를 볼 때 말 속에 말이 또 있는 것입니다. 그래서 대화하다 상대가 놓친 말을 내가 적극적으로 찾아 주려고 노력하는 사람이 되었을 때 '말을 잘하는 사람이다'라는 평을 받을 수 있다고 생각합니다. 이와 같은 맞장구는 여러 가지가 있을 수 있으나 여기서는 다음과 같은 네 가지로 나누어 보았습니다. ≪도움말 백미숙≫

(1) 공감하는 맞장구입니다.

'아~ 그래'라고 말을 하면서 고개는 끄덕끄덕하는 겁니다. 상대의 얘기를 들으며 이렇게 반응을 보인다면 얼마나 좋겠습니까? 이렇게 맞장구를 쳐 주었을 때 상대는 얘기하면서도 힘이 샘솟게 되지요.

(2) 확인하는 맞장구입니다.

요약, 정리하는 맞장구라고도 합니다. '교수님의 말씀은 이런 얘기시군요?' 이렇게 맞장구로 반응할 때 얘기를 하는 사람이 '지금 상대가 내 얘기를 잘 듣고 있구나!', '해석을 잘하고 있구나!', '내 강의가 잘 받아들여지고 있구나!'라고 생각하고 신이 나서 하나라도 더 알려줄 거 아니겠습니까?

≪똑같은 얘기나 단어를 들어도 자라온 환경, 개인적 경험이나 지적 수준의 차이에 따라 그 의미를 달리 해석할 수 있습니다. 따라서 상호 간의 원만한 의사소통을 위해서라도 확인하는 맞장구는 반드시 필요한 것입니다.≫

(3) 유인하는 맞장구입니다.

혹자는 질문하는 맞장구라고도 합니다. 제가 오늘 여러분께 예를 들어 1부터 9까지 숫자에 대해 강의를 하려고 준비를 해서 왔는데요. 1부터 5까지는 무난히 잘 마쳤습니다. 그런데 저도 사람인지라 6이 잘 생각이 안 나서 약간 망설이고 있습니다. 그때 청중석에서 한 사람이 손을 번쩍 들고 질문을 합니다.

"교수님! 좋은 강의 잘 듣고 있습니다. 1부터 5까지 교수님의 강의를 듣다 보니까 6이 궁금해집니다. 6에 대해 설명해 주시면 고맙겠습니다."

이런 질문을 받았을 때, 대부분 선생님의 느낌이나 반응은 이렇지 않을까요? '야 ~ 이 반은 정말 대단한 반이구나!', '예의 바르게 나를 돕기 위한 질문을 하는 저 학생은 수준이 꽤 높은걸!' 그리고 수업 듣는 다른 사람들에 대해서도 생각이 바뀌게 될 겁니다.

'야 ~ 내가 오늘 수준 있는 정말 대단한 분들 앞에서 강의하고 있구나.', '내 이력서에 좋은 경험으로 남겠는걸!' 이처럼 유인하는 맞장구는 말하는 사람을 도와주는 중요한 역할을 한다고 생각합니다.

(4) 칭찬하는 맞장구입니다.

여러분에게 소개 해드릴 마지막 네 번째 맞장구는 칭찬하는 맞장구입니다. 칭찬을 예찬한 글들은 많이 있습니다.

> 칭찬은 귀로 듣는 보약이다.
> 칭찬은 고래도 춤추게 한다.
> 칭찬은 인간을 감동시키는 최고의 무기이다.
> 칭찬은 우리의 인간관계를 원활하게 해주는 명약(비타민)이다.
> 칭찬은 일생을 통해 돈 한 푼 들이지 않고 상대에게 베풀 수 있는 최고의 선물이다.

이처럼 우리가 칭찬이 좋다는 것은 누구나 다 아는데요. 과연 어떻게 칭찬을 하면 좋을까요? 칭찬은 그 즉시 상대의 이름을 부르며, 진심을 담아 가능하면 많은 사람 앞에서 구체적으로 해야 하겠습니다. 또한, 제삼자를 통해 칭찬을 듣게 된다면 그 효과는 더욱 커지겠죠?

> 교수님의 말씀을 듣고 있자니 참 마음이 편안해집니다.
> 어쩌면 그렇게 전문가다우신 말씀을 잘하십니까?

> 교수님을 닮고 싶습니다.
> 교수님의 말씀은 교수님의 미소만큼이나 아름답고 정말 멋지십니다.

　이렇게 맞장구만 쳤는데 그분이 기분이 좋아서, 내가 대접을 해 드려야 할 분인데 저를 대접해주는 그런 경우를 경험해 보았습니다. 저는 맞장구만 쳤을 뿐인데, 그분이 저에게 이렇게 얘기를 합니다. 들리는 뒷소문을 통해 들은 얘기지만 '김현기 교수는 대단히 말을 잘하는 사람이다.' 제가 기분이 상당히 좋았겠죠? 내가 한 말에 의해 상대가 감동하고 감화받습니다. 그에게는 정말 제가 진지한 사람, 진솔한 사람, 멋진 사람으로 남았던 것입니다.

상대의 마음을 여는 부드러운 커뮤니케이션 스킬

어떤 일이든지 시작이 어렵습니다. 그래서 시작이 반이라는 속담도 있습니다. 대화에 있어서도 마찬가지입니다. 사람을 처음 만났을 때 우리는 무슨 말로 얘기를 시작할까 고민하게 됩니다. 그럼 처음 만나는 사람과는 어떠한 얘기부터 꺼내는 것이 좋고, 어떻게 화제를 전개해 나가면 좋은지 상대의 마음을 여는 부드러운 커뮤니케이션 스킬에 대해 함께 살펴보도록 하겠습니다.

1. 이름

우리가 사람을 처음 만나게 되면 명함을 주고받으며 통성명을 하게 됩니다. 이때 상대의 이름에 대해 호기심을 갖고 다음과 같이 질문하며 다양하게 대화를 나눌 수 있습니다.

> 참 좋은 이름을 갖고 계십니다. 누가 지어 주셨는지 궁금한데요.
> 참 예쁜 이름을 갖고 계십니다. 어느 분이 지어주셨나요?
> 특별한 이름 같은데 혹시 이름에 얽힌 사연이 있으신가요?
> 저랑 성이 같으시네요. 실례가 안 된다면 본관이 어디 신지 여쭈어 봐도 될까요?
> 이름에 좋은 이미지가 담겨 있습니다. 한 번 듣게 되면 오래도록 좋은 이미지로 기억에 남겠는데요. 이런 얘기 제가 처음은 아니겠죠? 등등

2. 자녀(미혼인 경우는 가족관계)

우리가 상대에게 같은 질문을 받더라도 어떤 경우는 얘기하고 싶기도 하고 어떤 경우는 하고 싶지 않은 경우가 있습니다. 그것은 상대의 기분을 고려했는가 하지 않았는가의 차이이기도 합니다. 즉, 불쑥 알고 싶은 것만을 물어보아서는 형사가 심문하는 기분이 들 수 있기 때문에 주의해야 합니다.

> 참 다복해 보이시는데, 슬하의 자녀는 어떻게 두셨는지요?
> 형제 중에 둘째가 상황 파악을 잘하고 분위기 파악을 잘한다고 하는 얘기를 들었는데요.
> 선생님을 뵈면 형제분들 중에 둘째가 아니신가 하는 느낌이 드는데 어떠신가요?

3. 집(사는 곳)

우리가 대화하는 이유는 사람에 따라 다르겠습니다. 어떤 사람은 상대를 설득시키기 위해, 어떤 사람은 자신의 의사를 상대에게 전달하기 위해 혹은 상호 정보 제공 등 여러 가지 이유가 있을 수 있겠습니다. 하지만, 또 다른 이유가 있다면 대화를 통해 상대의 기분을 좋게 만들어 더 좋은 인간관계를 유지하기 위해서가 아닐까 생각해 봅니다.

그렇다면 대화할 때 내가 하려고 하는 이 질문은 상대를 위한 질문이 될지 안 될지를 신중히 생각해 보고 해야겠습니다. 즉 내가 하려고 하는 질문이 상대의 기를 살려주기 위한 질문이 될지, 아니면 상대를 난처하게 만드는 고약한 질문이 될지 생각해 보고 질문을 해야 할 것입니다. 그리고 만일 좋은 질문이라고 생각하고 상대에게 질문했는데 상대가 답변하기를 어려워한다면, 자연스럽게 화제를 바꾸어 주는 것이 좋습니다. 상대와 부드러운 커뮤니케이션을 위해서는 이런 상황에 민감하게 대처할 필요성을 바로 나 자신이 느끼고 있어야 합니다.

집에 대한 질문만도 다양하다고 할 수 있습니다. 아파트에 살고 있는지 단독 주택에 살고 있는지, 혹은 연립에 살고 있는지(집이 만일 넓은 평수의 자기 집이라면 몇 평인지 묻지 않아도 자연스럽게 얘기가 나오므로 사는 집이 몇 평이냐는 질문 혹은 그 집이 자가인지 전세인지 등의 질문은 하지 않는 것이 좋을 듯합니다. 그러나 넓은 평수에 살고 있는데 몇 평에 살고 있는가를 물어봐 주기를 바라는 것 같다면 반대로 질문하는 것이 좋겠습니다.)

> 혈색이 좋아 보이시는데 사시는 곳이 공기가 좋은 곳인가 봅니다. 궁금한데요?
> 그 동네는 아파트가 많은 것으로 알고 있는데 어디에서 사시는가요?
> 제가 지금 사는 곳은 공기가 별로 좋지 않은데, 선생님이 사시는 그곳은 공기가 좋은지요?
> 우리 동네는 무엇이 유명한데요, 선생님이 사는 그곳은 무엇으로 유명한지요?
> 저녁식사 후에 주위에 가볍게 산책할 만한 곳은 있는지요?
> 근처에 편의시설(슈퍼, 우체국, 할인 마트, 세탁소, 은행 등)은 많이 있는 편인가요?
> 그곳에서 오래 사셨나 봅니다. 언제부터 사셨는가요?
> 주말이나 휴일에 등산할 만한 곳은 있는가요?

4. 꿈과 비전

이 단계쯤 되면 얘기가 어느 정도 무르익은 단계가 됩니다. 통성명이 끝나고 난 직후에 꿈이 뭐냐고 바로 묻게 되면 상대가 당황해 하겠지만, 말문이 트인 상황이라 과거 어렸을 때의 꿈부터 조심스럽게 묻는다면 상대도 별 부담 없이 받아 주리라 봅니다. 이때 상대의 얘기를 잘 들어주고 맞장구를 제때에 잘 쳐준다면 대화는 점점 무르익어 가게 됩니다.

> 꿈이 있는 사람은 행복하다는 말이 있습니다. 선생님의 모습도 많이 행복하고 좋아 보이십니다. 선생님의 어렸을 때의 꿈과 현재의 꿈, 그리고 미래의 꿈과 비전은 무엇인지 궁금합니다. 선생님은 그 꿈을 왜 가지게 되셨나요?
> 그 꿈을 이루기 위해 선생님께서는 구체적으로 어떠한 노력을 기울이셨나요?
> 그 꿈을 이루었을 때의 기쁨이 상당히 크셨으리라 생각이 드는데요.
> 우리가 무슨 일을 하다 보면 애로사항과 희생이 뒤따르게 마련인데요. 선생님께서는 그 꿈을 이루는 과정에서 어떤 애로와 희생이 있으셨는지 궁금합니다.

5. 직업

서서히 구체적인 질문으로 들어가게 됩니다. 전 단계 질문인 과거, 현재, 미래의 꿈과 비전을 얘기하며 직업을 자연스럽게 알게 되었을 것입니다.

중요한 것은 어떤 직업이 되었든 이 사회의 소중한 한 분야의 일이므로 상대가 하는 일에 긍지와 자부심을 느낄 수 있도록 칭찬을 아끼지 말아야 한다는 것입니다.

> 하시는 일이 전문 직종에 해당될 것 같은데요. 조금 자세히 말씀해 주실 수 있으신가요? 아 ~ 그러세요? 정말 반갑습니다. 말로만 듣고 방송이나 책을 통해서만 선생님이 하시는 분야의 일을 알 수 있었는데요. 이렇게 선생님같이 훌륭한 분을 직접 만나 뵙게 되어 정말 영광스럽게 생각합니다. 선생님은 그곳에서 그렇다면 구체적으로 어떤 일을 하시는 건가요?
> 선생님의 직책이 궁금해지는데요.
> 직장이 어디에 있는지요?
> 현재 하시는 일에 만족하는지요?
> 직장에서의 고충(힘들게 하는 사람)은 혹시 있으신가요?
> 선생님의 이상에 맞는 직장인가요?

6. 최근에 가장 기뻤던 일

얘기가 중복된다면 다음 단계로 넘어가면 됩니다. 그리고 단계를 꼭 거쳐 갈 필요도 없습니다. 그 때의 상황에 맞춰 적절한 질문을 하면 됩니다.

최근에 도전해서 성취한 경험, 사례, 그때의 느낀 감격 등을 묻습니다.*

> * 승진 : 그동안의 숨은 노고와 땀이 소중한 결실을 본 것 같습니다. 진심으로 축하합니다. 앞으로 더욱 일취월장해 나가시길 바랍니다.
> * 수상 : 상이 제대로 주인을 알아본 것 같습니다. 정말 대단합니다. 축하합니다.
> * 상대가 도전해서 성취한 경험과 사례 등을 얘기하며 기뻐하고 감격할 때는 상대의 거울이 되어준다는 기분으로 함께 기뻐하고 감격해야 합니다. 사람들은 함께 기뻐하고 함께 고민해주는 사람을 원하기 때문입니다.

7. 목표

목표는 크게 단기 목표와 장기 목표로 나눌 수 있습니다. 하지만 여기에서 목표란 먼 훗날의 꿈과 희망이 아닌 단기간의 목표*를 뜻합니다.

좀 더 구체적으로 언급하자면, 약 10년 정도 후의 장기 목표가 아니라 1년 또는 2년 사이에 이룰 수 있는 단기 목표입니다. 그리고 계획은 목표보다 작은 단위로서 하루 계획, 1주 계획, 1달 계획 등으로 사용됩니다.

> 선생님의 올해 목표에 대해 알 수 있을까요?
> 그 목표를 실행하기 위해 구체적으로 노력하고 있으신 일이 있으신가요?
> 그 목표를 달성하기 위해 추가된 계획이 있다면 무엇일까요?
> 지금은 그 목표에 몇 퍼센트나 달성된 상황이신가요?

8. 취미

좋은 취미*생활을 하는 것에 대해 많이 부러워하고, 적절하게 질문해가며 감탄하고 놀라는 모습을 보이는 것도 상대에 대한 예의이자 경청의 기술이라고 볼 수 있겠습니다.*

"명망 있는 학자와 이야기할 때는 군데군데 이해가 되지 않는 척해야 한다. 너무 모르면 업신여기게 되고, 너무 잘 알면 미워한다. 군데군데 모르는 정도가 서로에게 가장 적합하다." 이 말은 중국의 문호 노신의 말입니다.

> 건강해 보이십니다. 좋은 취미가 있으실 것 같은데요. 어떤 취미를 갖고 계신가요?
> 그러세요? 취미가 저와 같으시군요. 언제부터 하셨나요?
> 취미가 독특하시군요. 그 취미를 갖게 된 특별한 동기라도 있으신가요?
> 저도 그것에 많은 관심이 있는데요. 제가 시작하게 된다면 미리 알고 있으면 좋을 상식 같은 것이 있을 것 같은데요. 말씀해 주시면 도움이 많이 되겠습니다.

제7강 효과적인 대화 기법

* 여러분, 저의 취미가 궁금하시죠? 저의 취미는 책 보고, 연구하고, 글 쓰고…… 뭐 이런 것 빼고는 다 좋아합니다. ^ ^

9. 여행

여행의 추억(국내, 해외)은 누구에게나 있습니다. 추억을 되살려 분위기를 더 살려나갈 수 있습니다.

> 다방면으로 박식하신데요. 그래서인지 선생님을 뵈면 여행을 좋아하실 것 같다는 느낌이 드는데요. 여행하면서 좋았던 곳이 있거나 인상 깊었던 곳이 있으시다면 소개해 주시지요. 저도 그 나라를 언젠가는 한 번 가 보려고 계획하고 있는데요. 선생님께서 여행하면서 느끼신 점이나 주의할 점에 대해 말씀해 주시면 많은 참고가 되겠습니다.

10. 단체 가입

단체에 가입되어 있지 않은 사람을 찾아보기 어려울 정도로 대부분의 사람이 소속 단체가 있습니다. 특히 봉사단체가 많은데 이러한 봉사단체에 가입한 사람들은 자부심이 대단합니다. 가입하는 단체에 대해 얘기를 나눕니다.

> 선생님의 직업과 관련된 단체도 여러 개가 있겠지요?
> 그 외에 가입된 단체도 있으신가요? 대단하십니다.
> "남을 위해 봉사를 하지 않는 사람은 그 사람이 제아무리 훌륭한 지위를 지녔고 많은 재산을 가졌다 하더라도 결코 성공한 사람이라고 볼 수 없다."라고 하는 라이언스 클럽의 창시자 멜빈존스 씨의 말도 있는데요. 저 역시 이 말에 무척 공감이 갑니다. 선생님께서는 언제부터 이 단체에 가입해서 활동 중이신가요? 그 단체의 회원님들은 주로 어떤 일들을 하시는 분들인가요? 모임은 몇 달에 한 번 모이게 되는가요?

11. 자격증

자격증 시대라고 할 만큼 여러 사람이 자격증을 많이 가지고 있고, 자격증 취득을 하기 위해 공부도 많이 합니다. 자격증의 종류도 다양하고, 취득하기 위한 방법도 달라서 얘기의 소재로 좋다고 여겨집니다. 앞에서 해외에 갔을 때 공부를 위해 다녀왔다면 공부는 어디까지 마쳤는지, 그리고 그 학위는 교육학 학위인지 문학 학위인지 질문 내용이 많으리라 생각됩니다.

> 그 자격증 취득하기 위해서 특별히 이수해야 되는 교육이 있는가요?
> 그 학위를 취득하기 위해서 걸린 시간이 꽤 되겠는걸요?
> 그 자격증 취득하게 되면 어느 분야로 취업할 수 있는가요?
> 지금 말씀해주신 자격증 외에 또 다른 것이 있을 것 같으신데요?

 초대면 스피치에 대한 대화 실습 예문

앞에서 제시했던 이름, 자녀, 집⋯⋯ 자격증까지 11가지 화제 전개 순서의 전체 흐름을 살펴보기 위해 처음 만나는 사람과의 초대면 스피치를 다음과 같은 5단계 대화 실습 예문으로 제시해 보았습니다.

(상황)
경기신문사 기자 김민성 씨가 친절 교육 강사 이미연 씨를 만나 인터뷰하는 내용입니다.

(안내 지침)
화제 전개 단계에서의 11가지 이야기 순서는 꼭 지켜야 할 필요는 없습니다. 단, 유의할 사항은 상대가 답변하기 어려워하는 기색이 보이면 집요하게 꼬치꼬치 물어서는 안 된다는 것입니다. 대화 도중 상대가 대화를 꺼리거나 곤란해 한다면 바로 다음 단계로 넘어갈 것을 권합니다. 모든 대화는 널뛰기의 원리*에 의해서 상대가 주인공이 될 수 있어야 하기 때문입니다.

제7강 효과적인 대화 기법 | 379

Power Tip

널뛰기 놀이

우리의 민속놀이 중에 널뛰기 놀이가 있다. 널뛰기를 살펴보면, 내가 먼저 힘껏 굴러야 상대방이 높이 올라갈 수가 있고, 또 상대방이 높이 올라가야 다음에 내가 더 높이 올라갈 수 있게 됩니다. 인간관계 역시 내가 먼저 상대를 인정해 주고 존중해 준다면 다음에는 내가 그 대접을 받을 수 있게 되는 것입니다.

① 시작 단계

갑 : 안녕하십니까? 경기신문사 기자 김민성입니다.
을 : 안녕하세요? 이미연입니다.

② 화제 선정 단계

갑 : 참 예쁜 이름이시네요. 누가 지어 주셨는지 궁금한데요?
을 : 감사합니다. 제 이름은 아버지께서 지어 주셨는데, 아름다운 연꽃처럼 살아가라고 지었다고 하십니다.

③ 화제 전개 단계

1) 이름
  갑 : 특별한 이름 같은데 혹시 이름에 얽힌 사연이 있으신가요?
  을 : 네, 아버지 종교가 불교이신데요. 연꽃은 진흙에서 피어나지만, 진흙으로 오염되지도 않으면서 아름다운 꽃을 피워내잖아요. 그래서 어떤 상황에서든지 상황에 휘둘리지 말고 아름다운 삶을 꿋꿋이 살아가라는 교훈을 이름에 담았다고 합니다.
  갑 : 아. 그런 깊은 뜻이 있었군요. 정말 훌륭하신 아버님이십니다.
  을 : 감사합니다. 제가 정말 존경하는 분이 제 아버지세요.

2) 자녀(미혼인 경우는 가족 관계)
  갑 : 아직 미혼이시죠?

을 : 네. 우리 집은 딸만 둘인데 아직 둘 다 결혼을 못해서 부모님께서 걱정이세요.
갑 : 둘째가 상황파악을 잘하고 분위기 파악을 잘한다고 하는 이야기를 들었는데 혹시 둘째 아니세요?
을 : 우와. 정말 잘 알아맞히시네요. 제 위로 언니가 한 명 있어요.

3) 집

갑 : 피부가 깨끗하고 혈색도 좋아 보이시는데, 사시는 곳이 공기가 좋은 곳인가 봅니다.
을 : 네, 우면동에 살고 있어요. 정말 공기가 좋습니다.
갑 : 저녁 식사 후에 주위에 가볍게 산책할 만한 곳은 있으신가요?
을 : 네, 우리 집 뒤가 우면산인데, 가볍게 오를 만한 산책 코스가 있습니다. 정말 경관도 좋고 산책하기에 부담도 없습니다.

4) 꿈과 비전

갑 : 꿈이 있는 사람은 행복하다는 말이 있습니다. 이미연 선생님의 모습도 많이 행복하고 좋아 보이십니다. 이 선생님의 어렸을 때의 꿈과 현재의 꿈, 그리고 미래의 꿈과 비전은 무엇인지 궁금합니다.
을 : 어렸을 때 제 꿈은 나이팅게일 같은 멋진 간호사가 되는 것이었어요. 그런데 현재는 제가 하는 분야인 CS계의 명강사, 친절 교육 명강사가 되는 게 꿈입니다. 앞으로 친절 교육 센터를 세워서 더 많은 기업과 사람들에게 친절 교육을 하고 싶어요.
갑 : 네, 잘될 것이라고 봅니다. 그런데 선생님은 어떻게 그런 큰 꿈을 가지게 되셨나요?
을 : 저는 항공 승무원으로 일하다가 몇 년 전에 퇴사했습니다. 퇴사를 하고 나서 집에서 쉬던 중에 우연히 친절 교육을 하는 선배 언니를 통해 강사의 길을 권유 받게 되었습니다.

5) 직업

갑 : 아, 그러시군요. 지금 하시는 일이 전문 직종에 해당할 것 같은데요. 조금 자세히 말씀해 주실 수 있으신가요?
을 : 현대는 고객만족의 시대이지 않습니까? 어떤 기업이든지, 어떤 점포든지 고객에게 친절하지 않고는 살아남을 수 없게 되었습니다. 하지만 마음만 친절하게 먹는다고 고객이 만족스러워 하는 것은 아닙니다. 고객의 마음을 만족으로 이끄는 친

절이 되려면 전문적인 교육을 통해 제대로 된 친절을 배우고 익혀야 할 필요가 있습니다.

갑 : 이 선생님 말씀에 전적으로 공감합니다. 정말 보람 있는 일을 하시는군요. 그런데 자신이 원해서 하는 일도 때로는 어려움이 뒤따르잖아요. 혹시 그 일을 하시면서 특별한 고충 같은 것이 있다면 말씀을 듣고 싶습니다.

을 : 고충이요? 당연히 있고말고요. 강의 중간에 집중을 잘 하지 않으시는 분이 계시면 정말 속상합니다. 열심히 준비하고 열정적으로 강의하는데 몇 분이라도 따라 주지 않으시면 맥이 빠지게 됩니다.

6) 최근에 가장 기뻤던 일

갑 : 이 선생님, 표정이 참 밝으신데요. 최근에 가장 기뻤던 일은 언제였나요?
을 : 지난달에 HRD 친절 교육 부문 최우수상을 받았을 때입니다.
갑 : 우와! 상이 제대로 주인을 알아본 것 같습니다. 정말 대단합니다. 축하합니다.
을 : 감사합니다.

7) 목표

갑 : 이 선생님의 올해 목표가 무엇일지 궁금합니다.
을 : 올해는 국정원을 비롯한 공공기관에 많은 출강을 하고 싶습니다.
갑 : 국정원이라면 국가정보원을 말씀하시는 것이죠?
을 : 네.
갑 : 특별한 연유라도 있으세요?
을 : '7급 공무원'이란 영화를 봤는데 정말 나라를 위해 애를 많이 쓰시고 매력적인 분들인 것 같아요. 그런 분들 앞에서 강의할 수 있으면 정말 좋겠다는 생각이 들었죠. 그리고 기업엔 많이 출강해 보았지만, 공공 기관 쪽은 많이 해보지 않아서 올해엔 공공 기관 쪽으로 많이 활동해 보려고 합니다.
갑 : 그 목표를 실행하고자 구체적으로 노력하는 일이 있으신가요?
을 : 기업과 공공기관은 공통점도 있지만 다른 점도 있거든요. 그래서 그에 맞는 준비가 더 필요하다고 생각됩니다. 그래서 HRD 스피치 부문 대상을 받으셨고, 국정원뿐만 아니라 공공 기관 쪽에 많은 출강 경험을 갖고 계신 김현기 교수님을 통해 경기대학교 사회교육원에서 현재 스피치를 배우는 중입니다.

8) 취미

갑 : 이미연 선생님! 어쩌면 피부면 피부, 혈색이면 혈색, 뭐 하나 부족한 것이 안 보일

정도로 건강미가 넘치십니다. 좋은 취미가 있으실 것 같은데요. 어떤 취미를 갖고 계신가요?
을 : 저는 암벽 등반이 취미입니다.
갑 : 아! 역시 취미가 독특하시군요. 그 취미를 갖게 된 특별한 동기라도 있으신가요?
을 : 네. 암벽 등반을 처음 해 볼 때는 여자로서 무섭기도 했지만 하면 할수록 그 매력에 푹 빠지는 것 같습니다. 신체적인 건강에 도움이 되면서도 특히 정신 집중에 큰 도움이 됩니다. 도전 의식과 인내심을 기르는 데도 정말 유익하고요.
갑 : 저도 그것에 많은 관심이 있는데요. 제가 시작하게 된다면 미리 알고 있으면 좋을 상식 같은 것이 있을 것 같은데요. 말씀해 주시면 도움이 많이 되겠습니다.
을 : 차근차근 단계를 밟아 나가야 합니다. 무리한 욕심을 내면 큰 사고로 이어질 수 있으니까요. 세상살이도 마찬가지 같습니다. 지나친 욕심은 화를 부르기 마련이죠.

9) **여행**
갑 : 그렇군요. 다방면으로 박식하십니다. 그래서인지 선생님을 뵈면 여행을 좋아하실 것 같다는 느낌이 듭니다. 여행하면서 좋았던 곳이 있거나 인상 깊었던 곳이 있으시다면 소개해 주시지요.
을 : 여행을 정말 좋아하는 편인데 요즘은 바빠서 많이 다니질 못하고 있어서 안타깝습니다. 제가 가본 곳 중에는 캐나다 로키산맥이 정말 좋았습니다. 암벽 등반할 만한 멋진 장소도 있고요.
갑 : 저도 그 나라를 언젠가는 한 번 가보려고 계획하고 있습니다. 선생님께서 여행하면서 느끼신 점이나 주의할 점에 대해 말씀해 주시면 많은 참고가 되겠습니다.
을 : 캐나다는 자연경관이 정말 웅장하고 수려합니다. 아름드리나무들도 얼마나 많은지 몰라요. 우리나라에서는 맛볼 수 없는 자연의 정취를 듬뿍 느낄 수 있습니다. 생활 분위기는 미국과 큰 차이가 나지 않는 것 같은데 미국보다 훨씬 안전하다는 느낌을 받았습니다. 여행하면서 미리 사전 정보를 공부하고 답사하시면 훨씬 더 많은 것을 배우게 될 거에요.

10) **단체 가입**
갑 : 이미연 선생님의 직업과 관련된 단체나 모임도 여러 개가 있겠지요?
을 : 네, 강사들의 모임은 몇 개 있습니다. 하지만 아직 크게 활성화된 편은 아닙니다.

앞으로 모임을 활성화해 나가는 일에 일조하고 싶습니다.
갑 : 그 외에 가입하신 단체도 있으신가요?
을 : 네, 장미 라이언스 클럽이라는 봉사 단체에서 활동하고 있습니다.
갑 : 대단하십니다. "남을 위해 봉사를 하지 않는 사람은 그 사람이 제아무리 훌륭한 지위를 지녔고 많은 재산이 있다 하더라도 결코 성공한 사람이라고 볼 수 없다."라고 하는 라이언스 클럽의 창시자 멜빈 존스 씨의 말도 있는데요. 저 역시 그 말에 무척 공감이 갑니다. 선생님께서는 언제부터 이 단체에 가입해서 활동 중이신가요?
을 : 한 3년 정도 됐습니다.
갑 : 그 단체의 회원님들은 주로 어떤 일을 하는 분들이신가요?
을 : 주로 기업을 경영하는 분들이 많으시고요. 교수, 변호사, 의사 등 다양한 직업의 사람들이 활동하고 있습니다.
갑 : 모임은 얼마 만에 한 번 있으신가요?
을 : 매달 정기적인 모임이 한 번 있고, 필요에 따라 수시 모임도 자주 갖는 편입니다.

11) 수료증, 자격증
갑 : 일과 관련한 수료증이나 자격증이 있으신가요?
을 : 네. 우리 강사들은 특별한 자격증이 필요하진 않습니다. 수료증은 경기대학교 사회교육원 리더스 스피치과정 수료증이 있습니다.
갑 : 그 수료증을 취득하려면 얼마나 걸리나요?
을 : 한 학기 과정을 이수하시면 됩니다.

④ 보충 단계

갑 : 이 선생님과 함께하다 보니 명강사님으로서 품격과 열정, 자질이 느껴집니다. 앞으로 방송 출연을 통해 많은 사람이 알아보는 명강사님으로 우뚝 서시길 기원합니다.
을 : 전 방송 출연에 대한 생각만 해도 벌써 긴장이 됩니다.
갑 : 이미연 선생님은 반드시 잘해 내실 겁니다.
을 : 격려의 말씀 감사합니다.

⑤ **마무리 단계**

갑 : 오늘 귀한 시간 내주셔서 정말 감사드립니다. 그리고 좋은 말씀 많이 들었습니다.
을 : 저도 함께해서 즐거웠습니다.
갑 : 항상 건강하시기 바랍니다. 안녕히 계십시오.
을 : 안녕히 가세요.

4장
상대에게 호감 받는 대화 요령

상대에게 호감 받는 대화를 하기 위해서는 우선 상대의 얘기를 가능한 한 많이 들어주고(123 화법), 듣는 이의 흥미와 관심에 호소하면서 이야기해야(Need 화법) 합니다. 그리고 본격적인 본론에 들어가기에 앞서 스몰토크(Small talk)로 마음의 문을 열어 주는 것이 중요합니다.

1. 123 화법 활용

123 화법이란 1분 이내에 내가 할 말을 하고, 2분 이상 들어주며, 그동안에 3번 이상 맞장구를 쳐주라는 것입니다. 물론 시계를 보아가면서 1분 말하고 2분 듣고 3번 맞장구치라는 것은 아닙니다. 되도록 적게 말하고 많이 들어주면서 맞장구를 치다 보면 대화에 활기가 생깁니다.

대화할 줄을 모르는 사람은 없습니다. 그러나 제대로 말을 잘하는 사람도 흔하지 않습니다. 안병욱 선생은 직장인의 철학 강의 때문에 하루에도 여러 곳을 누비는 분입니다.

여러 곳을 가려면 이차 저 차를 갈아타야 하는데, 안병욱 선생을 모시는 기사들은 너나없이 이런 말을 하곤 합니다. "그분은 우리에게 여러 가지 질문을 하십니다. 그래서 우리가 뭐라고 말을 하면 '옳거니'를 반복하면서 받아들이더군요. 그렇게 학식과 덕망이 있는 분이 우리처럼 하찮은 사람의 말에 귀를 기울이는 것을 보면 저절로 고개가 숙여집니다." 누구나 자신의 말에 귀를 기울여 줄 때 자부심을 느끼게 됩니다. ≪서지원의 행복한 가정 만들기, 이상헌의 실명 칼럼≫

2. 니드 화법 활용

듣는 사람의 흥미 따위는 조금도 생각하지 않고 자기가 말하고 싶은 것만을 이야기하는 것을 '시드(Seed) 화법'이라 하고, 듣는 이의 흥미와 관심에 호소하며 이야기하는 것을 '니드(Need) 화법'이라 합니다.
따라서 우리는 시드 화법보다 니드 화법으로 말해야 합니다.

3. 스몰토크(Small talk)* 활용

(1) 상대의 마음을 열기 위해 스몰토크는 반드시 필요합니다. 업무로 처음 만난 사람에게 아무런 스몰토크 없이 비즈니스 대화를 바로 시작하게 되면 서로 간의 경계심은 풀어지지 않고 매우 무미건조한 대화가 이어지기 쉽습니다. 즉 상대의 마음을 열지 못하고 어색하게 시작한 대화가 그냥 어색하게 끝나게 됩니다. 대화를 보다 생산적으로 만들어 내고, 상대에게 호감을 받는 좋은 인상을 심어주기 위해서도 스몰토크는 반드시 필요합니다.

> **Power Tip**
> **스몰토크(Small talk)**
> 직역하자면, 하찮은, 시시한 이야기로서 이른바 '잡담', '세상 이야기', '이야기보따리'라고도 합니다. 즉, 스몰토크(Small talk)는 스피치의 조미료로서 감칠맛과

> 향기를 더해주게 됩니다. 음식을 만들기 위해 신선한 재료를 준비하듯이, 말에도 신선한 말감과 소재가 준비되어야 합니다.

(2) 스몰토크를 효과적으로 하기 위해서는 우선 상대에 대해 많이 아는 것이 유리합니다. 만나려는 상대에 대해 많이 알고 있어야 그가 원하는 얘기로 화제를 전개해 나갈 수 있기 때문입니다.

즉 나이가 결혼 적령기에 이른 혹은 그 시기를 넘긴 미혼인 사람에게는 배우자감에 대한 얘기로, 직장을 구하는 사람에게는 그 사람이 찾는 분야의 모집광고에 대한 정보로 얘기를 시작한다면 상대의 말문을 열고 마음의 문을 여는 데 도움이 되지 않을까 생각해 봅니다.

이외에도 그의 취미, 특기, 경력이나 학력, 교우관계 등을 화제로 시작해도 좋은 스몰토크가 될 수 있다고 봅니다. 그러나 만나려는 상대가 초면일 경우에는 날씨나 건강, 근황, 상대방의 옷, 주변 소품 등을 대상으로 스몰토크가 이뤄지는 것이 자연스럽겠습니다.

(3) 스몰토크 활용 당시 한 가지 주의해야 할 사항

스몰토크는 그야말로 '스몰'해야 합니다. 다시 말해 장황해서는 안 된다는 것입니다. 간혹 사설이 너무 길어서 '이 사람이 도대체 무슨 이야기를 하려고 이렇게 말을 빙빙 돌리는가?'라며 오히려 의심을 하게 만드는 때도 있으니까 말입니다.

제8강
우리말 스피치의 올바른 예법

Ⅰ. 쓰임새에 맞는 표현
Ⅱ. 적절한 호칭 표현
Ⅲ. 예법에 맞는 언어 표현
Ⅳ. 상대를 배려하는 긍정적인 표현

나라마다 서로 의사소통을 위한 말이 존재합니다. 어느 나라든지 그 나라 사람들이 사용하는 말은 있습니다. 하지만, 자기 나라만의 고유하고도 독창적인 말을 가진 나라가 있는 반면 다른 나라 말을 빌려 쓰는 나라도 있습니다. 우리 한국은 자랑스럽게도 우리만의 고유의 말이 있습니다. 말은 문화의 근간이 됩니다. 국민이 자기 나라 말을 제대로 활용하지 못한다면 문화의 바탕이 흔들리는 것이라고 해도 과언이 아닐 것입니다.

우리는 과연 한국인으로서 우리 한국말을 예법과 쓰임새에 맞게 제대로 쓰고 있는 것일까요? 한국어학 전공자이자 스피치 교육자로서의 필자는 아름다운 우리말이 홀대받고 잘못 사용되고 있는 모습을 볼 때 너무나 안타까운 마음이 듭니다. 우리말 스피치의 올바른 쓰임새와 예법을 살펴보도록 합니다.

1장
쓰임새에 맞는 표현

연단에 오른 어떤 분이 자신의 체험담을 말하는 중에 6·25때 혼자 남으로 내려와 '홀홀단신'으로 살아왔다는 표현을 합니다. 옆에 앉아 계시던 분이 '혈혈단신' 아닌가 하며 고개를 갸우뚱거립니다.

대화에서 쓰임새에 맞지 않은 표현을 하게 되면 교양 없는 사람으로 비치기 쉽습니다. 대중 앞에서 스피치할 때의 잘못된 표현은 더더욱 그러할 것입니다. 우리가 습관적으로 잘못 쓰는 말들을 점검해 보며 쓰임새에 맞는 올바른 표현을 하도록 합니다.

1. 가리킨다. / 가르친다.

"제가 가리켰던 제자 중에 미국 하버드대학교에 입학한 학생이 3명이나 됩니다."

'가리킨다.'와 '가르친다.'의 표현은 알고 있으면서도 습관적으로 잘못 쓰는 경우가 많습니다. 가리킨다는 말은 어떤 사물이나 방향을 손가락으로 알려줄 때에 쓰는 말이지 지도한다는 뜻은 아닙니다. 위의 경우에는 '가르쳤던 제자'로 바꿔 말해야 하겠습니다.

"제가 가르쳤던 제자 중에 미국 하버드에 입학한 학생이 3명이나 됩니다."

2. 있겠습니다. / 계시겠습니다.

"다음은 사장님의 축사가 계시겠습니다."

사회자들이 연단에 오르실 분을 소개할 때 존칭을 쓴답시고 "다음은 회장님의 격려사가 계시겠습니다."라는 식의 표현을 가끔 접하게 됩니다. '회장님께서 회의실에 계십니다.'라는 표현은 맞지만, 격려사가 계시다는 표현은 뭔가 어색하기 짝이 없죠. "다음은 회장님의 격려사가 있겠습니다."라는 표현이 좋겠습니다.

3. 당부합니다. / 부탁합니다.

"우리 후배들을 앞으로도 계속 아껴주시길 존경하는 선배 여러분께 당부합니다."

'당부합니다.'라는 말은 손아래 사람이 쓰기에는 뭔가 건방져 보입니다.
손윗사람에게는 당부가 아닌 부탁을 하는 것이 옳습니다.
"우리 후배들을 앞으로도 계속 아껴주시길 존경하는 선배 여러분께 부탁합니다."라고 표현하는 것이 적절하겠습니다.

4. 풍지박산 / 풍비박산

"계속 이렇게 안일하게 대처하다가는 우리 회사가 풍지박산이 될지도 모릅니다."

이렇게 '풍지박산'이란 말을 많이 사용합니다만 이는 잘못된 표현입니다. '풍비박산'이라고 해야 합니다. '풍비박산'이란 바람에 조각들이 날리듯이 사방으로 흩어진다는 뜻입니다.

5. 활성화시키다. / 활성화하다.

"우리 온라인 모임을 더욱 활성화시키도록 노력합시다."

우리가 활성화를 위한 행동의 주체인데 다른 누군가를 시켜 그들로 하여금 하게끔 하는 사역적인 표현으로 말하는 것은 옳지 않습니다. '활성화하다.'라는 표현으로 바꾸는 것이 좋습니다.

"우리 온라인 모임을 더욱 활성화하도록 노력합시다."

6. 틀린 것 / 다른 것

"이번에 출시한 신제품은 기존 제품과 완전히 틀린 것입니다."

'틀린 것'과 '다른 것'의 구별을 제대로 하지 않는 경우를 자주 봅니다.
'틀리다'는 표현은 '옳지 않다'는 뜻입니다. '다르다'라는 표현을 해야 올바른 표현이 됩니다.
"이번에 출시한 신제품은 기존 제품과 완전히 다른 것입니다."로 바꾸도록 합니다.

7. 믿겨지지 / 믿어지지

"올해의 매출실적을 보고받고 사장인 저도 믿겨지지 않았습니다."

'믿겨지지'가 아니라 '믿어지지'란 표현을 써야 합니다. 동사의 어간에 '-어지다'를 붙이면 피동형 표현이 됩니다. '믿다'의 어간에 '-어지다'를 결합하면 '믿어지다'가 됩니다.
'믿기다'는 '믿다'의 피동형 동사이므로 굳이 '-어지다'를 결합할 필요가 없습니다.
"올해의 매출실적을 보고받고 사장인 저도 믿어지지 않았습니다." 혹은
"올해의 매출실적을 보고받고 사장인 저도 믿기지 않았습니다."라는 표현이 좋겠습니다.

8. 들리다. / 들르다.

"홍길동 의원님께서 바쁘신 일정 중에 저의 행사를 축하하시기 위해 잠깐 들리

셨습니다."

잠깐 방문을 하는 것은 '들르다'라는 표현을 써야 합니다.

'들리다'는 소리가 들리는 경우, 무거운 물건이 들리는 경우의 표현에 알맞습니다.

"홍길동 의원님께서 바쁘신 일정 중에 저의 행사를 축하하시기 위해 잠깐 들르셨습니다."라고 고쳐 표현하는 것이 올바른 표현이 되겠습니다.

9. 하든지 / 하던지

"계속하던지 그만두던지 빨리 결정을 해야 합니다."

'든지'는 '하든지 말든지'처럼 무엇인가를 선택하는 경우에 쓰입니다.

"계속하던지 그만두던지"는 "계속하든지 그만두든지 빨리 결정을 해야 합니다."로 표현해야 합니다.

'던지'는 어떤 원인을 다음 구절의 사실과 관련시키는 경우 활용되는 표현입니다. 예를 들어 보면 "얼마나 빨리 달렸던지 땀이 비 오듯 했습니다." "얼마나 춥던지 온몸이 오그라들었습니다."의 표현이 있겠습니다.

10. 빌어 / 빌려

"이 자리를 빌어 저를 도와주신 모든 분께 감사드립니다."

이런 표현을 흔히들 쓰고 있습니다. 하지만, 이는 잘못된 표현입니다.
"이 자리를 빌려 도와주신 모든 분께 감사드립니다."라고 해야 맞습니다.
'빌어'는 '빌다'에서 나온 말인데 '빌다'는 '소원을 빌다'처럼 바라는 것을 이루게 해 달라고 간청할 때 쓰이는 표현입니다.
'빌리다'는 '물건, 돈 등을 빌린다.'는 표현처럼 물건이나 장소를 양해하고 잠깐 취하는 것을 의미합니다.

11. 작다. / 적다.

"적은 키로 그렇게 농구를 잘하다니 믿을 수가 없습니다."
"다섯 명이 나눠 먹기에는 너무나 작은 양이었습니다."

얼핏 듣기에는 무난하게 들리기도 하죠? 하지만, 틀린 표현입니다. '적다'는 분량, 개수 등 양과 관련된 것으로 반대말이 '많다'입니다. '작다'는 길이, 규모 등 크기와 관계된 것으로 반대말이 '크다'입니다.
"작은 키로 그렇게 농구를 잘하다니 믿을 수가 없습니다."
"다섯 명이 나눠 먹기에는 너무나 적은 양이었습니다."라고 표현해야 합니다.

12. 맞추다. / 맞히다.

"열 문제 중에 여섯 개만 맞추어도 대단한 실력입니다."

'맞추다'는 서로 분리된 양쪽 부분을 서로 맞게 대어 붙일 때에 쓰는 표현입니다. '맞히다'는 문제, 수수께끼 등의 정답을 알아낼 때 쓰입니다.

"열 문제 중에 여섯 개만 맞혀도 대단한 실력입니다."라는 표현이 좋겠습니다.

13. 산림욕 / 삼림욕

"내일 오전 일정은 산림욕을 하는 것입니다."
"내일 오전 일정은 삼림욕을 하는 것입니다."

이 둘 중 어떤 표현이 맞을까요?
한자로 표현해보면 삼림욕은 森林浴, 산림욕은 山林浴입니다.
이 경우는 둘 다 옳은 표현이라 할 수 있습니다. 뜻은 '숲 속을 거닐면서 맑고 싱그러운 숲의 공기를 들이마시며 숲의 기운을 쐬는 일'입니다. 필자의 사견입니다만 만일 평지의 숲 속을 거니는 것이라면 '산림욕'보다는 '삼림욕'이란 표현이 더 적절할 것 같습니다.

14. 악수를 나눕시다. / 악수를 합시다.

"자, 우리 모두 악수를 나눕시다."

필자가 지도하는 교육 중에 스피치 실습 광경을 지켜보면 가끔 "서로 반갑게 악수를 나누도록 합시다."란 표현을 듣게 됩니다. '악수를 나눈다니?' 고개를 갸웃거리게 되죠. 인사를 나눈다는 표현이 잘못 표현된 경우겠습니다. "서로 반갑게 악수를 하면서 인사를 나눠볼까요?"라는 표현이 자연스럽겠습니다.

15. 성대묘사 / 성대모사

"교수님은 어쩜 성대묘사도 잘하세요? 정말 다재다능하십니다."

흔히들 '성대묘사'라는 표현을 씁니다만 이때 '성대묘사'는 '성대모사'로 표현하는 것이 옳습니다. 모사(模寫)는 어떤 대상을 흉내 내어 그대로 나타내는 것을 뜻합니다.

16. 으스대다. / 으스대다.

"자기 분수도 모르고 으시대는 사람은 결국 실패하게 됩니다."

'으시대다'는 '으스대다'의 잘못된 표현입니다. "자기 분수도 모르고 으스대는 사람은 결국 실패하게 됩니다."라고 바꿔 표현하도록 해야 합니다. 참고로 말씀드리면 북한에서는 '으스대다'란 표현을 쓴다고 합니다.

17. 멀지 않아 / 머지않아

"멀지 않아 생산직원이 100명이 될 것인데, 공장에서 머지않은 곳에 기숙사 부지를 알아봐야 하겠습니다."

'머지않아'는 시간적인 개념을, '멀지 않아'는 공간적인 개념을 나타내는 것입니다.
"할아버지께서는 머지않아 통일이 될 것으로 믿었어요."
"할아버지 댁은 동사무소에서 멀지 않은 곳에 있습니다."라는 표현이 예가 될 것입니다.
처음 제시된 문장은 "머지않아 생산직원이 100명이 될 것인데, 공장에서 멀지 않은 곳에 기숙사 부지를 알아봐야 하겠습니다."로 표현해야 하겠습니다.

18. 뗄레야 뗄 수 없는 / 떼려야 뗄 수 없는

"우리들의 관계는 뗄레야 뗄 수 없는 정말 돈독한 관계입니다."

이 문장 중에서 '뗄레야'는 '떼려야'로 표현하는 것이 올바른 표현입니다. '~려고'는 어떤 행동을 할 의도를 나타내는 연결 어미입니다. 그런데 이를 '-ㄹ려고'로 쓰시는 분이 의외로 많습니다. '갈려고', '할려고', '볼려고'가 아닌 '가려고', '하려고', '보려고'로 표현해야 합니다. "우리들의 관계는 떼려야 뗄 수 없는 정말 돈독한 관계입니다."라고 하도록 합니다.

19. 건강하세요. / 건강하게 지내세요.

"끝까지 경청해주셔서 감사합니다. 여러분 모두 건강하세요."

"여러분 모두 건강하세요."란 문장은 스피치의 끝 인사로 자주 쓰이는 표현입니다만 올바른 표현이 아닙니다. '건강하다'는 형용사이므로 명령형이나 청유형 어미를 붙여 사용될 수 없습니다. 명령형 어미는 동사에만 붙일 수 있습니다. "건강하세요."는 "건강하게 지내세요." 혹은 "건강하게 지내시길 바랍니다."라는 표현으로 바꿔 말해야 올바른 표현이 되겠습니다.

20. 폭우가 내린 관계로 / 폭우가 내려서

"오늘은 폭우가 내린 관계로 예정된 일정을 모두 취소합니다."

"오늘은 폭우가 내린 관계로 행사를 취소합니다."라는 등의 표현은 많이 들어 보셨을 것입니다. 흔히 듣는 말이지만 찬찬히 살펴보면 어색한 표현입니다. '관계로'라는 말을 왜 굳이 써야 할까요? 만일 "우리는 동반자 관계로 함께 발전해 나갈 것입니다."라는 표현은 자연스러운 표현이 되겠죠. "오늘은 폭우가 내린 관계로 행사를 취소합니다."라는 표현은 "오늘은 폭우가 내려서 행사를 취소합니다."라고 바꾸는 것이 좋겠습니다.

2장 적절한 호칭 표현

1. 호칭 예절

"홍길동 선생님의 선친께서 오늘 칠순을 맞이하셨습니다."
이 표현이 올바른 표현일까요? 아닙니다. 잘못된 표현입니다.

선친은 돌아가신 자신의 아버지를 타인에게 이르는 말입니다. 위의 표현은 남의 아버지를 일컬어 자기 아버지에게 쓰는 '선친'이라는 말을 사용했으니 큰 결례를 범한 것입니다.

호칭은 인간관계와 언어예절의 시작이라 해도 과언이 아닐 것입니다. 어떤 경우는 어떻게 불러야 할지 몰라 만남을 피하게 되기도 하죠. 예법에 맞는 올바른 호칭을 익혀 보도록 합니다.

2. '자기 자신'에 대한 호칭

"숙부님, 오늘은 내가 숙부님께 저녁식사를 대접하겠습니다."
"교수님, 나는 이번에 입학한 학생입니다."

손위 분과 대화를 나눌 때 자신을 지칭하면서 '내가', '나는'이란 표현을 쓰시는 분들이 뜻밖에 많습니다.

웃어른이나 여러 사람에게 자신을 말할 때는 '저는', '제가'라는 표현을 써야 합니다.

동년배나 아랫사람에게는 '내가', '나는'이란 표현이 적절하겠습니다.

3. 부모에 대한 호칭

부모에 대한 호칭을 정리해 봅니다.

(1) 자기가 부모님을 직접 부르거나 남에게 말할 때 : 아버지, 어머니

(2) 남편의 부모를 직접 부르고 지칭하거나 남에게 말할 때 : 아버님, 어머님

(3) 타인에게 다른 사람의 부모를 말할 때 : 부친, 모친

- 성인이 되어서도 '아빠', '엄마'를 쓰는 경우를 자주 보는데 어른스럽지 않아 보입니다. 정중하게 '아버지, 어머니'로 바꿔 표현하도록 합니다.

4. 부부관계의 호칭

(1) 부부가 서로를 부를 때 : 여보, 당신

(2) 타인에게 자기 아내를 말할 때 : 안사람, 집사람, 아내

(3) 타인에게 자기 남편을 말할 때 : 우리 남편, 저희 남편

(4) 상대방의 남편을 말할 때 : 부군, 바깥어른

(5) 상대방의 부인을 말할 때 : 부인, 아주머니, 사모님

5. 형제·자매의 배우자에 대한 호칭

(1) 동생이 형의 아내를 부를 때 : 아주머니, 형수님

(2) 타인에게 자기 형수를 말할 때 : 형수 씨

(3) 형이 동생의 아내를 직접 부를 때 : 제수씨, 계수씨

(4) 누나가 남동생의 아내를 부를 때 : 올케, 자네

(5) 남동생이 누나의 남편을 부를 때나 타인에게 말할 때 : 매부, 매형, 자형

(6) 여동생이 언니의 남편을 부를 때나 타인에게 말할 때 : 형부

(7) 언니가 여동생의 남편을 말할 때 : ○(성씨) 서방, 제부

(8) 오빠가 여동생의 남편을 부를 때나 남에게 말할 때 : 매부, ○(성씨) 서방

(9) 오빠가 여동생의 남편을 직접 부를 때 : ○(성씨) 서방, 자네

(10) 형이 집안 어른에게 동생의 아내를 말할 때 : ○○댁, 제수

6. 남편의 동기와 그 배우자에 대한 호칭

(1) 남편의 형 : 아주버님

(2) 남편 형의 아내 : 형님

(3) 남편의 동생 : 도련님(결혼 안 했을 때), 서방님(결혼했을 때)

(4) 남편 동생의 아내 : 동서

(5) 남편의 누나 : 형님

(6) 남편 누나의 남편 : 아주버님

(7) 남편의 여동생 : 아가씨

(8) 남편의 여동생의 남편 : 아주버님

7. 아내의 동기와 그 배우자에 대한 호칭

(1) 아내의 오빠 : 형님, 처남

(2) 아내 오빠의 부인 : 아주머니

(3) 아내의 남동생 : 처남

(4) 아내 남동생의 부인 : 처남의 댁, 처남댁

(5) 아내의 언니 : 처형

(6) 아내 언니의 남편 : 형님, 동서

(7) 아내의 여동생 : 처제

(8) 아내 여동생의 남편 : 동서

3장
예법에 맞는 언어 표현

1. 병문안

병문안을 위해 병원을 방문한 분이 환자에게 "김 선생님, 안녕하십니까?"라고 말한다면 환자는 뭐라고 대답해야 할까요? "안녕 못합니다. 보시다시피 이렇게 아파 누워 있지 않습니까?"란 대답이 속에서 맴돌겠죠. 환자 분에게 "안녕하십니까?"라는 인사는 약 올리는 것도 아니고 정말 실례되는 표현이겠습니다.

"김 선생님, 연락받고 깜짝 놀랐습니다. 좀 어떠십니까?"라는 정도의 표현이 무난하겠습니다.

병문안을 마치고 나올 때의 인사말도 마찬가지입니다. "안녕히 계십시오."라고 해서는 적절하지 않겠습니다. "병원에서 계속 지내라는 거야 뭐야?" 하는 마음이 들 수도 있겠죠.

환자에게는 "빨리 완쾌하시길 바랍니다." "하루속히 쾌차하시기 바랍니다."라는 표현이 좋겠습니다.

보호자에게는 "고생이 많으시겠습니다. 빨리 나으셔야 할 텐데. 다시 오겠습니다." 정도의 표현이 적당하겠습니다.

2. 문상

"김 선생님, 정말 반갑습니다." "박 선생님, 정말 오래간만입니다." 이 말은 정말 좋은 말이지만 문상자리에서 상주에게 절대 써서는 안 될 말이죠. 말은 때와 장소를 잘 가려서 써야 합니다.

문상자리에서 "김 선생님, 정말 수고가 많습니다.", "정말 고생이 많습니다." 등의 표현도 좋지 않습니다.

엄숙한 표정으로 "뭐라 드릴 말씀이 없습니다.", "슬픔이 크시겠습니다." 정도의 절제된 표현이 좋겠습니다.

조문자리에서 큰 목소리를 내는 것은 결례입니다. 나지막한 목소리로 말해야 합니다.

가끔 술을 마시면서 건배를 하는 분들도 볼 수 있는데 이 또한 예의에 벗어나는 행동임을 유념해야 하겠습니다.

3. 감사 표현

"선생님! 함께 자리해 주셔서 정말 고맙습니다."
"아니다. 불러줘서 내가 오히려 감사하다."

어울리나요? 뭔가 어색합니다.
'감사하다'는 격식을 차린 공식적 표현이며 아랫사람에게는 잘 쓰지 않습니다.
'고맙다'는 허물없는 사적 표현으로 주로 아랫사람에게 쓰는 말입니다.

'선생님! 감사합니다.', '아니다. 내가 오히려 고맙다.'라는 표현이 자연스럽습니다.

감사의 표현을 할 때는 형식적인 느낌의 표현이 되어서는 절대 안 될 것입니다. 감사의 마음이 잘 전해질 수 있도록 감사의 표정과 그에 걸맞은 어조로 표현해야 함을 꼭 유의합시다.

4. 자기소개 표현

자기소개를 할 때 "안녕하십니까? 저는 홍길동이라고 합니다."라는 표현을 쓰시는 분이 많습니다. 겸손의 표현인 듯하지만, 주체성이 없어 보입니다. '남들이 저를 그렇게 부릅니다.'로 들릴 수 있습니다.

"안녕하십니까? 저는 홍, 길 자, 동 자, 홍길동입니다."라는 표현은 결례의 표현입니다. 손위 어른의 함자를 말할 때 쓰는 표현이기 때문입니다.

"안녕하십니까? 홍길동입니다."라는 표현이 단순하면서도 가장 무난한 표현이 되겠습니다.

혹은 "여러분, 반갑습니다. 홍길동입니다."라는 표현도 좋겠습니다.

5. 칭찬을 받았을 때의 표현

우리 한국 사람은 칭찬하는 것보다 칭찬을 받는 것에 더 서툴다는 말을 듣게 됩니다. 겸양의 마음에서 비롯된 것일 수도 있겠지만 좋은 분위기를 썰렁하게 만들어 버리기 쉽습니다.

"김 부장님, 승진 축하합니다."
"아니, 뭘요. 누구나 하는 게 승진 아닙니까?"

"박 사장님, 패션 감각이 정말 탁월하십니다."
"천만에요. 그런 말씀 마십시오."

"정 박사님은 정말 머리가 비상하신 것 같아요."
"말도 안 되는 소리 하지 마십시오. 졸업도 겨우 했습니다."

칭찬을 받았을 때 겸손의 의미로 위와 같이 반응을 보이는 분이 많습니다만 이런 때 칭찬해준 분은 얼마나 머쓱하겠습니까? 지나친 겸양은 결례될 수 있습니다.

칭찬을 받았을 때는 그냥 '감사합니다.'라고 화답하는 것이 가장 좋겠습니다.

6. 실수했을 때의 표현

사람이 살다 보면 실수할 일이 생기기 마련입니다. 우리 인간은 누구나 완벽할 수 없는 존재이니까요. 실수는 어쩔 수 없다고 해도 실수에 대한 본인의 말과 행동은 실수가 없도록 해야 합니다.

약속시간을 한 시간이나 넘겨버린 김 과장.
"오늘따라 얼마나 차가 막히던지 도로가 주차장이나 다름없었습니다. 공사를 하려면 차량통행이 적은 밤 시간에 할 것이지 왜 바쁜 대낮에 공사를 해서 교통체증을 유발하는지 모르겠어요."

김 과장처럼 이런 식으로 장황한 변명부터 늘어놓는 사람이 있습니다. 모인 분들은 김 과장의 지각보다 김 과장의 변명에 더 화가 날 수 있겠습니다.

실수를 했을 때는 구구절절 변명을 늘어놓기보다는 "저 때문에 많이 기다리셨죠? 늦어서 정말 죄송합니다.'라고 말하는 것이 좋겠습니다.

7. 선언이 아닌 양해의 표현

"사장님, 오늘 바쁜 일이 있어서 먼저 퇴근하겠습니다."
자신이 사장인데 이렇게 말하는 직원이 있다면 어떤 기분이 들까요?
일방적인 선언은 건방진 느낌이 들게 됩니다. 일방적인 선언식의 표현보다는 양해를 구하는 식의 표현이 훨씬 더 원만한 관계를 만들어 줍니다.
"사장님, 제가 오늘 바쁜 일이 있어서 그런데 먼저 퇴근해도 되겠습니까?"라고 말하는 것이 예의 있는 표현이겠습니다.

"이거 제가 가질게요."라는 말보다 "이거 제가 가져도 될까요?"라는 표현이 "같이 영화 보러 갑시다."라는 말보다 "같이 영화 보러 가면 어떨까요?"라는 표현이 좋겠습니다.

4장
상대를 배려하는 긍정적인 표현

1. 겸허한 마음에서 예의 바른말이 나옵니다.

말 잘하는 사람은 입에 발린 소리를 잘하는 사람이 아닙니다. 진짜 말을 잘하는 사람은 마음에서부터 우러나오는 말을 하는 사람입니다. 아무리 예의 바른 어법을 배웠어도 마음이 그러하지 못하면 말은 지나가는 소음에 불과한 것입니다.

예의 바른말을 하기 위한 뿌리는 겸허한 마음을 갖는 것입니다.
설득과 대화의 달인으로 손꼽히는 소크라테스는 다음과 같이 말했습니다.
"내가 확실하게 아는 오직 한 가지는 내가 모른다는 사실이다."
대가의 겸손함을 엿볼 수 있는 말입니다.
톨스토이는 '겸손한 사람은 모든 사람으로부터 호감을 산다.'라고 말했습니다.
대화의 장소에 나갈 때는 무슨 말을 어떻게 할까를 생각하기 이전에 자신을 낮추고 상대방을 존중하는 겸손한 마음을 먼저 가지도록 노력합시다.

2. 무엇보다도 상대를 빛나게 하는 말을 합시다.

"선생님! 정장이 참 멋지세요. 정말 고급스러워 보입니다."

"선생님처럼 정장이 고급스럽게 잘 어울리는 분은 처음 보았습니다."

두 문장 중에서 어떤 문장이 마음에 드시나요?

첫 번째 표현은 옷을 빛나게 한 말이었고, 두 번째 표현은 상대방을 빛나게 한 말이었습니다. 말을 할 때는 무엇보다도 상대방을 먼저 빛나게 하는 것이 좋습니다.

"이 차는 성능이 우수할 뿐만 아니라 품위 있고 세련된 스타일이 돋보입니다."라는 말을 하는 판매원과 "이 차는 사장님처럼 품위 있고 세련된 분이 타시기에 정말 잘 어울리는 차입니다."라고 말하는 판매원이 있다면 어떤 사람과 계약하고 싶어질까요?

3. YES, BUT 화법을 활용합시다.

우리나라는 토론문화가 아직은 덜 성숙한 편이라는 생각이 듭니다. 토론하다 보면 서로 감정 상할 일이 많아지게 되죠. 우리 인간은 대체로 자신의 말에 반기를 드는 사람을 싫어하는 경향이 있습니다. 자신의 주장이 바로 반격을 받게 되면 이성은 사라지고 감정부터 격해지기 쉽죠. 상대방의 주장에 동의하지 못하는 경우라고 바로 반박을 하기보다 일단은 상대방의 말에 수긍의 태도를 보이고 난 다음 자신의 주장을 이어가는 'YES, BUT 화법'을 활용해 봅시다.

"박 의원님 말씀은 도저히 이해할 수가 없군요."

→ "박 의원님의 말씀 잘 들었습니다. 그렇지만, 이해가 안 되는 부분이 있어 몇 가지 말씀드려볼까 합니다."

"이 의원님의 발언은 현실성이 없다고 생각합니다."

→ "이 의원님께서 방금 말씀하신 내용은 정말 기발한 대책이라고 생각합니다. 그렇지만, 현실성이 있을지 의문입니다."

4. 긍정적인 관점에서 바라보며 말을 하도록 합시다.

컵에 콜라가 반쯤 찼을 때 "콜라가 반밖에 남지 않았네."라는 표현을 쓸 수도 있겠지만 "아직도 콜라가 반이나 남았잖아."라는 표현을 쓸 수도 있겠습니다. 보는 관점에 따라 말도 이렇게 달라질 수 있는 것입니다.

'이왕이면 다홍치마'라고 될 수 있으면 긍정적인 관점에서 바라보며 긍정적인 말을 하는 것이 좋겠습니다.

암에 걸린 환자에게 의사 선생님이 "안타깝게도 암이 발견되었습니다."라고 환자에게 말한다면 환자의 마음은 절망으로 가득 찰 것입니다. 하지만 "다행입니다. 암을 조기에 발견하게 되었습니다."라고 말해준다면 어떨까요? 환자는 절망이 아닌 희망을 품게 될 것입니다.

어떤 회사의 모든 건물과 설비가 화재로 말미암아 순식간에 잿더미로 변하고 말았습니다.

사장님은 전 직원을 모아 놓고 "우리는 모든 것을 잃었습니다."라고 말하지 않았습니다.

"이제 우리는 더 잃을 것이 없습니다."라는 말로 전 직원들의 마음속에 재기의 희망과 열의를 불어 넣었습니다.

5. 절대 비난하거나 질책하지 맙시다.

비난과 질책은 그 어떤 것도 해결해 줄 수 없습니다.

비난과 질책을 듣는 사람의 마음은 당연히 불쾌하고 불편하겠지만, 비난과 질책을 하는 사람의 마음도 편할 리 없습니다. 비난과 질책은 모두의 의기를 꺾고 감정만 상하게 할 뿐입니다. 무심코 내 던진 비난과 질책의 한마디 말이 상대방의 가슴에 오랜 상처를 남길 수 있습니다.

특히 아이들에게는 더더욱 비난과 질책의 말을 삼가도록 합니다. 비난과 질책의 말이 입 밖으로 나오려고 하면 잠시만 숨을 가다듬고 정화한 표현을 하도록 합니다.

"너는 어떻게 그따위 생각을 할 수 있어?"
→ "너는 그렇게 생각하는구나! 엄마 생각은 ~"

"제대로 해보지도 않고 포기하고 그러냐? 너는 끈기가 너무 없어."
→ "쉽지 않지? 처음엔 원래 그렇단다. 이렇게 해보면 어떨까?"

"너는 맨 날 동생을 울리고 그러니? 커서 깡패가 되려고 그래?"
→ "동생과 사이좋게 지냈으면 좋겠다. 동생은 어리고 너는 형이잖니? 형인 네가 동생을 잘 이해해주면 더 좋겠다."

비난과 질책의 말은 오히려 상대방으로 하여금 마음의 문을 닫게 합니다. 따뜻한 말과 칭찬이야말로 상대방의 마음을 움직이고 행동을 이끌어내는 명약입니다.

나그네의 외투를 벗긴 것은 매서운 바람이 아니라 따뜻한 햇볕이었음을 꼭 기억합시다.

제9강
스피치 칼럼

스피치 드라이브, 침착하라!
돼지 멱따는 소리는 이제 그만!
유머를 발굴하고 수집하라!
청중을 사로잡는 K. H. K 강의 기법
성공적인 토론 스피치
감동 주고 호감 받는 감성 스피치
성공 면접 스피치 전략!
말다운 말이어야 참된 대화가 된다
대화의 달인이 되기 위한 6가지 기법
즐거운 대화를 위한 7가지 지혜

스피치 성공 칼럼 1 (대중 화술)

스피치 드라이브, 침착하라!

운전을 할 줄 아는가?

현대인이라면 반드시 갖추어야 할 필수능력 중 하나가 운전 능력이다. 요즘은 누구나 면허증을 갖고 있고 대부분이 운전을 잘한다. 그리고 또 하나를 꼽아보라면 바로 스피치 능력이다. 스피치는 이제 특정인들의 전유물이 아니다. 현대인들이라면 누구나 갖춰야 할 필수 능력이 되었다. 학생, 직장인, 주부, 기업인, 정치인, 법조인, 방송인 할 것 없이 누구에게나 스피치 능력은 꼭 필요한 것이 되었다. 그런데 스피치를 잘해낼 줄 아는 사람은 그다지 많지 않다.

스피치를 운전하는 것에 비유해서 생각해 보자. 태어나자마자 운전을 잘할 수 있는 사람이 세상에 어디 있을까? 스피치도 마찬가지다. 말하기 능력은 타고나는 것이 아니라 배워나가는 것이다. 금방 태어난 아이가 말하는 것을 본 적이 있는가? 아빠 엄마의 말을 수없이 듣고 끊임없이 옹알이를 하면서 하나씩 배워나가는 것이다. 그런 것처럼 배우지 않고 경험을 쌓지 않고 스피치를 잘 해내기란 어려운 것이다.

어린 시절 부모님이나 주위로부터 말은 배웠어도 스피치를 배우고 익힐 기회는 별로 가져보지 못했다. 그래서 대중 앞에서 스피치할 때는 떨리게 된다.

제대로 된 요령을 배우지 않고 경험 없이 많은 사람 앞에 섰을 때는 누구나 불안해하고 긴장하기 마련인 것이다. 그것은 마치 처음 운전대를 잡았을 때의 심정과 같이 공포와 부담으로 다가온다.

운전 자체가 어려운 것이 아니라 요령을 모르고 경험이 없어서 불안했던 것처럼 스피치 자체가 어려운 것이 아니라 학습과 경험이 부족하기 때문에 어렵게 다가오는 것이다.

초보 운전 시절을 떠올려 보라. 얼마나 긴장하고 떨었는지를 다시 기억해보라. 좋은 차를 사 놓고서도 운전에 대한 부담 때문에 차는 주차장에 대 놓고 버스를 기다리지는 않았던가? 이때는 모든 것이 불안이요 긴장의 연속이다. 하지만, 운전요령을 제대로 익히고 자꾸 차를 몰다가 보면 어느새 익숙해진다. 자, 그럼 이제부터 스피치 드라이브를 시작해보자.

자동차로 여행을 간다고 상상해보자. 먼저 무엇부터 해야 할까? 목적지와 경유할 길들을 미리 점검해 볼 필요가 있다. 그래야 우왕좌왕하지 않는다. 스피치를 할 때도 마찬가지다. 말할 내용의 줄기를 미리 준비할 필요가 있다. 그래야 횡설수설하지 않는다. 조리 있고 당당한 스피치는 준비에서부터 나오는 법이다.

갈 길을 짚어 봤으면 이제 차에 타 보자. 차에 타면 무엇부터 해야 하는가? 안전벨트를 매야 한다. '난 할 수 있어.' 하는 자신감이 바로 스피치의 안전벨트다. 스피치를 할 때는 부정적인 생각을 떨쳐버리고 자신 있게 시도하자.

이제 시동을 걸어야 한다. 키를 열쇠구멍에 넣고 돌리는 것이다. 스피치의 시동은 바로 도입부다. 키를 열쇠구멍에 맞추었듯이 청중과 교감을 이룰 수 있는 시작을 하자. 시동이 제대로 걸리지 않으면 운행이 제대로 될 수 없다. 청중의 흥미를 자아내고 관심을 끌며 연사와 친숙함을 다질 수 있는 시작이면 좋겠다.

차가 출발을 하면 차선을 잘 지켜야 한다. 논지에서 크게 벗어나지 않는 스피치가 되어야 한다. 신호등을 잘 살펴보며 신호를 잘 지켜야 한다. 신호등은 바로 청중이다. 청중의 반응을 잘 살펴가며 스피치를 해야 한다.

과속은 금물이다. 교통사고의 가장 큰 원인이 바로 과속이다. 너무 빠르게 말하지 말라. 많은 연사가 너무 빠르게 말한다. 그러다가 보니 마음도 급해지고 실수도 더 하게 된다. 안전속도를 준수하라.

가끔씩 브레이크를 밟기도 해야 한다. 초보 연사일수록 쉼 없이 말을 쏟아내기에 급급하다. 쉬어가면서 말하라. 그래야 여유도 생기도 청중이 더 집중하게 된다.

깜빡이로 적절한 신호를 하라. 다른 단락으로 넘어갈 때는 적절한 논의 전환사를 활용해서 청중이 알기 쉽도록 한다.

"다음은 대처 방안에 대해서 말씀드리겠습니다.", "결론을 말씀드리면" 하는 말들이 깜빡이에 해당하는 논의 전환사이다.

도로 상황에 맞게 운전하라. 직선도로, 급커브, 가파른 내리막길 등 도로 상황은 다양하다. 어떤 때는 예기치 않은 도로 상황에 마주치기도 한다. 노련한 운전자는 그때그때의 상황에 맞게 운전을 잘해낸다. 스피치를 할 때도 시간적, 공간적 여건이나 청중의 상황에 맞게 해야 한다. 융통성도 발휘할 수 있어야 한다. 그리고 하나의 스피치에도 단락의 내용에 따라 변화 있게 적절한 표현을 할 수 있다면 유능한 스피커라고 할 것이다.

전방주시를 잘하라. 운전자가 앞을 제대로 보지 않고 운전을 한다면 어떻게 될까? 생각해 보지 않아도 그 결과는 뻔할 것이다. 연사는 청중을 바라보며 말해야 한다. 연사가 원고만 바라본다든지 엉뚱한 곳을 바라보면서 연설을 한다면 전방을 주시하지 않는 운전자나 다름없다. 눈 맞춤이 되지 않고 청중을 설득해 나갈 수 없다. 운전할 때는 앞을 보고 연설할 때는 청중을 보라.

운전을 처음 할 때는 어색하고 부담스럽고 힘들지만 계속해나가다 보면 어느덧 익숙해진다. 이젠 하나하나 의식하지 않아도 운전이 자동으로 이루어진다. 그리고는 그 부담스럽던 운전대가 행복의 지렛대가 되고 유유히 드라이브를 즐기게 된다. 차창 밖으로 펼쳐진 아름다운 경치를 만끽해가며 말이다. 스피치도 마찬가지다. 하면 된다. 열심히 연습해서 스피치를 즐길 수 있도록 하자.

스피치 성공 칼럼 2 (대화 기법)

돼지 멱따는 소리는 이제 그만!

2007년은 600년 만에 오는 황금돼지해라고 해서 많은 사람이 새해에 거는 기대와 희망도 커졌다. 돼지라는 동물이 우리 인간들에게 주는 이미지들을 떠올려 보면 뭐니 뭐니 해도 행운과 재복일 것이다. 그래서 저금통도 돼지 모양이 많고 돼지 모양의 장식물들도 흔히 볼 수 있다. 꿈 중에서도 돼지꿈은 길몽 중의 길몽으로 꼽는다. 돼지가 하늘에서 자기 앞에 떨어지는 꿈은 뜻밖의 큰 성과를 얻는 것을 의미하고, 돼지가 새 생명을 낳으면 가만히 앉아 있어도 돈이 굴러 들어오는 꿈이라고 한다.

돼지 하면 또 하나 연상되는 것이 있는데 그것은 바로 '돼지의 스피치 이미지'이다. 다시 말하면 돼지 멱따는 소리다. 돼지 멱따는 소리는 시끄럽고 듣기에도 짜증나는 불쾌한 소리이다. 그런데 우리의 일상을 들여다보면 돼지 멱따는 소리보다 못한 말들을 쏟아내며 사람들의 마음에 상처를 주고 정신을 어지럽히는 사람들이 많은 게 현실이다.

스피치학과 교수인 필자는 황금돼지해를 맞이해서 우리 세상에 돼지 멱따는 소리가 아닌 사랑과 축복의 말이 가득 넘쳐나길 기대해 보면서 말 잘하는 사람의 7가지 특성을 다음과 같이 정리해 보았다.

1. 말을 잘하는 사람은 오히려 말이 많지 않다.

음식의 양이 많은 요리라고 훌륭한 요리가 아니듯 말 많은 사람이 말을 잘하는 것은 결코 아니다. 말은 양이 아니라 질이다. 가루는 칠수록 고와지고 말은 할수록 거칠어진다는 말처럼 말이 너무 많으면 실수도 잦아진다. 말을 잘하는 사람은 말이 많은 사람이 아니라 필요한 만큼의 적절한 말을 하는 사람이다. 물은 깊을수록 소리가 조용한 법이다.

2. 말을 잘하는 사람은 함부로 큰소리치지 않는다.

신용과 믿음을 잃는 최고의 방법은 지키지 못할 약속과 선언을 밥 먹듯이 남발하는 것이다. 말을 잘하는 사람은 말에 신중하며 함부로 호언장담하지 않는다. '짖는 개는 물지 않는다.'라는 말처럼 큰 소리로 떠벌리고 다니는 사람치고 제대로 된 사람은 드물다. 말을 잘하는 사람은 자기 말에 책임을 질 줄 아는 사람이며, 그러기 위해서는 함부로 큰소리쳐서는 안 된다.

3. 말을 잘하는 사람은 상황에 알맞은 필요한 말을 한다.

어떤 경우는 '아는 것이 힘이다.'라는 말이 듣는 이에게 도움을 주고, 어떤 상황에서는 '모르는 게 약이다.'라는 말이 듣는 이에게 위안을 준다. 똑같은 말이라도 상황에 따라 전혀 그 효과가 달라지는 것이다. 때와 장소, 사람에 따라 알맞고 필요한 말을 가려 할 줄 아는 지혜를 갖춘 사람이 말을 잘하는 사람이다.

4. 말을 잘하는 사람은 우선 상대의 말을 잘 들어준다.

귀가 입보다 앞서는 사람은 리더가 될 것이고, 귀보다 입이 앞서는 사람은 수다쟁이가 될 것이다. 들을 때는 귀로만 듣는 것이 아니라 온몸으로 들어야 한다. 입으로 듣는 맞장구도 중요하다. 또한, 상대방의 말이 지루하다고 중간에서 끊어서는 안 된다. 상대의 말을 끊으면 관계도 끊어지기 쉽기 때문이다.

5. 말을 잘하는 사람은 상대방의 관심을 화제로 삼는다.

말을 못하는 사람은 자신의 관심 분야를 얘기하지만, 말을 잘하는 사람은 상대방이 관심과 흥미가 있는 분야를 주제로 삼는다. 자기자랑만 늘어놓거나 자기 얘기에 자기가 스스로 도취돼서 떠들어대는 사람을 좋아할 사람은 없다. 사람은 보통 다음과 같은 두 가지를 화젯거리로 삼기를 원한다고 한다. 하나는 자신의 자랑거리이고, 다른 하나가 자신의 고민거리이다.

6. 말을 잘하는 사람은 마음으로 말한다.

입에서 말이 나오는 사람은 말을 못하는 사람이고, 머리에서 말이 나오는 사람은 그래도 좀 나은 사람이며, 가슴에서 말이 나오는 사람이야말로 진정 말을 잘하는 사람이다. 듣는 사람은 입에 발린 소리인지, 잔머리를 굴려서 나오는 소리인지, 진짜 마음을 담은 소리인지 느낄 수 있다. 최고의 대화는 역시 이심전심(以心傳心)이 아닐까 생각해 본다.

7. 말을 잘하는 사람은 몸 말도 잘한다.

입으로만 말을 하는 것 같지만, 실제는 우리의 몸이 더 많은 말을 한다. 말은 그럴 듯해도 눈빛 하나로 진심이 아님을 알아차리게 되는 경우가 바로 그것이다. 말은 공손해도 자세가 불손하면 상대에게 불쾌감을 줄 수밖에 없다. 말을 할 때는 상대방과 눈을 맞추고 밝은 표정으로 단정한 자세로 해야 한다. 그리고 적절한 제스처를 역동적으로 섞어가며 말하는 것이 좋다.

말을 잘하는 사람은 타고나는 것이 아니며, 말이 그냥 잘 되는 것도 아니다. '짚이나 나무가 아닌 벽돌로 탄탄히 쌓아야 집이 든든할 수 있다.'라는 '아기 돼지 삼형제' 동화 속의 교훈처럼 기초가 무엇보다 중요하므로 벽돌을 한 장 한 장 쌓아 올리듯 평소에 말 실력을 쌓기 위한 노력을 꾸준히 해야 한다.

돼지만 복을 주는 것이 아니라 우리가 쓰는 말이 바로 복을 베푸는 훌륭한 도구이기도 하다. 불교에서는 말씀 언(言), 베풀 시(施)를 써서 언시(言施)라고 한다. 2007년에는 돼지 멱따는 소리는 가고, 사랑과 축복이 가득한 향내 나는 말이 온 세상에 넘쳐나길 기원해 본다.

스피치 성공 칼럼 3 (유머 화법)

유머를 발굴하고 수집하라!

인간은 사회적인 동물이 서로 모여 살다 보면 짜증스러운 일들이 생기게 마련이다. 그럴 때 유머는 분위기를 한 층 부드럽게 해 준다. 왜 그럴까? 우리 인간은 웃게 되면 긴장이 풀어지고 마음이 밝아지며 여유로운 마음이 들기 때문이다. 유머는 우리의 인생에서 인간관계란 엔진을 부드럽게 돌아가게 해주는 윤활유다. 그러기에 각기 다른 개성을 가진 조직원들을 서로 통합하고 이끌어 나가야 하는 리더에게도 유머는 필수 능력인 것이다.

한 여성분이 어떤 남성분에게 무슨 일인지 꽤나 심각한 분위기로 계속 폭언을 쏟아대고 있다. 옆에서 들어보니 남성분의 속이 상할 것 같은 말들을 여성분은 계속 쏟아 낸다. 묵묵히 듣고 있던 남성분이 여성분에게 코믹한 투의 목소리로 한마디 한다. "이보세요. 김 여사님, 예쁘면 답니까?" 그러자 여성분은 갑자기 한 방 얻어맞은 것처럼 잠깐 멍한듯하더니 금세 '하하' 하고 웃음이 터져 나온다. 유머 하나로 분위기가 금방 싹 달라졌다. 긴장과 갈등을 풀어주는 최고의 묘약이 바로 유머이다.

대중을 상대로 한 스피치를 할 때도 유머는 아주 효과적이다. 현대 스피치는 내용도 좋아야 하지만 일단 재미있어야 하기 때문이다. 특히 도입부에 유머를 쓰면 청중과 연사 사이의 서먹함을 없애 준다.

어느 날 필자가 모 단체에 강의를 나갔다. 마지막 날 아침강의라 모두 졸린 눈이었다. 그래서 필자는 유머로 도입부를 시작했다.

"총알택시 운전사와 목사님이 같은 날 같은 시각에 죽었습니다. 그런데 운전사는 곧바로 천국으로 보내지고 목사님은 저승 문 앞에서 대기 중이었습니다. 억울한 마음이 든 목사님은 하느님께 따져 물었습니다. '하나님. 도대체 왜 성직자인 저는 아직 대기 중인데 총알택시 운전사는 바로 천국으로 보내는 겁니까?' 그러자 하느님께서는 이렇게 대답합니다.

'목사인 당신이 설교할 때 신도들은 모두 졸았지만, 총알택시 기사가 차를 몰 때는 모두 기도를 드렸기 때문이니라.' (하하하) 여러분, 제가 그 목사님 심정이 되지 않도록 여러분께서 잘 경청해주시길 부탁드립니다." 그러자 장내에서는 폭소와 함께 환호의 박수가 터져 나왔다.

유머 능력은 타고나는 것인가? 그렇지 않다. 누구나 유머 있는 사람이 될 수 있다. 노력해서 키우면 되는 것이다. 그럼 어떻게 하면 유머 능력을 키울 수 있는지 살펴보기로 하자.

1. 매사에 호기심을 가져라.

유머 실력을 쌓으려면 평소에 호기심을 갖고 사물을 다른 각도에서 보라.
'짐승만도 못한 사람과 짐승보다 더한 사람이 있다면 누가 더 나쁠까?'
'화장실벽에 낙서 금지라고 쓰여 있는 것은 낙서일까? 아닐까?'
'가로등은 세로로 서 있는데 왜 '세로등'이라 하지 않고 가로등이라고 하지?'
이렇게 생뚱맞게 다르게 보고, 유연하게 생각하는 데서 유머 감각이 길러진다.

2. 유머를 발굴하고 수집하라.

유머를 담은 책도 많고 인터넷에도 유머가 넘쳐난다. 하지만, 실제 쓸 만한 것은 그렇게 많지 않다. 마치 보석을 캐는 심정으로 자기에게 맞는 내용을 발굴해야 한다.

특히 짧고 간단하면서도 재미있는 유머들을 위주로 발굴하라. 너무 긴 유머는 오히려 지루한 감을 줄 수 있다. 그리고 반드시 유머 메모장을 하나 만들자.

3. 말로 연습하라.

글로 읽었을 때는 우스운 내용이 실제 말로 표현해보면 썰렁해지는 경우가 많다. 유머도 연습이 필요하다. 자꾸 말로 표현해 봐야 된다. 그리고 일단 주위의 친한 사람에게 유머를 써보라. 웃지 않으면 왜 그런지 원인을 분석해 보고 보완해나 가라.

4. 생활 속에서 실현하라.

유머라고 해서 반드시 유머 책에 있는 것을 달달 외워서 해야 할 필요는 없다. 생활 속에서 여유로운 마음과 유머 감각을 잃지 않으려는 자세로 살면 자신도 모르게 생각지도 못했던 유머가 자연스레 터져 나오기도 한다.

필자가 수업을 시작하려는데 수강생 여러분이 오늘은 바깥으로 나가서 술이나 한잔하자는 분위기로 흘렀다. 주임교수를 맡은 필자로서는 좀 난처한 터라 두루뭉술한 말로 넘어가려는데 수강생 중에 성격 급한 어떤 경상도 분이 '교수님, 기면 기고 아니면 아니라고 말씀해주십시오.'라고 필자에게 답변을 재촉했다. 그래서 필자는 "기면 깁니다."라고 답해주었다. 그러자 모두들 폭소를 터뜨렸다. 왜냐? 필자의 이름이 기면기(김현기)니까.

모 기업체 연수원에서 강의를 마치고 박수를 받으며 연단을 내려오는데 청중 중에 한 분이 큰 목소리로 "교수님, 강의 정말 좋았습니다. 또 만나 뵐 수 있을까요?" 한다. 그 질문에 필자는 "그럼요, 제가 사는 집이 바로 상봉동입니다."라고 답했더니 다시 한 번 환호와 함께 큰 박수가 쏟아졌다. 실제 필자는 상봉동에 산다.

유머는 사막이 꽃밭으로 변하는 기적을 이뤄낼 수 있다. 꽃 중의 꽃은 웃음꽃이라고 한다. 사막처럼 건조해져만 가는 우리의 일상에 웃음꽃이 피어나게 하는 단비가 바로 유머다. 우리 모두 유머리스트가 되자. 유머리스트가 많아질수록 세상은 더욱 원만하고 아름다워질 것이다.

스피치 성공 칼럼 4 (강의 화법)

청중을 사로잡는 K. H. K 강의 기법

현대사회는 지식정보화 사회라고 한다. 다른 어떤 것보다도 지식이 개인의 번영은 물론 사회발전의 가장 중요한 원동력으로 부상하고 있다.

하지만, 아무리 훌륭한 지식이라도 한 개인의 머릿속에만 머무른다면 그 가치가 발현될 수 없다. 지식은 흘러야 한다. 지식은 전파, 전승되어야 하고 더욱 정교하게 발전하여 나가야 한다.

그러한 지식을 전파하기 위한 최고의 방법의 하나가 뭘까?

바로 강의다. 이제 강의 능력은 교사, 교수뿐만 아니라 기업체 임직원, 최고 경영자, 연구자, 학자 등 어떤 직업이나 직군 분야든지 지식 전파의 핵심 수단으로서 반드시 갖춰야 할 필수 능력이 되고 있다.

그럼 먼저 좋은 강의란 무엇인지에 대해 살펴보기로 하자.

좋은 강의란 첫째, 좋은 내용을 담고 있어야 한다. 알맹이 없는 강의가 되어선 그야말로 말잔치에 불과할 것이다.

둘째, 재미있어야 한다. 현대인은 지루한 것을 못 참는다. 책이든 영화든 강의든 재미가 없으면 보려고 하지도 않고 들으려고 하지도 않는다. 재미없는 강의는 수면제나 마찬가지다.

셋째, 쉽고 명쾌해야 한다. 강의를 듣고 난 청중의 머릿속에 배운 지식이 잘 정리될 수 있도록 강의 콘텐츠를 쉽고 명쾌하게 전달해야 한다.

그럼 어떻게 해야 이러한 요건을 제대로 갖춘 훌륭한 강의를 할 수 있을까?

짧은 지면에 모든 강의 기법을 다룰 수는 없겠으나 필자가 김현기(Kim Hyun Ki)의 영문 이니셜인 'KHK' 강의 기법으로 정리해본 스킬을 함께 해 보기로 한다.

'KHK'란 지식(Knowledge), 유머(Humor), 키 워드(Key word)의 영문 첫머리 글자를 딴 것이다. 하나씩 살펴보자.

1. 지식(Knowledge)

지식은 강의에 있어서 가장 핵심 요소다. 강사가 자신이 강의할 내용에 대한 지식이 부족하다면 성공적인 강의를 기대할 수 없다. 강의의 질은 강사의 자질을 결코 넘어설 수 없기 때문이다. 강사는 오류가 없는 제대로 된 지식, 풍성한 지식을 쌓도록 평소에 열심히 노력해야 한다.

또 하나 유념할 것은 강의는 시간이 제한되어 있다는 것이다. 자신이 가진 모든 지식을 무작정 쏟아 부을 수는 없다. 강의에서 다룰 지식은 선별되어 구성되어야 한다.

그럼 어디에 맞춰 지식을 선별하고 준비해야 할까?

그 기준은 바로 청중이다. 청중에게 알맞고 청중에게 유익한 지식을 선별 준비해야 한다.

2. 유머(Humor)

유머는 강의를 재미있게 해주는 최고의 양념이다. 환영받는 인기 강사 중에 유머를 잘 구사하지 못하는 강사는 보기 드물다. 명강사는 유머리스트가 되어야 한다. 강의 내용과 관련이 있으면서도 청중을 웃게 할 수 있는 유머라면 금상첨화(錦上添花)라 하겠다.

3. 키워드(Key word)

키워드는 어떤 정보나 지식을 검색할 때 쉽게 내용을 찾기 위해 사용하는 단어를 말한다. 강의를 할 때도 많은 내용을 질서없이 무차별적으로 전달하기보다는 키워드별로 분류를 해서 전달하면, 강사도 강의하기가 더 쉽고, 청중도 훨씬 더 쉽고 명쾌하게 이해하고 기억할 수 있다.

간단하게 다시 정리를 해보자면, 먼저 강사의 지식을 청중에게 알맞은 강의 내용으로 선별 구성한다. 그리고 내용 사이에 적절한 유머를 집어넣도록 한다. 그렇게 구성된 전체 내용을 키워드별로 분류를 해서 기억하기 쉽게 전달한다.

이해를 돕기 위해 하나의 실례를 살펴보자. 스피치 수업 첫 시간이다. 스피치를 배우기 위해 여러 명의 청중이 모였다. 첫 만남이므로 돌아가면서 자기소개를 해야 할 필요가 있다.

1. 지식(Knowledge)

오늘 청중에게 필요한 것은 무엇일까? 청중은 자기소개를 할 때 무슨 말을 해야 할지 어려워하는 상황이다. 자기소개를 어떻게 해야 하는지 방법을 알려줘야 한다. 그래서 전달할 강의 내용의 주제는 '자기소개 스피치 요령'으로 잡는다.

자기소개를 할 때 들어가야 하는 내용은 (1) 자신의 이름, (2) 거주지, (3) 직업, (4) 참여 동기, (5) 바람이나 다짐 등 다섯 가지가 들어가면 적절하겠다는 내용을 전하도록 한다. ≪도움말 김영술≫

2. 유머(Humor)

손가락과 관련시켜 설명할 것이므로 손가락에 관련된 유머를 준비해 본다.

(손가락끼리 다툼이 일어났다. 엄지는 최고라고 할 때 쓰이는 손가락이어서 최고라고 하고, 검지는 방향을 가리키므로 최고라고 하고, 중지는 키가 제일 커서 최고라고 하고, 약지는 반지를 끼니까 최고라고 한다. 그런데 키도 작고 나약하게 생긴 소지는 할 말이 없다. 그러다가 하는 말 '내가 없으면 불구가 되잖아.')

3. 키워드(Key word)

자기소개 다섯 가지 항목을 다섯 손가락과 연관시켜 설명하도록 한다. 손가락이 키워드의 길잡이가 되어주는 것이다. 엄지는 자신의 이름, 검지는 거주지, 중지는 직업, 약지는 참여 동기, 소지는 바람이나 다짐에 연관을 시킨다. 그리고 잘 기억될 수 있도록 좀 더 구체적으로 설명해 준다. (자신의 이름 옆에 지장을 찍을 때 엄지를 사용하므로 엄지를 보며 자신의 이름을 말한다. 자기 집이 어딘지 검지로 가리키므로 검지를 보며 자신의 집을 말한다. 자부심 높은 직업으로서 키 큰 중지를 떠올리며 직업을 말한다. 약지를 보며 반지를 낀 동기처럼 참여 동기를 말한다. 새끼손가락 걸며 약속을 하는 소지를 보며 앞으로 바람이나 다짐을 말한다.)

 식물이 자라기 위해 물과 햇볕이 필요하듯이 강의능력이 신장하기 위해선 강사의 땀과 청중을 사랑하는 마음이 반드시 필요하다. 여러분 모두 자기분야의 명강사로 우뚝 서길 기대한다.

스피치 성공 칼럼 5 (토론 화법)

성공적인 토론 스피치

토론 공화국이란 말이 생겨날 정도로 참여정부가 들어서면서부터 토론에 대한 관심이 뜨거워졌다. TV, 라디오에서도 다양한 토론 프로그램이 등장했고 학교 수업에서도 토론식 수업이 많아지고 있다. 입사 면접에서도 집단토론 면접 방식을 도입하는 곳이 점점 늘고 있다. 여러 기관에서 주최하는 토론 대회도 많아지고 있으며 토론 교육을 받고자 하는 수요층도 늘고 있다.

토론이란 말은 숱하게 접해왔겠지만, 토론이란 무엇인지 다시 한 번 개념을 정리해볼 필요가 있겠다. 국어사전적 정의는 '토론이란 어떤 문제에 대하여 여러 사람이 각각 자신의 의견을 말하며 논의하는 것'이다. 하지만, 서구의 언론학적인 관점에서는 토의와 토론을 구분하고 있다. 토의는 어떤 문제점에 대해 서로 협력적으로 중지를 모아서 좋은 방안이나 결론을 함께 만들어 나가는 것이고, 토론은 어떤 논제에 대해 찬성 측과 반대 측이 나뉘어 각자 자신의 견해가 올바름을 주장하고 상호 공방을 벌여가며 서로 상대방을 설득해나가는 것이다.

뿌리 없이 열매가 생겨날 수는 없는 것처럼 토론의 역사를 간략히 살펴보기로 하자. 토론이 활성화되고 학문적으로 연구된 시기는 고대 그리스였다. 왜 하필이면 고대그리스에서 토론이 꽃피워졌을까? 그것은 정치체제와 관련이 깊다. 고대 그리스는 폴리스를 중심으로 한 도시 국가였으며 민주주의 정치체제로 국가가 운영되었다. 민주주의 정치체제에서 토론이 활성화될 수 있고, 역으로 민주주의를 이끌어가는 핵심 바탕이 바로 토론이다. 고대 그리스는 정치적 사회적 법적 주요 사안이 생기면 토론을 통해 공동의 의사결정을 내렸다. 따라서 토론을 배우고자 하는 수요가 자연스럽게 생겨났고 토론의 시조로 일컬어지는 프로타고라스를 비롯한 많은 교육자가 토론을 가르쳤다. 이 당시의 대표적인 교육기관이 플라톤

(Plato)이 운영한 아카데미(Academy)와 이소크라테스(Isocrates)가 운영했던 리시움(Iyceum)이다. 토론을 체계적으로 연구한 아리스토텔레스는 토론을 3가지로 구분했다. 그것은 미래의 정책을 결정하는 정책적 토론(deliberative)과 과거의 유, 무죄를 따지는 법정토론(forensics), 현재의 다양한 가치관에 대한 바람직함을 따져보는 가치 토론(epideictic)이다. 현대에 와서도 서구의 많은 대학이 아카데미 식 토론대회나 모의법정을 통해 토론 기량을 열심히 갈고 닦고 있다.

우리나라도 현재 여러 교육기관에서 토론 교육을 시행하고 있고 필자도 스피치와 더불어 토론 교육을 해 오고 있지만, 교육현장에서 일어나는 토론 모습들을 보면 아직도 토론 문화가 제대로 정착되지 못하고 있다는 느낌을 받는다. 근거 없는 억지주장이 많고, 상대방의 공격에 대해 흥분하며 감정적으로 대응하는 모습도 종종 보게 된다.

토론은 서로의 인격을 공격하는 감정싸움이 아니다. 감정을 자제하고 합리적인 태도로 토론에 임해야만 민주적이고 합리적인 결정을 이끌어내는 진정한 의미의 토론이 될 수 있다. 그래서 토론에 참여하기에 앞서 토론자들의 올바른 마인드 형성이 무엇보다도 중요하다. 토론은 주장과 공격, 반론 등으로 이뤄진다. 주장은 무조건 내 생각이 옳다고 주장해서는 안 된다. 상대가 충분히 납득하고 공감할 수 있도록 자기주장을 뒷받침할 만한 데이터와 근거에 따라서 주장해야 한다. 상대의 잘못된 점을 공격할 때도 공격을 위한 공격이 아니라 상대의 주장 중에서 논리적 허점과 모순점을 지적해야 한다. 반론 또한 자존심을 지키는 차원이 아니라 상대방이나 청중이 고개를 끄덕일 수 있도록 논리적으로나 상식적으로 수긍할 수 있게 해야 한다.

그럼 토론을 잘하는 방법에 대해서 살펴보자.

첫째, 적극적인 경청이다. 토론을 잘하기 위해서는 무엇보다도 잘 들어야 한다. 잘 듣지 않는 토론자는 상대방의 논리적 허점을 찾아내기도 어렵고 효과적인 공격을 할 수도 없다. 토론의 흐름을 간파하지 못하고 부적절하고 생뚱맞은 말들을 하기 일쑤다.

둘째, 철저한 준비다. 토론은 일방적인 말잔치가 아니라 상호 공방을 주고받는 논쟁이다. 토론에서 '아는 게 힘이다.'란 말은 딱 들어맞는다. 준비 없이 논제에 대해서 잘 모른 채 토론 자리에 앉는다면 반드시 패배한다. 논제에 관련한 자료와 예시를 충분히 준비한다. 신문자료, 논문자료, 통계자료, 선진국의 사례 등을 이슈에 따라 잘 갖춰 두면 토론에서 큰 힘을 발휘할 것이다.

셋째, 상대방의 입장이 되어본다. 똑같은 일이라도 보는 방향에 따라 달라 보일 수 있다. 상대방의 입장에서 생각해 보면 생각지도 못했던 여러 가지 것들을 볼 수 있다. 유능한 장군은 적의 처지가 되어 생각해 본 다음 자신의 전략을 짠다. 역지사지(易地思之) 전법은 상대방의 입장을 이해하기 위해서도 필요하고, 승리를 거두기 위한 전략을 짜는데도 효과적이다.

넷째, 단정하며 자연스런 자세로 분명하고 명쾌하게 말하라. 토론에서는 내용의 논리도 중요하지만 비치는 이미지도 중요하다. 특히 정치토론에서는 더욱 그러하다. 케네디는 TV 토론에서 이미지면에서 닉슨을 크게 앞섰고 결국 선거에서 승리했다. 당황스러운 모습이나 흥분된 모습을 보이지 말고 침착하고 의연한 자세를 유지하도록 한다.

다섯째, 토론의 기법을 익히고 경험을 많이 쌓으라. 무엇이든지 거저 얻어지는 것은 없다. 평소에 열심히 노력해서 실력을 쌓아나가야 한다. 토론 실력도 마찬가지다. 보고 듣고 배우며 경험을 쌓아야 한다. 쇼펜하우어의 '토론의 기술'을 비롯한 토론 관련 서적들을 읽어 보라. 매사에 관심을 두고 TV 토론이나 라디오 토론 프로그램을 눈여겨 보고 분석해 보라. 교육기관을 통해 CEDA방식, 의회식 토론 방식, 링컨 더글러스 방식, 칼 포퍼 방식 등의 아카데미 식 토론을 실습을 통해 배우고 익혀 보라. 그리고 다양한 토론 자리에 참여해서 실력을 발휘해보며 수정 보완해 나가라. 그럼 머지않아 토론의 달인으로 우뚝 설 것이다.

스피치 성공 칼럼 6 (감성 화법)

감동 주고 호감 받는 감성 스피치

'디지털 감성시대'란 말이 회자 되고 있다. 디지털 기술이 급속도로 발달하면서 모든 게 편해지고 눈부신 발전을 이룩하고 있지만, 우리 현대인들의 마음 한편에서는 뭔가 허전함과 공허함이 느껴진다. 딱딱하고 기계적인 업무, 치밀하게 계획되어 바쁘게 돌아가는 삶 속에서 우리 현대인은 마치 기계처럼 무감각해지고 사막처럼 건조해져만 간다.

하지만, 우리는 기계가 아니다. 느낄 줄 아는 생명이다. 펄떡펄떡 뛰는 심장을 가진 살아있는 인간으로서 풋풋한 인간미와 따뜻한 감정을 느끼고 싶은 욕구를 가지는 것은 어찌 보면 당연하다 하겠다. 요즘 사회를 살펴보면 무늬는 디지털 합리주의 세상인 것 같지만 한 꺼풀만 벗겨 그 속내를 들여다보면 오히려 감성적인 갈망이 옛날보다 훨씬 더 짙게 깔려 있다. 기업들도 이런 세태를 반영해 '감성 경영', '감성 마케팅'에 초점을 맞추고 있으며 감성 측면을 강조한 다양한 제품이나 서비스들을 시장에 내 놓고 있다. 이어령 교수는 이런 추세를 예리하게 꿰뚫어보고 효율적인 디지털과 따뜻한 감성의 아날로그, 그 둘을 합성한 신조어 '디지로그'를 제시했다. 아무리 시대가 눈부시게 변하고 바뀌어도 인간은 역시 감정의 동물이다. 첨단 기술로 무장했다고 해도 결국 우리 인간의 삶의 뿌리는 따뜻한 마음에 있다. 우리 인간이 이성과 합리성을 추구한다고 하지만, 결국은 마음의 이끌림에 큰 영향을 받게 된다. 어떤 물건을 구매할 때도 꼭 필요해서, 성능이 가장 좋아서 선택하는 것만은 아니다. 그냥 갖고 싶어서, 그냥 마음에 들어서 구매하는 경향이 많다.

인간관계나 설득에 있어서도 이러한 모습들을 볼 수 있다. 철수가 병수를 설득하고 있다.

"병수야, A는 B고, B는 C야. 그래서 A는 C가 돼. 그래서 너는 A를 꼭해야 돼.

알았지?"

철수의 말을 묵묵히 듣고 있던 병수가 한마디 툭 던진다.

"철수야, 너 말이 옳은 것은 알겠어. 하지만 나는 그렇게 하고 싶지 않아."

철수는 논리적으로 옳은 설명을 하고 설득을 했지만 결국 설득은 실패로 끝나버렸다. 논리만 가지고서는 사람의 마음을 움직이기 어렵다. 아리스토텔레스는 훌륭한 설득력을 갖춘 스피치가 되기 위한 세 가지 측면을 설파했다. 첫째는 연사 자신의 인격적 부분인 에토스, 둘째는 이성적이고 논리적인 측면의 로고스, 마지막으로 감성적인 측면의 파토스다. 감성을 배제한 스피치로는 청중에게 공감을 주기 어렵다. 특히나 요즘의 스피치는 감성적인 측면이 더욱 부각되어 가고 있다. 이제 스피치도 '감성 스피치'의 시대인 것이다. 그럼 어떻게 하면 '감성 스피치'를 잘할 수 있을까?

첫째, 청중의 마음을 열어줘야 한다. 필자가 기업체 강의를 나가게 되면 강의 내용으로 곧바로 들어가지 않는다. 지식을 전하기에 앞서서 필자의 마음을 먼저 전하려고 노력한다. 그리고 청중의 마음을 도입부에서 활짝 열어 준 다음에 강의를 시작한다. 아침 교육의 경우라면 편안한 자리에서 대화를 나누듯이 '잘 주무셨습니까? 아침은 맛있게 드셨어요? 교육받으시느라고 정말 수고 많으십니다.' 등의 꾸밈없이 따뜻한 마음을 담은 친근한 인사와 함께 간단한 레크리에이션으로 화기애애한 분위기를 조성한다. 그러면 청중은 처음에 가졌던 서먹함이 없어지고 딱딱했던 분위기가 금방 부드럽게 누그러진다. 지식보다 마음이 선행되어야 성공적인 강의가 되는 것이다. 일반적인 스피치나 대화도 마찬가지다. 먼저 상대편의 마음을 여는 것을 시작으로 삼아야 한다.

둘째, 나와 청중 사이의 공통점을 찾아라. 우리나라 사람은 특히 공통점을 발견했을 때 금방 친해지기 쉽다. 감성 스피치는 청중과 공감을 이뤄나가기 위한 것이다. 그러기 위해 서로의 공통점을 발견하게 되면 금방 공감의 분위기로 바뀐다. 필자는 강의를 앞두고 대상 기업체와 청중의 성향에 대한 분석을 반드시 하는데, 그때에 나와 청중간의 공통분모를 찾으려 애쓴다. 청중이 나와 통하는 점을 느끼게 되면 우호적이며 적극적인 경청자가 된다. 공통점은 반드시 존재한다. 대화를 할 때 건 스피치를 할 때건 보석을 캐는 심정으로 상대와 나를 이어주는 공통점을 찾아라.

셋째, 칭찬하라. 칭찬은 고래도 춤추게 한다는 말이 있지만, 칭찬은 우리 인간의 마음을 열어주는 마법과도 같은 묘약이다. 칭찬은 개인에게 할 수도 있지만 청중 전체를 향해 할 수도 있다. 예를 들면 '여러분을 뵈니까 모두 표정이 밝아 보이시고 인정이 가득 넘쳐 보이십니다.'라든지, '이렇게 좋은 분위기는 정말 처음인 것 같습니다.' 등의 표현을 할 수 있겠다. 칭찬을 할 때는 칭찬하기에 적절한 부분을, 적절한 때에 맞춰, 진심으로 표현해야 함도 유의하자.

넷째, 음악, 시(詩), 유머를 활용하라. 감성을 일깨우는 최고의 도구가 바로 음악, 시, 유머이다.

어떤 경우는 수많은 말보다도 한 편의 시가 훨씬 더 큰 감동을 주고, 쩌렁쩌렁한 웅변보다 아름다운 한가락 음악선율이 훨씬 더 쉽게 마음을 열게 하고, 쉼 없이 쏟아내는 수사(修辭)보다도 한 번의 유머가 분위기를 밝게 바꿀 수 있다. 필자는 가끔 수업에서 시를 낭송해 드리거나 경우에 따라 노래도 불러 드리는데 의외로 반응이 정말 좋다. 자기가 좋아하는 시 몇 편은 꼭 외워두자. 유머 몇 가지 정도는 반드시 준비하고 연습해두자. 노래 연습도 평소에 좀 해두자. 악기 하나 정도는 다룰 줄 아는 사람이 되자.

다섯째, 이미지 관리를 잘하라. 지저분한 옷을 대충 걸쳐 입은 노숙자 차림의 사람과 깔끔하고 단정하게 정장을 차려입은 사람이 같은 내용의 스피치를 한다고 했을 때 그 효과는 크게 달라질 것이다. 스피치는 말로만 하는 것이 아니다. 옷차림과 행동거지 등, 보이고 비치는 연사의 모든 모습이 곧 스피치다. 스피치의 내용과 목적, 자신과 상황에 가장 잘 어울리는 이미지로 연단에 오르도록 하라. 감성 스피치는 세련된 감각을 필요로 한다.

필자의 이름이 현기라서 그랬는지 필자가 초창기에 강단에 섰을 때는 청중에게 멋있게 나타낼 수 있는 현란함과 기교에 관심이 쏠렸다. 하지만, 시간이 지나면서 깨달은 점은 현란한 기교도 좋지만, 먼저 현명함과 기본에 충실해야 한다는 것이었다. '감성 스피치'의 달인이 되기 위해서도 자신의 감각적인 재능과 개인기를 발휘하는데 치중하기에 앞서, 자신의 마음을 청중을 향해 활짝 여는 것이 현명한 순서이며 기본 중의 기본이라는 것을 꼭 기억해야겠다.

스피치 성공 칼럼 7 (면접 화법)

성공 면접 스피치 전략

요즘은 면접 비중이 높아졌다. 서류나 필기시험만으로는 인재의 옥석을 가리기가 쉽지 않기 때문이다. 수험생들은 입사의 최종 관문인 면접의 문턱이 점점 높아가고 있어서 부담은 더욱 커지고 있다. 서류전형이나 필기시험에 떨어지면 다시 도전하자는 마음을 먹기 쉽지만, 면접시험에 떨어지면 다시 시도할 엄두를 내기 어려울 정도로 큰 좌절감을 느끼게 된다. 면접에서도 성공하기 위한 전략과 방법이 필요하다. 그렇다면 어떻게 면접을 준비하고 임해야 할까?

면접에 있어서 가장 중요한 것을 한 문장으로 표현한다면 지피지기(知彼知己)다. 즉, 나를 알고 입사할 회사에 대해 아는 것이다. 입사할 회사가 어떤 측면을 특히 중요시하는지 면접 방식과 경향은 어떤지를 제대로 파악하고 그에 맞게 면접 전략을 세워야 한다.

인터넷이나 서적들을 통해 면접 기출 문제를 뽑아보고 연습을 해 보는 것도 효과적이다. 제출한 이력서와 자기소개서도 미리 점검한다. 왜냐하면, 일관성 없는 답변이 되어서는 안 되기 때문이다. 어떤 회사이든지 간에 자기소개와 지원 동기는 반드시 준비해야 한다.

면접 전날에는 충분한 수면을 취해서 피곤한 인상을 주지 않도록 한다. 그리고 면접 당일에 허둥대지 않도록 장소와 교통편을 미리 확인해 두고, 수험표와 신분증 등 지참물도 미리 잘 챙겨둬야 한다. 사소한 실수가 당황스런 마음을 일으켜 실패로 이어질 수 있다. 바쁘더라도 조간신문은 꼭 읽어 보도록 하며, 단정하고 깔끔한 복장으로 면접시간 30분 전에는 도착하는 것이 좋다. 대기실에서는 잡담하지 말고 마음의 안정을 유지하며 침착하게 기다린다. 면접장에 입실해서는 예의범절에 어긋나지 않으면서도 신입사원답게 자신 있고 침착하게 답변하도록 한다.

말을 할 때는 말의 내용과 표현, 두 가지를 고려해야 한다. 먼저 내용 부분을 짚어보자. 좋은 내용의 답변이 되기 위해서는 먼저 질문을 잘 들어야 한다. 훌륭한 답은 올바른 질문파악에서 출발하는 법이다. 또한, 너무 성급하게 답변하지 말고 질문의 의도를 먼저 파악하도록 한다. 곧바로 답변을 쏟아내면 경솔한 이미지를 줄 수 있으며 엉뚱한 답변을 하게 되기 쉽다. 한 템포 생각할 여유를 갖는 것이 더 적절하고도 좋은 답변을 할 수 있게 하며 침착한 인상을 주는 일거양득의 효과가 있다.

답변을 할 때는 먼저 결론부터 말하고 그에 따른 부연설명을 하는 것이 좋다. 면접관은 많은 사람을 평가해야 하기 때문에 장황한 답변을 느긋하게 들어줄 여유가 없다. 그리고 막연하거나 추상적인 답변보다는 구체적인 답변이 되도록 한다. '뽑아만 주신다면 최선을 다해 열심히 일하겠습니다.'라는 식의 답변은 아무런 감흥을 끌지 못한다.

요즘은 간혹 당황이 되는 질문을 던지기도 하는데 이런 경우는 숨어 있는 속내를 엿보기 위해서나 혹은 임기응변 능력을 살펴보는 것이다. 침착하게 상식적인 측면에서 생각해 보면 우문현답이 될 수 있다. 예를 들어 면접관이 '상관인 제가 누군가로부터 뇌물을 받는 것을 당신이 보았다면 어떻게 하시겠습니까?'라고 묻는다. 수험생인 여러분은 뭐라고 답변하겠는가?

1) 당장 사장님께 일러바치겠습니다.
2) 경찰에 신고할 것입니다.
3) 일단 당사자인 상관에게 그래서는 안 된다고 충언을 드리겠습니다. 그래도 안 된다면 다른 해결책을 심사숙고해 봐야겠습니다.
4) 회사 게시판에 글을 올려 일벌백계(一罰百戒)하겠습니다.

어떤 답이 좋을까? 반대로 여러분이 면접관이라면 어떤 답변을 하는 수험생에게 더 높은 점수를 주겠는가?

이제 표현 부분을 살펴보자. 표현은 바르고 단정한 자세를 유지하며 굳건한 목소리로 천천히 또박또박 분명하게 발음하도록 한다. 너무 힘없이 맥 빠진 목소리로 말하면 면접관에게 잘 들리지 않을 뿐만 아니라 소극적인 이미지로 비치기 쉽다. 너무 빠르게 말을 해서도 안 된다. 그러면 마음은 더 급해지고 실수를 할 확률도 높아지고 침착하지 못한 이미지를 주게 된다. 표현 능력은 하루아침에 길러지기 어렵다. 평소에 스피치 훈련을 열심히 해두는 것이 좋다.

면접에서는 면접관의 질문에 답변하는 순간만이 면접이 아니다. 대기실에서의 태도나 면접을 마치고 나온 후의 모습들도 당락에 의외의 영향을 미칠 수 있다. 그래서 신독(愼獨 : 홀로 있어도 몸가짐을 바로 함)의 자세로 시종일관(始終一貫) 몸가짐이 흐트러지지 않도록 유의해야 한다.

어떤 수험생이 복도 계단에서 큰 소리로 휴대전화를 한다. "오늘 면접 보러 왔거든. 내 수준에는 만족스럽지 않지만 당장 놀고 있을 수는 없잖아." 이 순간 계단을 내려오는 누군가와 마주쳤는데, 잠시 후 면접실에 들어가 보니 그분이 면접관으로 앉아 있더라는 것이다. 결과는 불을 보듯 뻔하지 않겠는가.

어느 수험생은 면접을 마치고 나오면서 바닥에 떨어진 압정을 발견하고서는 아무렇지도 않은 듯 살며시 줍고서 퇴장했다. '하나를 보면 열을 안다.'라는 속담처럼 이런 조그만 행동마저도 면접관들에게 긍정적인 깊은 인상과 호감을 심어 줄 수 있다.

　면접에 정답은 없다. 하지만, 자신감을 갖고 전략적으로 열심히 준비하라. 올바른 전략과 튼실한 준비, 그리고 당당한 자신감이야말로 여러분을 면접 성공이란 관문으로 들어가게 하는 최고의 열쇠가 되어 줄 것이다.

스피치 성공 칼럼 8 (대화 기법)

말다운 말이어야 참된 대화가 된다

프랑스의 사상가 몽테뉴는 인간의 정신을 가장 자연스럽고도 풍성하게 작동시키는 최고의 수단으로 대화를 꼽기도 했지만, 대화는 사회적 동물인 우리 인간들이 함께 더불어 살아가기 위한 가장 중요한 기술이기도 하다.

대화를 통해 상호 간의 생각과 감정을 소통하며 관계의 결속을 다지게 된다. 대화는 모든 인간관계의 출발점이자 바탕이다. 따라서 대화의 어긋남은 인간관계의 어긋남으로 이어지고 대화의 단절은 곧 인간관계의 단절이 된다.

대화를 잘하는 사람은 다른 사람들을 자신의 주위로 모이게 하고 원만하고 화목한 관계를 유지해 나간다.

반면에 그렇지 못한 사람은 홀로 쓸쓸해지거나 오해와 갈등을 불러일으키고 심지어 다른 사람들의 마음에 상처를 주고 원수를 만들기도 한다.

대화의 중요성은 사적인 인간관계에 그치지 않는다. 공적관계나 조직에서도 대화가 중요하다. 대화가 원활한 조직은 분위기도 좋고 사기도 높으며 업무 효율과 생산성마저도 높다.

하지만, 이렇게 중요한 대화를 제대로 학습할 기회를 얻은 사람들은 과연 얼마나 될까? 대화에 관해 깊은 성찰의 기회를 얻어 본 사람이 과연 몇이나 될까?

부부간에 대화가 너무 없다고 푸념하던 어떤 남편이 하루는 필자에게 "어제는 아내와 3시간이나 대화를 했어요."라고 말한다. 알고 보니 3시간 동안 부부싸움을 한 것이었다.

대화와 싸움을 혼동할 정도로 대화에 대한 올바른 이해와 원칙도 모르는 분들이 뜻밖에 많다. 유대인들은 말을 시작하는 어린 시절부터 대화하는 법을 익힌다고 하는데 우리는 그 부분에 너무나 소홀하지 않았던가.

대화의 기본 원칙 3가지를 제시해 본다.

첫째는 상호 존중이다.

서로 평등한 입장에서 상대방을 존중하는 자세로 대화에 임해야 한다. 일방이 우월한 지위나 힘을 가지고 상대방에게 강압적으로 하는 지시, 명령, 설교, 비평, 비난은 대화가 아니다.

둘째는 상호 교류이다.

대화는 탁구처럼 공이 양쪽으로 오고 가야 한다. 한쪽만 얘기하고 다른 한쪽은 듣기만 계속하는 것은 대화가 아니다. 대화는 쌍방 커뮤니케이션임을 명심하자.

셋째는 상호 협력이다.

대화는 공동의 작업이다. 상대방이 말을 잘 이어나갈 수 있도록 도와줘야 한다. 상대의 말에 맞장구를 쳐주며 고개를 끄덕이는 등 잘 듣고 이해하고 있다는 반응을 보여 주어야 한다. 자기 말할 것에 집중하느라 상대방의 말은 건성으로 듣거나 중간에 상대의 말을 끊어 버리고 자기 얘기하기에 급급한 것은 대화가 아니다.

우리가 살아가는 이 세상에 대화 아닌 대화로 행해지는 폭력과 비방, 무시의 언어가 사라지고 아름다운 참 대화의 꽃이 만발하도록 우리 자신이 먼저 변화하고 노력하자.

대화의 기본 원칙 3가지를 늘 염두에 두며 대화의 자리에서 말을 할 때는 제대로 생각하며 바르게 말하자. 말이 입힌 상처는 칼로 입힌 상처보다 깊다는 모로코 속담처럼 무심코 던진 3초의 한마디가 상대방 가슴에 30년의 상처로 남을 수 있다.

상대방에 대한 배려 없이 아무 생각 없이 말을 내뱉는 것은 올바른 대화가 아니다. 말다운 말이어야 참된 대화가 된다.

사아디는 다음과 같이 말했다. "말이 있기에 사람은 짐승보다 낫다. 그러나 바르게 말하지 못하면 짐승이 그대보다 나을 것이다."

스피치 성공 칼럼 9 (대화 기법)

대화의 달인이 되기 위한 6가지 기법

각 분야의 달인을 소개하는 TV 프로그램을 보면 정말 혀를 내두를 정도로 감탄을 자아내게 하는 달인들이 많다. 시청자들이 보기엔 그저 놀랍고 신기하기만 하다. 한편으로는 달인이 되기까지 얼마나 많은 시간과 노력을 투자했을까 하는 경외감과 존경심이 든다.

그럼, 대화의 달인을 본 적이 있는가? TV에 대화의 달인이 출연한 적은 아직 한 번도 없었다. 왜 그럴까? 그만큼 어렵기도 하지만 대화는 누군가와 주고받는 것이지 혼자 할 수 있는 게 아니기 때문이다. 자신이 아무리 대화를 잘했다는 생각이 들더라도 상대방이 그렇게 생각하지 않는다면 결과는 성공적이지 못한 것이다.

그렇다면 대화의 달인은 우리에게 먼 얘기가 되는가? 우리가 배울만한 성공적인 대화의 특별한 기법은 없는가? 걱정하지 말라. 있다. 대화의 달인이 되기 위한 6가지 기법을 살펴보자.

첫째, 진실하라. 진실은 대화의 뿌리이다.

아무리 화려한 말솜씨의 가지를 뻗고 빛나는 미사여구의 잎사귀로 치장하려 하더라도 썩은 뿌리에서는 꽃도 피울 수 없을뿐더러 열매를 맺게 할 수도 없다. 톨스토이는 "어떤 일에서든 진실하라. 진실한 것이 더 쉬운 것이다."라고 했다. 사람과 사람 사이의 대화에서도 진실만큼 중요한 것이 없으며, 진실한 마음으로 대화하는 것이 다른 어떤 전략적인 대화 방법보다 효과적이며 성공에 쉽게 이르게 한다.

둘째, 충분히 경청하고 간략히 말하라.

필자가 맡은 경기대학교 사회교육원 리더스 스피치 과정 수업에서 "대화할 때 가장 많이 써야 하는 신체 도구는 무엇입니까?"라고 퀴즈를 내보면 모두 '입'이라고 답변한다.

그러면 필자는 '귀'라고 일깨워 드린다. 말하기 위해 대화에 참여하는 사람보다 듣기 위해 대화에 참여하는 사람이 더 환영받고 호감을 얻는다. 대화할 때는 30:70 법칙을 지켜라. 전체 대화 분량의 30%만 내가 말을 하고 나머지 70%는 상대방이 말을 하도록 배려하며 잘 들어주라. 그러면 당신은 다시 만나고 싶은 사람이 될 것이다.

셋째, 칭찬 화법을 사용하라.

칭찬은 고래도 춤추게 한다는데 우리 인간은 오죽하랴. '아첨하는 컴퓨터 효과'라고 해서 기계에 불과한 컴퓨터에서 나오는 칭찬마저도 우리 인간에게 긍정적인 효과가 있다는 것이다.

그래서 칭찬을 일컬어 귀로 먹는 보약이라 말한다. 칭찬을 할 때는 상대방이 가장 소중하게 생각하는 것을 구체적으로 칭찬해주는 것이 좋다.

넷째, 바디 랭귀지를 효율적으로 사용하라.

말보다 몸은 더 많은 말을 한다. 미소 띤 밝은 표정과 단정한 자세로 상대방과 눈 맞춤을 해가며 대화에 임하도록 한다.

다섯째, 준비하라. 준비는 힘이다.

상대방에 대한 정보를 많이 가질수록 만족스러운 대화가 된다. 상대가 무엇을 좋아하고 어떤 것에 관심을 두는지 등을 잘 파악하고 그에 걸맞은 화젯거리를 준비하도록 한다.

여섯째, 중요한 내용은 확인하라.

분위기는 좋았는데 서로 잘못 알아들어 오해가 빚어지는 경우가 다반사다. 경기도 광주인지 전라도 광주인지도 혼돈될 수도 있다.

조지 버나드 쇼는 "의사소통에서 가장 큰 문제는 서로 의사소통이 잘 되었다고 착각하는 것이다."라고 했다. 헷갈릴 수 있는 중요한 내용은 서로 분명하게 다시 확인하도록 한다.

이상 6가지 기본만 잘 지키면 대화의 달인이 될 수 있다. 달인은 복잡한 것을 많이 아는 사람이 아니라 몇 가지라도 제대로 능숙히 잘 해내는 사람이다.

스피치 성공 칼럼 10 (대화 기법)

즐거운 대화를 위한 7가지 지혜

우리 인간의 본성은 즐거운 것은 계속하고 싶어 하고 괴로운 것은 피하고 싶어 한다. 대화도 마찬가지이다. 즐거운 대화는 만남의 순간도 재미있지만, 다음의 만남을 기대하게 한다. 괴롭고 불편한 대화는 만남의 자리가 가시 방석이며 다시는 함께하고 싶어지지 않는다. 그럼 어떻게 하면 즐거운 대화를 만들 수 있을까? 즐거운 대화를 위한 7가지 지혜를 제시한다.

첫째, 좋은 장소를 선택하라. 인간은 환경의 영향을 받지 않을 수 없다. 대화에 있어서도 마찬가지이다. 어떤 장소에서 대화를 나누느냐가 대화의 양과 질에 큰 영향을 미친다. 의전을 담당하는 부서에서는 회합 준비를 할 때 가장 신경 쓰는 것 중의 하나가 장소 선정이다. 부드럽고 화기애애하게 대화를 나눌 수 있는 최적의 공간을 선택하는데 정성을 기울여야 한다. 소음 정도, 조명, 공간 배치, 음식, 서비스 등 다양한 측면에서 섬세한 고려를 해야 한다. 필자의 경험상으로 보면 성공적인 대화의 30% 이상은 장소 선정에 달렸다.

둘째, 적합한 시간을 선택하라. 오전 시간은 공적인 대화를 하는데 적합하고, 퇴근 이후의 오후 시간은 사적인 대화를 나누는 데 효과적이다. 상대방의 일정이 바쁜 날은 피하는 것이 좋다. 바쁜 틈새에 시간 일정을 무리하게 잡게 되면 상대방은 시간에 쫓겨 대화에 몰입하지 못하게 되고, 대화가 한창 무르익을 즈음에 자리를 마쳐야 하는 안타까운 상황이 생길 수 있다.

셋째, 인원 구성을 고려하라. 대화의 인적 구성이 대화의 분위기를 좌우한다. 대화의 참여자가 잘못 구성되면 어색한 분위기 속에서 겉도는 이야기만 오가게 된다.

서로 조화를 이룰 수 있는 인적 구성인지를 꼼꼼히 고려하도록 한다.

넷째, 즐거운 화제를 선택하라. 어두운 화제는 대화 참여자의 기분을 어둡게 만든다. 밝은 화제는 모두가 밝은 마음으로 대화에 참여하게 한다. 상대가 관심을 두는 분야 중에서 밝고 즐거운 화제 위주로 대화를 진행하는 것이 좋다. 최고의 화제는 상대방의 자랑거리다. 상대방의 자랑거리를 화제로 삼게 되면 자연스럽게 칭찬과 축하가 이어지고, 상대방은 기쁜 마음으로 대화에 참여하게 된다.

다섯째, 긍정적 반응을 보여주라. 상대방이 "우리 남편이 이번에 부장으로 승진했습니다."라는 말에 "남편께서 이제 부장이 되시다니 나이에 비해 승진이 많이 늦었군요. 그동안 마음고생이 심하셨겠네요."라고 반응한다면 어떻게 될까? 이는 대화에 찬물을 끼얹는 격이다. 아마 상대방은 다시는 자신을 만나려고 하지 않을 것이다. "아, 그랬어요? 정말 축하합니다."라고 긍정적인 반응을 보여줘야 한다.

여섯째, 논쟁은 절대 삼가라. 쓸데없는 논쟁으로 대화 분위기를 삭막하게 몰아가는 경우가 흔하다. 대화 속의 논쟁에 있어 승자란 없다. 그래서 벤저민 프랭클린은 이렇게 말했다. "당신이 논쟁으로 상대를 굴복시키고 승리를 쟁취한다면 무한한 성취감을 느낄 수 있을 것이다. 그러나 한 사람의 벗을 잃게 되므로 그 승리는 곧 공허할 것이다."

일곱 번째, 유머를 활용하라. 유머는 대화의 분위기를 밝고 즐겁게 만드는 묘약이요 인간관계의 윤활유다. 유머 능력은 타고나는 것이 아니다. 평소에 유머를 수집하고 연습하면 잘할 수 있다. 모임에 나가기 전에 유머 하나 준비하는 습관을 가져보자. 단, 청중 중의 한 사람이라도 불쾌할 유머, 품위 없는 저속한 유머는 될 수 있으면 삼가는 것이 좋다.

『논어』에 "아는 것은 좋아하는 것만 못하고, 좋아하는 것은 즐기는 것만 못하다."라는 말이 있다. 이상에서 말한 7가지 지혜로 대화를 즐기자.

제10강
스피치 실습 원고

널뛰기 | 미꾸라지와 메기 | 가짜 휘발유 | 열등감 | 연단공포 극복 비결 | 감사하는 마음 | 고난이 그대를 옥으로 만든다 | 나비효과 | 노인과 사과나무 | 적극적인 행동이 길을 열어준다 | 천국 | 열정은 망치지 않았다 | 튀어야 산다? | 행운을 끌어오는 비결 | 공주병 친구 | 미소는 최고의 선물 | 성공하는 자질 | 성공의 비결 | 말과 집안수준 | 부족해서 좋은 점 | 소신 있는 실천가가 되자 | 행복은 나에게 달렸다 | 시간의 선물 | 함께 있으면 좋은 사람 – 용혜원 | 우리 선조들의 짧은 인생 – 비슬라바 쉼보르스카 | 오직 드릴 것은 사랑뿐이리 – 마야 앙겔루 | 긴 세월 짧은 인생 – 작자 미상 | 내가 만일 – 애밀리 디킨슨 | 희망의 터 | 그날의 정신으로 | 인류의 대 축복

《스피치 실습 원고》

널뛰기

(연단 앞에 바르게 서서 청중을 잠깐 둘 본 다음 한 호흡 들이마시고)
혼자 1등이 되기보다는 / 더불어, **함께** / 행복하게 살고픈 사람 / ○○○입니다. //
(웃음 띤 표정으로) 여러분, 반갑습니다. (인사를 한다)

(다시 한 호흡 들이마신 뒤 여유로우면서도 터져 나오는 목소리로)
오늘은 / '**민속놀이**'로 / 제 말씀을 시작해 볼까 합니다. //
(한 호흡 빨리 들이쉬고)
나라마다 / 다양한 **민속놀이**가 있고 /
우리나라에도 / 여러 가지 **민속놀이**가 있습니다. //
여러분은 / 우리나라 **민속놀이** 하면 / 어떤 **놀이**가 떠오르세요? //
(답변을 듣는다)
○○○ 선생님은 어떤 놀이가 생각나세요? (답변을 듣는다)
그렇습니다. / 제기차기, / 투호, / 그네타기, / 씨름, / 널뛰기 // 여러 가지가 있죠. //

(한 호흡 고른 다음에)
여러분은 그중에서 / (쉼) **널뛰기**를 해 보신 적이 있으십니까? //
어때요, / 재밌죠? // (청중의 표정을 살핀다)
이 / 널뛰기를 해 보면 / 재미뿐만 아니라 **교훈**도 얻게 됩니다. //
널뛰기를 **자세히** 살펴보면 / **내가 먼저 힘껏 굴러야** / 상대방이 높이 올라갈 수가 있고 /
또 / **상대방이** 높이 올라가야 / 다음에 **내가** 더 높이 올라갈 수 있습니다. ///

(한 호흡 고른 다음에)
우리들의 인간관계도 마찬가지가 아닐까 / 생각됩니다. //
나를 낮추고 / 상대방을 높여주는 것이 / 결국은 내가 높아지는 것이지요. //
(아래의 3문장들은 속도를 더 해가며 점점 더 크게 강조)

나를 앞세우기보다, / **내가 잘났다고 뻐기기**보다, / 내 **욕심만 차리기**보다 /
(다시 낮춰서)나를 낮추고 상대방을 **높여**주는 / 그런 마음을 가져야겠습니다. //
그러면 / 마치 널뛰기처럼 /
자기 스스로 자기 자신을 높이려 하지 않아도 / **자동으로** /
올려 준 상대방 덕분에 / **함께 도약**하게 될 테니까요. ///

(한 호흡 고른 다음에 부드러운 음성으로 시작해 점점 더 강하게)
우리 모두 널뛰기의 정신으로 / 서로 밀어주고 서로 **도와주면서** /
함께해서 더 행복한 / 발전을 이뤄 나갔으면 합니다. //
(밝은 표정으로 청중을 바라보며)
경청해 주셔서 **감사합니다.** // (정중히 인사를 한 다음 여유 있게 퇴장한다)

≪www.wowspeech.com≫

미꾸라지와 메기

여러분, 반갑습니다. / 도전을 좋아하는 사람 ○○○입니다. //
여러분! / 추어탕 좋아하세요? //
추어탕의 재료가 뭐죠? // (미꾸라지요)
네, 미꾸라지죠. //
요즘엔 / 농약 때문에 / 미꾸라지 보기가 어렵지만 /
우리가 어렸을 적에는 / 미꾸라지가 참 많았습니다. //
오늘은 여러분과 / 미꾸라지를 통해 / 뭔가 배워보는 시간을 가져볼까 합니다. //
(오늘은 여러분께 / '미꾸라지 잘 키우는 법'에 대해서 / 말씀드릴까 합니다.)

논에 미꾸라지를 키울 때 / 한쪽 논에는 미꾸라지만 넣고 /
다른 한쪽 논에는 / 미꾸라지와 메기 몇 마리를 / 함께 넣습니다. //
그러면, / **어떤 논의** 미꾸라지가 / 더 잘 자랄까요? // (답변을 듣는다)
정답은 // 메기를 넣은 쪽이 / 더 잘 자라게 됩니다. //
왜 그런가 하면 //
메기가 있는 논의 미꾸라지들은 / 메기에게 잡혀먹히지 않으려고 /
늘 **긴장하면서** 활발히 움직이기 때문입니다. //
우리 인간들도 마찬가지 아닐까요? /
자극 없이 / **긴장 없이** / 안일하고 **나태한** 생활은 // 당장엔 편해 보일지 몰라도 /
결국엔 / 우리의 활력을 떨어뜨리고 / 건강마저 **잃게** 합니다. //
우리들의 생활이 건강하고 **활기차려면** / 적절한 **자극**이 있어야 합니다. /
적절한 **긴장**이 있어야 합니다. /
우리에게도 / 자극을 주고 **긴장을 주는** / **메기가** 필요한 것입니다. //
여러분, / 이제부터는 / 자극과 긴장을 피하려고 하지 말고 /
자극과 긴장으로 스트레스받지 맙시다. /
오히려 **적극적으로** / 우리 마음속에 / 메기 한 마리씩 키워보는 게 어떨까요? //
끝까지 경청해주셔서 감사합니다.

≪www.wowspeech.com≫

가짜 휘발유

안녕하세요? 반갑습니다. ○○○입니다.

요즘은 가짜가 판을 치고 있습니다. /
명품을 흉내 내어 만든 '짝퉁'이니 / 가짜 양주니 / 가짜 참기름이니 /
가짜 휘발유니 / 참 안타깝고 서글픈 현실입니다. ///
이런 어두운 현실에 그나마 웃음이라도 없다면 / 얼마나 삭막하겠습니까? //
그런 의미에서 퀴즈를 하나 내 보겠습니다. //

가짜 휘발유를 만들 때 /
가장 많이 들어가는 재료가 뭘까요? /////

예, 정답은 진짜 휘발유였습니다. ////

삶은 우리가 어떻게 보느냐에 따라 달라진다고 하죠.
똑같은 현실이라도 / 우리가 어떻게 생각하느냐에 따라 /
천국이 될 수도 지옥이 될 수도 있죠. ///

물론, / 가짜가 판을 치고, 갖가지 사건들이 줄을 잇는 세상이지만 //
그래도 가짜보다 진짜가 많은 세상 //
나쁜 사람보다는 그래도 좋은 사람이 많은 세상 //
그래서 아직은 살 만한 세상이라고 /
긍정적으로 생각하면서 사는 게 어떻겠습니까? //
여러분께 / 언제나 기쁨이 가득하고 행복이 넘쳐나길 바라면서 /
오늘의 제 말씀을 마칩니다. //
경청해 주셔서 감사합니다. ////

열등감

(첫인사)
여러분 반갑습니다. / 도전을 좋아하는 사람 / ○○○입니다. //

(주제선언)
오늘은 여러분과 / '열등감'에 대해서 / 함께 생각해보는 시간을 가질까 합니다. //

(서론)
어떤 사람은 / 외모에 대한 열등감을 가지고 있고, /
또 어떤 사람은 **학력**에 대한 열등감을, /
또 어떤 사람은 **돈 때문**에 열등감을 가지기도 합니다. //
특히 우리나라 사람들은 / 열등감이 심해 보입니다. //
남하고 자기를 비교해서 / 무엇이든지 이겨야 된다는 /
강박관념에 빠진 사람들이 많습니다. //
차도 / 이웃보다 더 좋은 차를 타야 되고, /
집도 / 남들보다는 좀 더 넓은 평수에 살아야 되고, /
자녀들에게도 / 돈을 쏟아 **붓더라도** 과외를 시켜서 /
남들보다 **더** 좋은 대학에 보내려고 합니다. //
그래도 / 열등감은 좀처럼 사라지지 않습니다. //

(본론)
열등감은 / 내가 더 못났다는 감정입니다. //
열등감은 / 내가 더 뒤떨어졌다는 느낌입니다. //
열등감은 / **내가 더 부족하다는 생각입니다.** //
그런데 / **어떤 기준에서** 내가 못나고, / **어떤 기준**에서 내가 더 뒤떨어지고, /
어떤 기준에서 내가 더 부족한 것일까요? // (쉼)
사람은 / 얼굴 생김새도 다 다르고, / 성격도 다 다르고, / 재능도 다 다릅니다. //
누가 낫다 / **누가 못하다**고 할 수는 **없**습니다. //

어떤 면에서는 이 사람이 뛰어나고, / **또 어떤** 면에서는 **저 사람이** 뛰어난 것이죠. //
우열과 열등을 가린다는 **자체가** / <u>무의미</u>한 것입니다. //
사람은 / 사람 그 자체로 존중받아야 합니다. //
앨리오너 루즈벨트는 이렇게 말했습니다. //
"당신이 그렇게 생각지 않았는데도 /
당신이 열등한 것으로 느끼게 할 수 있는 사람은 / 세상에 아무도 없다." ///

(결론)
그렇습니다. 여러분! // 열등감은 / 우리의 잘못된 생각일 뿐인 것입니다. //
자기 자신을 믿으십시오. // 자기 자신을 소중하게 생각하십시오. //
자기 자신을 자랑스럽게 생각하십시오. //
당신은 / 이 세상에서 단 하나 뿐인 / 아주 <u>고귀</u>한 존재이니까요. //

(끝 인사)
끝까지 경청해 주셔서 감사합니다.

연단공포 극복 비결

(미소를 지으며 즐거운 마음으로 숨을 크게 들이쉬고)
여러분, 반갑습니다. //
스피치가 즐거운 사람 / ○○○입니다. (하나)
저는 여러분께 / 연단공포 극복 비결이란 주제로 / 말씀드리겠습니다.// (하나, 둘)
많은 분이 연단공포 때문에 고민하고 있습니다. // (하나)
그런데 / 연단공포를 느끼는 마음속에는 / (하나)
'다른 사람들이 나를 어떻게 볼까?'~ 하는 /
그런 생각이 자리 잡고 있습니다. // (하나)
그러다 보니까 / 멋~스럽게 잘~ 보이기 위해서 /
완~벽한 스피치를 하려고 합니다. //
(하나) 그런데 여러분 / (하나) 우리 인간은 신이 아닙니다. //
우리 인간은 불완전한 존재입니다. //
이 불완전한 존재인 우리가 //
어떻게 / 완벽한 스피치를 할 수가 있겠습니까? // (하나, 둘)
완벽한 스피치! // (하나)
그것은 불가능한 것입니다. 잘못된 목표입니다.
부담스러울 수밖에 없는 것입니다. // (하나, 둘, 셋)
여러분 (하나)
연단공포를 극복하기 위해서는 / (하나)
이 잘못된 생각부터 바꿔야 합니다. // (하나)
완벽하게 하려는 / 이 잘못된 욕심부터 버려야 합니다. // (하나)
실수해도 좋다. //
버벅거려도 좋다. //
다만 / (하나) 열정을 가지고 최~선을 다하자. //
그리고 그 결과는 / 하늘의 뜻에 맡기자. //
이런 마음으로 스피치를 하시기 바랍니다. /// (하나)
그러다가 보면 / 불안이 싸~악 사라지고 스피치가 즐거워질 것입니다. ///

여러분 (하나)
제가 구호를 외치면 / 큰 목소리로 따라 해 주십시오. // (하나, 둘)
스피치는 즐거움이다. (청중 : 스피치는 즐거움이다.) (하나)
끝까지 경청해 주셔서 감사합니다. ///

≪www.wowspeech.com≫

감사하는 마음

여러분, 반갑습니다. /
언제나 감사하는 마음으로 살아가는 사람 / ○○○입니다. /

성경 주석가로 유명한 매튜 헨리가 / 어느 날 강도를 당했습니다. /
그날 밤 그는 / 다음과 같은 일기를 썼습니다. //

나는 오늘 너무나 감사한다. /
첫째, / 전에는 한 번도 강도를 당하지 않았었다는 것에 감사한다. /
둘째, / 오늘 강도가 내 지갑을 빼앗아가긴 했지만 /
내 생명을 빼앗진 않았기 때문에 감사한다. /
셋째, / 많은 돈을 잃긴 했지만 /
그것이 그렇게 중요한 것은 아니라는 것에 감사한다. /

마지막 구절은 더 흥미롭습니다. /
마지막으로, / 나는 강도를 당한 사람이었지 /
내가 강도가 아니었다는 사실에 감사한다. /
매사에 감사하는 마음은 / 우리를 행복하게 만들어 줍니다. /
우리 모두 감사하는 마음으로 행복하게 삽시다. /
감사합니다.

고난이 그대를 옥으로 만든다

여러분, 안녕하세요. //
도전을 좋아하는 사람 ○○○입니다. //
여러분은 요즘 어때요? / 행복하세요? //
아니면 / 어떤 어려움이나 고난 때문에 /
스트레스받거나 / 힘들어하고 계시지는 않습니까? //
저는 오늘 여러분께 / 우리를 / 옥으로 비유해서 말씀드려보겠습니다. //
옥이란 옥은 / 모두 보석이 될까요? //
그렇지는 않지요. //
옥도 다듬어야 보석이 됩니다. //
옥이 / 찬란하게 빛나는 보석이 되려면 / 연마과정을 겪어야죠. //
우리 인간도 마찬가지입니다. //
꾸준히 갈고 닦아야 하죠. //
지식을 갈고 닦는 것은 / 독서나 공부이지만 //
마음을 갈고 닦는 것은 바로 // 고난입니다. //
그렇습니다. 여러분! //
살다가 보면 / 어려움을 겪기 마련이죠. //
그럴 때는 / 괴로워하지 말고 / 낙담하지 말고 / **속을 끓이지 말고** /
이렇게 생각합시다. //
"고난이 나를 / 옥으로 만든다." //

여러분 모두 / 찬란하게 빛나는 / 보배가 되시기를 바라면서 /
제 말씀을 마칩니다. // 감사합니다. //

나비효과

M.I.T 기상학자 로렌츠는, 1961년의 어느 날 /
자신이 직접 자료를 입력했던 컴퓨터의 / 출력 결과물을 보고 깜짝 놀랐습니다. //
전번과 분명히 똑같은 자료를 입력했는데 / 결과는 완전히 달라진 것입니다. //
전번과의 차이를 굳이 찾는다면 / 예전에는 소수점 여섯 자리까지
입력하던 것을 / 편의상 소수점 셋째 자리까지만 입력한 것뿐입니다. //
1,000분의 1 정도의 수치는 / 실질적으로 별로 영향을
미치지 못한다고 생각했기 때문이죠. //
그런데 결과는 / 아니었습니다. //
그 사소한 차이가 / 엄청나게 다른 결과를 만들어낸 것입니다. //
제임스 글리크는 자신의 저서 '카오스'란 책에서 /
이 현상을 / '초기 조건에의 민감성'이라고 말하고 있습니다. //
이것이 바로, 다른 말로 / 그 유명한 //// '나비효과'입니다. //
여러분께서도 / 한 번쯤은 들어 본 적이 있으실 겁니다. //
나비효과란 /
미국 샌프란시스코에서 나비 한 마리가 날갯짓을 한 번 한 것이 /
중국 상하이의 기상이변을 일으킬 수 있다는 것입니다. //
우리의 인생도 마찬가지 아닐까요? //
사소한 것이 큰 차이를 만들어 냅니다. //
성공한 사람과 실패한 사람의 차이도 / 사소한 것에서부터 비롯됩니다. //
엄청난 재산을 가진 부자와 찢어지게 가난한 사람 간의 차이도 /
사소한 것에서부터 출발합니다. //
목표를 가지고 사는가? / 계획을 세우고 실천에 옮기는가? /
긍정적인 태도로 살아가는가? ///
어떻게 보면 / 이런 것들이 사소한 것으로 여겨질지 몰라도 /
결국엔 큰 차이를 만들어내고 맙니다. //
여러분, 모두 / 행복한 성공인이 되시기 바라면서 /
제 말씀을 마칩니다. // 감사합니다. //

노인과 사과나무

여러분, 반갑습니다. /
희망찬 미래를 믿으며 / 열심히 노력하는 사람 / ○○○입니다. //

한 노인이 / 집안 뒤뜰에서 / 과일나무를 심고 있었습니다. //
그곳을 지나가던 젊은이가 / 궁금한 표정으로 묻습니다. //
"어르신, / 어르신은 언제 그 나무의 열매를 거두리라고 생각하십니까?" //
"음, / 70년쯤 지나면 따겠지." 하고 노인이 대답합니다. //
"아니, / 어르신께서 그렇게 오래 사시겠습니까?" //
하고 다시 묻자, / 노인이 대답하기를 /
"아니. 그런 게 아니야. / 내가 태어났을 때도 과수원에는 열매가 풍성했었어. /
그것은 / 내가 나기 전에 / 아버지께서 / 나를 위해 묘목을 심어주셨기 때문이지." //

그렇습니다. //
사람이 위대할 수 있는 것은 / 베풀 줄 아는 마음이 있다는 것이고 /
미래를 생각할 줄 안다는 것입니다. //
그런 점에서 / 과거의 선현들이 / 오늘의 우리에게 /
열매를 안겨주기 위해서 / 땀을 흘렸던 것처럼 //
오늘의 우리도 / 미래의 후배들에게 열매를 안겨다 주기 위해 /
땀을 흘려야 할 것입니다. // 바로 눈앞의 이익에만 급급해하지 맙시다. //
자기 욕심만 차리지 맙시다. // 멀리 내다보면서 베푸는 마음을 가집시다. //

마지막으로 / 네덜란드의 철학자 스피노자의 명언을 말씀드리면서 /
제 말씀을 마칩니다. //
"내일 지구가 멸망하더라도 / 나는 오늘 / 한 그루의 사과나무를 심겠다." ///
끝까지 경청해 주셔서 감사합니다.

적극적인 행동이 길을 열어준다

안녕하십니까? / 적극적으로 노력하는 사람 / ○○○입니다. //
오늘은 먼저 / 아서 왕의 전설 중에 / 한 대목을 말씀드리겠습니다. //
어느 날 란셀로트가 / 길을 가다가 낭떠러지를 만나게 됩니다. //
자신이 서 있는 곳과 저 건너편 절벽 사이는 / 끝없이 깊은 천 길 낭떠러지입니다. //
조심스럽게 아래를 내려다보는데 / 바닥이 가물가물해 보이면서 /
현기증까지 날 정도로 아주 깊습니다. //
반드시 건너야만 하는데 / 도저히 방법이 없어 보입니다. //
란셀로트는 / 어찌할 바를 모르고 당황하다가 / 그만 주저앉고 맙니다. //
그러다가 / 혹시나 하고 다시 일어나서 / 빈 공간 속으로 한 걸음을 내디뎌 봅니다. //
그러자 신기하게도 / 양쪽을 이어주는 다리가 / 갑자기 나타납니다. //
어떻게 된 것일까요? ///
이 다리는 항상 그곳에 있었지만 / 첫걸음을 내딛기 전까지는 /
아무도 이 다리를 볼 수 없었던 것입니다. //

우리들의 인생도 마찬가지 아닐까요? //
불가능해 보이고 도저히 방법이 없을 것 같았는데 /
막상 일을 해 나가다 보니까 / 여기저기서 도움의 손길이 들어오고 /
의외로 일이 잘 풀려나가게 되는 경우들을 / 경험하게 됩니다. //
그런데 소극적인 사람들은 / 행동을 하지는 않고 /
모든 조건이 100% 갖춰지기까지 기다립니다. //
그런 소극적인 사람들은 언제 시작하게 될까요? //
대개는 / 그렇게 기다리기만 하다가 / 끝이 나고 맙니다. //
완전한 조건과 / 완전한 상황을 기다린다는 것은 /
영원히 기다리는 것이나 마찬가지입니다. //
아무리 멋진 아이디어라도 / 그것이 실천되었을 때라야 / 가치 있는 것입니다. //
행동하고 실천해나가는 중에 / 새로운 아이디어도 떠오르게 되는 것입니다. //
아무리 훌륭한 지식이라도 / 제대로 사용되어 질 때 / 가치 있는 것입니다. //

지식도 / 실제에서 발휘되어 봐야 / 쓸모없는 죽은 지식인지 /
효과 있는 산지식인지 알 수 있습니다. //
그리고 지식은 / 실제 경험을 통해서 / 더 발전될 수 있는 것이죠. //
스텐데이비스와 크리스토퍼 메이어는 / '미래의 부'란 책을 통해 /
"여러 리스크 중에서 가장 큰 리스크는 /
모든 일을 안전위주로만 행하려는 것"이라고 / 말하고 있습니다. //
우리가 성공하기 위해서는 / 안전보다는 기회에 초점을 맞추고 / 행동해야 합니다. //
부자 아빠 열풍을 일으켰던 로버트 기요사키도 / "걱정하지 말고 일단 시작하라. /
일단 돈을 좀 투자하고 나면 / 많은 것을 배우게 된다."라고 말했습니다. //
열심히 책을 읽고 분석하고 준비하고 조언을 구하는 것도 중요하지만 /
가장 중요한 것은 / 직접 뛰어들며 행동하는 것입니다. //

세상의 위대한 업적들이 / 처음의 계획과 같이 이루어진 경우는 없습니다. //
해나가다가 보면 / 길이 생기고 답도 얻게 됩니다. //
어떤 때는 실수조차도 / 성공의 열쇠가 됩니다. //

일본의 3M이란 회사에서는 / 접착제를 개발하다가 실패를 했습니다. //
만들어진 접착제가 영구적으로 붙어 있지 않고 / 쉽게 떨어지는 것이었습니다. //
그런데 그 실패작이 / 오히려 대 히트상품이 됐습니다. //
그리고 그것은 지금 우리에게도 친숙한 / '포스트 잇'으로 불리고 있습니다. //

여러분, / 기다리고 있지만 말고 적극적으로 행동합시다. //
우리에게 정말 부족한 것은 / 지식이 아니라 용기 있는 행동입니다. //
방법이 없다고 좌절하지 말고 / 란셀로트처럼 일단 첫 발걸음을 내딛읍시다. //
성공은 / 기다리는 자의 것이 아니라 행동하는 자의 것입니다. //
적극적인 행동이 / 성공을 향한 길을 열어줄 것입니다. //
감사합니다.

천 국

여러분, 안녕하세요? / 행복한 마음으로 가득한 사람, ○○○입니다. //

어떤 사람이 죽어서 하늘나라로 올라갔습니다. //
죽은 지 며칠 후에 눈을 떠 보니까 / 주위가 너무너무 아름답습니다. //
이 사람은 하늘나라가 무척 마음에 들었습니다. //
출근하라고 깨우는 아내도 없고, / 칭얼대고 조르는 애들도 없습니다. //
직장 상사의 잔소리도 물론 없고, / 머리 싸매고 해야 할 일도 없습니다. //
그뿐만이 아니라, / 하인이 한시도 자리를 비우지 않고 /
옆에서 먹여주고 입혀주고 재워 줍니다. //
이 사람이 / 직접 자기 손으로 하는 일은 하나도 없습니다. //
이 사람은 너무너무 행복했습니다. //

그런데 며칠이 지나니까 / 이렇게 편하게 지내는 것도 /
싫증이 나기 시작했습니다. // 그래서 그는 / 하인을 불러서 말했습니다. //
"이제부터는 / 내 손으로 뭔가 직접 했으면 좋겠네." // 그러자 하인은
"이곳에서 당신이 원하는 것은 다 얻을 수 있지만, / 단 한 가지 /
당신이 뭔가를 직접 하는 것은 절대 금지되어 있습니다."라고 대답합니다. //
그 대답에 이 사람은 화가 나서 소리를 쳤습니다. //
"그렇다면, 차라리 지옥이 낫지. / 이런 식으로 어떻게 살란 말이야." //
그러자 하인은 놀란 표정으로 이렇게 말합니다. //
"아니, 당신은 여기가 천국인 줄 아셨나요? / 여기가 바로 지옥입니다." //

그렇습니다. 여러분! //
아무것도 하지 않고, / 편안하게 지내는 것이 /
최고의 행복일 거라고 착각하는 사람들이 많습니다. //
우리도 지치고 힘이 들 때는 /

아무 것도 하지 않고, 편안하게 지냈으면 하고 바랍니다. //
하지만, 실제 그런 생활이 계속 이어진다면 /
정말 지루하고 따분한 인생이 될 것입니다. //
항상 아무 것도 하지 않고, 편안하게 지내는 사람들은 죽은 사람들뿐입니다. //
스트레스도 받고, 힘이 들더라도 //
내 손으로 직접 뭔가를 해내고 / 이뤄나가는 생활이야말로 /
참 행복의 길이요, 천국입니다. //

여러분 모두 / 행복한 생활이 되시기를 바라면서 / 제 말씀을 마칩니다. //
끝까지 경청해 주셔서 감사합니다. //

열정은 망치지 않았다

여러분, 반갑습니다. //
뜨거운 열정으로 가득한 사람 / ○○○입니다. //
미국의 위대한 박물학자 / 존 제임스 아듀번이 /
언젠가 그림을 그리기 위해 집을 떠났다가 /
몇 달이 지난 후에야 돌아왔는데 /
그가 돌아와서 보니까 /
쥐들이 / 아끼던 그림들을 / 온통 갉아먹고 말았습니다. //
걱정이 된 친구가 / 위로의 말을 하려고 하자 /
아듀번은 이렇게 말했습니다.
"쥐들이 나의 그림은 망쳤지만 //
나의 열정은 망치지 않았어." ////

그렇습니다. /
열정은 그 어느 누구도 갉아먹을 수 없습니다. //
열정은 그 어느 누구도 빼앗아 갈 수 없습니다. //
열정은 우리의 환경에 달렸지 않고 /
우리의 마음가짐에 달린 것입니다. //
우리의 마음을 긍정적인 생각으로 가득 채우고 //
우리의 마음을 뜨거운 열정으로 가득 채웁시다. //
끝까지 경청해 주셔서 감사합니다. //

튀어야 산다?

여러분, 반갑습니다. / 가슴이 따뜻한 사람 ○○○입니다. //
우리 사회는 / 날이 갈수록 / 경쟁이 치열해지고 있습니다. /
게다가 요즘은 / 경기까지 좋지 않습니다. /
어떤 분야든 / 어렵고 힘든 게 요즘의 현실이죠. //
그래서 / '튀어야 산다' // 이 말이 / 생존전략의 화두가 되고 있습니다. //
예전에는 / 가수나 배우들의 전유물이었던 이 말이 /
이젠 / 직장인, / 사업가, / 정치인 할 것 없이 / 각 분야의 모든 사람이 /
튀기 위해서 // 남보다 눈에 더 잘 띄기 위해서 / 안간힘을 쓰고 있습니다. //
주위를 둘러보면, / 간판들마저도 / 요즘의 이런 세태를 실감하게 해 주죠. /
엽기적인 간판을 / 몇 가지 말씀드려 볼까요? //
미용실 간판인데 이름이 / '버르장머리' //
순댓집 간판인데 이름이 / '순대렐라' //
통닭집 이름이 / '위풍닭닭' ////
이렇게 / 몸부림에 가까울 정도로 / 튀기 위한 생존전략이 뜨겁습니다. ///

그렇지만 여러분, // 살기 위한 노력은 물론 소중한 것이겠습니다만 /
여기서 // 우리가 한 번 쯤은 짚어봐야 할 점이 있지 않을까요? ///
나만 튀면 상대방은 어떻게 될까? / 배려하는 마음을 잃어버린 것은 아닐까? //
나만 잘살려는 마음을 가지는 것은 아닐까? //
함께 더불어 살려는 마음을 잃어버리고 / 너무 이기적으로 사는 것은 아닐까? /////

여러분, // 수많은 위대한 선현들이 /
우리 인간은 결코 혼자서는 행복할 수 없다고 말해왔습니다. //
참 행복이란 / 더불어, 함께 하는 삶 속에 깃드는 법입니다. //
여러분, // 우리 모두 / 혼자 외롭게 빛나는 샛별이 되지 말고 //
함께 더불어 빛나는 은하수가 되어보면 어떨까요? // 끝까지 경청해 주셔서 감사합니다.

≪www.wowspeech.com≫

행운을 끌어오는 비결

안녕하십니까?
네 잎 클로버처럼 / 행운을 몰고 오는 사람 ○○○입니다. //

여러분은 자신이 / 운이 좋은 사람이라고 생각하세요? //
아니면 / 행운과는 정말 / 거리가 먼~ 사람이라고 생각하세요? //
옛날 인도의 어느 마을에 /
자신의 인생이 / 푸석푸석한 **모래처럼 불행**하다고 생각하는 사람이 /
살고 있었습니다. //
그 사람은 어느 날 / 현자를 찾아가서 상담했습니다. //
"선생님, / 제 인생은 왜 이런지 모르겠습니다. //
불운의 연속입니다. / 운이라고는 손톱만큼도 없어요!" // (쉼)
현자는 그 사람에게 / 막대자석을 하나 주고 /
모래 속에 자석을 휘저어 보게 했습니다. //
자석은 어떻게 되었을까요? // (답변을 듣는다)
네, / 쇳가루가 가득 묻어나왔습니다. //
모래만 보였었는데 / 보이지도 않던 쇳가루가 **가득** 묻어나온 것이죠. //
그렇습니다. 여러분! //
우리가 매사를 긍정적으로 생각하고 열심히 움직이면 /
마치 자석처럼 / 행운을 끌어 오는 자력이 / 우리에게 생깁니다. //
행운은 결국 / 우리 **자신에게** 달렸습니다. //
행운을 끌어오는 것은 바로 (쉼) **우리 자신**입니다.
비관론자는 / 모든 기회에서 **어려움**을 찾아냅니다. //
낙관론자는 / 모든 어려움에서 **기회**를 찾아냅니다. //
여러분 모두 / 행운과 기회로 가~득하시길 바라면서 /
저의 말씀을 마칩니다. // 끝까지 경청해 주셔서 감사합니다. //

공주병 친구

여러분, 안녕하세요? //
밝고 맑게 살아가길 노력하는 사람 ○○○입니다. ///

저는 여러분께 / 제 친구 얘기를 / 잠깐 할까 합니다. //

저에게는 / 공주병이 아주 심한 친구가 / 한 명 있습니다. //
어제 저녁에는 그 친구하고 / 레스토랑에 / 식사를 하러 갔었습니다. //

공주병이 심한 제 친구는 / 마치 공주처럼 /
"어이 웨이터!" 하면서 웨이터를 부르더니 /
스테이크를 시켰습니다. //
그러자 / 아주 잘생긴 젊은 웨이터가 /
가까이 다가서면서 / 제 친구에게 이렇게 물었습니다. //

"스테이크 어떻게 해 드릴까요?" //

그러자 제 친구는 / 다리를 꼬면서 품위 있게 /
이렇게 말하더군요. //

(섬)

"최선을 다해주세요." ///

여러분! /
우리 모두 / 최선을 다하는 사람이 됩시다. //
감사합니다. //

미소는 최고의 선물

여러분 반갑습니다. / 밝은 마음의 소유자 / ○○○입니다. //

여러분, / 이 마이크 옆에 / 스위치가 보이시죠? //
여기엔 작은 글씨로 / 'on, / off' / 이렇게 두 글자가 적혀 있습니다. //
스위치를 on 쪽으로 움직이면 / 켜지게 되고, /
off 쪽으로 움직이면 / 꺼지게 되죠. //
우리의 표정도 마찬가지로 / '스위치 on'의 표정이 있고, /
'스위치 off'의 표정이 있습니다. //
밝고 생기 있는 표정이 바로 / '스위치 on' 표정이고, /
무뚝뚝하게 굳은 표정이 바로 / '스위치 off'의 표정입니다. //
여러분의 표정은 어떻습니까? //

불교에서는 / '무재칠시(無財七施)'라고 해서 /
돈 없이도 베풀 수 있는 것, / 일곱 가지를 말하고 있습니다. /
그중에서 / '화안시(和顔施)'라는 말이 있는데 /
밝은 표정, / 밝은 미소야말로 / 최고의 선물 중의 / 하나라는 것입니다. //
이 선물은 / 타인뿐만 아니라 / 나 자신을 위해서도 / 아주 귀중한 선물입니다. /
밝은 미소는 / 다른 사람들을 기쁘게 만들기 이전에 /
벌써 나부터 밝게 만들어주니까요. //

여러분, /
옆에 분과 / 서로 마주 봐주십시오. //
그리고 / 서로 미소로 인사해 봅니다. //
좋습니다. / 분위기가 훨씬 더 좋아지죠? //
그렇습니다. 여러분! //
나에게 좋고, / 남에게도 좋고, / 돈 하나 들지 않고, / 모두에게 좋은 /
이 귀중한 미소를 / 앞으로 적극적으로 활용합시다. // 감사합니다. /

성공하는 자질

여러분 반갑습니다. / ○○○입니다. //
날씨가 몹시 덥죠? //
이렇게 무더운 날씨에도 /
많이 참석해주신 여러분께 / 감사의 말씀을 드립니다. //
저는 오늘 여러분께 / '성공하는 리더의 자질'이란 주제로 /
말씀드리겠습니다. //
누구나 성공하기를 꿈꿉니다. // 그렇지만 /
성공하는 사람은 언제나 소수이죠. //
어떤 사람은 성공하고 / 또 어떤 사람은 실패하게 되는 //
그 이유는 과연 무엇일까요? //

그 이유의 첫 번째는 바로 /// 마음가짐입니다. //
성공하는 사람은 '지금부터'라고 합니다. //
하지만, 실패하는 사람은 '다음부터'라고 합니다. //
여러분은 어떻습니까? //
'지금부터 형'입니까 아니면 '다음부터 형'입니까? //

여러분, / 성공을 바라신다면 // 지금부터 시도하십시오. //
성공은 / 지금, 바로 / 도전하고 시도하는 사람에게 찾아옵니다. //
여러분 모두 / 성공인이 되시기를 바라면서 /
제 말씀을 마칩니다. // 감사합니다. //

불안이 심한 발표자가 스피치를 하는 모습을 지켜보면 들숨을 하지 않고 바로 말을 시작합니다. 그래서 대개는 약하고 힘없는 목소리가 나옵니다. 평소 의식적으로 들숨을 하고 말을 하는 훈련을 생활화해야 합니다.

성공의 비결

여러분 안녕하세요. // 꿈이 있어 행복한 사람 / ○○○입니다. //
사람은 누구나 성공을 꿈꿉니다. // 여러분은 어때요? / 성공하고 싶지 않으세요? ///
네 / 그렇습니다. / 성공을 바라지 않는 사람은 / 아마 한 명도 없을 겁니다. //
그런데 / 모두가 성공하는 것은 아니죠. / 성공을 이루는 사람은 소수에 불과합니다. /
왜 그럴까요? / 그것은 성공의 원리를 모르고 / 막연히 바라기만 하기 때문이죠. //
저는 오늘 여러분께 / '성공을 이루는 비결'에 대해서 말씀드리겠습니다. //

성공을 이루는 비결 첫 번째는 / 먼저 큰 꿈을 가져야 한다는 것입니다. /
큰 성공을 이루기 위해선 / 우선 큰 꿈을 가져야 합니다. //
꿈은 / 성공의 씨앗입니다. //
아름드리 큰 나무도 / 처음엔 씨앗에서부터 출발했습니다. //
씨앗이 없었다면 / 아름드리 큰 나무가 존재할 수 없듯이 /
큰 꿈이 없다면 / 큰 성공은 존재할 수 없습니다. //
성공하려면 / 먼저 큰 꿈을 가져야 합니다. //

두 번째는 / 목표를 세워야 합니다. //
꿈이 꿈으로 그치지 않고 / 현실에서 실현되려면 / 목표를 세워야 합니다. //
꿈만 있고 목표 없이 산다는 것은 / 낙원을 찾아 /
나침반 없이 항해하는 것과 같습니다. //
여러분, / 구체적이면서도 실현 가능한 목표를 세우십시오.

그다음 세 번째는 / 계획입니다. //
목표를 어떻게 달성해나갈지 / 계획을 세워야 합니다. //
계획은 / 목표에 도달하기 위한 / 지도와 같습니다. //
지도 없이 여행을 하면 / 우왕좌왕 시행착오를 겪고 /
쓸데없는 시간낭비를 하게 됩니다. //
목표를 달성하기 위한 / 단계적인 계획을 세우십시오. //

다음 네 번째는 / 실천입니다. //
구슬도 꿰어야 보배라고 합니다. //
아무리 좋은 계획도 / 실천하지 않으면 소용이 없습니다. //
실천 없는 계획은 / 그림의 떡이요, 액셀러레이터 없는 자동차입니다. //
실제로 먹어야 배가 불러지고 / 실제로 걸음을 내 딛어야 / 앞으로 나아가는 것입니다. //

다섯 번째는 / 인내입니다. //
일을 해 나가다 보면 / 힘들고 어려운 일에 부닥치거나 /
싫증이 나고 짜증도 납니다. // 이럴 때 필요한 것이 바로 / 인내입니다. //
인내심이 부족해 / 성공의 문턱에서 아깝게 포기해 버린 경우가 / 너무나 많습니다. //
윈스턴 처칠도 / 어느 대학 졸업 축사에서 / 성공하려면 /
"결코! 결코! 결코! 포기하지 마라."라고 했습니다. // 힘들더라도 포기하지 말고 /
인내심을 가지고 / 힘차게 나아가야 합니다. ////
큰 성공일수록 / 큰 인내가 필요한 법이니까요. //

저는 지금까지 여러분께 / 성공을 이루는 비결로 //
꿈, 목표, 계획, 실천, 인내를 말씀드렸습니다. //
여러분 모두 / 꿈을 이루고 / 목표를 달성하고 /
행복하고 / 건강하시길 바랍니다. //
끝까지 경청해 주셔서 감사합니다.

말과 집안수준

안녕하십니까? 반갑습니다. / ○○○입니다. //

저는 오늘 여러분께 / '말과 집안수준'이라는 제목으로 /
짧은 말씀을 드릴까 합니다. //
집안에서 들려오는 한마디의 말로도 /
그 집안의 수준을 / 알 수 있다고 합니다. //

첫째는 / 되는 집안입니다. //
되는 집안에서는 이런 소리가 들려오죠. //
"애야, / 책 그만 보고 이제 자거라. / 내일도 생각해야지." //
그에 비해 / 안 되는 집안은 / 이런 말이 들려옵니다. //
"이 녀석이 도대체 몇 신데 / 아직 안 들어오는 거야." //

이런 말도 있지요. // "아버지 또 늦네." //
이런 집은 막가는 집안입니다. //
"이놈의 마누라 들어오기만 해봐라." / 이런 집은 콩가루 집안입니다. //

여러분의 집안은 어떻습니까? //
여러분의 가정에 / 언제나 사랑의 말이 가득하고 / 행복의 말이 넘치시길
바라면서 / 저의 말씀을 마칩니다. //
감사합니다.

부족해서 좋은 점

여러분 안녕하세요? /
완벽하기보다 최선을 다해 살고픈 ○○○입니다. //

여러분은 스스로가 / 부족한 사람이라고 생각하십니까? ///
네, / 그렇습니다. // 세상에 완벽한 사람은 없지요. /
그리고 부족하다는 것이 / 늘 나쁜 것만은 아닙니다. /
어떤 때는 / 부족함이 오히려 좋을 때도 있습니다. //
오히려 / 부족하기 때문에 이루어지게 되는 것을 / 몇 가지 살펴볼까요? //
부족하기 때문에 오히려 이루어지게 되는 것 /
첫 번째는 바로 // 결혼입니다. //
결혼은 // '판단력' 부족으로 인해 이루어집니다. ///
둘째는 이혼이죠. //
이혼은 '인내심' 부족으로 이루어집니다. //
셋째는 재혼입니다. 이게 재미있는데요. /
재혼은 // '기억력' 부족 때문에 이루어진다고 합니다. ////

물론 우스갯소리입니다만 /
부족함에 초점을 맞추며 아쉬워하지 말고 /
이미 가진 것들에 초점을 맞추고 감사하면서 /
모두 행복한 생활이 되시기를 바랍니다. /
감사합니다.

소신 있는 실천가가 되자

여러분, 반갑습니다. / 소신 있게 살아가길 노력하는 / ○○○입니다. //
저는 오늘 여러분께 / '소신 있는 실천가가 되자'라는 주제로 / 말씀드리겠습니다. //

세상에는 / 두 가지 부류의 사람들이 있다고 합니다. //
하나의 부류는 비평가이며 / 또 하나의 부류는 실천가입니다. //
비평가들은 / 자신이 행동하지는 않고 / 다른 사람들의 일에 대해서 /
이러쿵저러쿵 말하기를 좋아하는 사람들입니다. //
그에 비해 실천가는 / 자신이 할 일을 묵묵히 행하는 사람들입니다. //
여러분은 현재 / 어떤 유형의 사람인 것 같습니까? //
그리고 여러분은 / 어떤 유형의 사람이 되고 싶습니까? //

세상을 실제로 이끌어 온 사람들은 / 비평가가 아니라 실천가들이었습니다. //
인류의 찬란한 문명과 / 훌륭한 발명과 / 위대한 업적들은 /
비평가가 아니라 실천가들에 의해서 창조됐습니다. //
비평가들의 입이 아니라 / 실천가들의 손과 땀으로 / 이룩된 것입니다. //
그런 실천가들에게 / 비평가들이 올바른 비평을 해 주는 경우는 /
그렇게 많지 않았습니다. //
비평가들은 / 큰 뜻을 이루려고 열심히 노력하는 실천가에게 /
힘이 되어주기는커녕 /
"그건 절대 안 될 것이다." / "그것은 너무 무리다." / "그것은 너무 성급한 것이다." /
"가능성이 희박하다." / 하는 식의 말로 / 힘을 빼놓기 일쑤였습니다. //
그런 비평에 / 흔들리고 좌절하고 꿈을 포기해버린 경우들도 많았습니다. //
참으로 안타까운 경우가 아닐 수 없습니다. //
"큰 나무일수록 비바람을 강하게 받는다."라는 말이 있듯이 /
큰일을 이루려는 사람일수록 / 오히려 많은 사람의 비평을 받게 됩니다. //
그러나 / 세상 사람들의 비평에 일일이 신경을 쓰고 마음을 졸인다면 /
아무 일도 성취하지 못할 것입니다. //

부정적인 비평의 소리에 흔들리지 말고 / 뜨거운 열정과 자신에 대한 믿음과 /
반드시 이루어질 것이라는 신념으로 / 계속해서 나아가야 합니다. //
빛나는 성공은 / 신념을 지니고 소신 있게 실천하는 사람들의 몫입니다. //
여러분, / 열심히 일하는 사람들 옆에서 / 이래야 되느니 저래야 되느니 하는 /
부정적인 비평가가 되지 맙시다. //
타인에게 부정적인 비평을 늘어놓기보다는 / 실제 힘이 되어주는 /
협력자가 되어 줍시다. //
그리고 / 부정적인 사람들의 악평에도 휘둘리지 않고 / 꿋꿋하고 힘차게 실천해나가는 /
소신 있는 실천가가 됩시다. //
저는 지금까지 / '소신 있는 실천가가 되자'라는 주제로 말씀드렸습니다. //
감사합니다. //

행복은 나에게 달렸다

안녕하십니까? //
언제나 긍정적으로 / 밝게 살아가길 노력하는 / ○○○입니다. //
오늘은 / '행복은 나에게 달렸다'라는 주제로 / 말씀드리겠습니다. //

옷 사러 가는 날 / 유난히 보이는 건 / 사람들의 옷입니다. //
길가는 사람들을 보아도 / 옷이 눈에 잘 들어옵니다. //
장롱을 사고 나서는 / 다른 집에 갈 때마다 장롱이 눈에 잘 뜨입니다. //
다른 것들은 눈에 잘 들어오지가 않습니다. //
왜 그럴까요? //

그것은 바로 // 내 마음이 끌리는 대로 / 세상이 있기 때문입니다. //
조화도 / 그게 가짜인 줄 알 때까진 진짜 꽃입니다. //
빌려온 가짜 진주 목걸이를 잃어버리고는 / 그걸 진짜로 갚으려고 평생을 고생한 /
소설 속 여인의 이야기도 마찬가지이겠지요. //
세상은 / 내가 보는 대로 있기 때문입니다. //

그리고 또 우린 / 너무나 많은 것들을 / 그냥 지나치고 있습니다. //
하늘이, 별이, 저녁놀이, / 날이면 날마다 찬란하게 열려 있는데도 /
우리는 그냥 지나쳐 버리고 맙니다. //

세상은 / 우리가 어떻게 보느냐에 따라 달라집니다. //
반 컵의 물은 /
반이 빈 듯 보이기도 하고 /
반이 찬 듯 보이기도 합니다. //
비었다고 울든지, 찼다고 웃든지, /
그건 우리의 자유요 책임입니다. //
내가 보고 싶은 대로 존재하는 세상! //

그렇다면 / 이왕이면 우울하고 슬프고 짜증 나는 것들을 보기보다는 /
기쁘고 아름답고 즐거운 것들에 초점을 맞추는 것이 /
행복의 비결이 아닐까요? //

여러분, 비바람 치는 캄캄한 날에도 /
저 시커먼 먹구름을 꿰뚫어 볼 수 있는 여유의 눈이 있다면, /
그 위에 있는 /
찬란한 태양으로 빛나는 / 평화스러운 나라가 보일 것입니다. //
세상은 보는 대로입니다. //
어떻게 보느냐, / 그것은 바로 / 우리 자신의 책임입니다. //
다시 말하면 / 우리의 행복은 // 우리 자신의 책임입니다. //

끝까지 경청해 주셔서 감사합니다. ///

시간의 선물

매일 아침 / 저와 여러분에게 /
86,400원을 입금해 주는 은행이 있다고 / 상상해 보십시오. /
매일 저녁 / 저와 여러분이 / 그 계좌에서 쓰지 못하고 남은 잔액은 /
그냥 지워져 버리고 맙니다. //
여러분이라면 / 어떻게 하시겠습니까? // 당연히 그날 모두 인출해야겠죠? //
시간은 마치 / 그런 은행과도 같습니다. //

누구나 매일 아침 / 86,400초를 부여받고, /
매일 밤 사용하지 못하고 버려진 시간은 그냥 / 없어져 버릴 뿐입니다. //
돌아갈 수도 없고 / 내일로 연장시킬 수도 없습니다. //
단지 오늘 / 현재의 잔고를 갖고 살아갈 뿐입니다. //
건강과, / 행복과, / 성공을 위해 / 최대한 사용할 수 있을 만큼 /
뽑아 쓰십시오. // 지나가는 시간 속에서, / 하루는 최선을 다해야 합니다. /

1년의 가치를 알고 싶다면, / 학점을 받지 못한 학생에게 / 물어보십시오. //
한 달의 가치는 / 미숙아를 낳은 어머니에게, /
한 주의 가치는 / 신문 편집자에게 물어보십시오. //
1시간의 가치가 궁금하면 / 사랑하는 이를 기다리는 사람에게 / 물어보십시오. //
1분의 가치는 / 열차를 놓친 사람에게, /
1초의 가치는 / 아찔한 사고를 순간적으로 피할 수 있었던 사람에게, /
1/1,000초의 소중함은 / 아깝게 은메달에 머문 육상선수에게 / 물어보십시오. //

어제는 이미 지나간 역사이며 / 미래는 알 수 없습니다. //
여러분에게 주어지는 모든 순간을 / 소중히 여기십시오. //
오늘이야말로 / 여러분에게 주어진 가장 귀중한 선물이며, /
그래서 우리는 현재(present)를 / 선물(present)이라고 부릅니다.

≪http://cafe.daum.net/induktlm 참고≫

함께 있으면 좋은 사람
― 용혜원

그대를 만나던 날
느낌이 참 좋았습니다.

착한 눈빛, 해맑은 웃음
한마디, 한마디의 말에도
따뜻한 배려가 담겨 있어
잠시 동안 함께 있었는데
오래 사귄 친구처럼
마음이 편안했습니다.

내가 하는 말들을
웃는 얼굴로 잘 들어주고
어떤 격식이나 체면 차림 없이
있는 그대로 보여주는
솔직하고 담백함이
참으로 좋았습니다.

그대가 내 마음을 읽어주는 것 같아
둥지를 잃은 새가
새 보금자리를 찾은 것만 같았습니다.
짧은 만남이지만
기쁘고 즐거웠습니다.
오랜만에 마음을 함께
나누고 싶은 사람을 만났습니다.

사랑하는 사람에게
장미꽃 한 다발을 받은 것보다
더 행복했습니다.

그대는 함께 있으면 있을수록
더 좋은 사람입니다.

우리 선조들의 짧은 인생
— 비슬라바 쉼보르스카

… (중략) …
사는 동안
무엇인가 해보려고 한다면
서둘러야 했다.
해가 지기 전에
첫눈이 내리기 전에

… (중략) …
아버지의 눈 아래에서 아들이 자란다.
할아버지의 눈동자에서
손자가 태어난다.
그런데 그들은
나이를 세지 않았다.

… (중략) …
악이 승리할 때 선은 숨는다.
선이 나타날 때는 악은 숨어서 기다린다.
어느 것도 다른 것을 억압할 수는 없다.
영원히 돌아올 수 없는 먼 곳으로 서로 밀어낼 수 없다.
그러기에 기쁨이 있더라도
이면에는 불안이 있고
절망 속에서도
항상 조용한 희망은 있는 것이다.
삶은 길다고 하지만
언제나 짧은 것이다.
새로이 무엇인가 하기에는 너무 짧다.

오직 드릴 것은 사랑뿐이리
— 마야 앙겔루

꽃은 피어도 소리가 없고
새는 울어도 눈물이 없고
사랑은 불타도 연기가 없더라.

장미가 좋아서 꺾었더니 가시가 있고
친구가 좋아서 사귀었더니 이별이 있고
세상이 좋아서 태어났더니 죽음이 있더라.

나 시인이라면 그대에게 한 편의 시를 드리겠지만
나 목동이라면 그대에게 한 잔의 우유를 드리겠지만
나 가진 것 없는 가난한 자 이기에
오직 드릴 것은 사랑뿐이리.

긴 세월 짧은 인생
— 작자 미상

나 떠나고 당신 남으면
험한 이 세상 어찌 살아갈래

나 남고 당신 떠나면
나 혼자 어찌 살아갈까

손 꼭 잡고 도란도란 같이 가는 길
살며 사랑하며 용서하며 살자꾸나

돌아보면 긴 세월 짧은 인생이거늘
남은 세월 헤어보니

사랑만 하기에도
부족한 것 같은데

내가 만일
― 애밀리 디킨슨

내가 만일
한 사람의 가슴앓이를
멈추게 할 수 있다면

내 삶은 헛되지 않으리

내가 만일
한 생명의
고통을 덜어주거나

한 괴로움을
달래주거나

지친 한 마리 물새를
둥지로 되돌려
보낼 수 있다면

내 삶은
결코 헛되지 않으리.

≪김현기 교수의 웅변 스피치 대회 출전 원고≫

희망의 터

1)
매년/ 새해를 맞이하는 우리는/ 수많은 사람들이 바다로 몰려가/
소망과 함께 희망의 꿈을 꿉니다./ 국가의 장래를 소원하기도 하고/
각자의 작은 꿈이 이루어지길 기원해봅니다.

사람들은/ 왜 해맞이를 위해 바다로 가는 길에 북새통을 이루고/
바닷가는/ 사람들로 넘쳐난다고 생각하십니까?

어느 학자는/ 우리가 밟고 서 있는 육지는/ 개발과 오염으로 지쳐 있지만/
바다는 희망의 터로써/ 원대한 가치를 포용하고 있기 때문이라고 말합니다.

바다는 우리에게/ 날마다 맛있고 영양 높은 수산양식을 공급해주는
어머니의 젖줄과 같은 곳이고/ 인간이 살아감에 없으면 죽는/
산소와 탄소의 70~80%를 바다가 생산해주고 있다는 사실과/
여름엔 시원한 해수욕장,/ 기암괴석이 어우러진 절경들,/
관광·레저공간으로 세상 시름을 잊게 해 주는 바다는/
어머니와 같은 생명의 원천이요/ 수평선을 바라보며/
꿈과 기상을 키워나가는 바다야말로/
우리의 희망이요/ 생명의 시작이 아니겠습니까 여러분!

2)
삼면이 바다인 우리나라는 / 남한의 경우 육지의 4.5배에 달하는/
사천사백칠십 제곱킬로미터의 배타적 경제수역과/
서해와 남해는 대륙붕으로 이루어져 있으며/
동해는 평균 1,648미터의 깊은 수심을 유지하고 있습니다.

한류와 난류의 교차와 갯벌의 형성은/ 50여 종의 생선과 19종의 갑각류/
10여 종의 해초 등/ 가장 질 좋은 수산물이 생산되며/
매년 수출로 20억 달러를 벌어들여/
세계 11위의 수산 국가 지위를 유지하고 있습니다.
그러나 현재 우리의 바다는/ 연안개발과 난개발,/
연안국토의 체계적 관리 미비로/ 바다는 오염되어 병들어 가고 있습니다.

육지로부터 흘러드는 하루 1,500여만 톤의 생활하수가/
적조 발생의 주원인이 되어/ 생태계의 균형을 깨뜨리고 있으며,/
바다 쓰레기와 기름유출 등의 바다오염으로/
우리 몸에 치명적인 수은 중독병 등을 일으키고 있습니다.

따라서 바다를 지키기 위해서는/
직접 바다 이용자나 공장, 음식점 등/
온 국민이 바다를 사랑해야 합니다.
생활화해야 합니다. 희망을 품어야 합니다.

3)
바다와 육지와 인간과 동식물은/
생태계 측면에서 볼 때/
긴밀한 관계 속에 생존하고 삶을 유지해 가면서/
어느 한 쪽이 파괴되면 나머지도 파괴되고 마는 연계입니다.

따라서 바다를 보존하는 것은/ 지구의 생태계를 유지하는 것이며/
궁극적으로 인류의 생존을 담보하는 것입니다.
바다가 병들면 우리도 죽게 됩니다.
바다를 지키는 것이/ 희망의 터를 살리는 길입니다.

바다는 생명의 근원이며/
우리의 삶을 지키는 길이라는 의식을 강하게 갖는 바다사랑 실천,/
이것이 바로 우리나라를 해양강국의 나라,/
선진 해양 한국을 만들어/
선진국 대열에 당당히 설 수 있는 길이라고/
희망의 소리를 울립니다.

≪김현기 교수의 웅변 스피치 대회 출전 원고≫

그날의 정신으로

1)
반:만년/ 유구한 민족사에 우뚝 솟은/ 불멸의 영웅 이순신 장군은/ 무호남이면 무방국/ 다시 말해 호남사람이 아니면/ 나라를 지킬 수 없:다는 말:씀을 하셨습니다. 애:국 애:족의 뜨거운 활화산이 되고/ 민족적 자존심과 자주정신의 긍:지를 살려준/ 광주 학생 독립운동의 본 고장에 와서/ 더욱이 반독재 민주화 투쟁에 앞장섰던/ 위대한 5월의 영령이 살아 숨 쉬는 광주의 하늘 아래서/ 광주 학생 독립운동을 떠올려 봅니다. 지금 시시각각으로 격변해 가는/ 긴박한 동북아 정세 속에서도/ 우리가 의연하게 살아갈 수 있고/ 세:계 속의 한국으로 비약 발전해 갈 수 있는 애:국의 길은/ 77년 전 이곳 광주에서 분:출하기 시작한/ 광주 학생 독립운동의 그 뜨거운 함:성/ 그 뜨거운 애:국 충정의 마음으로/ 다시 한 번 재출발해야 한다고/ 우선 먼저 이 젊은이의/ 피 끓는 절규를 쏟아 놓습니다.//////

2)
77년 전 광주학생 독립운동이 일어난/ 1929년 11월 3일은/ 일본 명치 천황의 생일로 그들의 국경일이었는데/ 광주 학생 독립운동은 일본 제국주의 타:도와/ 식민지 교육의 철폐를 외치며/ 전국 200여 개 학교에서/ 6만 명이 넘는 학생과/ 한: 민족 전체가/ 항:일 자주독립이라는 기치 아래 하나가 되어/ 일제 식민 통치에 커다란 타:격을 줌은 물론/ 국내외의 항:일 독립운동에 신선한 기름이 되고/ 나라를 사랑하는 애:국의 심장에/ 기상나팔과 같은 뜨거운 촉매제가 되었던 것입니다.///

그러나 이제/ 일제의 압박과 수탈에서 해:방된 조국 땅에서/ 그것도 해방된 지 61년이라는 환:갑을 넘긴 지금까지도/ 친일 반민족 행위의 진상을 규:명하자는/ 특별법이 몇 년 전 국회를 통과하긴 했지만/ 아직은 시기상:조라니/ 국론을 분열시킬 우려가 있다느니/ 경제가 우선이라는 궁색한 논리로/ 일부 수구 언론이 방해공작을 하고 있지만/ 어두운 역사를 털어내고 민족정기를 바로 세우자는 친일 청산은/ 언젠가는 꼭 집고 넘어 가야할 민족적 과제요/ 우리 후:손들의 당연한 의:무인 것이니/ 제대로 된 법을 만들자는 역사의 물결을 막아서는 안 될 것이며/ 역사가 바로 서야 나라가 바로 서고/ 나라가 바로 서야 탄탄한 경제부:흥도 기대할 수 있는 것이니/ 항:일 정신과 반독재/ 민주화 투쟁의 대:명사인 위대한 광주시:민 여러분이 앞장서서/ 77년 전 그날의 함:성/ 그 날의 정신으로/ 또 다시 민족적 자존심과/ 자주정신을 되찾는/ 조국 창:조의 역군이 되어 달라고/ 다시 한 번 이 연사의/ 목멘 절규를 보내 드립니다./////

3)
우리나라는 지정학적으로/ 중국과 일본과 러시아와 함께 국경을 접하고 있습니다./ 이들 나라는 막강한 국방력을 가진 강한 나라들입니다./
우리나라가 이런 나라들과 함께 어깨를 겨루고/ 당당히 세계사에 빛나는 족적을 남기기 위해서는/ 자주 국방력을 기르고/ 경제적으로 번영하는 길밖에는 없습니다./ 지금의 만주지역인 고구려 영토는 우리 민족의 혼이 잠들어 있고/ 지금도 광:활한 대:지를 호:령하던/ 광개토대왕의 그 힘찬 말발굽 소리가 들리는 것 같은/ 엄연한 우리 민족사요/ 우리 민족의 삶:의 터전임에도/ 고구려 역사를 중국 역사의 일부라고 주장하는 중국이나/ 야스쿠니 신사 참배 속에 독도의 망언을 되풀이하는/ 일본의 콧대를 꺾기 위해서도/ 결국 국방력 강화와 경제적 번영의 길밖엔 없습니다.///

국제사회는 영:원한 친구도 없고/ 영:원한 적도 없다는 말:처럼/ 오늘의 적이 언제 우:방이 되고/ 오늘의 우:방이 언제 적이 될지 모르는 상황 속에/ 촛불집회도 좋고/ 햇볕정책/ 남북/ 화해 무드도 좋지만/ 우리 국민에게 당면한 문제는 경제적 번영과 튼튼한 국방력으로/ 자주 국방력을 실현하는/ 부:국강병의 나라가 되어야 할 것이니/ 조국 광복을 위해/ 몸바쳐 싸워온 독립투사의 정신으로/ 자주독립의 깃발 아래/ 요원의 불길처럼 힘차게 타올랐던/ 77년 전 광주학생 독립운동의/ 그 숭고한 애국정신으로/ 나라를 사랑하는 구:국의 길로/ 나라를 지키는 부:국강병의 길로 매:진하는/ 자랑스러운 광주 학생 독립운동의 후:예가 되자고/ 마지막 이 연사/ 힘차게 외칩니다./////

《김현기 교수의 웅변 스피치 대회 출전 원고》

인류의 대 축복

1)
부처님은 자비의 바다요/ 부처님은 지혜의 바다이시며/ 이 세상에서 가장 아름답고 고귀한 진리의 말씀은/ 바로 대자대비하신 부처님의 말씀이라고 합니다.// 빈손으로 왔다가/ 결국에는 또다시 빈손으로 되돌아갈 수밖에 없는/ 허망한 우리 인간에게/ 생로병사의 두려움을 이길 수 있고/ 부처님의 가르침대로/ 몸과 마음을 열심히 수행 정진해 갈 때/ 불교의 마지막 목표인 깨달은 사람/ 다시 말해 부처의 경지에 오를 수 있다는 구원의 빛과/ 생명의 길을 열어 주신/ 사월 초파일 부처님 오심이야말로/ 인류의 대 축복이 아닐 수 없습니다.///

불자 여러분!///
흔히들 이 세상에는/ 있어도 무방/ 없어도 무방한/ 있으나 마나 한 사람이 있고/ 가정과 사회에 피해만 끼치는 사람/ 이웃을 병들게 하고/ 사회를 썩게 하는/ 있어서는 안 될 나쁜 사람이 있으며/ 다음은 이 세상에 꼭 있어야 할 사람/ 훌륭한 사람이 있다고 합니다.///

인류의 대 스승이신 석가모니 부처님께서도/ 이 세상에는 세 종류의 사람이 있다고 말씀하셨습니다.//
첫째는/ 가뭄과 같은 사람이라고 했습니다.// 남이야 죽든 말든/ 나만 잘 먹고 나만 잘살면 그만이라는 매정하고 매몰찬 사람/ 다른 사람에겐 전혀 베풀 줄 모르는/ 삭막한 가뭄 같은 사람이 있고,//
둘째는/ 어떤 사람에겐 베풀어 주고/ 또 어떤 사람에겐 전혀 외면해 버리는/ 지역에 따라 단비를 내리는/ 한정된 사람이라고 하였습니다.//
셋째는/ 착한 사람이나 악한 사람을 가리지 않고/ 전 지역에 고루고루 흡족한 단비를 내리는 사람이라고 하였습니다.///
선악을 가리지 않고/ 이 세상 모든 중생에게/ 자비 광명의 단비를 베풀어 주시는/

태양 같은 부처님의 불법에 따라/ 우선 먼저 우리 불자들이 앞장서서/ 공덕의 탑을 쌓고/ 부처님의 정법을 존중하고 실천하는 구도자가 되어/ 불법연마에 매진해 갈 때/ 이 세상에 꼭 있어야 할 사람/ 가뭄에 단비와 같은 사람/ 불국정토를 향해가는/ 자랑스러운 호국불교의 초석이 된다고/ 이 불자의 힘찬 외침을 보내드립니다./////

2)
살아있는 생명을 해치지 말고/ 남의 물건을 훔치지 말며/ 과음하지 말고/ 음란한 행동과 거짓말을 해서는 안 된다는/ 부처님 오계의 말씀은/ 날로 혼탁하고 오염되어 가는/ 사회 윤리 속에/ 누구나 지켜야 할 훌륭한 계율이 아닐 수 없기 때문에/ 지금 당장 불교를 믿고/ 불교 신자가 되지 않는다 할지라도/ 자연보호의 사랑과 함께/ 부처님의 말씀을 사랑하고 존중한다는/ 세계인들의 불교 호응이/ 구라파를 중심으로/ 날로 새롭게 조명되고 있는 것입니다.///

과학자 아인슈타인 박사는/ 종교 없는 과학은 절름발이 과학이요/ 과학 없는 종교는 눈먼 장님과 같은 맹목적인 종교라고 말했듯이/ 우리 불교는 부처님의 가르침을 배우고 익혀서/ 올바른 수행의 도를 닦으면/ 누구나 부처가 될 수 있다는/ 확실한 깨달음의 종교이며/ 다른 종교처럼/ 맹목적인 구원과/ 신의 계시나 은총 같은 비과학적인 허구 대신에/ 오직 부처님의 인간적인 노력으로 성립된 실천의 종교이며/ 인간의 이성과 의지에 기초한 합리적이며 과학적인 종교인 것입니다.///

더욱이 불교는/ 우리 민족과 항시/ 아픔과 고뇌를 함께해 온/ 민족불교 호국불교로/ 삼국통일의 위업을 가져온 원광법사의 세속오계는 물론/ 왜구의 침범을 막았던 서산대사와 사명당/ 그리고 몽골로부터 나라를 지킨 팔만대장경의 위력 앞에 고개 숙여 합장하며/ 날로 타락하고 쇠진해가는 인간의 존엄성을 회복하고/ 얼어붙은 북녘 땅/ 암울한 동토의 북녘 땅에도 새봄이 오고/ 자비의 단비가 내릴 수 있는/ 유일한 선택의 열쇠는/ 오직 부처님의 자비 광명의 불법으로 무장하는 튼튼한 사랑의 불자/ 호국의 불자가 되는 길뿐이라고/ 다시 한 번 이 불자의 간곡한 외침을 보내드립니다./////

|에필로그|

양의 축적이 질적 변화로

　어떤 석공이 벽돌을 쌓고 있었습니다. 한 달 전에도, 일주일 전에도 어제까지만 해도 그것은 벽돌 더미였습니다. 그런데 오늘 마지막 벽돌을 한 장 올리는 순간 탑이 완성되었습니다. 지금까지는 벽돌 더미였지만 이젠 탑으로 우뚝 서게 된 것입니다. 이 탑은 하루아침에 탑이 된 것 같지만 그렇지 않았습니다. 그동안 계속해서 벽돌이 쌓여 왔기 때문입니다. 벽돌 더미가 쌓아올려지는 양의 축적이 결국은 벽돌 더미를 탑이란 것으로 질적 변화를 이룬 것입니다.
　고시수험생이 사시에 합격해서 법관이 되는 것도 질적 변화입니다. 그것도 수험생이 꾸준히 열심히 공부한 양의 축적이 있었기에 합격이란 분기점을 통해 법관이란 질적 변화를 가져온 것입니다.

　명 연사도 마찬가지입니다.
　연단에 자주서고 열심히 준비하고 연습하는 양적 축적 없이 명 연사가 될 수는 없습니다. 양의 축적은 '계속의 힘'입니다. 진전과 발전이 금방 눈에 띄지 않는다고 조급한 마음으로 중단하게 되면 결코 질적 변화를 이룰 수 없습니다.

　콩나물 독에 물을 부으면 물은 그냥 빠져나가는 것 같습니다. 하지만, 계속 물을 붓다 보면 물은 그냥 스쳐 지나가 버린 듯해도 콩나물은 점점 자라납니다.
　그런 것처럼 당장 눈에 띄는 변화가 없다고 조급해하거나 낙담하지 말고 꾸준히 열심히 노력하시기 바랍니다. 그렇게 하루하루 양의 축적을 해나가다 보면 분명히 질적 변화란 성공의 날이 올 것입니다.

포기하지 마시고 계속하세요. 할 수 없기 때문에 포기하는 것이 아니라 포기하기 때문에 할 수 없는 것입니다. 열심히 정진해 나가시면 반드시 명 연사로 우뚝 서게 될 것입니다. 여러분 모두의 큰 발전을 기원합니다.

참고문헌

1. 국내 저서

강태완 외(2002), 『토론의 방법』, 커뮤니케이션북스.
권정혜, 이정윤, 조선미(1998), 『수줍음도 지나치면 병』, 학지사.
김광해, 박호영, 신명선(2007), 『고등학교 화법』, 형설출판사.
김경원 외(2007), 『국어 실력이 밥 먹여준다』, 유토피아.
김경호, 황병수(2006), 『리더십을 키우는 참 좋은 이미지』, 연.
김상준(2007), 『스피치 커뮤니케이션』, 역락.
김석호(2007), 『발성훈련과 화술』, 숲속의 꿈.
김양호(2005), 『대중 화술』, 한국언어문화원.
김양호(2005), 『개인화술』, 한국언어문화원.
김영석(2005), 『설득 커뮤니케이션』, 나남출판.
김영임(1998), 『스피치 커뮤니케이션』, 나남.
김은성(2007), 『마음을 사로잡는 파워스피치』, 위즈덤하우스.
김천희(2003), 『유아웅변교육의 이론과 실제』, 교육과학사.
김철회(2003), 『원앤원』, 경향미디어.
김철회(2005), 『고급과정 교재』, 한국인성개발원.
김충성(2007), 『김충성의 폭소 유머』, 도서출판 편.
김태옥(2004), 『리더들의 화술』, 다예미디어.
김현기(2006), 『김현기 교수의 파워 스피치 특강』, 고요아침.
김현기(2007), 『스피치 휘날리며』, 경기대학교 사회교육원 교재.
김현기(2007), 『김현기 교수의 파워 스피치 특강』(개정증보판), 고요아침.
김현기(2008), 『핑거 스피치』, 한국문화사.
김현기(2010), 『파워 프레젠테이션 특강』, 한국문화사.
류석우(2004), 『세계 최고의 명강사를 꿈꿔라』, 씨앗을 뿌리는 사람.

문석현(2008), 『스피치 메이크업』, 위즈덤하우스.
문용식(2000), 『스피치 커뮤니케이션의 이론과 실제』, 한국로고스연구원.
민영욱(2003), 『성공하려면 말부터 바꿔라』, 한비미디어.
박경애(1999), 『인지행동 치료의 실제』, 학지사.
박경현(2002), 『리더의 화법』, 삼영사.
박경현 외(2006), 『리더와 말 말 말』, 역락.
박기순(1998), 『대인 커뮤니케이션』, 세영사.
박양신(2008), 『Yes를 이끌어 내는 직장인을 위한 말 잘하는 법』, 도서출판 새빛.
박영재(2000), 『청중의 욕구 순서를 따른 16가지 설교 구성법』, 규장.
박형익 외(2008), 『한국 어문 규정의 이해』, 태학사.
배상복(2006), 『엄마가 보는 논술』, 랜덤하우스중앙.
배상복(2008), 『일반인을 위한 글쓰기 정석』, 경향미디어.
백두현(2007), 『매니저를 위한 리더십 스피치』, 도서출판 분지.
백미숙(2006), 『스피치 특강』, 커뮤니케이션북스.
새생활연구회(2000), 『즐거운 비법 대화술』, 태을출판사.
오길현(2005), 『발표능력향상과정』, 서울특별시 공무원교육원.
윌리엄 장(2003), 『자신을 리모델링하라』, 무한.
용혜원(1998), 『새 날을 여는 기도 365』, 도서출판 양피지.
용혜원(2005), 『함께 있으면 좋은 사람 1』, 책만드는집.
윤치영(1999), 『파워 스피치』, 도서출판 선우.
이경우 외(2005), 『커뮤니케이션과 대인관계』, 역락.
이상주(2007), 『설득은 안타도 홈런을 만든다』, 미래를 소유한 사람들.
이성연(1999), 『대화의 기법』, 조선대학교 출판부.
이소라(2008), 『그림으로 읽는 생생 심리학』, 그리고책
이시훈, 정의철 옮김, 피터 데스버그(2005), 『스피치의 기술』, 커뮤니케이션북스.
이옥련·민현식 외(1996), 『무슨 말을 어떻게 할 것인가』, 숙명여자대학교.
이은택(2001), 『설득 커뮤니케이션』, 예하미디어.
이정숙(2006), 『성공하는 여자는 대화법이 다르다』, 더난출판사.
이정숙(2008), 『성공하는 직장인은 대화법이 다르다』, 더난출판사.
이정숙(2006), 『한국어 스피치 커뮤니케이션의 원리』, 동인출판사.

이주행(1992), 『말을 어떻게 할 것인가』, 현대문학사.
이주행 외(2004), 『화법 교육의 이해』, 박이정.
이주행 외 8인(2008), 『고등학교 화법』, 금성출판사.
이준희(2000), 『간접화행』, 역락출판사.
임중기(2005), 『발표능력향상과정』, 서울특별시 공무원 교육원.
임태섭(2003), 『스피치 커뮤니케이션』, 커뮤니케이션북스.
전영우(2003), 『화법 개설』, 도서출판 역락.
전영우(2004), 『스피치와 프레젠테이션』, 민지사.
정순인(2004), 『성공하는 사람은 스피치에 강하다』, 갑진.
정영숙(2006), 『성공과 행복을 가져오는 공감적 커뮤니케이션 기술』, 높은 오름.
정성취(2006), 『스피치성공클럽(SSC) 교재』.
조두환(2006), 『최고의 설득을 이끌어 내는 프레젠테이션』, 가람.
조원환(2002), 『스피치와 프리젠테이션』, 갑진.
조항범(2009), 『말이 인격이다』, 예담.
차배근(2007), 『고등학교 화법』, (주)지학사.
차재은 외(2003), 『우리말 소리의 체계』, 한국문화사.
최병광(2008), 『농도 100% 말발글발 완전정복』, 황금부엉이.
하우석(2005), 『상대를 내 뜻대로 움직이는 발표의 기술』, 한국경제신문 한경BP.
한명희(2004), 『연기자를 위한 발성 훈련 핸드북』, 예니.
한성일(2001), 『유머 텍스트의 구조와 원리』, 화법 연구3, 한국화법학회.
해사편저(2003), 『봉수야 그만 좀 웃겨』, 해사유머경영연구원.
허도산(2006), 『연설 100년사』, 도서출판 매봉.
허은아(2007), 『눈치코치 직장매너』, 지식공작소.

2. 번역서·외국 서적 및 논문

■ 번역서 ■

Carnegie, D.(1926), *How to Develop Self-Confidence & People by Public Speaking*, 이찬규 옮김(2002), 카네기 연설론, 산수야.

G. Burton & R. Dimbleby(1995), *Between Ourselves*, Ltd Edward Arnold, 이주행 외 6인 공역(2005), 인간관계와 의사소통, 한국문화사.

Gloria J. Borden·Katherine S. Harris·Lawrence J. Raphael(1994), *Spech Science Primer*, Williams & Wilkins. 김기호 외 3인 공역(2000), 음성과학, 한국문화사.

Gordon, T. and Gordon, J.(1976), *Parent Effectives Training in Action*, New York, The Putnam Publishing Group, 김인자(2005), 부모 역할, 배워지는 것인가, 한국심리상담연구소.

Henne, H. & Rehbock(1979), *Einführung in die Sprächsanalyse*, berlin/NewYork: de Gruyter.

Knowles, M. S. (1989). *The adult learner: A neglected species. 4th edition.* Houston: Gulf Publishing Co.

Krieger, P. & Hantschel, H.-J.(1998), *Handbucb Rbetorik*, 백미숙 옮김(2002), 스피치 핸드북, 일빛.

Mattew McKay·Martha Davis·Patrick Fanning(1995), *Massage, the communication Skills Book, 2nd Edition*, Harbinger Publications, 이재봉 역(2003), 눈과 귀를 사로잡는 감성 메시지, 보보스.

Meharabian, A.(1969), "Some referents and measures of nonverbal behavior", *Behavior Research Methods, Instruments & Computer* VO1. 1.

Monroe, Alan H.(1949), *Principles and Types of Speech.* Chicago: Scott, Foreman.

Monroe, Alan H. and Douglas Ehninger.(1974), *Principles and Types of Speech Communication.* 7th ed. Glen view, IL: Scott, Foreman and Co.

Morton Cooper(1984), *Change Your Voice*, Pap liter Publishing Co. 강태헌 역(2002), 목소리를 깨워라 삶을 바꿔라, 파피에.

No singer, Robert E.(1991), *Every Conversation.* Newbury Park: Sage.

Paul Krieger·Hans-Jurgen Hantschel(1998), *HandBuch Rhetorik*, FALKEN-Verlag Gmbh & KG, Niedernhausen/Ts.

Roy M. Berko·Andrew D. Wolvin·Darlyn R. Wolvin(1998), *Communicating*: A Social and Career Focus, Houghton Mifflin Company, 이찬규 역(2003), 언어 커뮤니케이션, 한국문화사.

Sprague, J. & Stuart, D.(2005), *The Speaker's Handbook*, Tomson, 이창덕 외(2008), 발표와 연설의 핵심 기법, 박이정.

Teun A. Van Dijk(1980), *textwissenschaft Eine inter disziplinare Einfuhrhrung*, 정시호 옮

김(1995), 텍스트학, 민음사.

Wolfgang Heinemann · Dieter Viehweger(1991), *Textlingustik: eine Einführung*, Tbingen, 백설자 옮김(2001), 텍스트 언어학 입문, 역락.

Weissman, Jerry(2003), *Presenting to Win: The Art of Telling your Story*, Pearson Education, Inc. 정해동 역(2004), 파워 프레젠테이션, 한언.

■ 외국 서적 및 논문 ■

Ammelbur, G.(1970), Sprecben - Red en - Überzeugen, Bertelsmann.

Bar-Tale, D. Raviv, A. & Goldberg, M.(1982), Helping Behavior among Preschool Children : An Observational Study, Child Development, 53.

Beck, M. S.(1982), *Kid Speak : How Children Develop Language Skills*, New York: New American Library.

Bo cannon, J. N. & Stanowicz, L.(1988), The Issue of Negative Evidenc : Adult Repnses Chidren's Language Errors, Develop- mental Psychology, 24.

Brazil, David (1995), *A Grammar of Speech*. Oxford: Oxford University Press.

Burton, G. & Dimbleby, R.(1995), *Between Ourselves*, Edward Arnold Publishers LTD.

Grice, H. Paul (1975), Logic and Conversation. In: Cole/ Morgan.

Hopper, Paul (1987), Emergent Grammar. In: Proceedings of the Annual Meeting of the Berkeley Linguistic Society 13.

Layoff, Robin (1977), What You Can Do with Words: Politeness, pragmatics and performatives. In: Rogers/Wall/Murphy.

Masters, J. Burnish T. Hollon, S. & Rim. D.(1987), Behavior therapy. New York: Harcourt Brace Jovanovich.

Sather, T.(1999), Pros and Cons: A Debater Handbook, 18th ed., Routledge.

Sarason, I, G. & Stoops, R.(1978), Test anxiety & the passage of time. Journal of Consulting and Clinical Psychology, 46.

Van Dijk, T.A(1977b), *Text and context: Explorations in semantics andpragmatics of discoursee*, London.

Van Dijk, T.A(1977c), *Connectives in Text Grammer and Text Logic, in*: T. A. Van Dijk u. J. S. PETÖFL (Hrsg.), Grammars and Descriptions, New York/Berlin, S.

Van Dijk, T.A(1978b), Fats: *The Organization of Propositions in Discourse Comprehension*, Amsterdam.

Van Dijk, T.A(1980a), Textwissenschaft, Eine interdisziplinäre Einführung, München.

Verderber, U. F.(2000), *Effective Speaking*, Wadsworth.

Zarefsky, D.(2002), *Public Speaking: Strategies for Success*, Allyn & Bacon.

3. 기타 참고 자료

◼ 홈페이지·신문·잡지 ◼

http://cafe.daum.net/helloty

http://www.krira.com

http://www.speechbible.com

http://www.wowspeech.com

참고한 인터넷 사이트

김태옥(2007), 자기표현 세상 동영상 강좌 http://cafe.daum.net/33speech
  자기표현세상/자기표현 노하우 31, 8) 먼저 뼈대를 세우라.

김홍수(2005), 스피치119 (http://cafe.daum.net/gospeech)

이길호(2001), 세지말 (http://cafe.daum.net/sejimal)

임준환(2004), 임준환박사스피치 (www.myspeech119.co.kr)

임중기(2003), 와우 스피치 온라인 종합강좌 6강, 14강, 32강(www.wowspeech.com)

장철진(2003), 크리라 스피치 교육원 (www.krira.co.kr)

정성취(2002), 스피치성공클럽, CANI 유머스피치 (http://cafe.daum.net/speech2002)

주준수(2005), 동아일보 사이버 문화센터 (www.dongacc.com)

강치원(2007), **C&M** 시사교양 28회, 33차
  (http://sm1.cnm.co.kr/isu/newtv_vod_list.asp?p_no=61&kind_class)

참고 논문

김봉순(1996), 텍스트 의미 구조의 표지 연구, 서울대 대학원 박사학위 논문.

김은성(2006), 방송 진행자의 스피치 구성 요인과 공신력 평가에 관한 연구, 경희대학

교 대학원 박사학위 논문.
김정규, 정연옥, 오강섭(1994), 대인공포증 집단의 게슈탈트 심리치료, 성신여자대학교 학생생활연구소, 학생생활 논집 제17권.
김정훈(2001), 화법 교육과정의 분석과 평가, 부산대학교 대학원 박사학위 논문.
김현기(2008), 성인들의 발표 불안 감소를 위한 스피치 프로그램 개발과 그 효과에 관한 연구, 경기어문 14호.
김현기(2010), 성인 실용 스피치의 내용 조직과 교수 학습 프로그램 개발 연구, 경기대학교 대학원 박사학위 논문.
노은희(1999), 대화 지도를 위한 반복 표현의 기능 연구, 서울대학교 대학원 박사학위 논문.
민병곤(2004), 논증 교육의 내용 연구: 6, 8, 10학년 학습자의 작문 및 토론 분석을 바탕으로, 서울대학교 대학원 박사학위 논문.
민선향(2006), 성인들의 배움에 관한 연구-학위과정의 참여자를 중심으로, 연세대학교 대학원 박사학위 논문.
박재현(2006), 설득 담화의 내용 조직 교육 연구, 서울대학교 대학원 박사학위 논문.
변종임(1999), 정보 사회에서의 성인 의사소통 학습과 그 가능성 탐색, 중앙대학교 대학원 교육사회학 전공 박사학위 논문.
서 혁(1996), 담화의 구조와 주제 구성에 관한 연구, 서울대학교 대학원 박사학위 논문.
서현석(2004), 학생 소집단 대화의 구조와 전략 연구: 초등학교 국어과 말하기·듣기 수업 상황을 중심으로, 한국교원대학교 박사학위 논문.
송태윤(2005), 고려가요의 텍스트성 분석, 조선대학교 국어국문학과 박사학위 논문.
신재철, 송현종(1992), 발표불안 감소를 위한 집단 상담 프로그램 개발, 전남대학교 학생생활연구소.
신지영(2007), 구어적 의사소통 능력 향상을 위한 조음 및 운율 교육 프로그램 연구, 국립국어원·MBC.
심영택(1997), 고등학교 화법 틀 연구 : 바람직한 우리 화법 문화 형성을 위하여, 국어교육학연구 제7집, 국어교육학회.
유성수(2000), 역사적 고찰을 통한 화법 교육의 연구, 서울대학교 대학원 박사학위 논문.

유동엽(2004), 논쟁 불일치 조정 양상에 관한 연구, 서울대학교 대학원 박사학위 논문.
유혜원(2007), 내용 구성에 대한 연구, 국립국어원·MBC.
윤치영(2009), 쇼핑 호스트의 스피치 스타일이 고객 만족과 구매의도에 미치는 영향, 대전대학교 대학원 박사학위 논문.
이삼형(1994), 설명적 텍스트의 내용 구조 분석 방법과 교육적 적용 연구, 서울대학교 대학원 박사학위 논문.
이주섭(2001), 상황 맥락을 반영한 말하기·듣기교육의 내용 구성에 관한 연구, 한국교원대학교 박사학위 논문.
임성규(1989), 현대국어의 강조법 연구, 충남대학교 대학원 박사학위 논문.
이현희(2001), 한국무용 전공자의 무대불안 심리분석, 조선대학교 대학원 박사학위 논문.
조국래(2005), 교육적 설득 연설에 관한 연구, 중앙대학교 대학원 박사학위 논문.
최종철(2007), 성인학습자 관점에 기초한 사이버대학 교육프로그램 평가 준거 개발 및 적용, 홍익대학교 대학원 박사학위 논문.

◆ 강의 계획서

특강 내용은 변경될 수 있습니다.

강 좌 명 : 리더스 스피치 과정
담당 교수 : 김현기
연 락 처 : 010-2272-6188
홈 페이지 : 스피치바이블닷컴(http://www.speechbible.com)
이 메 일 : speech@speechbible.com

리더스 스피치 과정 교수 요목

우리가 스피치를 배우고 익히는 세 가지 이유를 살펴봅니다.
즉 첫째, 인간관계 개선을 위한 방법을 모색해 봅니다.
둘째, 설득 화법을 연구해 봅니다.
셋째, 자신의 의사 전달을 정확하게 하려는 방법을 알아봅니다.
이러한 일련의 과정들을 이론적인 바탕 위에서 스스로 실천해 봄으로써 원활한 인간관계와 설득의 기술을 터득할 수 있을 것입니다. 또한 논리적인 사고력과 확실한 자기 의사 표현력을 기를 수 있게 될 것입니다.

◆ 강의 주별 : 강의 내용

1주	과정 소개, 스피치의 중요성, 불안 극복 기법 및 자기소개 스피치
2주	스피치를 배우는 목적과 마음가짐
3주	스피치의 3대 원칙과 효과적인 스피치를 위한 조건 세 가지
4주	인간관계 개선을 위한 방법(1) (3성실 주의/ 행복한 인간관계의 비결 등)
5주	인간관계 개선을 위한 방법(2) (화난 고객 진정시키기/ 부드러운 커뮤니케이션 스킬 등)
6주	설득 화법(1) (설득의 3법칙/ 3변주의/ 설득의 3단계·5단계/ 양자택일 등)
특강	설득의 심리학
7주	설득 화법(2) (판매 설득을 잘하기 위한 방법, 화술의 설득력 높이기 등)
특강	유형별 인간관계 및 커뮤니케이션 전략 (머리형/ 가슴형/ 장형)
8주	영상 촬영 및 분석 평가
특강	고통, 심리적 한계 등
1박 2일 워크숍	MBTI, TA 분석, DISC 등
9주	자신의 의사를 전달하려는 방법(1) (글말 즉 내용 표현으로서 3·4·5단계 구성법)
10주	자신의 의사를 전달하려는 방법(2) (입말과 몸 말 즉 음성 표현과 신체 표현)
특강	이미지 메이킹
11주	서론 (호감 사기, 관심 끌기, 이해 돕기)
12주	본론 (논리적, 구체적, 간결하게)
13주	결론 (짧고, 강하고, 여운이 남게)
특강	면접 스피치
14주	템플리트 스피치 (사회 보기 스피치/ 선물을 줄 때와 받을 때의 스피치/ 모임 마무리 스피치)
15주	스피치 경연 대회 (영상 촬영과 분석 평가)
교재	『김현기 교수의 스피치 휘날리며』/『파워 스피치 특강』/『펑거 스피치』/ 『파워 프레젠테이션 특강』

◆ 김현기 교수의 파워 스피치 특강

강/의/안/내 : 김현기 교수 (H.P : 010-2272-6188)
              (15주 과정 매 학기 초(3월, 9월) 개강) 현재 접수 중

경기대학교 사회교육원 리더스 스피치 과정 - 서울 캠퍼스
- 강의 시간 : 매주 화, 수, 목요일 오후 7시~10시
- 강의 문의 : 02-390-5260

◆ 경기대학교 사회교육원 리더스 스피치 과정 개강 인사말

여러분! 반갑습니다.

리더스 스피치 과정 강의를 맡은 주임 교수 김현기, 인사드립니다. 한 학기 동안 여러분과 함께 학연을 맺게 된 것을 매우 기쁘게 생각합니다.

스피치 능력은 성공의 필수 조건입니다. 따라서 성공의 필수 조건을 갖추려고 이곳 경기대학교 사회교육원에 오신 여러분은 이미 성공의 고지를 향해 출발을 하였고, 소정의 과정을 이수하신다면 틀림없이 성공하게 되실 것입니다.

여러분!

이번 학기 동안 여러분과 더불어 많은 것을 연구하고 훈련하고 싶지만, 시간의 제약 때문에 다음과 같은 세 가지 분야에 국한해서 중점적으로 학습하고자 합니다.

첫째, 인간관계 개선을 위한 방법을 모색해 보고,

둘째, 설득 화법을 함께 연구하고자 합니다.

셋째, 자신의 의사를 정확하게 전달하려는 방법에 대해 살펴보려고 합니다.

이러한 과정을 통해서 우리가 갖추어야 할 지적 능력과 지도 능력, 그리고 리더로서 필요한 스피치 능력 등을 함께 배양해 나갈 수 있다고 확신합니다.

강의 내용은 그동안 학원과 문화 센터, 각종 기업체와 공공 단체, 대학교 사회교육원 등지에서 강의를 진행해 오면서 수정 보완한 내용이기에 강사 지망생이나 현재 강사이신 분께서 활용하신다면 더욱 큰 도움이 되시리라고 생각합니다.

아무쪼록 여러분의 리더스 스피치 과정의 입학을 진심으로 환영하면서 여러분의 멋진 꿈과 목표를 향한 힘찬 전진을 기원합니다.

이것으로 개강 인사를 마치고자 합니다. 감사합니다.

주임 교수 김현기